2017年國家出版基金資助項目

2017年湖北省社科基金一般項目(後期資助項目)成果

湖北家譜總目

范志毅 編著

國家出版基金項目
NATIONAL PUBLICATION FOUNDATION

長江出版傳媒
崇文書局

圖書在版編目（CIP）數據

湖北家譜總目 / 范志毅編著.
— 武漢 : 崇文書局，2019.5
ISBN 978-7-5403-5330-8

Ⅰ. ①湖…
Ⅱ. ①范…
Ⅲ. ①家譜—專題目録—湖北
Ⅳ. ①Z88：K820.9

中國版本圖書館 CIP 數據核字（2019）第 056946 號

湖北家譜總目

責任編輯　李艷麗　鄭小華
裝幀設計　甘淑媛
出版發行　長江出版傳媒 | 崇文書局
地　　址　武漢市雄楚大街 268 號 C 座 11 層
電　　話　(027)87293001　郵政編碼　430070
印　　刷　湖北新華印務有限公司
開　　本　710mm×1000mm　1/16
印　　張　28.25
字　　數　601 千
版　　次　2019 年 5 月第 1 版
印　　次　2019 年 5 月第 1 次印刷
定　　價　138.00 元

序

中國家譜代有編纂，源遠流長。明中葉以降，伴隨着宗族庶民化、組織化的進程，建祠堂、修家譜，已成爲宗族生活的重要内容，特别在南方部分地區蔚成風氣，經久不衰。所謂“江西風俗淳厚，聚族而居，族必有祠，宗必有譜”（清・李紱《别籍異財議》）；“兩江、兩浙、兩湖諸省，崇仁厚，聯涣散，各村族皆有譜牒”（清・鍾琦《皇朝瑣屑録・風俗》），就是對這一情形的概括記述。

湖北雖嚮稱家譜纂修盛行之區，但由於家譜族内編印、外不流通，公私書目鮮有著録；又由於歷經社會動亂、自然災禍的損毁，再加上家譜曾被視作封建遺載而無人問津，故欲探究其地史上修譜之端詳，或粗知今存家譜之狀況，均困難重重、殊非易易。新時期以來，隨着三次“全國普查”的先後進行，這一局面始逐漸改觀。

1980 年，國家檔案局對各地檔案館、圖書館、博物館等單位所藏家譜情況進行摸底，獲得書目數據四千餘條。湖北地區的有關情況，見於《湖北省現存家譜、族譜目録》（《檔案資料》1982 年第 10 期）。該目由湖北省檔案局所編，收録全省 12 家藏清代至民國間所修家譜 101 種，其中譜籍屬湖北者 47 個姓氏、64 種。限於條件，難免疏漏。

1984 年，國家檔案局二處、南開大學歷史系、中國社會科學院歷史所圖書館合作，决定在前此調查基礎上擴大範圍，編纂《中國家譜綜合目録》。爲保證此項工作的順利進行，國家檔案局、教育部、文化部聯名發出通知，要求全國所屬有關單位對自藏家譜進行編目，直接向國家檔案局上報。該目編纂歷時數載，共收四百多家單位藏 1949 年以前所修家譜 14719 種，於 1997 年由中華書局出版。據統計，該目所收諸譜，分别由湖北 26 家單位上報者 536 種，其中譜籍屬湖北者 463 種。加之外省所藏（報），全書共收譜籍屬湖北者 136 個姓氏、560 種，初步揭開了存世湖北家譜的面紗。

2000 年，由上海圖書館主編、力求全面反映存世中國家譜及其分布狀況的《中國家譜總目》正式立項。該目編纂歷時八年，由上海古籍出版社出版。全書共著録海内外六百餘家譜牒文獻收藏單位、數以千計私人收藏者所藏 2003 年以前所修家譜 608 個姓氏、52401 種。其中，所收譜籍屬湖北者 168 個姓氏、1130 種（含 1949 年以前所修舊譜 922 種），而新修舊纂合計，見藏於湖北公私諸家的，共 699 種，使存世湖北家譜的面貌得以進一步揭示。

與此前“普查”有所不同，作爲旨在推動全球中文文獻共建共享的國家重大文化工程，《中國家譜總目》在項目實施上，主要依靠各地龍頭圖書館之力并采取“分頭編纂，匯總審校”的方式。作爲編委單位，湖北省圖書館負責湖北地區公私所藏家譜的編目及初審工作，深感光榮。爲不負重托、完成任務，湖北館有關領導特向時任湖北省省長蔣祝平上書，以此爲契機，做好家譜收集整理、書目編纂、充實館藏、開發利用工作，以服務湖北經濟文化建設等，表明决心，請求支持。在省領導的大力支持和省文化廳的直接領導下，湖北省圖書館精心策劃，廣泛宣傳，大力推動，對全省各有關單位及私人所藏家譜的訪求整理、著録編目、提要撰寫等工作，作了全方位的具體指導。

爲完成《中國家譜總目》“湖北稿”的編纂，時全省責任單位有 28 個之多，涉及各類機構 50 個以上，不少專家、學者與社會熱心人士積極參與，共襄盛舉，史無前例。與此同時，由湖北省圖書館組織編撰的《湖北省譜牒書目提要》也一并啓動，成果可期。不及兩年，共著録提交全省公私所藏譜籍湖北與譜籍外地之譜 566 種（王鶴鳴：《中國家譜的數量》，載《新技術背景下的圖書館》，上海科學技術文獻出版社，2009.02）。稍感遺憾的是，同借《中國家譜總目》編纂東風，外省同道所撰同類著述，如《江西公藏譜牒目録提要》《嶺南族譜擷録》《浙江家譜總目提要》《湖南家譜解讀》《湖南家譜知見録》《海南家譜提要》《洛陽地區家譜提要》《無錫地區家譜知見目録》等等相繼問世，而《湖北省譜牒書目提要》遲遲未能殺青，讀者翹首，企盼良久。

從某種意義上講，《中國家譜總目》的編纂過程，實際上也是對存世家譜深入調查、全面徵集、系統梳理和積極搶救的過程。在參與編纂的過程中，有關單位，特别是不少編委單位凝聚共識，針對本地區、本單位家譜文獻工作的短板制定整改措施，并着眼長遠，因地制宜，科學謀劃，爲促進家譜收集整理、開發利用打下基礎。就湖北省圖書館來説，前後三次“普查”所報，舊藏分别衹有 24、30、58 種。依水平與藏量成正比的傳統觀念來看，不免令人尷尬；在此背景下牽頭相關課題項目，也可能底氣不足。而正是緣於《中國家譜總目》的編纂，湖北館開始正視家譜收集工作的相對滯後，從而提出建設目標、制定措施辦法，爲奮起直追指明了方嚮。

隨着研究的不斷深入和普及，家譜的價值功用已廣爲人知，然囿於理科背景且長期從事技術工作，我對家譜文獻却瞭解不多。爲因應全國圖書館家譜文獻開發力度的加大，2007 年，我被派往湖南圖書館學習，探討拍攝縮微膠捲、與美國猶他家譜學會合作之道。駐館交流期間，目睹該館家譜工作的不務空名、富有成效，尤其是館藏由參編《中國家譜總目》時的二千餘種增至五千餘種的奇迹，頗有感觸，深受啓發。鑒於家譜館藏擴充遜於預期，湖北省圖書館對標一流，翌年特赴湖南、江西館調研取經。我隨團以行，加深了對家譜工作的認識，并由此時時关注湖北家譜的各種信息。2012 年，我到新組建的特藏與地方文獻部任職，而家譜文獻的收集整理、開發利用正是該部重點工作之一，因此得以投入更多精力。

與若干年前相比，由於錯過了有利時機，家譜采訪已不得不面對價格持續高漲、資源日漸枯竭的困境，但環境改變所帶來的有利因素仍屬居多，可加善用。例如：民間修譜熱潮方興未艾，伴隨着新譜的迭出，舊譜踪迹可得而覓；譜牒書目及著述的陸續問世，借以知津，有裨求索；各地宗親會、研究會及專業網站的紛紛建立，爲擴大信息交流提供了方便；數字化技術的普及推廣，使珍稀底本的獲得方式有了更多選擇；全國同行的先進經驗業經總結，足以參考，而基於文獻資源共建共享，各家數據庫的訪問也變得相對容易。有鑒於此，收集工作與時俱進、從實際出發，就十分重要。

爲使工作取得實效，在强化湖北省圖書館公信力的基礎上，一方面利用每年一度的“曬譜節”等既有平臺和新聞媒體加大宣傳，并適時成立“湖北家譜收藏中心”，專事湖北家譜的采訪徵集和搶救保護；另一方面在加强與公藏機構開展合作的同時，廣泛聯繫私人藏家、譜牒研究及愛好者，加大田野調查力度，充分利用各種渠道，以獲取有關信息。經數年努力訪求，湖北省圖書館所藏湖北家譜，已由 2011 年的 200 餘種增加到 1527 種，其中 1949 年以前舊譜由 50 餘種增加到 340 種；同時通過多種途徑進行搜訪，獲取海内外公私所藏湖北家譜書目數據 3836

種。兩項合計,共278個姓氏、5363種,其中1949年以前舊譜240個姓氏、3127種。就舊譜而言,有關數字雖較《中國家譜總目》所收爲多,但尚恐難以滿足歷代湖北家譜研究之需,姑以摸清今存湖北家譜數量及分布狀況的理想目標來看,無疑是又邁進了一步。

關於湖北家譜的存世狀況,據2001年湖北省圖書館《湖北地區家譜收集、整理與研究項目可行性報告》,大量散落民間,估計應有萬種以上。不論這一估計是否準確可靠,湖北家譜的收集都是一項長期的工作,而經歷年爬梳,其難度越來越大也是能够想象的。唯有不忘初心,堅持不懈,既定目標方有可能實現。

鑒於湖北家譜的利用率越來越高,而現有書目已不敷使用。因此,在同道的支持鼓勵下,我不揣譾陋,將有關資料匯輯成編,以供讀者檢索參考。

需加以説明的是,在本稿有關資料的搜訪整理過程中,曾得到衆多專家、學者的鼓勵支持與指導幫助。其中,國家圖書館陳紅彦、謝冬榮,上海圖書館孟駿,湖南圖書館尋霖,山西省社會科學院家譜資料研究中心劉寧,美國猶他家譜學會錢正民,湖北省圖書館陽海清、昌慶旭、彭筱溦、宋澤宇、丁玉蓮、陳建勛、劉鑫、梅琳等前輩或同道助力尤多;民間家譜收藏家、研究與愛好者厲雙傑、鄭小傑、晏春林、梅曉春、傅正浩、張志奇、夏明智、方爲民、潘華堂、范明勝、范建國、馬漢昌、陳昌勤、陳新、姜顯成、鄒善元、吴志剛、倪誠、蕭洪恩、曹咏、劉志、劉清紅、阮化植、胡彩雲、楊一評、唐善財、譚訓章、毛啓國、裴壽山、黎炎明、何岳球、明建中等也提供了方便,在此謹致謝忱!

另需説明的是,本稿是一部"知見"書目。由於取材多途,不少原書未經寓目,故稿中不準確、不規範之處在所難免,尚祈讀者原宥。

范志毅
2019年2月15日於湖北省圖書館

編　　例

一、本編爲知見性專科書目，共收今湖北地區各姓氏於 1428 年（明宣德三年）至 2014 年所修家譜 5363 種部，涉及姓氏 278 个。

二、款目著録包括譜籍、題名、著者、版本、附注、收藏者諸項。原書未經寓目而見於有關文獻者，除對明顯缺誤予以補正外，一仍其舊。

三、譜籍以遷始祖的遷居地爲據，以今名爲準著録。

四、題名包括譜（書）名、卷數。舊譜（1949 年以前所修）題名以正文首卷卷端所題爲準，如所題未能概括全書或未見題名，則依其他各卷卷端、目録、内封、版心、序跋、書衣、書籤等所題酌取；新譜（1949 年以後所修）題名以封面所題爲準，如所題未能概括全書，則據内封、書脊、序跋、版權頁等所題酌定。卷數據實著録，卷數不明者以“□□”標示。

五、著者包括主要責任者及著作方式。主要責任者一般據譜内修譜任事名目著録，修譜任事名目譜内未載，依其他各卷卷端、目次、内封、序跋、書籤等所題擇取；如譜内未題責任者，或原譜殘缺而無從考知，則以“□□”著録。1911 年以前之責任者著録其所屬朝代，責任者朝代一般以卒年爲準，卒年不詳者視其生平事迹、修譜時間而定。著作方式一般依原題著録，原譜未題著作方式，或所題不盡確切，則斟酌職責，著録爲“修”“主修”“編修”“纂”或“纂修”。

六、版本著録一般包括刊印（抄寫）時間、刊印地、刊印（抄寫）者及版本類型。如有不詳，暫付闕如。

七、附注包括對譜名著録依據、卷數殘存、纂修數次及方式、所據底本等情况的説明。

八、收藏者標注中外公私藏家之簡稱，并揭示其收藏狀况。

九、全書款目按姓氏的漢語拼音音序排列，姓氏相同者按地區排列，地區按現行行政區劃排列，一姓同屬一地者按修纂時間先後排列。

十、書後附姓氏筆畫索引、湖北省現行行政區劃表、收藏者簡稱全稱對照表。

目　录

艾

[武昌]艾氏宗譜五卷首一卷
(清)艾會魁修
清同治二年(1863)天水堂刻本
山西家譜　猶他

[武昌]艾氏宗譜五卷首一卷
艾□□纂修
清光緒三十二年(1906)天水堂木活字本
國家(缺卷一、二、三、五)　山西家譜　猶他

[武昌]艾氏宗譜六卷首二卷
艾□□纂修
民國三十年(1941)天水堂木活字本
山西家譜　猶他(缺卷一至卷三)

[荆州]艾氏族譜二十卷
(清)艾□□纂修
清嘉慶十七年(1812)折桂堂木活字本
國家

[鄂州]艾氏宗譜□卷
(清)艾元福等纂修
清同治二年(1863)天水堂木活字本
書名據版心題。
鄂州博(存卷首、二至五)

[黄岡]艾氏族譜八卷
艾□□纂修
民國十一年(1922)木活字本
國家

[麻城]艾氏族譜八卷
(清)艾□□纂修
清光緒二十四年(1898)木活字本
國家

厂

[麻城]厂氏宗譜
(清)厂佐廷修
清光緒十二年(1886)和肅堂木活字本
山西家譜　猶他

安

[浠水]浠川安氏宗譜
安□□纂修
浠水博(存卷一、五)

敖

[竹溪]竹溪敖氏族譜不分卷
(清)敖自思纂修
清抄本
清道光十八年(1838)修。
竹溪文化

[竹溪]敖氏袖珍小譜
(清)敖立榜纂修
清同治十三年(1874)刻本
竹溪文化(存卷一)

[竹溪]敖氏宗譜
敖□□纂修
刻本
竹溪文化(存卷三)

巴

[鄂豫川]巴氏宗譜二十四卷首六卷
巴春生等修
2008 年雙卿堂照排本
六修本。
湖北

[江陵]龍川巴氏宗譜八卷首一卷末一卷
(清)巴錦綺主修
清光緒四年(1878)裕慶堂木活字本
河北大　山西家譜　猶他

[黄岡]巴氏宗譜十八卷首四卷
巴丹池等纂修
民國八年(1919)木活字本
新洲大渡鄉

[黄岡]巴氏宗譜二十四卷首六卷
巴興鎮等纂修
民國三十五年(1946)仁儉堂木活字本
書名據書籤、版心題。
上海(缺卷一)

[黄岡]巴氏宗譜二十卷首六卷
巴興誠、巴忠直等主修
1987 年仁儉堂木活字本
山西家譜(缺卷首五)　猶他(缺卷首五)

白

[武昌]白氏宗譜不分卷
白又村纂修
民國三十七年(1948)南陽堂木活字本
山西家譜　猶他

[武昌]白氏宗譜九卷首一卷
白文團纂修
1989 年南陽堂木活字本
山西家譜　猶他

[棗陽]郭莊白氏家譜
白明義等纂修
2001 年照排本
棗陽

包

[大悟]包氏宗譜七卷首一卷
包耀書修
1987 年龍圖閣木活字本
山西家譜　猶他(缺卷六)

[黄岡]包氏族譜二十七卷
包復清修
1995 年務本堂木活字本
山西家譜　猶他

[麻城]包氏宗譜
包□□纂修
1993 年清廉堂複印本
民國三年(1914)創修。續修本。
麻城方志

[紅安]包氏宗譜六卷首二卷
包耀鼎纂修
民國三十六年(1947)龍圖閣鉛印本
山西家譜　猶他(缺卷一)

鮑

[黄岡]鮑氏宗譜二十三卷
鮑修德修
1996年俊逸堂木活字本
湖北

[黄岡]鮑氏宗譜
鮑開先等編修
1996年俊逸堂木活字本
湖北(存卷首一至三、卷一至四)

[麻城]鮑氏宗譜六卷首二卷
(清)鮑□□纂修
清光緒七年(1881)俊逸堂木活字本
國家

[麻城]鮑氏宗譜
(清)鮑□□纂修
清光緒間(1875—1908)俊逸堂木活字本
山西家譜　猶他(存世系卷一、二)

[麻城]麻城鮑氏重修宗譜不分卷
鮑蔚之修
清光緒三十三年(1907)木活字本
山西家譜　猶他

[麻城]鮑氏宗譜十四卷首一卷
鮑維淮等纂修
清宣統三年(1911)俊逸堂木活字本
書名據版心題。
思綏草堂

[麻城]鮑氏宗譜四卷
鮑□□纂修
民國间(1912—1949)俊逸堂木活字本
猶他

[麻城]鮑氏支譜
鮑錫鈞修
民國三年(1914)俊逸堂木活字本
山西家譜　猶他

[麻城]鮑氏宗譜十六卷首二卷
鮑四知等修
民國六年(1917)俊逸堂木活字本
山西家譜　猶他

[麻城]鮑氏宗譜不分卷
鮑士良修
民國三十年(1941)俊逸堂木活字本
國家　山西家譜　猶他

[麻城]鮑氏宗譜
鮑澤善修
民國三十二年(1943)俊逸堂木活字本
山西家譜　猶他

[麻城]鮑氏宗譜六卷首一卷
鮑華卿修
民國三十二年(1943)俊逸堂木活字本
山西家譜　猶他

[麻城]鮑氏宗譜十四卷首二卷
鮑□□纂修
民國三十二年(1943)俊逸堂木刻本
湖北

[麻城]鮑氏宗譜十七卷首三卷
鮑玉山等修
民國三十六年(1947)俊逸堂木活字本
國家　山西家譜　猶他(缺卷首三)

[麻城]鮑氏宗譜序五卷世系二十五卷詩文二卷
鮑簡齋、鮑承天等修
1990年油印本
山西家譜　猶他(缺卷三、二十四)

[麻城]鮑氏宗譜
鮑□□纂修
2000年俊逸堂複印本
麻城方志

畢

[湖北]畢氏宗譜十五卷首一卷
畢壽海編修
民國三十二年(1943)敦本堂木活字本
國家　山西家譜　思綬草堂　猶他

[江陵]江陵畢氏族譜四卷
畢承綬纂修
清光緒十年(1884)敦義堂刻本
書名據書衣題。版心題"畢氏族譜"。
經濟所　山西家譜　猶他

[江陵]續修江陵畢氏族譜六卷
畢承綬、畢承緗纂修
清光緒二十九年(1903)石印本
科學

[江陵]續修江陵畢氏族譜六卷
畢承綬纂修
民國二年(1913)敦義堂石印暨鉛印本
書名據版心、書衣、内封題。
科學　經濟所　北大　山西家譜　猶他

[夷陵]畢氏族譜
畢興國主修
2013年河内堂照排本
畢興國

[孝感]畢劉宗譜二十卷
畢□□纂修
民國九年(1920)天禄堂木活字本
思綬草堂

[黄岡]畢氏宗譜
畢□□纂修
清光緒三十年(1904)保釐堂木活字本
國家

[麻城]畢氏宗譜
畢□□纂修
據1993年永睦堂木活字本複印
書名據書衣題。
麻城方志

[浠水]畢氏八修宗譜六卷首二卷
畢兹竇、畢衍璜纂修
1993年敦本堂木活字本
山西家譜　猶他

[浠水]蘄水兩河畢氏六修族譜八卷首一卷傳一卷
畢開等纂修
清光緒三十年(1904)敦本堂木活字本
浠水博(存卷一)　猶他　哥倫比亞

蔡

[湖北]蔡氏宗譜
(清)蔡□□纂修
清光緒間(1875—1908)木活字本
山西家譜　猶他

[漢陽]蔡氏宗譜
蔡□□纂修
1990年西山堂鉛印本
湖北(存卷八)

[新洲]蔡氏宗譜二卷
蔡中璜、蔡萃峰纂修
民國七年(1918)木活字本
新洲曹田村

[新洲]蔡氏宗譜一卷
蔡少光、蔡興旺纂修
民國三十二年(1943)木活字本
新洲蔡嘴村

[新洲]蔡氏宗譜八卷首二卷
蔡天覺纂修
民國三十五年(1946)木活字本
新洲蔡大濟村

[新洲]蔡氏宗譜四十卷首一卷末一卷
蔡如蘭主編
1989年九思堂木活字本
書名據書衣題。
湖北

[新洲]蔡氏宗譜三十二卷首六卷首單行本一卷
蔡昌晶主編
1992年朱友堂木活字本
山西家譜　猶他

[陽新]蔡氏族譜不分卷
蔡定馨、蔡乾烈等修
民國三十五年(1946)厚德堂木活字本
山西家譜　猶他

[丹江口陶峪]蔡氏宗譜
蔡起亮修
2013年照排本
湖北

[荆州]蔡氏支譜
蔡□□纂修
民國九年(1920)木活字本
國家

[石首]蔡氏族譜□□卷
(清)蔡□□纂修
清道光年間(1821—1850)旌異堂木活字本
書名據版心題。
上海(存卷四、五、十一)

[石首]蔡氏族譜
(清)蔡□□纂修
清光緒間(1875—1908)旌異堂木活字本
上海(存卷八、十二、十三)

[監利]蔡氏家譜
蔡子宇纂修
2000年照印本
上海

[公安]蔡氏家譜不分卷
蔡紹昕、蔡紹鈞纂修
民國十三年(1924)木活字本
書名據書衣題。
荆州區檔

[鄂州]蔡氏宗譜八卷
蔡啓富修
民國三十七年(1948)祇德堂木活字本
國家　山西家譜　猶他(缺卷五)

[黄岡]蔡氏宗譜不分卷
(清)蔡□□纂修
清光緒元年(1875)刻本
思綏草堂

[黄岡]蔡氏宗譜八卷首二卷末一卷
蔡炳麒修
據清光緒二十一年(1895)孝友堂木活字本影印
山西家譜　猶他

[黄岡]蔡氏宗譜十二卷
蔡中璜等纂修
民國七年(1918)九思堂木活字本
書名據書衣、内封、版心題。
上海

[黄岡]蔡氏宗譜十六卷首不詳
蔡澤濱纂修
民國七年(1918)九思堂木活字本
山西家譜　猶他(缺卷首、卷二)

[黄岡]蔡氏宗譜六卷首一卷
蔡宗銜纂修
民國十年(1921)學古堂木活字本
山西家譜　猶他

[黄岡]蔡氏宗譜八卷首六卷
蔡□□纂修
民國十九年(1930)世德堂木活字本
山西家譜　猶他

[黄岡]蔡氏宗譜
蔡明矩纂修
民國三十六年(1947)九思堂木活字本
國家　湖北(存卷一、四至十)　山西家譜　猶他

[黄岡]蔡氏宗譜十二卷
蔡考君等纂修
民國三十六年(1947)九思堂木活字本
書名據版心、書衣、内封題。
上海

[黄岡]蔡氏宗譜十三卷
蔡敬齋、蔡正洋、蔡錦榮等纂修
民國三十六年(1947)木活字本
湖北

[黄岡]蔡氏宗譜
蔡君甫、蔡文甫纂修
民國三十六年(1947)九思堂木活字本
山西家譜　猶他

[黄岡]蔡氏宗譜十三卷
蔡圓卿等修
民國三十六年(1947)年九思堂木活字本
書名據書衣題。
湖北

[黄岡]蔡氏宗譜十五卷
蔡如鶴主修
1989年九思堂油印本
湖北　山西家譜　猶他

[黄岡]蔡氏宗譜二十一卷
蔡紹彬主編
2003年照排本
六修本。
湖北

[黄岡]蔡氏宗譜七卷
蔡如鶴主修
2008年九思堂照排本
山西家譜　猶他

[黄岡]蔡氏宗譜四卷首一卷
蔡詩旺主編
2011年祇德堂照排本
山西家譜　猶他

[麻城]蔡氏宗譜十二卷首一卷
(清)蔡道濬纂修
清同治十三年(1874)刻本
書名據版心題。記事至清光緒元年(1875)。
四川(存卷首、卷二至十二)

[麻城]蔡氏宗譜十二卷
(清)蔡道濬纂修
清光緒刻本
四川

[麻城]蔡氏宗譜十二卷首二卷
蔡顯瑜纂修
清光緒三十三年(1907)九峰堂木活字本
山西家譜　猶他(缺卷六)

[黄岡麻城]蔡氏支譜十一卷首二卷
蔡良志等修
民國十年(1921)方伯堂木活字本
山西家譜　猶他

[麻城]蔡氏支譜十一卷首一卷
蔡良英修
民國十年(1921)方伯堂木活字本
山西家譜　猶他

[麻城]蔡氏支譜九卷首一卷
蔡生宏、蔡禮松修
民國十六年(1927)方伯堂木活字本
國家　山西家譜　猶他

[麻城]蔡氏宗譜八卷首三卷末一卷
蔡德譜修
民國三十二年(1943)孝友堂木活字本
國家　山西家譜　猶他

[麻城]蔡氏宗譜八卷首三卷末一卷
蔡德謙、蔡德泰纂修
民國三十二年(1943)孝友堂木活字本
書名據版心、内封、目録題。
上海

[麻城]蔡氏族譜
蔡□□纂修
2005年照排本
六修本。清嘉慶十四年(1809)始修,清道光二十三年(1843)二修,清同治三年(1864)三修,民國三年(1914)四修,民國三十四年(1945)五修。
麻城方志

[麻城]蔡氏宗譜
蔡紹彬主編
2012 年照排本
湖北　山西家譜　猶他

[武穴]蔡氏宗譜四卷
蔡學用修
清光緒十四年(1888)餘慶堂木活字本
山西家譜　猶他

[武穴]蔡氏宗譜四卷首一卷
蔡□□纂修
民國六年(1917)餘慶堂木活字本
國家

[紅安]蔡氏宗譜十九卷首二卷
蔡祥福纂修
1990 年祇德堂木活字本
山西家譜　猶他

[蘄春]蔡氏族譜
蔡學魁修
民國二十三年(1934)木活字本
國家(存卷首、卷二、四、五、七至九、十一、十二、十五、十七至二十二、二十四、二十五,十四册)

[蘄春]蔡氏九修族譜四十八卷首一卷
蔡興麟修
清光緒三十四年(1908)木活字本
國家(缺卷二至四、八、十五、十六、二十一、二十三、二十七、三十三、四十、四十二、四十七)

[通山]蔡氏宗譜十八卷
蔡崇金纂修
1989 年油印本
書名據版心題。七修本。
蔡日新

操

[湖北]操氏族譜
操□□纂修
民國三十年(1941)善慶堂木活字本
國家(存卷六至八、十、十二、十八、十九)

[新洲]操氏宗譜三十六卷
操光黄、操松山纂修
民國三十八年(1949)木活字本
新洲左河村

[黄岡]操氏族譜二十三卷首一卷
(清)操鷗、操起鳳纂修
清乾隆四十五年(1780)善慶堂木活字本
書名據版心、内封題。
上海

[黄岡]操氏族譜二十三卷首三卷
操賢德等修
民國三十八年(1949)善慶堂木活字本
書名據書衣題。八修本。
國家(缺首中、三、十五、十七)　湖北

[黄岡]操氏族譜二十八卷首二卷
操文友總編
1989 年善慶堂木活字本
書名據書衣題。九修本。
湖北(缺卷十八)

[黄岡]操氏族譜正傳十卷世系四卷首六卷
操尚先等修
1992 年善慶堂木活字本
書名據書衣題。
湖北

[黄岡]操氏族譜十卷
操□□纂修
2006 年善慶堂照排本
湖北(缺總卷一卷)　山西家譜　猶他

[黄岡]操氏族譜二十九卷前三卷
操鵬飛等修
2007 年善慶堂照排本
八修本。
湖北　猶他

曹

[贛鄂湘]曹氏族譜
曹海德修
2009 年照排本
湖北　猶他

[湖北]曹氏大成宗譜
曹裕雄主編
2008 年文昭堂照排本
湖北(存卷首)

[武昌]平陽堂曹氏家譜不分卷
(清)曹芳溢、(清)曹澍鍾纂修
清同治二年(1863)稿本
湖北

[新洲]曹梁宗譜十二卷
曹蘭亭、曹金璋纂修
民國六年(1917)木活字本
三修本。
新洲大屋冲村

[新洲]曹氏宗譜六卷
曹錦章、曹元彩纂修
民國十二年(1923)木活字本
新洲揚泊村

[新洲]曹氏宗譜十六卷
曹隆乾、曹高樂纂修
民國十二年(1923)木活字本
新洲黄崗村

[新洲]曹氏宗譜十九卷
曹啓銀主編
2010 年雙桂堂照排本
山西家譜　猶他

[大冶]曹氏宗譜二十一卷
曹衍培纂修
1990 年三治堂木活字本
書名據書衣題。
湖北

[石首]曹氏族譜
曹源泉編
2011 年譙國堂照排本
書衣題“華容曹氏族譜”。
山西家譜　猶他

[夷陵]曹氏族譜
曹海澄等纂修
民國二十四年(1935)本源堂木活字本
曹德政

[宜都]曹氏族譜十二卷
曹澤美等纂修
民國十四年(1925)振鐸堂木活字本
書名據版心題。續修本。
湖北宜都

[當陽淯溪河]曹氏族譜
曹□□纂修
2009年影印民國十三年(1924)遼陽堂木活字本
湖北

[當陽淯溪河]曹家洲曹氏族譜
曹子鋒主編
2011年照排本
八修本。
湖北

[枝江]枝江曹氏家傳:二房十六世曹公啓蔚傳略
曹秉彝撰
民國二十三年(1934)鉛印本
湖北

[黄岡]曹氏宗譜十四卷
曹學沄、曹其萬修
清光緒元年(1875)報本堂刻本
山西家譜　猶他

[黄岡]曹氏宗譜十四卷
曹其受修
民國六年(1917)報本堂木活字本
國家(缺卷八)　山西家譜　猶他

[黄岡]曹氏宗譜十卷首二卷
曹集榮纂修
民國九年(1920)崇本堂木活字本
書名據版心、内封題。
上海　山西家譜　猶他

[黄岡]曹氏宗譜十四卷首三卷另二卷
曹集榮等修
1989年崇本堂木活字本
書名據書衣題。三修本。
湖北

[黄岡]曹氏宗谱三十卷首三卷
曹光煜編修
1991年平阳堂木活字本
書名據版心、書衣題。
湖北(缺卷首二)

[黄岡]曹氏宗譜十四卷首二卷
曹直心纂修
1998年崇本堂木活字本
山西家譜　猶他

[黄岡]曹氏大成宗譜十一卷首三卷
曹文壽創修
1999年文昭堂照排本
湖北(存卷首一至三、卷一、四至七)

[麻城]曹氏族譜六卷首二卷
曹樹幟等纂修
民國五年(1916)芝生堂木活字本
山西家譜　猶他

[麻城]曹氏宗譜
曹□□纂修
民國九年(1920)世鄴堂木活字本
國家

[麻城]曹氏宗譜十卷
曹心恕等修
民國三十四年(1945)世鄴堂木活字本
國家　山西家譜　猶他

[麻城]曹氏宗譜
曹□□纂修
1993年三桂堂複印本
民國五年(1916)創修,1993年續修。
麻城方志

[紅安]曹氏宗譜八卷
曹瑞先、曹天鋼等修
清光緒二十三年(1897)刻本
書籤題"曹氏合族譜"。
山西家譜　猶他

[紅安]曹氏宗譜四卷又十一卷
曹香亭、曹鎰如等修
民國十二年(1923)同德堂木活字本
山西家譜　猶他

[羅田]曹氏四修宗譜十卷首三卷
曹利臣等修
民國三十一年(1942)餘慶堂木活字本
山西家譜　猶他(缺卷二、六)

[浠水]曹氏宗譜
曹□□纂修
民國八年(1919)譙國堂木活字本
書名據書衣題。
湖北(存卷首下、卷一至卷五、卷九至卷十一、卷十三至卷十六、卷十八)

[浠水]曹氏宗譜二十三卷
曹□□纂修
民國十一年(1922)譙國堂木活字本
書名據書衣題。
湖北

[浠水]曹氏宗譜十四卷
曹定福修
1994年平陽堂油印本
山西家譜　猶他

[蘄春]曹氏宗譜
曹树灯等修
2006年文昭堂照排本
九修本。
湖北

[通山]曹氏宗譜三卷首一卷
(清)曹連六、(清)曹品玉修
清乾隆五十八年(1793)太和堂木活字本
國家　山西家譜　猶他

[通山]曹氏宗譜
(清)曹□□纂修
清道光二十年(1840)太和堂木活字本
國家(存卷一、七、八)　山西家譜　猶他

[通山]曹氏宗譜
(清)曹□□纂修
清同治十年(1871)太和堂木活字本
國家(存卷五、六)　山西家譜　猶他

[通山]曹氏宗譜
曹□□纂修
清光緒十八年(1892)太和堂木活字本
國家(存卷三、五、七、八、十、十一)　山西家譜　猶他

[通山]曹氏宗譜
曹□□纂修
民國元年(1912)太和堂木活字本
國家(存卷四、六至九)　山西家譜　猶他

[通山]曹氏宗譜
曹□□纂修
民國二十五年(1936)太和堂木活字本
國家(存卷七)　山西家譜　猶他

[恩施]譙郡譜書曹氏家譜不分卷
曹□□纂修
照排本
曹詩瓊

曹梁

[黄岡]曹梁宗譜十卷首一卷
(清)曹□□纂修
清光緒二年(1876)刻本
思綬草堂

[黄岡]曹梁宗譜十卷首一卷末一卷
(清)曹允升修
清光緒二年(1876)木活字本
山西家譜　猶他

[黄岡]曹梁宗譜十卷首一卷末一卷
曹□□纂修
民國六年(1917)刻本
思綬草堂

[黄岡]曹梁宗譜十卷首一卷末一卷
曹昌輝修
民國六年(1917)敦本堂木活字本
山西家譜　猶他

曹正

[黄岡]曹正族譜十六卷
曹□□纂修
民國十年(1921)雙桂堂木活字本
思綬草堂

[黄岡]曹正宗譜十九卷
曹□□纂修
民國十年(1921)雙桂堂木活字本
山西家譜　猶他

[黄岡]曹正宗譜十二卷
曹啓柏等主編
1989年雙桂堂木活字本
書名據書衣題。六修本。
湖北

[黄岡]曹正宗譜十九卷
曹啓柏主編
2010年雙桂堂照排本
山西家譜　猶他

岑

[浠水]岑氏宗譜三十卷首一卷
岑文志、岑鳳立修
1991年敦本堂鉛印本
山西家譜　猶他

柴

[蘄春]柴氏宗譜十六卷首二卷
柴家駒修
清光緒三十年(1904)崇義堂木活字本
山西家譜　猶他

[蘄春]柴氏宗譜
柴傅璠修
民國十年(1921)崇義堂木活字本
山西家譜 猶他(存卷九、十)

[蘄春]柴氏宗譜十卷
柴永安修
民國三十二年(1943)崇義堂木活字本
山西家譜 猶他

[浠水]柴氏八修宗譜七十卷
柴守翥纂修
民國二十六年(1937)强恕堂木活字本
書名據版心、内封題。書衣題"柴氏宗譜"。
上海(存卷一)

昌

中華昌氏通譜十九卷
昌敦武、昌慶旭等主編
2009年昌意堂照排本
湖北

[仙桃]昌氏族譜
昌敦武主編
2005年雙芝堂照排本
六修本。
湖北 山西家譜 猶他

[仙桃]昌海清家譜
昌□□纂修
2008年雙芝堂照排本
湖北

陳

中華義門陳氏大成譜
王炯尧主編
2008年照排本
湖北

[湖北]陳氏東鄉路莊墨譜九卷首四卷
陳臨淮纂修,陳春樂默録
民國元年(1912)德星堂抄本
湖北

[湖北]陳氏宗譜十卷首三卷
陳壁鐄等纂修
民國二十三年(1934)忠義堂木活字本
書名據版心、書衣題。
上海

[湖北]義陳宗譜
陳□□纂修
民國二十五年(1936)宗義堂木活字本
國家

[湖北]陳氏宗譜二十四卷
陳□□纂修
民國二十六年(1937)義門堂木活字本
國家

[湖北]義門陳氏大成宗譜
陳芹香、陳世章纂修
1988年體義堂木活字本
書名據版心、書衣題。
湖北

[湖北]陳氏宗譜十三卷
陳家賢修
1992 年光裕堂木活字本
山西家譜　猶他

[湖北]義門陳氏宗譜十三卷首一卷
陳又百修
1993 年至德堂鉛印本
湖北(缺卷六至八)

[武昌]陳氏重修宗譜八十一卷
(清)陳之佐修
清同治十年(1871)孝義堂木活字本
書名據版心題。
上海(存卷五十六上)

[武昌]江夏陳氏義莊條規
陳鑾修
清光緒十四年(1888)江夏堂木活字本
山西家譜　猶他

[武昌]義門陳氏宗譜
陳□□纂修
清孝義堂木活字本
書名據版心題。
上海(存卷首)

[武昌]陳氏重修宗譜
陳澤之纂修
民國四年(1915)孝義堂木活字本
書名據版心題,書衣題"陳氏宗譜"。
上海(存卷首一、二、八至十一,卷七、九、十、十四、十七至二十一、二十四)

[武昌]湖北金口鄉陳氏宗譜四卷
陳長齡等纂修
民國十年(1921)敦義堂木活字本
版心題"陳氏宗譜"。
哥倫比亞　猶他

[武昌]陳氏宗譜十五卷
陳振球纂修
民國十九年(1930)崇本堂木活字本
書名據版心題。三修本。
武漢(存卷一、二、四至七)　山西家譜　猶他

[武昌]義門陳氏宗譜
陳□□纂修
民國三十六年(1947)旌義堂木活字本
山西家譜　猶他(存卷首一至四、卷一、二)

[武昌]陳氏宗譜十八卷首二卷
陳大通、陳元傑纂修
民國三十七年(1948)崇本堂木活字本
書名據版心、書衣、内封題。目録題"鄂城義陽陳氏四修宗譜"。四修本。清道光己亥(1839)年創修,清光緒乙酉(1885)續修,民國十九年(1930)三修。
山西家譜　猶他

[武昌]陳明先家譜表
陳大鑄修
1980 年稿本
武漢(缺卷二)　山西家譜　猶他

[武漢東湖]中華義門陳氏大成譜江夏莊武漢東湖高新楊陳族譜
陳德順、陳功秦等修
2011 年照排本
湖北

[江夏]中華義門陳氏大成譜江夏莊湖北江夏族譜
陳明新主編
2010 年照排本
書名據版心題。八修本。
湖北(存卷一)

[江夏]中華義門陳氏大成譜東源莊武漢江夏大陳族譜
陳克義等修
2011 年照排本
湖北

[江夏]中華義門陳氏大成譜果石莊江夏舒安(積善里)族譜
陳立河修
2012 年照排本
湖北

[黄陂]陳氏宗譜四卷首一卷
陳華珊等修
民國十三年(1924)義門堂木活字本
山西家譜　猶他

[黄陂]陳氏宗譜五卷世系總圖四卷首一卷
陳閏中纂修
民國十三年(1924)義門堂木活字本
書名據版心題。
武漢(存卷一、三、四、世系總圖卷二至四)
武漢　山西家譜　猶他

[黄陂]楚陂蘭山義門陳氏族譜十二卷
(清)陳永大等纂修
1998 年複印清光緒十三年(1887)聚星堂木活字本
版心、書衣題"陳氏族譜"。三修本。
陳尊憲

[黄陂]陳氏族譜二十四卷
陳天愷等纂修
1998 年影印清宣統元年(1909)聚星堂木活字本
書名據版心題。三修本。
陳尊憲

[黄陂]陳氏族譜十八卷
陳賢勳纂修
1998 年聚星堂鉛印本
書名據書衣題。卷端題"楚陂蘭山義門陳氏族譜"。四修本。
陳尊憲

[黄陂]黄陂義門陳氏宗譜
陳□□纂修
2000 年照排本
續修本。
湖北

[黄陂]黄陂義門陳氏宗譜七卷
陳漢洲等纂修
2000 年鉛印本
五修本。
武漢

[新洲]陳氏族譜八卷首二卷
(清)陳隆璿纂修
清光緒四年(1878)木活字本
書名據版心題。
湖北(缺卷五、七、八)

[新洲]陳氏宗譜八卷
陳潤生、陳玉書纂修
清光緒二十年(1894)木活字本
新洲郭玉村

[新洲]義門陳氏宗譜七卷首三卷
陳□□纂修
清光緒二十五年(1899)聚義堂木活字本
山西家譜　猶他(缺卷首一)

[新洲]義陳宗譜十卷
陳先棗、陳浚川纂修
民國四年(1915)木活字本
新洲宋渡村

[新洲]陳氏大成宗譜十二卷首三卷
陳受先、陳毓鑫纂修
民國十六年(1927)木活字本
新洲施崗村

[新洲]義門陳氏宗譜四卷
陳□□纂修
民國十九年(1930)木活字本
新洲朱崗村

[新洲]陳氏宗譜五卷
陳朗珊纂修
民國二十二年(1933)刻本
新洲新河村

[新洲]陳氏宗譜六十五卷首二卷末一卷
陳爵封、陳本賜纂修
民國二十三年(1934)木活字本
新洲新畈村

[新洲]義門陳氏宗譜二十二卷首三卷
陳文彩等纂修
民國二十四年(1935)木活字本
新洲竹園村

[新洲]陳氏宗譜十卷
陳彩臣纂修
民國二十六年(1937)木活字本
新洲顧崗鄉

[新洲]陳氏宗譜十二卷首一卷末二卷
陳□□纂修
民國二十九年(1940)木活字本
新洲份子村

[新洲]義門陳氏宗譜二十四卷
陳玉階纂修
民國三十三年(1944)木活字本
新洲新集村

[新洲]義門陳氏宗譜二十四卷
陳尚玨纂修
民國三十三年(1944)木活字本
新洲熊店村

[新洲]花園陳氏宗譜三十卷首四卷
陳天銘、陳潔夫纂修
民國三十六年(1947)木活字本
周陳增

[新洲]陳氏宗譜十卷
陳本荃、陳期能纂修
民國三十六年(1947)木活字本
新洲大遊村

[新洲]義陳宗譜二十五卷首五卷
陳金城等編纂
1989 年同心堂木活字本
書名據書衣題。
湖北

[新洲]陳氏宗譜十六卷首三卷
陳化霧修
1989年德星堂油印本
山西家譜　猶他

[新洲]陳氏宗譜四卷首一卷
陳□□纂修
1992年遵義堂木活字本
書名據書衣題。
湖北

[新洲]陳氏宗譜二十卷首一卷
陳先和總編
1992年德星堂木活字本
書名據書衣題。
湖北

[新洲]義門陳氏宗譜十六卷首一卷
陳毓芳總編
1993年穎義堂木活字本
書名據書衣題，版心題"義門大成宗譜"。
湖北

[新洲]義門陳氏回歸莊大成宗譜九卷首五卷
陳義智主編
2003年德星堂木活字本
書名據書衣題，版心題"義陳合修宗譜"。八修本。
湖北

[新洲]中華義門陳氏大成譜萬福莊新洲郟城街陳先里族譜
陳真詠等修
2011年照排本
湖北　山西家譜　猶他

[新洲]中華義門陳氏大成譜陳橋莊福右公陳氏宗譜
陳水清主編
2014年義門堂照排本
山西家譜　猶他

[大冶]陳氏宗譜
(清)陳允鋕修
清道光五年(1825)指薪堂木活字本
國家(存卷首、卷一至卷四)

[大冶]義門陳氏族譜十五卷
(清)陳賓奎修
清咸豐十一年(1861)德星堂石印本
山西家譜　猶他

[大冶]義門陳氏族譜十八卷首一卷
陳古林等修
民國二十五年(1936)德星堂木活字本
山西家譜　猶他(缺卷二)

[大冶]義門陳氏族譜不分卷
陳才基、陳思塘等修
民國三十六年(1947)德星堂木活字本
山西家譜　猶他

[大冶]義門陳氏族譜不分卷首四卷
陳新太修
民國三十三年(1944)體義堂木活字本
書籤題"義門陳氏大成宗譜"。
山西家譜　猶他

[大冶]陳氏申義宗譜二十四卷
陳出新主編
1989年申義堂油印本
山西家譜　猶他(缺卷八、十九)

[大冶]中華義門陳氏大成譜果石莊大冶雷山聯修族譜
陳世錦等修
2009 年照排本
湖北

[陽新]義門東鄉路莊墨譜
陳臨淮纂修，陳春樂默録
民國元年(1912)德星堂抄本
書名據内容題，書衣題“東鄉路莊墨譜”。
湖北(存一册)

[陽新]義門陳氏宗譜十六卷首一卷
陳□□纂修
民國十年(1921)德星堂木活字本
書名據版心、書衣題。
湖北(存卷首、卷十六太冲莊支)

[陽新]義門陳氏宗譜不分卷
陳□□纂修
民國三十一年(1942)德星堂木活字本
書名據版心、書衣題。
湖北(存八卷)

[陽新]陳氏宗譜不分卷
陳世猋、陳敦漢等主修
1989 年果石莊油印本
書名據書衣題，版心題“義門陳氏宗譜”。
湖北(存二十七卷)

[陽新]義門陳氏宗譜六卷首一卷
陳敬清修
1994 年旌義堂鉛印本
猶他

[陽新]義門陳果石莊大成宗譜
陳緒蘭修
2006 年義門堂照排本
湖北

[鄖阳]湖北鄖縣陳氏家譜不分卷
陳起民纂修
1986 年鉛印本
書名據目録題。
上海　海德堡　美國國會　哈佛　華盛頓　夏威夷

[荆州]湖北荆州以恭系陳氏宗譜
陳昌炎主編
2002 年照排本
三修本。
湖北

[洪湖]義門風采録
陳緒剛主編
1997 年鉛印本
書名據書衣題，前言題“陳氏當代族賢風采録”。
湖北

[洪湖]中華義門陳氏大成譜崇陽莊湖北洪湖文元公支系譜
陳月茂等修
2011 年照排本
湖北

[石首]陳氏族譜
陳□□纂修
刻本
石首檔

[石首]陳氏族譜不分卷
陳友法纂修
民國三十六年(1947)義門堂石印本
書名據版心、書衣題。
上海

[石首]陳氏族譜
陳惟林纂修
2009年德星堂照排本
湖北

[松滋]義門陳氏宗譜十五卷
(清)陳□□纂修
清光緒二十一年(1895)德星堂木活字本
書名據書衣題,書籤題"道淇道澳支譜"。
山西家譜　猶他(缺卷六、十、十五)

[松滋]義門陳氏宗譜四卷
(清)陳□□纂修
清咸豐三年(1853)德星堂木活字本
書籤題"陳氏宗譜"。
山西家譜　猶他

[松滋]義門陳氏道淇道澳支譜十六卷
陳氏合族纂修
民國十七年(1928)德星堂木活字本
書名據目録題。書衣題"道淇道澳支譜"。譜初修於清嘉慶四年(1799),此爲四修本。
上海　尋源姓氏

[公安]公安陳家坪陳氏族譜十六卷
合族纂修
民國二十四年(1935)義門堂木活字本
書名據版心題,書衣題"公安陳氏族譜",内封題"陳氏族譜"。
上海

[江陵]陳氏族譜十四卷首三卷
陳賢福纂修
清光緒三十三年(1907)旌義堂木活字本
書名據版心題。
上海

[江陵]陳氏族譜一卷
陳啓宇、陳祖佑等纂修
民國六年(1917)木活字本
江陵檔

[江陵]陳氏族譜六卷
陳之光纂修
民國二十六年(1937)德星堂抄本
書名據版心、書衣題。
荆州區

[宜昌]義門陳氏彝陵分譜十二卷
陳達科纂修
天津古籍出版社2010年影印《天津圖書館藏家譜叢書》本
書名據目録題,版心題"彝陵分譜",與義門陳氏大同宗譜合刊。
國家　一史館　故宫博　歷史所　人大　北師大　民族大　天津　吉大　厦大　山西家譜　猶他

[宜昌]義門陳氏大同宗譜
李培、劉文君主編
2011年影印1940年鉛印本
湖北

[夷陵]義門陳氏宗譜
(清)陳世春修
清道光二十二年(1842)德興堂木活字本
陳啓林

[夷陵]陳氏族譜十六卷
陳光塾修
清宣統二年(1910)潁川堂木活字本
黄廷玉

[夷陵]義門陳氏宗譜
陳福昌修
2005 年抄本
陳朝武

[夷陵]義門陳姓南沱支族族譜
陳永佐修
2008 年照排本
宜昌黄陵廟

[夷陵]陳氏宗譜
陳傳沛續修
2011 年潁川堂照排本
陳傳森

[宜都]陳氏族譜
陳□□纂修
民國潁川堂木活字本
書名據書衣題。
宜都(存卷二、四)

[當陽]陳氏宗譜十卷
陳金湘修
民國二十一年(1932)承義堂木活字本
山西家譜　猶他

[興山]陳氏族譜
陳天保、陳天璋、陳崇芳、陳崇鑫編修
2008 年潁川堂照排本
湖北

[老河口]陳氏家譜
陳家銘等纂修
據民國二十五年(1936)石印本複印
書名據書衣題。
老河口(存一册)

[鄂州]義門陳氏宗譜四卷首二卷
(清)陳材修
清同治五年(1866)德星堂木活字本
山西家譜(缺卷一)　猶他

[鄂州]義門陳氏宗譜四卷首二卷
(清)陳發然修
清光緒十五年(1889)德星堂木活字本
山西家譜(缺卷一、二)　猶他

[鄂州]義門陳氏宗譜
陳□□纂修
清宣統三年(1911)德星堂木活字本
國家(存卷三、四)　山西家譜　猶他

[鄂州]陳氏宗譜四卷
陳金玉纂修
民國三年(1914)德興堂木活字本
山西家譜　猶他

[鄂州]陳氏宗譜
陳振球修
民國十九年(1930)崇本堂木活字本
山西家譜　猶他

[鄂州]義門陳氏宗譜十九卷首二卷
陳□□纂修
民國二十六年(1937)德星堂木活字本
山西家譜(缺卷三、四、九、十、十二、十五、十六)　猶他

[鄂州]義門陳氏璉祖支譜
陳子梅等纂修
民國三十五年(1946)福星堂木活字本
内封題"義門陳氏璉祖支譜",版心題"陳氏宗譜"。三修本。
鄂州博(存卷一至六、卷之一至六、卷之八至十五、卷首一至六、另卷十一義門陳氏宗譜)

[鄂州]陳氏宗譜十八卷首二卷
陳大通修
民國三十七年(1948)崇本堂木活字本
山西家譜 猶他

[鄂州]義門陳氏宗譜十四卷首一卷
陳照林修
1989年德星堂油印本
山西家譜(缺卷九、十三、十四) 猶他

[荆門]中華義門陳氏大成譜火巷莊湖北荆門思亮公興海系宗譜三卷
陳中泉等修
2014年照排本
湖北

[荆門]義門陳氏宗譜荆門思亮公後裔興旺公系屬卷
陳賢鳳修
2014年照排本
湖北

[京山]義門京山縣陳氏聯譜
陳祥旭主編
2009年照排本
書衣題"江州義門陳氏大成宗譜京山縣聯譜"。
山西家譜 猶他

[孝感]澴東陳氏宗譜二十二卷首一卷末一卷
陳□□纂修
民國六年(1917)木活字本
書名據版心題。
武漢(存卷一至七、九、十一至二十、卷末)
山西家譜 猶他

[孝感]義門陳氏宗譜
陳恩謨纂修
據民國九年(1920)聚星堂木活字本複印
湖北(存卷首、卷一、二、四、五)

[孝感]陳氏宗譜
陳□□纂修
民國三十三年(1944)義門堂木活字本
山西家譜 猶他

[孝感]義門陳氏宗譜八卷
陳作幼、陳學華、陳焕章等編修
1989年鉛印本
書名據版心題。
湖北(存卷一、三)

[孝感]義門陳氏宗譜四卷
陳幼樵主編
1995年鉛印本
湖北

[孝感]義門宗譜
陳行臺、陳學華總編
1997年樂善堂木活字本
書名據版心、書衣題,目録題"義門九公合續宗譜"。
湖北(存卷首一至三) 山西家譜 猶他

[孝感]義門陳氏革新譜
陳明方主編
1998年照排本
湖北

[孝感]家族文化世曆全集四卷
陳文浩、陳文政、陳文信、陳文寬主編
2000年福德堂鉛印本
書名據書衣題，版心題"義門陳氏宗譜"。
湖北

[孝感]中華義門陳氏大成譜回歸莊湖北孝感華甫公支系宗譜六卷
陳雲聖等修
2011年義門堂照排本
湖北

[孝感]中華義門陳氏大成譜麻城莊湖北孝感相益公系宗譜
陳春田等修
2012年照排本
湖北

[應城]陳氏宗譜
陳□□纂修
民國三十五年(1946)義門堂木活字本
猶他

[應城]陳氏宗譜
陳□□纂修
民國三十七年(1948)義門堂石印本
山西家譜　猶他

[應城]陳氏宗譜六卷首一卷
陳文開等修
民國三十八年(1949)石印本
山西家譜　猶他

[應城]陳氏宗譜
陳□□纂修
民國間(1912—1949)義門堂石印本
書名據版心題。記事至1948年。
武漢(存卷二)　山西家譜　猶他

[應城]應城西陳宗譜
陳□□纂修
1990年木活字本
書名據書衣題，版心題"西陳宗譜"。載居敬重派五分环公裔傧支十一世至二十四世系。
湖北(存卷十三)

[應城]陈氏宗譜八卷首二卷
陳國元、陳公臣、陳以仁纂修
1990年義門堂鉛印本
書名據版心題。
湖北

[安陸]安陸長松陳氏宗譜
陳有金主編
2014年奎德堂照排本
湖北

[漢川]花園陳氏宗譜二十卷
陳輝瑞纂修
民國六年(1917)義門堂木活字本
國家　湖北　山西家譜(存卷一至四，八、九、十三、二十)　猶他

[漢川]義門陳氏宗譜(燕子莊)
陳柏林、陳德仁等編修
1989年義門堂木活字本
書名據書衣題。
湖北(存卷首、崎公卷)

[漢川]楚北陳氏宗譜
陳□□纂修
2008年義門堂鉛印本
湖北(存卷四)

[大悟]中華義門陳氏大成譜山頭莊湖北大悟宣化店陳家河族譜
陳穩祥等修
2011年照排本
湖北

[黄岡]義門陳氏支譜六卷首一卷
(清)陳家順纂修
清光緒二年(1876)和睦堂木活字本
國家

[黄岡]陳氏族譜八卷首二卷
(清)陳隆璿纂修
清光緒四年(1878)德星堂木活字本
書名據版心題。
湖北(缺卷一、五、七、八)

[黄岡]義門陳氏宗譜十卷首二卷
(清)陳□□纂修
清光緒七年(1881)德星堂木活字本
山西家譜　猶他

[黄岡]義門大成宗譜六卷首四卷
陳利均總修
清光緒十九年(1893)潁義堂木活字本
内封題"陳氏宗譜"。
山西家譜　猶他

[黄岡]陳氏宗譜
陳心願纂修
清光緒二十年(1894)光裕堂木活字本
山西家譜　猶他

[黄岡]陳氏續修合譜八卷首三卷
陳發揮等纂修
清光緒二十七年(1901)紹義堂敦義堂木活字本
書名據譜序題。十七修本。
陳正琪　雒南檔

[黄岡]黄岡縣上伍鄉陳氏族譜八卷首二卷
陳志鈺等纂修
清光緒二十九年(1903)德星堂木活字本
版心、書衣、内封題"陳氏族譜"。
上海

[黄岡]陳氏宗譜
陳啓淳、陳啓滢等纂修
清光緒三十年(1904)德星堂刻本
書名據版心題。
湖北(存卷首、十一)

[黄岡]義門陳氏宗譜十一卷首五卷
陳如有修
清光緒三十年(1904)明倫堂木活字本
山西家譜　猶他

[黄岡]義門陳氏宗譜九卷首一卷
陳□□纂修
清光緒三十四年(1908)明倫堂木活字本
書名據版心題。
湖北(缺卷二)

[黄岡]義陳宗譜八卷首二卷
陳學太等修
清宣統元年(1909)永義堂木活字本
國家(缺卷二、六)　山西家譜

[黄岡]義陳宗譜十卷
陳裕禎修
清宣統元年(1909)永義堂木活字本
猶他

[黄岡]陳氏宗譜六卷
陳□□纂修
清宣統三年(1911)德盛堂木活字本
山西家譜　猶他

[黄岡]陳氏宗譜二十二卷首一卷
陳淮江等修
民國五年(1916)守義堂木活字本
山西家譜(缺卷十一、二十一)　猶他

[黄岡]義門宗譜
陳鳳初修
民國五年(1916)守義堂木活字本
山西家譜　猶他(存卷首、卷二至卷七、卷九至卷十一、卷十三、卷十五至卷二十三)

[黄岡]楚黄松山陳氏績編本宗譜三十二卷首一卷末一卷
陳受標等纂修
民國七年(1918)木活字本
版心題"陳氏宗譜"。
哥倫比亞　猶他

[黄岡]旌表義門宗譜四十六卷
陳□□纂修
民國十一年(1922)孝義堂木活字本
書衣題"義門宗譜"。
山西家譜　猶他(缺卷首、卷二十一、二十五)

[黄岡]陳氏大成宗譜十二卷
陳受先等纂修
民國十六年(1927)德星堂木活字本
書名據版心題。
上海

[黄岡]陳氏大成宗譜十二卷
陳□□纂修
民國十六年(1927)德星堂木活字本
國家

[黄岡]陳氏續修族譜十三卷首三卷
陳隆傑、陳隆才等纂修
民國十八年(1929)德星堂木活字本
書名據譜序題,版心、書衣、内封題"陳氏宗譜"。
國家　上海　湖北(缺卷六、九、十)　山西家譜　猶他

[黄岡]陳氏宗譜三十卷首六卷
陳新甫等纂修
民國二十年(1931)旌義堂木活字本
書名據版心、内封題,書衣題"義陳家譜"。七修本。
中山图(存卷首、卷一至二十四、二十六至三十)　山西家譜　猶他(缺卷十三、十九)

[黄岡]義陳宗譜
陳紹魁修
民國二十二年(1933)永義堂木活字本
國家(存卷三、四、五、七、八、十)　山西家譜　猶他

[黄岡]陳氏宗譜六十五卷首六卷
陳封瀚修
民國二十三年(1934)木活字本
國家　山西家譜　猶他

[黄岡]陳氏宗譜十卷首三卷
陳忠槐主修
民國二十三年(1934)忠義堂木活字本
山西家譜(缺卷九、十) 猶他

[黄岡]義門陳氏宗譜十六卷首四卷
陳軼良修
民國二十四年(1935)德星堂木活字本
國家 山西家譜 猶他

[黄岡]陳氏宗譜十八卷
陳□□纂修
民國二十九年(1940)遵義堂木活字本
山西家譜(缺卷二、十六) 猶他

[黄岡]陳氏宗譜六十五卷首六卷
陳録典纂修
民國三十三年(1944)木活字本
書名據版心、書衣題。
上海

[黄岡]陳氏宗譜十二卷首二卷
陳子煊、陳漢川等修
民國三十三年(1944)守義堂木活字本
山西家譜 猶他

[黄岡]義門陳氏宗譜十四卷首五卷
陳金城纂修
民國三十三年(1944)德星堂木活字本
山西家譜 猶他(缺卷九、十三)

[黄岡]義門陳氏宗譜二十四卷首四卷
陳尚鈺修
民國三十三年(1944)明倫堂木活字本
國家 山西家譜 猶他

[黄岡]義門宗譜八卷
陳國珠、陳儀成等修
民國三十三年(1944)德星堂木活字本
内封題"陳氏宗譜"。
山西家譜 猶他

[黄岡]陳氏宗譜
陳□□纂修
民國三十四年(1945)孝義堂木活字本
書名據書衣題,版心題"義門宗譜"。
湖北(存卷首二、四、卷二至四、卷六至九)

[黄岡]陳氏宗譜十二卷
陳懷椿、陳德毓經理
民國三十四年(1945)聚星堂木活字本
山西家譜 猶他

[黄岡]義門陳氏宗譜七卷首二卷
陳昌銀纂修
民國三十四年(1945)義善堂木活字本
黄岡檔

[黄岡]陳氏宗譜三十六卷目録一卷
陳錦簇修
民國三十四年(1945)崇義堂木活字本
山西家譜 猶他

[黄岡]白鶴莊陳氏宗譜
陳□□纂修
民國三十五年(1946)德星堂木活字本
猶他

[黄岡]陳氏宗譜六卷
陳正榮修
民國三十五年(1946)則義堂木活字本
國家 山西家譜 猶他

[黄岡]義門陳氏宗譜八卷首八卷
陳元梁纂修
民國三十五年(1946)正興堂木活字本
國家　山西家譜　猶他

[黄岡]松湖陳氏宗譜三十卷首四卷
陳鵠人、陳潤青纂修
民國三十六年(1947)木活字本
新洲毛集村

[黄岡]陳氏宗譜二十卷首四卷
陳子湘修
民國三十六年(1947)木活字本
山西家譜　猶他

[黄岡]陳氏績修族譜十四卷首五卷
陳在文纂修
民國三十六年(1947)德星堂木活字本
書名據譜序題,版心、書衣題"陳氏宗譜"。
上海

[黄岡]陳氏宗譜四十卷首一卷
陳□□纂修
民國三十六年(1947)聚星堂木活字本
山西家譜　猶他

[黄岡]陳氏宗譜五卷首一卷
陳啓應、陳文安修
民國三十七年(1948)聚星堂木活字本
山西家譜　猶他(缺卷三)

[黄岡]陳氏宗譜二十六卷
陳壽松、陳祝卿修
1989年德星堂木活字本
書名據書衣題。三修本。
湖北　山西家譜　猶他

[黄岡]義門陳氏宗譜二十五卷首五卷
陳金城修
1989年同心堂木活字本
山西家譜　猶他

[黄岡]陳氏宗譜五卷首一卷
陳燦山、陳雙壽修
1991年聚星堂木活字本
山西家譜　猶他

[黄岡]陳氏宗譜二十四卷
陳榮卿修
1991年奉先堂鉛印本
山西家譜　猶他

[黄岡]陳氏宗譜二十二卷首二卷
陳學斌修
1991年追遠堂木活字本
湖北　山西家譜　猶他

[黄岡]義門陳氏宗譜十六卷首七卷
陳正元修
1991年德星堂木活字本
山西家譜　猶他

[黄岡]陳氏宗譜二十卷首一卷
陳先錦修
1992年德星堂木活字本
山西家譜　猶他

[黄岡]陳氏宗譜十八卷首四卷
陳錫鵬、陳錫海、陳錫禄等編修
1992年積義堂木活字本
書名據版心題。
湖北

[黃岡]義門陳氏宗譜九卷首五卷
陳滋喜主編
1992年孝義堂木活字本
書名據書衣題,内封題"陳氏宗譜"。
湖北　山西家譜　猶他

[黃岡]義門陳氏宗譜十七卷首四卷
陳所麟修
1992年三頭莊木活字本
山西家譜　猶他

[黃岡]陳氏宗譜四十四卷首四卷
陳鵠人、陳潤青修
1993年油印本
書名據書衣題,書籤題"松湖陳氏宗譜"。
山西家譜　猶他(缺卷首、冬卷首四卷)

[黃岡]陳氏宗譜六十七卷首七卷
陳丙炎修
1993年木活字本
山西家譜　猶他

[黃岡]陳氏宗譜四十八卷
陳采國、陳世昌總編
1998年文星堂木活字本
山西家譜　猶他

[黃岡]陳氏宗譜十卷首三卷
陳興祖修
1998年忠義堂木活字本
山西家譜(缺卷首三)　猶他

[黃岡]陳氏宗譜二卷首一卷
陳振東主編
2012年德景堂照排本
山西家譜　猶他

[麻城]義門陳氏宗譜二十卷首二卷
陳科時修
清光緒十九年(1893)守義堂木活字本
山西家譜　猶他(缺卷三、七、十一)

[麻城]陳氏宗譜六卷首四卷
陳以盛修
民國四年(1915)孝義堂木活字本
國家　山西家譜　猶他

[麻城]義門三修宗譜
陳□□纂修
民國五年(1916)聚星堂木活字本
國家

[麻城]陳氏宗譜四卷
陳□□纂修
民國五年(1916)則義堂木活字本
山西家譜　猶他

[麻城]義門陳氏宗譜十二卷
陳心瑩修
民國十二年(1923)德星堂木活字本
書籤題"義門陳氏宗譜"。
國家　山西家譜　猶他

[麻城]陳氏宗譜十卷
陳□□纂修
民國二十一年(1932)積義堂木活字本
國家(缺卷十)　山西家譜　猶他

[麻城]義門陳氏大宗譜十七卷
陳□□纂修
民國二十六年(1937)樹德堂木活字本
明代萬曆年間首修,清嘉慶二十一年(1816)續修,清光緒二年(1876)二次續修,民國二十四年(1935)三次續修。
麻城方志　思綏草堂

[麻城]陳氏宗譜十二卷首一卷
陳□□纂修
民國二十九年(1940)遵義堂木活字本
國家

[麻城]陳氏宗譜
陳宗澤修
民國二十九年(1940)遵義堂木活字本
猶他

[麻城]陳氏宗譜三十八卷首一卷
陳□□纂修
民國二十九年(1940)遵義堂木活字本
山西家譜　猶他

[麻城]陳氏宗譜二十五卷首一卷
陳啓珪修
民國二十九年(1940)遵義堂木活字本
山西家譜　猶他

[麻城]義陳五修宗譜三十八卷首三卷卷總二卷
陳□□纂修
民國二十九年(1940)聚星堂木活字本
國圖(存卷首一、二、三,卷總一、二,卷七、八)　山西家譜　猶他

[麻城]陳氏宗譜十卷首一卷
陳德貴、陳德祥等修
民國三十一年(1942)積義堂木活字本
山西家譜(存卷二、十)　猶他

[麻城]義門陳氏族譜五十二卷
陳崇望等修
民國三十四年(1945)德星堂木活字本
國家(缺卷四十五)

[麻城]義門陳氏宗譜
陳□□纂修
1987年德星堂木活字本
五修本。清道光三年(1823)創修,清咸豐九年(1859)續修,清光緒十九年(1893)三修,民國十二年(1923)四修。
麻城方志

[麻城]陳氏宗譜
陳□□纂修
1992年德星堂木活字本
書名據書衣題,版心題"義門宗譜"。
湖北(存卷首二至五、卷一至九)

[麻城]陳氏宗譜四十八卷首一卷
陳紀文主編
1992年遵義堂木活字本
湖北

[麻城]陳氏族譜十一卷
陳國春、陳家明修
1993年積義堂木活字本
書名據書衣題。
湖北(缺卷九)

[武穴]義門陳氏宗譜不分卷
(清)陳素冀、(清)陳有常等修
清道光五年(1825)聚義堂木活字本
國家　山西家譜　猶他

[武穴]義門陳氏大成宗譜
陳龍飛修
1989年大義堂鉛印本
書衣題"義門陳氏宗譜"。
山西家譜(存卷首、卷三至十七)　猶他

[紅安]義門陳氏宗譜十五卷首四卷

陳清廉、陳明道修

民國五年(1916)三興莊木活字本

山西家譜　猶他

[紅安]黃安縣義門謝浦莊陳氏宗譜六卷首一卷

陳文開等纂修

民國三十八年(1949)二難堂鉛印暨石印本

二修本。

武漢(存卷首、卷一至四、六)　山西家譜　猶他

[紅安]義門陳氏宗譜

陳士儀纂修

1992年木活字本

書名據書衣、内封題。五修本。

國家

[紅安]陳氏族譜八卷首四卷

陳先富等編修

1993年德星堂木活字本

書名據書衣題。

湖北

[羅田]義門陳氏宗譜十六卷

(清)陳一龍修

清嘉慶十八年(1813)刻本

山西家譜　猶他(缺卷六、七、八、十、十一、十三)

[羅田]義陳宗譜十四卷

(清)陳盛珍等修

清光緒七年(1881)孝義堂刻本

國家

[羅田]義陳宗譜十四卷

陳書賜等編修

清宣統元年(1909)孝義堂木活字本

國家(缺卷二、卷四、卷十三)

[羅田]義門陳氏宗譜十二卷首二卷

陳燮編纂修

清宣統三年(1911)聚星堂木活字本

山西家譜　猶他

[羅田]陳氏宗譜五卷首五卷

陳訓庭修

民國十一年(1922)集義堂木活字本

書籤題"義陳宗譜"。

山西家譜　猶他

[羅田蘄春黄岡]義陳宗譜八卷首一卷

陳子蘭修

民國二十二年(1933)永義堂木活字本

猶他

[羅田]義陳宗譜十六卷

陳定誥等修

民國二十四年(1935)孝義堂木活字本

國家

[浠水]義門陳氏宗譜

陳□□纂修

民國三十四年(1945)孝義堂木活字本

國家(存卷首二)

[浠水]望江莊陳氏宗譜世系五卷世傳二十五卷首四卷

陳楨佑修

1985年重訂民國三十四年(1945)聚星堂木活字本

書名據書衣題。八修本。

湖北(存卷首一,世系卷一,世傳卷一、二、四至九、十五、十六、十八、十九)

[浠水]義門陳氏回歸莊大成宗譜九卷首四卷

陳漢波、陳榮輝主編

2003年德星堂木活字本

書名據書衣題。五修本。

湖北

[浠水]義門陳氏宗譜

陳□□纂修

照排本

浠水博(存卷二十四上)

[蘄春]義陳宗譜十卷首四卷

陳福興等修

清光緒二十七年(1901)德星堂木活字本

山西家譜　猶他

[蘄春]陳氏宗譜

陳□□等修

據民國九年(1920)聚星堂木活字本複印

書名據版心題。

湖北(存卷首、一、二、四、五)

[蘄春]義門宗譜二十八卷首二卷

陳錫根纂修

民國二十二年(1933)篤義堂木活字本

國家(缺卷一至三、九、十、十三、十五、十七、二十六、二十七)　山西家譜　猶他

[蘄春]義門陳氏回歸莊省一分宗譜四十卷

陳海棠修

民國二十六年(1937)德星堂木活字本

書籤題"義門陳氏宗譜"。

山西家譜　猶他

[蘄春]陳氏十修宗譜一百一十卷

陳敦複等修

民國三十二年(1943)木活字本

書名據版心、書衣題。

湖北(存卷一至四)

[蘄春]義門陳氏宗譜十二卷

陳明山、陳子蓮修

民國三十三年(1944)聚義堂木活字本

山西家譜　猶他

[蘄春]白鶴莊陳氏宗譜

陳□□纂修

1985年據舊刻本複印

書名據書衣題。

湖北(存卷首、卷五)

[蘄春]蘄春莊陳氏家志一百一十卷

陳愛華修

1989年油印本

版心題"陳氏十一修家志",内封題"蘄春莊陳氏宗譜"。

湖北(存四卷)　猶他

[蘄春]蘄春莊陳氏家志不分卷
陳芳、陳桂生、陳志高等編修
1989 年油印本
書名據書衣題,版心題"陳氏十一修宗譜"。
湖北(存二卷)

[蘄春]陳氏宗譜三卷
陳良道修
1990 年篤義堂木活字本
書名據書衣題,版心題"義門宗譜"。八修本。
湖北

[蘄春]蘄春莊陳氏十一修家志
陳幼明、陳文臣編修
1991 年油印本
書名據書衣題,版心題"陳氏十一修宗譜"。
湖北(存卷一、二、三十三)

[蘄春]義門陳氏宗譜十二卷
陳永廷、陳中森修
1993 年聚義堂木活字本
湖北　山西家譜　猶他

[蘄春]義門陳氏宗譜三十三卷首三卷
陳文彪、陳文悦等修
1993 年德星堂木活字本
書名據書衣題。
湖北

[蘄春]義龍窩蘄春莊陳氏十二修宗譜四卷(仁讓祖)
陳□□主編
2001 年德星堂照排本
書名據版心題。
湖北(缺卷一)

[蘄春]蘄春莊陳氏十二修家譜
陳文學、陳宇明、陳坤山修
2004 年德星堂照排本
内封題"蘄春莊義龍窩陳氏十二修家譜"。
湖北

[蘄春]陳氏十二修宗譜二卷
陳文通總編修
2004 年德星堂照排本
版心題"陳氏十二修宗譜",譜序題"燾祖十二修宗譜"。
湖北

[蘄春]陳氏十二修宗譜
陳康亞、陳光四修
2006 年德星堂照排本
書名據版心題。内封題"蘄春莊陳氏宗譜"。
湖北(存卷一、三至六)　猶他

[蘄春]蘄春莊陳氏宗譜(玄錫祖)
陳昌厚主編
2006 年德星堂照排本
版心題"蘄春莊陳氏十二修宗譜"。
湖北

[蘄春]義門陳氏義龍窩第十二修家譜振崙祖房支譜
陳淑奇主編
2008 年德星堂照排本
版心題"蘄春莊陳氏十二修宗譜"。
湖北

[蘄春]蘄春莊陳氏宗譜五卷(一和祖)
陳□□主編
2009 年德星堂照排本
版心題"蘄春莊陳氏十二修宗譜"。
湖北(缺卷一)

[蘄春]蘄春莊陳氏宗譜四卷
陳文健等編修
2009 年德星堂照排本
版心題"陳氏十二修家志",序題"陈氏璇亭祖房十二修家志"。
湖北

[蘄春]蘄春莊陳氏宗譜五卷(玉山祖)
陳劍峰主編
2010 年德星堂照排本
版心題"蘄春莊陳氏十二修宗譜"。
湖北

[蘄春]蘄春莊陳氏宗譜五卷(良二祖)
陳趕生、陳立新主編
2010 年德星堂照排本
版心題"蘄春莊陳氏十二修宗譜"。
湖北

[蘄春]潁川蘄春莊陳氏宗譜
陳和平主編
2010 年德星堂照排本
版心題"蘄春莊陳氏十二修宗譜"。
湖北

[蘄春]蘄春莊陳氏十二修宗譜(惟哲祖)
陳明壽主編
2010 年德星堂照排本
書名據版心題。
湖北

[蘄春]中華義門陳氏大成譜蘄春莊望天畈白鶴莊宗譜二十卷
陳雲友等修
2011 年照排本
湖北

[蘄春]蘄春莊陳氏十二修宗譜四卷(仁民祖)
陳咸福主編
2011 年德星堂照排本
書名據版心題。
湖北(缺卷一)

[蘄春]蘄春莊陳氏宗譜(惟顯祖)
陳余力主編
2012 年德星堂照排本
版心題"蘄春莊陳氏十二修宗譜"。
湖北

[蘄春]蘄春莊陳氏十二修家譜(一畫祖)
陳明星主編
2012 年德星堂照排本
書名據版心題。
湖北

[蘄春]蘄春莊陳氏十二修宗譜(一任祖)
陳福生總編修
2013 年德星堂照排本
書名據版心題。
湖北

[蘄春]蘄春莊陳氏宗譜(覺祖)
陳愛華編修
2013 年德星堂照排本
版心題"陳氏十二修宗譜"。
湖北

[蘄春]蘄春莊陳氏十二修宗譜(仁敦祖)
陳求應主修
2014 年德星堂照排本
内封題"義龍窩良五常長房系下仁敦祖十二修宗譜"。
湖北

［黄梅］陳氏宗譜五卷首一卷
（清）陳福興修
清光緒十八年（1892）遵義堂木活字本
山西家譜　猶他

［黄梅］陳氏宗譜九卷首一卷
陳炎等纂修
民國十一年（1922）懷寧莊木活字本
書名據書籤、版心題。
上海　尋源姓氏　山西家譜　猶他

［黄梅］陳氏宗譜八卷首一卷
陳學易修
民國二十一年（1932）潁川堂木活字本
山西家譜　猶他（缺卷四、五、八）

［黄梅］陳氏宗譜九卷首一卷
陳□□纂修
民國三十一年（1942）懷寧堂木活字本
書名據版心、書衣、内封題。
上海

［黄梅］義門陳氏宗譜
陳□□纂修
約民國三十五年（1946）崇義堂木活字本
山西家譜　猶他（存卷二至十六）

［黄梅］中華義門陳氏大成譜黄梅莊湖北黄梅文貴户族譜
陳盛奎等修
2011年照排本
湖北

［黄梅］中華義門陳氏大成譜懷寧莊湖北黄梅杉木陳世族譜
陳協陽修
2011年照排本
湖北

［黄梅］義門陳氏宗譜十六卷
陳□□纂修
民國間（1912—1949）崇義堂木活字本
國家

［英山］義門陳氏宗譜二十七卷首二卷
陳延慶等編修
民國三十二年（1943）潁川堂木活字本
山西家譜　猶他

［團風］中華義門陳氏大成譜萬福莊湖北黄岡團風縣三廟河陳氏宗譜
陳應元、陳福成等修
2011年照排本
湖北

［咸寧］陳氏宗譜不分卷
陳德瑞纂修
民國三十六年（1947）德星堂刻本
書名據書衣題，版心題“義門陳氏宗譜”。九修本。
河南

［咸寧］義門陳氏六續會雲譜（仕珊派支譜）
陳緒和修
2009年果實莊照排本
山西家譜　猶他

[咸寧]中華義門陳氏大成譜江夏莊延升派下天樹公支系族譜三卷
陳聖炎等修
2011 年照排本
湖北

[咸寧]中華義門陳氏大成譜羅溪莊湖北咸寧思立公支系譜
陳聲斌等修
2012 年照排本
湖北

[咸寧]中華義門陳氏大成譜嘉魚石橋市汊莊湖北咸寧族譜
陳學明等修
2012 年照排本
湖北

[赤壁]中華義門陳氏大成譜蒲圻莊湖北赤壁市西江畈族譜
陳光佑等修
2011 年照排本
湖北

[赤壁]中華義門陳氏大成譜赤壁市西凉陳老户莊支系譜
陳安學等修
2012 年照排本
湖北

[赤壁]中華義門陳氏大成譜崇陽莊赤壁河沿灘陳氏族譜
陳輝强等修
2013 年照排本
湖北

[赤壁]中華義門陳正本清源聯譜:陳氏族譜
陳銀祥、陳新國、陳安文、陳偉等主編
2014 年德星堂照排本
版心題“中華義門陳氏大成譜”。
湖北

[嘉魚]中華義門陳氏大成譜蒲圻莊湖北嘉魚族譜
陳秉堃修
2011 年照排本
湖北

[崇陽]陳氏宗譜十九卷
陳紹虞纂修
民國十七年(1928)潁川堂木活字本
陳剛毅

[崇陽]陳氏宗譜十九卷
陳秋凉、陳和國等編修
1989 年潁川堂油印本
陳剛毅

[崇陽]崇陽義門陳聯莊合譜七卷
陳文輝、陳秋凉等編修
2000 年潁川堂鉛印本
陳剛毅

[通山]中華義門陳氏大成譜崇陽莊湖北通山岩軒分莊族譜七卷
陳善富等修
2012 年照排本
湖北

[廣水]義門陳氏宗譜
陳方俊主編
2004 年照排本
湖北

[隨州]中華義門陳氏大成譜港口莊漢東族譜

陳長德等修

2010年照排本

湖北

[仙桃越舟湖]義門陳氏江州老譜

合族纂修

據明弘治十四年(1501)抄寫于黄綾本掃描

書名據内封題。

湖北

[仙桃越舟湖]陳氏族譜

(明)陳世泰、(明)陳世仁、(明)陳世林纂修

明萬曆二十六年(1598)稿本

書名據内封題。

湖北

[天門]陳氏宗譜二十二卷

陳忠遂主編

1994年義門堂鉛印本

書名據書衣題。

湖北(存卷一至七、九、十四至十五、十九、二十一)

陳洪

[黄岡]陳洪宗譜八卷

陳洪祥月等修

1994年義居莊木活字本

書名據書衣題。

湖北　山西家譜　猶他

諶

[湖北]諶氏五修家乘十二卷圖一卷

諶□□纂修

民國三十四年(1945)篤志堂木活字本

黄岡檔(存卷首、卷一至三、圖等)

[黄陂]諶氏宗譜三十卷

諶康生纂修

民國三十八年(1949)譙陽堂木活字本

書名據内封題。

湖北　猶他

[黄岡]谌氏宗譜九卷首一卷

諶成保主編

1991年篤志堂木活字本

書名據書衣題,書籤題"諶氏族譜"。六修本。

湖北　山西家譜　猶他

[麻城]諶氏支譜

諶□□纂修

據1996年鉛印本複印

清乾隆二十年(1755)創修,清同治十一年(1872)修全族簡譜,1996年再次續修。

麻城方志

[隨州]諶氏宗譜

諶述銀等修

2014年恒足堂照排本

五修本。

湖北

成

[新洲]成氏宗譜三卷
成郎先纂修
民國二十四年(1935)木活字本
新洲新街鄉

[陽新]成氏宗譜二十三卷首一卷
成遠輝修
民國二十三年(1934)親睦堂木活字本
書名據版心題。
湖北(缺卷首、卷一、十二)

[陽新]成氏宗譜
成□□纂修
1955 年木活字本
山西家譜　猶他(存卷一至九)

[陽新]成氏宗譜二十九卷首一卷
成遠輝修
1989 年親睦堂木活字本
書名據書衣題。
湖北

[陽新]成氏史志
成亦非主編
1998 年照排本
山西家譜　猶他(存卷首)

[石首]成氏族譜三卷
成漢源纂修
1998 年志慶堂鉛印本
上海　荆州　石首

[荆門]成氏宗譜·添禧公世系卷
成相玉主編
2012 年上穀堂照排本
湖北

[黄岡]成氏宗譜
(清)成□□纂修
清光緒八年(1882)親睦堂木活字本
山西家譜　猶他(存卷二十四)

[黄岡]成氏宗譜二十三卷
成□□纂修
民國二十年(1931)親睦堂木活字本
山西家譜　猶他(缺卷一、十二)

[黄岡]成氏宗譜二十三卷首二卷
成芳聲纂修
民國二十三年(1934)親睦堂木活字本
書名據版心、書衣、内封題。
國家　上海　湖北

[麻城]成氏宗譜
成□□纂修
民國三十六年(1947)複印本
麻城方志

[麻城]成氏宗譜(書公支系)
成宗德主編
2012 年照排本
山西家譜　猶他

[麻城]成氏宗譜(獻冬公卷)不分卷
成宗德主編
2012 年敦本堂照排本
内封題“成氏宗譜《範公卷》伯瓊公房《獻冬公卷》2012(壬辰)敦本堂”。
湖北　山西家譜　猶他

程

[武昌]江夏程氏族譜不分卷
(清)程士江纂修
清同治二年(1863)四箴堂刻本
版心題"程氏族譜",書衣題"程夫子宗傳支鑑便覽"。
河南 山西家譜 猶他

[武昌]義水程氏宗譜十六卷首三卷末一卷
程運準等修
民國二十七年(1938)世忠堂木活字本
國家

[武昌]程氏宗譜二十六卷首一卷
程□□纂修
民國三十六年(1947)春風堂木活字本
國家

[武昌]程氏宗譜十六卷首五卷
程祥明修
1994年瑞雪堂木活字本
書名據書衣題。
湖北 猶他

[漢陽]程氏宗譜
程□□纂修
民國五年(1916)世忠堂木活字本
蕪湖(存卷一至四、卷末)

[漢陽]程氏宗譜
程正清等主修
民國十六年(1927)敦本堂木活字本
書名據版心題。
武漢(存首册〔序、傳〕、另世系二册) 山西家譜 猶他

[漢陽]程氏宗譜
程德三等修
民國十六年(1927)文賢堂木活字本
山西家譜 猶他

[新洲]程氏宗譜三卷
程文華等纂修
民國三年(1914)木活字本
新洲易窑村

[新洲]程氏宗譜十卷首二卷
程毓靈等纂修
民國三十四年(1945)木活字本
新洲南橋村

[新洲]程氏宗譜六十卷
程□□纂修
民國三十六年(1947)木活字本
新洲大渡鄉

[新洲]程氏宗譜五十一卷
程禮堂纂修
民國三十六年(1947)木活字本
新洲汪集鎮

[新洲]程氏宗譜四十三卷
程德燧等纂修
民國三十六年(1947)木活字本
六修本
新洲程山村

[新洲]程氏宗譜二十五卷首五卷
程鏡清等纂修
民國三十七年(1948)木活字本
新洲萬山村

[新洲]程氏宗譜十八卷首二卷
程禮潔等修
1989年三瑞堂木活字本
書名據書衣題。
湖北

[新洲]程氏宗譜十三卷首三卷
程嘉財、程克福等修
1989年四箴堂木活字本
書名據書衣題。
湖北

[新洲]程氏宗譜五十四卷
程德潤修
1990年四箴堂鉛印本
書名據書衣題。
湖北

[新洲]程氏宗譜七卷首二卷
程觀吉等修
1993年四箴堂木活字本
書名據書衣題。六修本。
湖北

[新洲]程氏宗譜
程先兆主編
2011年四箴堂照排本
山西家譜　猶他

[陽新]程氏宗譜十卷首二卷
程建芝修
民國四年(1915)重本堂木活字本
猶他

[松滋]松滋程氏族志
合族纂修
1999年鉛印本
程逢恒

[江陵]槐塘程氏續修江村正府二派支譜十二卷
程錫祺等纂修
清光緒十年(1884)木活字本
版心題"程氏支譜",内封題"江村正府二派續修槐塘程氏支譜",書籤題"槐塘程氏支譜"。
上海

[夷陵]程氏族譜
(清)程治洪等修
清光緒間(1875—1908)抄本
程開武

[夷陵]程氏族譜
程□□纂修
民國五年(1916)木活字本
書名據書衣題。五修本。
程開武

[枝江]程氏五門宗譜八卷
(清)程悌等纂修
清乾隆四十六年(1781)刻本
書名據版心題。
河北大

[孝感]夢南程氏支譜二卷
程石潤纂修
民國十一年(1922)鉛印本
書名據書衣題。版心題"程氏家譜"。
人大

[孝感]孝感義門程氏蓮花系宗譜三十八卷首一卷
程瑞蓉等纂修
民國二十一年(1932)紹箴書屋鉛印本
書名據版心、内封題。書衣題"湖北孝感義門程氏宗譜"。五修本。
人大

[漢川]程氏宗譜八卷首三卷
程順亭、程澤亭纂修
民國十二年(1923)二賢堂石印本
書名據版心、書衣題。
湖北

[漢川]程氏宗譜八卷首一卷
程□□纂修
1987年二賢堂木活字本
書名據書衣題。
湖北　猶他

[黄岡]程氏宗譜四卷
(清)程由儀等修
清光緒二十年(1894)守箴堂木活字本
國家　山西家譜　猶他

[黄岡]程氏宗譜十卷
程如金等纂修
民國十二年(1923)四箴堂木活字本
書名據版心、書衣、内封題。
上海(存卷一、七、八、九)

[黄岡]程氏宗譜九卷
程□□纂修
民國十二年(1923)四箴堂木活字本
山西家譜　猶他

[黄岡]程氏宗譜十三卷首三卷
程克清修
民國三十二年(1943)四箴堂木活字本
書名據版心、書衣題。
湖北(缺卷九)　山西家譜　猶他

[黄岡]程氏宗譜十卷首二卷
程明誠等修
民國三十四年(1945)耀先堂木活字本
山西家譜　猶他

[黄岡]程氏宗譜十一卷
程周田等纂修
民國三十五年(1946)四箴堂木活字本
書名據版心、書衣、内封題。
上海(存卷一、五至七、九至十一)

[黄岡]程氏宗譜
程□□纂修
民國三十五年(1946)三瑞堂木活字本
山西家譜　猶他

[黄岡]程氏宗譜十卷
程洛曜修
民國三十五年(1946)三瑞堂木活字本
國家　山西家譜　猶他

[黄岡]程氏宗譜
程履唐纂修
民國三十六年(1947)四箴堂木活字本
書名據版心題。
武漢(存卷四十六、卷尾〔殘〕)

[黄岡]程氏宗譜四十三卷
程德燧等纂修
民國三十六年(1947)雪樂堂木活字本
國家　山西家譜　猶他

[黄岡]程氏宗譜
程□□纂修
民國三十六年(1947)四箴堂木活字本
山西家譜(存卷二至卷二十三、卷二十五至卷三十一、卷四十四)　猶他(存卷二至卷二十三、卷二十五至卷三十一、卷四十四)

[黄岡]程氏宗譜二十三卷首三卷
程維新主編
1989年四箴堂木活字本
書名據書衣題。
湖北　山西家譜　猶他(缺卷五、十九)

[黄岡]程氏宗譜五十四卷
程世華主編
1990年四箴堂木活字本
山西家譜　猶他

[黄岡]程氏宗譜
程□□纂修
1990年壽樂堂鉛印本
書名據書衣題。
武漢方志(存卷二)

[黄岡]程氏宗譜三十五卷
程鵬程、程前旺等纂修
1990年尋樂堂木活字本
山西家譜　猶他

[黄岡]程氏宗譜十五卷首三卷
程綱溪修
1991年耀先堂鉛印本
湖北　山西家譜　猶他

[黄岡]程氏宗譜四十九卷首三卷
程炎明修
1991年守先堂木活字本
山西家譜(缺卷四十九)　猶他(缺卷四十九)

[黄岡]程氏宗譜四十九卷首三卷
程□□纂修
1991年守先堂木活字本
書名據書衣題。
湖北(缺卷首一、卷五)

[黄岡]程氏宗譜
程德義等纂修
1993年四箴堂鉛印本
程有清

[黄岡]程氏宗譜二十卷
程含璋等修
2008年四箴堂照排本
湖北

[黄岡]程氏宗譜十六卷
程錫山等修
2011年四箴堂照排本
湖北(存卷一、卷四、卷七至九、卷十一至十六)

[黄岡]程氏宗譜
程德睿主編
2012年照排本
山西家譜(存卷七)　猶他(存卷七)

[黄岡]程氏宗譜
程伯詠主編
2013年四箴堂照排本
書名據版心題。七修本。
湖北

[黄岡]程氏宗譜三卷首一卷
程少安編修
2013年四箴堂照排本
湖北

[麻城]程氏宗譜十卷
(清)程□□纂修
清嘉慶二十二年(1817)敬倫堂刻本
國家(存卷一)　山西家譜　猶他

[麻城]程氏宗譜
(清)程□□纂修
清道光二十四年(1844)活字加刻本
國家(存卷二)

[麻城]程氏宗譜
(清)程□□纂修
清咸豐年間(1851—1861)刻本
山西家譜(存卷二) 猶他(存卷二)

[麻城]程氏宗譜四卷首一卷
(清)程□□纂修
清光緒五年(1879)木活字本
山西家譜 猶他

[麻城]程氏宗譜四卷
(清)程□□纂修
清光緒六年(1880)繼箴堂刻本
國家

[麻城]程氏宗譜二十八卷首二卷
程金殿纂修
民國六年(1917)繼箴堂木活字本
國家(缺卷二、五、八)

[麻城]麻城程氏宗譜二十卷首二卷
程瑶階總修
民國六年(1917)繼箴堂木活字本
國家 山西家譜 猶他

[麻城]麻城西邨程氏宗譜十卷首一卷末一卷
程蔭南纂修
民國八年(1919)木活字本
書名據内封題。版心題"程氏宗譜"。書衣題"西村程氏宗譜"。初修本。
歷史所 山西家譜 猶他

[麻城]程氏統宗世譜四卷首一卷另七卷
程蔭南纂修
民國八年(1919)木活字本
另七卷版心題"程氏宗譜"。
山西家譜 猶他

[麻城]程氏宗譜六卷首一卷
程希伯纂修
民國八年(1919)木活字本
山西家譜 猶他

[麻城]程氏宗譜八卷
程述先、程定昌纂修
民國九年(1920)尋樂堂木活字本
國家 山西家譜 猶他

[麻城]程氏宗譜四卷
程□□纂修
民國十三年(1924)敦本堂木活字本
山西家譜 猶他

[麻城]程氏宗譜十卷
程紹梅、程文在等修
民國十三年(1924)木活字本
書衣題"花山程氏宗譜"。
山西家譜(缺卷七至九) 猶他

[麻城]程氏宗譜二十二卷首一卷
程雪門修
民國二十二年(1933)四箴堂木活字本
山西家譜 猶他

[麻城]程氏宗譜八卷首二卷
程運亨修
民國三十一年(1942)敦本堂木活字本
山西家譜 猶他

[麻城]程氏宗譜十四卷
程興道修
民國三十二年(1943)繼箴堂木活字本
國家　山西家譜　猶他

[麻城]程氏宗譜六卷首一卷
程希伯纂修
民國三十七年(1948)木活字本
山西家譜　猶他

[麻城]程氏宗譜
程□□纂修
1991年守先堂木活字本
五修本。清乾隆二十九年(1764)創修,清同治十二年(1873)續修,清光緒三十年(1904)三修,民國十八年(1929)四修。
麻城方志

[麻城]程氏宗譜七十四卷
程業偉等修
1995年理學堂木活字本
書名據書衣題。
湖北(缺卷五十四之一、五十六)

[麻城]花山程氏宗譜十卷首一卷
程果思主編
1996年木活字本
書名據書衣題,版心題"程氏宗譜",目録題"花山程氏四修族譜"。
湖北

[紅安]程氏宗譜十二卷
程紹和等修
民國三十六年(1947)安定堂木活字本
國家

[紅安]程氏宗譜三十三卷
程長庚修
1995年世忠堂木活字本
猶他

[紅安]程氏宗譜七十四卷首五卷
程焱遠修
1995年理學堂木活字本
書名據書衣題。
湖北　山西家譜(存卷首一至五、卷十二至卷十七)　猶他

[紅安]程氏宗譜三十三卷首一卷
程萬里等修
1995年世忠堂木活字本
書名據書衣題。
湖北

[羅田]程氏宗譜十一卷首二卷
(清)程開熺修
清咸豐十一年(1861)明倫堂木活字本
山西家譜　猶他

[羅田]九修樂田程氏宗譜七十二卷
(清)程熊光纂修
清光緒二十四年(1898)木活字本
國家(缺卷五十七、卷六十八)

[羅田]義水程氏宗譜十三卷首一卷末一卷
程昌俊、程遠源修
清光緒二十九年(1903)明倫堂木活字本
書名據書衣題,書籤題"程氏宗譜"。
國家(缺卷一、二、六、十一、十二、十三)
山西家譜　猶他

[浠水]程氏七修族譜二十卷
程世傑、程達雲等修
民國二十九年(1940)四箴堂木活字本
山西家譜(缺卷十五)　猶他

[浠水]樂田程氏十二修宗譜十一卷
程家玉修
1993年木活字本
山西家譜(缺卷六、十一)　猶他

[蘄春]蘄陽程氏宗譜六卷
(清)程紹禹等纂修
清道光三年(1823)敦本堂刻本
書名據版心、内封題。
陝西檔

[蘄春]樂田程氏宗譜七十卷
程獻璆等纂修
民國十一年(1922)木活字本
國家(缺卷十六、三十一、六十七、六十八下)

[蘄春]樂田程氏宗譜七十卷
程上辛、程學粹等修
民國十一年(1922)崇本堂木活字本
山西家譜　猶他

[蘄春]黎企程氏宗譜三十卷
程世傳修
民國二十年(1931)敦睦堂木活字本
猶他

[蘄春]程氏七修宗譜四十六卷
程□□纂修
民國二十九年(1940)四箴堂木活字本
國家　山西家譜　猶他

[團風]程氏宗譜七卷首一卷
程長明纂修
2002年四箴堂照排本
湖北

[咸寧]湖北羊山程氏宗譜二十五卷首五卷
程享卿修
民國十年(1921)世忠堂木活字本
山西家譜(缺卷首五、卷一、二、四、五、九、十二、十三、十七、十九、二十二、二十三、二十五)　猶他

[通山]程氏宗譜十九卷
程良忠纂修
1989年油印本
書名據版心題。九修本。
程良望

[通山]程氏宗譜四十九卷
程良安纂修
1992年油印本
書名據版心、書衣題。七修本。
程傳盛

[通山]程氏宗譜三十九卷
程□□纂修
1994年續四箴堂油印本
書名據版心題。七修本。
程金國

[天門]鶴塘程氏宗譜十六卷首一卷
程延年等修
1989年鉛印本
書名據書衣題。
程義浩　程延年

池

[孝感]池氏宗譜二卷
池氏宗譜編寫組
1998 年西平堂鉛印本
湖北(存下卷)

[孝感]池氏宗譜二卷
池異三主修
1999 年西平堂鉛印本
孝南

褚

[雲夢台灣分支]褚氏族譜
褚聖雄修
寫本
猶他

從

[鄂豫皖]從氏宗譜
從良加等修
2005 年清廉堂照排本
湖北

崔

[羅田]義水崔氏族譜十卷首二卷
崔範、崔瑞海等修
民國三十五年(1946)敦本堂木活字本
書名據書衣題,書籤題"崔氏宗譜"。
山西家譜　猶他

[恩施]湖北恩施自治州續編博陵崔氏族譜
崔騰輝、崔顯誥等纂修
鉛印本
書名據書衣題。
恩施

戴

[武昌]戴氏宗譜不分卷
戴□□纂修
1989 年注禮堂木活字本
書名據版心、書衣題。
湖北(存二卷)

[漢陽]龍霓戴氏譜不分卷
戴文銘等纂修
清宣統二年(1910)注禮堂鉛印本
書名據内封、版心題。
上海　東京　猶他

[漢陽]龍霓戴氏宗譜不分卷
戴長庚等纂修
民國九年(1920)注禮堂木活字本
内封題"龍霓戴氏宗譜",目録題"戴氏宗譜",書籤題"戴氏宗譜"。
東京

[漢陽]漢陽龍霓戴氏鏞分支譜
戴良煊主編
1996 年注禮堂鉛印本
湖北

[漢陽]漢陽龍霓戴氏鏞分支譜
戴詩渭等修
2010 年注禮堂照排本
湖北

[新洲]戴氏宗譜三十五卷首二卷
戴炳華等修
1990年注禮堂木活字本
書名據書衣題。
湖北(存首一、卷一至五、八、十二、十五、十六上下、二十、二十一、三十一至三十四)

[新洲]戴氏宗譜三十五卷首一卷
戴建潮主編
2011年注禮堂照排本
五修本。
湖北　猶他

[江陵]戴氏族譜不分卷
(清)戴肅元纂修
清乾隆年間(1736—1795)抄本
書名據卷首譜序題,書籤題"江陵戴氏族譜"。
南京大

[黄岡]黄岡戴氏宗譜
(清)戴永地纂修
清嘉慶十八年(1813)注禮堂木活字本
國家(存卷一至六、九、十)

[黄岡]戴氏宗譜十卷
(清)戴永和修
清嘉慶十九年(1814)注禮堂木活字本
山西家譜　猶他

[黄岡]戴氏支譜六卷
(清)戴永勳、(清)戴永成等修
清同治十二年(1873)注禮堂木活字紅紙印本
國家　山西家譜　猶他

[黄岡]戴氏宗譜八卷
戴基光等修
民國十年(1921)注禮堂木活字本
山西家譜　猶他

[黄岡]巴江戴氏宗譜十三卷首二卷
(清)戴大榮等纂修
清道光二十八年(1848)禮教堂木活字本
書名據書籤題,版心題"戴氏宗譜"。
上海(存卷一至三、五至六、八至九、十一至十二、卷首)

[黄岡]戴氏支譜九卷首二卷
戴□□纂修
民國三十七年(1948)注禮堂木活字本
山西家譜　猶他

[黄岡]戴氏宗譜三十五卷首二卷
戴炳華、戴洪宋等修
1990年注禮堂木活字本
山西家譜　猶他

[麻城]戴氏宗譜
戴□□纂修
崇實堂複印本
舊譜遺失,清嘉慶八年(1803)編成墨譜手稿。
麻城方志

[麻城]戴氏族譜八卷
戴□□纂修
民國五年(1916)注禮堂木活字本
山西家譜　猶他

[麻城]戴氏宗譜十六卷首三卷
戴百淵總修
民國二十四年(1935)注禮堂木活字本
山西家譜　猶他

[麻城]戴氏宗譜十二卷首二卷
戴德風等修
民國三十一年(1942)講席堂木活字本
山西家譜(缺卷十)　猶他

[麻城]戴氏宗譜八卷首一卷
戴□□纂修
民國三十一年(1942)講席堂木活字本
國家

[麻城]戴氏宗譜五十四卷首一卷末一卷
戴文安纂修
民國三十四年(1945)注禮堂木活字本
山西家譜　猶他

[麻城]戴氏宗譜
戴□□纂修
民國三十七年(1948)注禮堂複印本
清光緒乙亥年(1875)創修。
麻城方志

[麻城]戴氏宗譜
戴□□纂修
1992年注禮堂複印本
清雍正壬子年(1732)創修,1992年八修。
麻城方志

[麻城]戴氏宗譜六十卷
戴季蘇主編
1992年注禮堂木活字本
書衣題"戴氏八修宗譜"。
湖北　山西家譜　猶他

[紅安]戴氏支譜六卷首二卷
戴貢楠修
清光緒元年(1875)報福堂木活字本
山西家譜　猶他

[浠水]七修戴氏宗譜五十四卷首一卷末一卷
戴文安纂修
民國三十四年(1945)注禮堂木活字本
湖北(存卷首、卷一至五、七、十至十二、十四、十五、十九至二十五、二十九、三十、三十二、三十五、三十七、四十、四十一、四十六、四十九、五十)

[崇陽]戴氏宗譜
戴慶雲等纂修
民國二十五年(1936)注禮堂木活字本
崇陽西莊畈

[來鳳]戴氏支譜
戴聲玉等纂修
1998年戴希抄本
版心、書衣題"注禮堂長沙戴氏支譜"。
戴希

但

[新洲]但氏宗譜七卷首一卷
但銀松主編
1997年佑啓堂木活字本
山西家譜　猶他

鄧

[湖北]鄧氏宗譜二十二卷
鄧□□纂修
民國三十五年(1946)光裕堂木活字本
山西家譜　猶他

[湖北]鄧氏宗譜十七卷首一卷文一卷世系圖四卷
鄧德珍等纂修
民國三十五年(1946)敦睦堂木活字本
國家(缺卷八至九)

[漢陽]漢江南陽堂鄧氏宗譜
鄧□□纂修
南陽堂影印本
書名據書衣題。
湖北(存卷四)

[黄陂]鄧氏宗譜三十七卷首二卷
鄧卓漢纂修
民國二十五年(1936)講學堂木活字本
書名據版心、書衣題。清光緒乙未年(1895)創修。
武漢(存二十七卷:首二、四上、五至九、十一、十四、十五、十九至二十四、二十八至三十七)　山西家譜

[新洲]南陽鄧氏宗譜二十四卷
鄧執春等纂修
民國三十五年(1946)木活字本
新洲四方村

[新洲]鄧氏宗譜十五卷
鄧八松等纂修
民國三十七年(1948)木活字本
新洲曹寨村

[新洲]鄧氏宗譜二十二卷
鄧其富等修
1989年光裕堂木活字本
書衣題"南陽鄧氏宗譜"。
山西家譜　猶他

[新洲]鄧氏宗譜十二卷首一卷
鄧賢蔭等修
1989年本立堂木活字本
書名據書衣題。
湖北

[新洲]鄧氏宗譜七卷首一卷
鄧樂霖修
1990年清源堂木活字本
山西家譜　猶他

[新洲]鄧氏宗譜九卷首一卷
鄧良貴等主編
2014年本立堂照排本
四修本。
湖北

[大冶]南陽堂鄧氏族譜不分卷
鄧守真纂修
民國六年(1917)敦本堂石印本
書名據版心、書籤題。二修本。
南開大

[陽新]鄧氏大成譜
(清)鄧□□纂修
清光緒十八年(1892)雍睦堂木活字本
湖北(存卷首)

[沙市]沙市鄧氏族人通訊録附新增本宗全圖
沙市鄧氏族人通訊録編委會編
1998年鉛印本
荆州圖

[沙市]鄧氏族譜
鄧延忠修
2010年照排本
湖北

[監利]鄧氏族譜五卷
鄧南闊等修
2014年三登堂/十賢堂照排本
湖北

[松滋]鄧氏宗譜十三卷首三卷
鄧藻華等修
清光緒十七年(1891)敦本堂木活字本
山西家譜(缺卷九)　猶他

[江陵]鄧氏族譜
鄧□□纂修
民國十年(1921)嗣藻堂木活字本
猶他

[夷陵]鄧氏族譜
鄧□□纂修
清光緒二十七年(1901)南陽堂木活字本
張定虎

[宜都]鄧氏族譜八卷
(清)鄧文冕等修
清光緒二十二年(1896)南陽堂木活字本
書名據版心、書衣題。
湖北

[長陽]勸學奉獻家庭教育回憶資料
鄧國秦修
1999年照排本
湖北

[長陽]勸學奉獻續集
鄧國准修
2006年照排本
湖北

[荆門]鄧氏族譜不分卷
鄧承雋纂修
民國十年(1921)嗣藻堂石印本
書名據版心、内封題。
上海　人大

[荆門]鄧氏族譜四卷
鄧□□纂修
民國二十二年(1933)嗣藻堂石印本
書名據版心、書籤、内封題。
上海

[安陸]鄧氏族志安陸白兆寺冲鄧姓
鄧啓鑒修
2006年照排本
湖北

[漢川]鄧氏族譜十二卷首二卷
鄧□□纂修
清光緒三十四年(1908)南陽堂本複印本
書名據書衣題。
湖北

[黄岡]鄧氏宗譜五卷又八卷首三卷
鄧文瀛修
民國三十八年(1949)同德堂木活字本
山西家譜　猶他

[黄岡]鄧氏宗譜十二卷首一卷
鄧良財等修
1989年立本堂木活字本
山西家譜　猶他

[麻城]鄧氏宗譜十卷首二卷
鄧□□纂修
清光緒二十年(1894)一宿堂木活字本
書名據書衣題。
湖北

[麻城]鄧氏宗譜八卷首二卷
鄧源肇等纂修
清光緒二十年(1894)一宿堂木活字本
國家　山西家譜　猶他

[麻城]鄧氏宗譜
鄧氏耀修
民國十年(1921)敦睦堂木活字本
山西家譜(存卷首一,世系二、三、四,行傳四至十一)　猶他

[麻城]鄧氏宗譜十六卷
鄧□□纂修
民國三十四年(1945)六古堂木活字本
國家

[麻城]鄧氏宗譜十四卷
鄧天成、鄧發章修
民國三十四年(1945)六古堂木活字本
山西家譜　猶他

[麻城]鄧氏宗譜十九卷首一卷世系四卷
鄧世妙等修
民國三十五年(1946)敦睦堂木活字本
山西家譜　猶他

[麻城]鄧氏宗譜
鄧德珍、鄧國賢等修
民國三十五年(1946)敦睦堂木活字本
山西家譜　猶他

[麻城]鄧氏宗譜
鄧忠權、鄧忠禮等修
1986年敦睦堂木活字本
山西家譜　猶他

[麻城]鄧氏宗譜
鄧□□纂修
1986年敦睦堂木活字本
第六次續修本。清道光二十五年(1845)創修,清咸豐十年(1860)續修,清光緒二十年(1894)第三次續修,民國十年(1921)第四次續修,民國三十五年(1946)第五次續修。
麻城方志

[浠水]鄧氏宗譜
鄧□□纂修
民國十三年(1924)首功堂木活字本
國家(存卷首)

[浠水]鄧氏宗譜五卷首三卷
鄧永勝、鄧永敬等修
1998 年敦本堂木活字本
山西家譜　猶他

[黄梅]鄧氏冕户宗譜十六卷首一卷末一卷
鄧元禧纂修
民國八年(1919)雙秀堂木活字本
書籤題"鄧氏宗譜"。
山西家譜　猶他

[通山]鄧氏宗譜二十八卷首一卷
鄧可傅、鄧昌科等修
民國三十一年(1942)南陽郡木活字本
山西家譜　猶他

[崇陽]鄧氏大同宗譜十二卷
鄧開先、鄧森林纂修
民國二十五年(1936)木活字本
崇陽雅安村

[巴東]鄧氏族譜不分卷
(清)鄧□□纂修
清嘉慶年間(1796—1820)稿本
書名據版心題。
鄧明旺

丁

[新洲]丁氏宗譜七卷
(清)丁傳熙纂修
清同治末抄本
新洲竹園村

[石首]丁氏宗譜
丁裕樟等纂修
2001 年濟陽堂鉛印本
石首

[夷陵]丁氏四修宗譜一卷
(清)丁朝品編
清同治五年(1866)濟陽堂抄本
夷陵檔

[黄岡]丁氏宗譜五十八卷首一卷
丁□□纂修
民國二十年(1931)敦睦堂木活字本
山西家譜　猶他

[黄岡]丁氏六修宗譜五十八卷首一卷
丁□□纂修
民國十九年(1930)敦睦堂木活字本
猶他

[黄岡]丁氏族譜九卷首三卷
丁用瑶纂修
民國三十一年(1942)夢松堂木活字本
山西家譜　猶他

[黄岡]丁氏宗譜四十四卷首三卷
丁興祥等修
1988 年和肅堂木活字本
書衣題"丁氏五修宗譜"。
山西家譜　猶他

[麻城]丁氏宗譜十四卷
(清)丁□□纂修
清嘉慶二十三年(1818)刻本
思綏草堂

[麻城]丁氏族譜六卷首二卷
(清)丁輝增、丁輝墉纂修
清咸豐六年(1856)純孝堂木活字本
山西家譜　猶他

[麻城]丁氏宗譜三卷首一卷
(清)丁世洛、(清)丁宗麒修
清咸豐十一年(1861)學易堂木活字本
國家　山西家譜　猶他

[麻城]丁氏宗譜十九卷首一卷
(清)丁明校修
清同治元年(1862)和肅堂木活字本
山西家譜　猶他

[麻城]丁氏族譜七卷首三卷
丁楚材、丁廷佑等修
清光緒十年(1884)木活字本
國家(缺卷五至七)　山西家譜　猶他

[麻城]丁氏宗譜十一卷首一卷
丁佐廷修
清光緒十二年(1886)和肅堂本
猶他

[麻城]丁氏族譜十卷首二卷
丁緒仁、丁緒楷纂修
清光緒二十八年(1902)純孝堂木活字本
山西家譜　猶他

[麻城]丁氏族譜七卷首三卷
丁志盛、丁朝華等纂修
民國四年(1915)夢松堂木活字本
國家　山西家譜　猶他

[麻城]丁氏宗譜十三卷首三卷
丁璠總理纂修
民國八年(1919)孝恭堂木活字本
山西家譜　猶他

[麻城]丁氏宗譜十四卷首一卷
丁懋虚等修
民國九年(1920)和肅堂木活字本
山西家譜　猶他

[麻城]丁氏宗譜十三卷首二卷
丁生輝修
民國二十二年(1933)生松堂木活字本
山西家譜(存卷首一、卷三、卷十一至十三)　猶他

[麻城]丁氏宗譜
丁□□纂修
民國二十二年(1933)生松堂木活字本
山西家譜(存卷首二、卷一至卷八)　猶他

[麻城]丁氏宗譜三十七卷首三卷
丁少嵩等纂修
民國三十一年(1942)和肅堂木活字本
國家(缺卷三、十一)

[麻城]丁氏宗譜三十六卷首三卷
丁李勲等修
民國三十一年(1942)和肅堂木活字本
山西家譜　猶他

[麻城]丁氏宗譜
丁□□纂修
民國三十一年(1942)和肅堂木活字本
山西家譜　猶他

[麻城]丁氏宗譜二十四卷首二卷
丁文楚修
民國三十二年(1943)夢松堂木活字本
山西家譜　猶他

[麻城]丁氏宗譜七十三卷首三卷
丁璠主修
民國三十二年(1943)孝恭堂木活字本
國家　山西家譜　猶他

[麻城]丁氏五修宗譜四十四卷含卷首三卷
丁興祥修
1988年和肅堂木活字本
猶他

[麻城]丁氏宗譜
丁□□纂修
2001年夢松堂照排本
麻城方志

[麻城]丁氏宗譜
丁質武等修
2010年和肅堂照排本
書名據版心題。五修本。
湖北

[羅田]丁氏宗譜十三卷首三卷
丁璠修
民國八年(1919)孝恭堂木活字本
猶他

[羅田]丁氏宗譜十三卷首三卷
丁璠修
民國三十二年(1943)孝恭堂木活字本
猶他

[通山]丁氏宗譜十一卷
合族纂修
1989年鼎甲堂油印本
書名據版心、書衣題。六修本。
丁詩現

[咸豐]丁氏族譜一卷
丁德善纂修
民國三十五年(1946)抄本
咸豐檔

董

[新洲]董氏族譜八卷首二卷
董正啓等纂修
民國二十六年(1937)木活字本
董正鵬等初修於清光緒二十九年(1903)。
新洲塘村

[新洲]董氏宗譜九卷首四卷
董道成、董道闊等修
1991年三策堂木活字本
書名據版心、書衣題。
湖北

[大冶]董氏宗譜□卷
(清)董子懷等纂修
清道光十六年(1836)三策堂木活字本
書名據版心、書籤、内封題。二修本。
上海(存卷一、三至五、七至十)

[大冶]董氏宗譜□□卷
董應運等纂修
清同治五年(1866)三策堂木活字本
書名據版心、書籤題,内封題"董氏家乘"。三修本。
上海(存卷一、四、五、七至十)

[大冶]董氏宗譜□□卷

(清)董長璇等纂修

清光緒十五年(1889)三策堂木活字本

書名據版心、書籤題。四修本。

上海(存卷首、一至四、八至十)

[大冶]董氏宗譜

董綿榮、董子正修

民國二十一年(1932)三策堂木活字本

國家(存卷一至四、六至十、十三至十六)

[夷陵]董氏族譜

合族同修

毓慶堂本

宜昌龍泉鎮

[荆門]董氏宗譜三卷

董長江纂修

1994年鉛印本

書名據版心、書衣題。

董當年

[黄岡]董氏宗譜九卷首一卷

董子山主修

民國四年(1915)敦本堂木活字本

書名據版心、内封題。

上海　山西家譜　猶他

[黄岡]董氏支譜九卷首一卷

董□□纂修

民國四年(1915)敦本堂木活字本

書名據書衣題。

湖北

[黄岡]湖北董氏家乘全書四卷首一卷

董廣煜、董鼎焕纂修

據民國三十八年(1949)三策堂木活字本翻印

國家

[黄岡]董氏宗譜九卷首一卷

董明主等纂修

1951年三策堂木活字本

書名據版心、書衣、内封題。二修本。

思綏草堂　山西家譜　猶他

[黄岡]董氏宗譜十一卷首一卷

董□□纂修

1951年木活字本

書名據書衣題。續修本。

湖北

[麻城]董氏宗譜二十三卷首一卷

董基文修

民國四年(1915)道誼堂木活字本

國家　山西家譜　猶他

[麻城]董氏族譜十卷首一卷

董孝彰、董孝達等修

民國十八年(1929)正誼堂木活字本

山西家譜　猶他

[麻城]董氏宗譜十一卷首一卷

董子山、董明道、董大厚纂修

三策堂刻本

書名據書衣、版心題。

湖北

[麻城]董氏支譜八卷首一卷

董□□纂修

民國二十年(1931)敦和堂刻本

書名據版心、書衣題。續修本。

湖北(缺卷四)　山西家譜　猶他

[麻城]董氏四次繼修宗譜八卷首四卷

董正清等纂修

民國二十五年(1936)三策堂木活字本

書名據譜序題,版心、書衣題"董氏宗譜"。

上海(缺卷五)　猶他

[麻城]董氏宗譜

董正恒修

民國二十五年(1936)三策堂木活字本

山西家譜　猶他

[麻城]董氏族譜二十八卷首一卷

董香亭修

民國三十三年(1944)木活字本

山西家譜(缺卷一、二、七、十三、二十三至二十六)　猶他

[麻城]董氏族譜二十八卷首一卷

董□□纂修

民國三十三年(1944)道原堂木活字本

國家(缺卷七、十、二十三至二十六)

[麻城]董氏宗譜

董純鸞修

1994年道原堂木活字本

麻城方志

竇

[通山]竇氏宗譜十一卷

竇聯富總編

2010年五桂堂照排本

八修本。

湖北(存卷首)

杜

[武昌]杜氏宗譜十八卷

(清)杜世順等纂修

清光緒十二年(1886)寶田堂木活字本

書名據版心、書衣題。

人大

[武昌]杜氏宗譜十八卷首一卷

杜利生、杜澤如等纂修

清光緒三十三年(1907)寶田堂木活字本

書名據版心、書衣題。

湖北

[江夏]杜氏宗譜十八卷

杜蒙等纂修

清光緒三十三年(1907)寶田堂木活字本

書名據版心、書衣題。

湖北

[黄陂]杜氏宗譜十卷首二卷

杜炳華修

民國三年(1914)浣花堂木活字本

山西家譜　猶他

[新洲]黄岡杜氏族譜二十四卷首四卷
杜良俊等纂修
民國十六年(1927)年木活字本
杜新華

[大冶]杜氏宗譜十二卷首二卷
董□□纂修
民國四年(1915)詩史堂木活字本
山西家譜　猶他

[竹山]杜氏宗譜
杜樹人修
2012年詩史堂照排本
湖北

[襄陽]襄陽杜子美先生家譜二卷
李宗蓮纂修
清光緒十年(1884)木活字本
書名據書衣題。版心題"杜姓家譜"。
松江博

[夷陵]杜氏族譜
杜□□纂修
民國十三年(1924)京兆堂抄本
向長炎

[黄岡]黄岡杜氏宗譜十二卷首一卷
杜祚華等纂修
清光緒三十二年(1906)寶田堂木活字本
版心、内封題"杜氏宗譜"。
科學

[黄岡]杜氏宗譜十二卷
杜祚華修
民國五年(1916)寶田堂本
猶他

[黄岡]黄岡杜氏宗譜□□卷首三卷
杜維珩纂修
民國六年(1917)敦本堂刻本
譜初修於清乾隆四十二年(1777)。
黄岡檔(存卷首三、卷一至二十一、二十四、二十五、三十一至四十)

[黄岡]黄岡杜氏宗譜十二卷
杜超銓纂修
民國十五年(1926)寶田堂木活字本
科學

[黄岡]黄岡杜氏族譜二十六卷首一卷又首三卷
杜潔吾等纂修
民國三十七年(1948)敦木堂木活字本
書名據書衣題,版心、目録題"杜氏族譜"。
上海(存卷首、卷一至五、七至十二、十四、十五、十七、十九至二十二、二十四、二十五)　山西家譜　猶他

[黄岡]黄岡杜氏宗譜三十八卷
杜良信纂修
民國三十七年(1948)木活字本
新洲洪山村

[黄岡]杜氏族譜三十卷首三卷
合族纂修
1991年木活字本
湖北

[黄岡]杜氏宗譜四十卷首四卷
杜□□纂修
1993年敦睦堂木活字本
書名據書衣題。七修本。
湖北

[黄州]杜氏宗譜十八卷
杜作震、杜作錦纂修
1992年敦詩堂木活字本
書名據書衣題。八修本。
湖北(存卷一至五)

[麻城]杜氏族譜
杜□□纂修
1991年寶田堂複印本
六修本。清道光十年(1830)創修,清同治十三年(1874)重修,清光緒三十一年(1905)續修,民國十六年(1927)四修,民國三十七年(1948)五修。
麻城方志

[麻城]杜氏宗譜三十一卷首四卷
杜子剛、杜林清修
1991年寶田堂木活字本
山西家譜　猶他

[紅安]杜氏宗譜十八卷首二卷
杜洸耀、杜興章等編修
民國三十八年(1949)浣花堂木活字本
國家　山西家譜　猶他

[英山]杜氏宗譜二卷
杜旭光主編
2014年寶田堂照排本
湖北

[通城]杜氏宗譜五卷首一卷
杜中法、杜雪桂主編
2009年京兆堂照排本
七修本。
湖北

段

[監利]段氏族譜二十卷首一卷
段伯清、段大華纂修
民國六年(1917)木活字本
監利檔

[監利]段氏族譜(容城特辑)
段義第修纂
1991年德義堂木活字本
書名據版心、内封題。
湖北

[黄岡]段氏宗譜四卷首五卷
段清海纂修
清光緒三十年(1904)立本堂木活字本
書名據版心、書衣、内封題。
上海　山西家譜　猶他

[麻城]段氏宗譜
段□□纂修
據1995年鳳集堂木活字本複印
清道光丙午年(1846)創修,清光緒甲午年(1894)續修,民國己未年(1919)三修,1995年四修。
麻城方志

[英山]段氏宗譜十一卷
段文華修
1988年照排本
山西家譜　猶他

[仙桃]段氏宗譜前集二卷後集二卷首一卷末一卷正編四十三卷
段世芳修
民國七年(1918)京兆堂木活字本
書名據版心題。三修本。
武漢(存前集一卷、後集二卷) 山西家譜 猶他

[宣恩李家河]段氏七修族譜(明倫公支系)
段玉昌等修
2015年照排本
湖北

鄂

[湖北]鄂氏宗譜十卷首二卷
鄂懋瓊修
2002年進賢堂照排本
六修本。
湖北 猶他

樊

[漢川]樊氏宗譜
樊□□纂修
2003年三義堂照排本
山西家譜(存卷下册七至十七卷) 猶他

[黄岡]樊氏三陽宗譜
樊□□纂修
1990年代忠孝堂木活字本
湖北(存卷一、二下、三上下、六、七、九、十至十三、十五、十六、十七上下、複十七下)

[黄岡]樊氏三陽合譜十七卷首二卷
樊共厚、樊金元等修
1996年忠孝堂木活字本
書籤題"樊氏三陽宗譜"。
山西家譜 猶他

[武穴]樊氏宗譜十四卷首二卷
樊篤文等纂修
民國六年(1917)宗孝堂木活字本
書名據版心、書籤題。
上海

[浠水]樊氏三陽宗譜十卷首四卷
樊志元修
1995年忠孝堂油印本
山西家譜 猶他

[隨縣台灣支]樊修發家譜表
樊修發修
1980年寫本
猶他

[恩施]樊氏歷代譜序
樊天達等纂修
抄本
書名據書衣題。
恩施 樊子瑞

[來鳳]樊氏宗譜不分卷
樊發安修
2013年上黨堂照排本
山西家譜 猶他

范

[湖北]楚黄范氏首創總譜
范全中等修
2014年承吉堂照排本
湖北

[武昌]范氏支譜十七卷首三卷末一卷
(清)范志熙修
清同治十三年(1874)經義堂刻本
猶他

[黄陂]范氏宗譜
范熙苐編修
民國二十年(1931)培本堂木活字本
書名據版心、書衣題。三修本。
湖北

[黄陂]湖北黄陂范氏族譜(北宗)
范良森等修
2006年照排本
湖北

[黄陂]范氏宗譜(南宗)
范廷賢等修
2011年高平世家/培本堂照排本
四修本。
湖北

[新洲]范氏宗譜三卷
范止坤、范義成纂修
清光緒三年(1877)木活字本
新洲龍崗村

[新洲]范氏宗譜
范功勳修
1995年廉讓堂鉛印本
湖北

[新洲]范氏宗譜三卷
范萬和主修
2012年崇儉堂照排本
書名據版心題。
湖北

[大冶]范氏大成宗譜十八卷
范淑京、范斌等修
1988年高平堂鉛印本
書名據版心題。
湖北　山西家譜　猶他

[鄖阳]范氏宗譜
范有良纂修
2003年照排本
上海

[洪湖]范氏族譜五卷首三卷
(清)范光明等修
清光緒七年(1881)高平堂木活字本
書名據書衣題。
湖北

[洪湖]范氏宗譜
范訓東主修
2012年高平堂照排本
八修本。
湖北

[監利]范氏族譜不分卷
范徽焯纂修
民國十一年(1922)高平堂木活字本
書名據版心題。
湖北

[監利]范氏族譜沙淵卷
1988 年高平堂木活字本
書名據書衣題。
湖北(存卷四、五)

[監利]范氏族譜
范後玉主編
2011 年高平堂照排本
湖北

[鄂州葛店]范氏宗譜七卷首三卷
范梓元總纂、范孚美等纂修
民國二十二年(1933)敦義堂木活字本
書名據版心、書衣題。
湖北

[鄂州]范氏大成宗譜十七卷
范廣晏、范肇翠、范啓博纂修
民國三十五年(1946)高平堂本
書名據版心題。
湖北(存卷首、卷二、三、六、十五、十六)

[鄂州]范氏宗譜六卷
范志美纂修
1998 年守先堂木活字本
書名據書衣題。續修本。
湖北

[鄂州]范氏族譜
范美珺等修
2014 年高平堂照排本
四修本。
湖北

[京山]范氏宗譜三卷
范守佐、范守訓主編
2012 年高平堂照排本
湖北

[鍾祥]范氏宗譜三卷
范芳瀾記録
民國十四年(1925)抄本
湖北

[鍾祥]范氏宗譜三卷
范守凰、范正炳補修
據民國二十四年(1935)抄本複印
湖北

[孝感]范氏宗譜
范漢橋主編
2011 年高平堂照排本
七修本。
湖北

[應城]范氏宗譜
范協寅、范樹榮總纂
據民國六年(1917)廉讓堂本鉛印
書名據書衣題。七修本。
湖北

[應城]范氏宗譜二十一卷
范愛卿主編
1997 年廉讓堂鉛印本
書名據版心題。九修本。
湖北　應城檔

[黄岡]范氏宗譜十二卷
范慶仁等修
據1990年崇儉堂木活字本複印
山西家譜　猶他

[黄岡]范氏宗譜十卷
范人豪主修
1990年文正堂木活字本
山西家譜(缺卷七)　猶他

[黄岡]范氏宗譜三十四卷首十一卷
范時金等修
1999年孝義堂木活字本
書名據書衣題。五修本。
湖北

[麻城]范氏宗譜二十二卷
范志滙、范志鋭等編修
民國三十五年(1946)廉讓堂木活字本
書名據版心、内封、書衣題。
國家　湖北　麻城方志

[武穴]范氏宗譜
范□□纂修
民國十五年(1926)紹義堂木活字本
書名據版心、書衣題。
湖北(存卷首一、三,卷一、二、五、六、八、九、十一、十二,卷末)

[武穴]范氏宗譜一卷
范□□纂修
民國二十五年(1936)紹義堂木活字本
武穴檔

[武穴]范氏宗譜九卷首一卷
范確等修
2010年紹義堂照排本
十修本。
湖北

[浠水]望江范氏三修宗譜二十四卷
(清)范際兮、(清)范國瑜總修
清道光八年(1828)廉讓堂刻本
書名依書衣題,版心題"范氏宗譜"。
湖北(缺卷八)

[浠水]蘄陽范氏四修宗譜三十二卷首三卷
范厚潤、范昌壽、范昌簡等纂修
民國二年(1913)木活字本
版心題"范氏宗譜"。四修本。
湖北　猶他

[浠水]蘄陽范氏五修宗譜三十三卷首三卷
范厚恩等纂修
民國三十一年(1942)廉讓堂木活字本
版心題"范氏五修族譜"。
湖北(存卷二至二十三、二十五、二十六、首三)

[浠水]范氏宗譜三十三卷首三卷
范忠炳修
民國三十一年(1942)木活字本
猶他

[浠水]范氏宗譜五十六卷
范貞分、范和房等總修,范賡樹、范明長等編修
民國三十三年(1944)廉讓堂木活字本
書名據書衣題,版心題"望江范氏族譜"。六修本。
湖北

[浠水]浠川范氏宗譜
范承弼等修
1992年廉讓堂木活字本
書名據書衣題。六修本。
湖北

[浠水]范氏宗譜八卷
范世芬、范世仁總編
1993年廉讓堂鉛印本
書名據内封、書衣題。八修本。
湖北

[蘄春]蘄陽范氏五修宗譜
范□□纂修
民國間(1912—1949)木活字本
國家(存卷十八至二十、二十三、二十四)

[蘄春]范氏宗譜三十四卷首十一卷
范松鋭修
1991年孝義堂木活字本
山西家譜　猶他

[蘄春]范氏宗譜二十卷首一卷
范信本修
2013年己任堂照排本
九修本。
湖北

[羅田]范氏宗譜十一卷首一卷
范成斌編修
1995年清儉堂木活字本
書名據版心、書衣題。四修本。
湖北

[羅田]范氏五修宗譜十一卷
范保黌等修
2014年清儉堂照排本
五修本。
湖北

[赤壁]范氏宗譜十九卷首三卷
范本智等編修
民國三十五年(1946)高平堂木活字本
書名據版心、書衣題。
湖北(缺卷首上、卷一、十三、十五、十七)

[赤壁]范氏宗譜十九卷首三卷
范道勛等編修
1990年高平堂鉛印本
書名據版心、書衣題。
湖北

[嘉魚]范氏宗譜十九卷首三卷
范青道總編,范本鳳主編
2011年高平堂照排本
湖北

[通山]高平郡己任堂范氏家乘十三卷
通山范家壟己任堂續修譜局纂修
1998年己任堂打印本
書衣題"高平郡己任堂家乘"。二十三修本。
范大奇

[崇陽]范氏续修宗譜
范仁和等修
清光緒十一年(1885)高平堂活字本
書名據書衣題。
湖北

[崇陽]范氏宗譜
范玉書等主修
2009 年高平堂照排本
湖北

[仙桃]范氏宗譜二十六卷首一卷
范振亞、范振埊、范振錫編修
民國五年(1916)高平堂木活字本
書名據書衣題。
湖北(存卷首、卷一、二、十二、十四)

[仙桃]范氏宗譜
范□□纂修
1990 高平堂鉛印本
書名據書衣題。
湖北

[仙桃]范氏宗譜上下卷
范繼明等修
2014 年高平堂照排本
湖北

方

[湖北]方氏聯宗統譜八卷
方爲民總編,方百鵬、方興祥纂修
1997 年崇讓堂鉛印本
書名據版心、書衣題,内封題“方氏二修全國聯宗統譜”。二修本。
湖北

[鄂贛豫皖]方氏宗譜
方□□纂修
2010 年崇讓堂照排本
湖北

[武漢]方氏宗譜八卷附一卷
方德祺纂修
民國六年(1917)遜志堂木活字本
山西家譜　猶他

[漢陽]方氏宗譜八卷
方□□纂修
民國三十五年(1946)遜志堂木活字本
山西家譜　猶他

[漢南]元老家志
方昌藩纂修
1989 年壯猷堂鉛印本
書名據書衣題,版心、内封題“方氏宗譜”。
湖北

[黄陂]方氏族譜
方元東修
1996 年至人堂顯允堂照排本
山西家譜　猶他

[新洲]方氏宗譜九卷
方漢臣等纂修
民國十二年(1923)松柏堂木活字本
新洲謝店村

[新洲]方氏宗譜七卷
方錦川纂修
民國三十四年(1945)木活字本
新洲得勝山

[新洲]方氏宗譜八卷首二卷
方子林等纂修
民國三十五年(1946)木活字本
新洲西黄村

[新洲]方氏宗譜十卷
方映啓修
1991年正學堂木活字本
書名據書衣題。
湖北(缺卷八)

[新洲]方氏宗譜五卷首四卷
方滌坤主修
1991年壯猷堂木活字本
書名據版心、書衣題。
湖北

[新洲]方氏宗譜十卷首四卷
方俊斌、方德耀修
1994年正學堂木活字本
山西家譜　猶他

[新洲]方氏宗譜六卷
方輝平等修
1996年尊文堂木活字本
山西家譜　猶他

[大冶]方氏宗譜
方□□纂修
民國三十六年(1947)壯猷堂石印本
湖北(缺卷一)

[陽新]方氏宗譜七卷首一卷
方□□纂修
民國二十九年(1940)富文堂木活字本
猶他

[夷陵]崇讓堂方氏族譜
方□□纂修
崇讓堂木活字本
方明富

[穀城]方氏族譜一卷
(清)方其敬纂修
清道光二十八年(1848)抄本
有後人增纂。
穀城

[孝感]方氏宗譜六卷首一卷
方山森、方山忠主編
1997年富文堂木活字本
山西家譜　猶他

[大悟]方氏宗譜
方□□纂修
1999年元老堂鉛印本
書名據書衣題。
大悟

[雲夢]方氏五龍支系族譜
方宗粱修
2003年照排本
山西家譜　猶他

[黄岡]方氏宗譜十二卷首四卷
(清)方道延等纂修
清道光二十七年(1847)立本堂刻本
書名據版心、内封題。初修本。
陜西檔(存卷首、一、三至十二)

[黄岡]方氏宗譜八卷首一卷次一卷
(清)方□□纂修
清同治十年(1871)崇本堂木活字本
思綏草堂

[黄岡]方氏宗譜十卷首三卷末一卷
(清)方遠吾修
清光緒十六年(1890)正學堂木活字本
山西家譜　猶他

[黄岡]方氏宗譜
方復臣修
民國十九年(1930)鉛印本
山西家譜　猶他

[黄岡]方氏宗譜十三卷首三卷
方復臣等纂修
民國十九年(1930)崇孝堂鉛印本
書名據版心題。
武漢(存卷首三、三至十、十三)　山西家譜　猶他

[黄岡]方氏宗譜八卷首一卷
方漢臣、方華明等修
民國三十四年(1945)松柏堂木活字本
書名據書衣題。
湖北(存卷首、四至八)

[黄岡]方氏宗譜十三卷首一卷
方之中、方之燧修
1993年崇孝堂木活字本
山西家譜　猶他

[黄岡]方氏族譜二十七卷
方亞祥、方百祥修
1993年光裕堂木活字本
書籤題"方氏宗譜"。
山西家譜　猶他

[黄岡]方氏族譜
方□□纂修
1993年光裕堂木活字本
湖北(存卷三、四、五、十一、十三至十七、十九至二十二)

[黄岡]方氏宗譜三十一卷首三卷
方志善修
1994年承啓堂木活字本
山西家譜　猶他

[黄岡]方氏宗譜
方學想等纂修
1996年立本堂鉛印本
書名據書衣題。三修本。
方端誠

[黄岡]方氏宗譜
方存信修
2009年敦本堂照排本
山西家譜(存卷二至卷十)　猶他

[黄岡]方氏宗譜十三卷首三卷
方復臣等修
2013年影印崇孝堂民國十九年(1930)鉛印本
書名據書衣題。
湖北

[麻城]方氏宗譜
方承弼、方實穎等纂修
民國元年(1912)大有堂木活字本
國家(存卷首一、二、四、卷一至四、七至二十、二十二至三十一、三十三至四十、四十二至四十七)

[麻城]方氏宗譜
方士浚纂修
據民國十三年(1924)壯猷堂木活字本複印
麻城方志

[麻城]方氏宗譜六卷首二卷
方啓齡修
民國十三年(1924)壯猷堂木活字本
山西家譜　猶他

[麻城]方氏宗譜二卷
方萬鍾等纂修
民國十四年(1925)正學堂木活字本
山西家譜　猶他

[麻城]方氏族譜各房分卷首五卷
方思榮、方藎忠修
民國三十五年(1946)木活字本
國家(缺卷二)　山西家譜　猶他

[麻城]方氏宗譜十卷首二卷
方占緒、方正清修
1992年篤親堂木活字本
湖北

[麻城]方氏族譜六十一卷
方應珊、方連忠修
1994年木活字本
山西家譜　猶他

[羅田]方氏宗譜十五卷
方□□纂修
約民國二十八年(1939)大有堂木活字本
山西家譜(存世系一至十五)　猶他

[羅田]方氏五修宗譜四十八卷首五卷
方輯庭、方國丞纂修
民國三十一年(1942)大有堂木活字本
書衣題"方氏宗譜"。
國家(缺卷首三、卷五、六、八、十一、十二、十四、十七、十九、二十、二十四、二十五、三十、三十五、三十九、四十、四十六)　山西家譜　猶他

[嘉魚]嘉魚方氏族譜
(清)方□□纂修
清乾隆四十七年(1782)刻本
國家

[通山]方氏宗譜五十四卷
合族纂修
1988年崇仁堂油印本
書名據版心、書衣題。
方金城　方顯黑

方匡

[羅田]方匡宗譜六十三卷首三卷
方匡大玲等修
清光緒二十二年(1896)敦睦堂木活字本
山西家譜(存卷首、卷十八至二十八)　猶他

[羅田]方匡宗譜十八卷
方□□纂修
民國二年(1913)忠烈堂木活字本
思綏草堂

[羅田]羅田方匡宗譜二十卷
方匡盛鋭纂修
民國三十年(1941)忠烈堂木活字本
山西家譜　猶他

費

[武昌]費氏宗譜九卷首三卷
費□□纂修
民國六年(1917)謙慎堂木活字本
國家

[蘄春]費氏宗譜九卷首三卷
費國梗、費廣准修
民國十六年(1927)抑慎堂木活字本
山西家譜(存卷首上)　猶他

[蘄春]費氏宗譜九卷首三卷
費廣聲、費廣准修
民國三十五年(1946)謙慎堂木活字本
山西家譜　猶他

[巴東]費氏家譜
費世孝等纂修
據1994年照排本複印
書名據書衣題。
費玉階　高源章

豐

[黄陂]豐氏宗譜十卷首三卷
李裕忠總編
2008年誠正堂照排本
山西家譜　猶他

酆

[蘄春]酆氏族譜四十二卷序傳四卷
酆鳳翔修
民國七年(1918)衍慶堂木活字本
山西家譜　猶他

馮

[湖北]湖北馮氏通譜二卷
仙桃地區馮氏譜牒第五届編纂委員會修
2011年大樹堂照排本
五修本。
湖北

[武漢]馮氏宗譜十卷
馮家治修
民國十八年(1929)大樹堂木活字本
蔡甸區

[蔡甸]蔡甸馮氏宗譜九卷首一卷
馮賢均主編
2012年大樹堂照排本
湖北

[江夏]馮氏長房家譜
馮宗友修
2008年敦本堂照排本
湖北

[黄陂]馮氏家譜□□卷
馮□□纂修
民國间(1912—1949)瑞錦堂木活字本
書名據版心題。
武漢(存卷二至五、十至十二上、十三、十九)

[新洲]馮氏宗譜一卷
馮鎮文等纂修
民國三十三年(1944)木活字本
新洲馮畈村

[新洲]馮氏宗譜十八卷首一卷
馮興煜纂修
1988年致遠堂木活字本
湖北

[新洲]馮氏族譜二十三卷
馮福禄等修
1999年大樹堂木活字本
書名據書衣題。五修本。
湖北

[新洲]新洲馮氏宗譜二卷
馮澤火等修
2010 年照排本
湖北

[新洲]馮氏宗譜二卷
馮澤剛修
2011 年照排本
山西家譜　猶他

[黃石]富川荆源馮氏宗譜
(清)馮□□纂修
清同治八年(1869)木活字本
書名據版心題。
上海(存卷五、六、十一)

[黃石]富川荆源馮氏宗譜
馮□□纂修
清光緒二十四年(1898)木活字本
書名據版心題。
上海(存卷十七)

[黃石]富川荆源馮氏宗譜
馮□□纂修
民國二十六年(1937)三元堂木活字本
書名據版心題,書籤題"馮氏宗譜"。
上海(存卷十八)

[大冶]馮氏大成宗譜
馮應益主編
2008 年大樹堂照排本
山西家譜(存卷首)　猶他

[陽新]馮氏宗譜八卷
馮□□纂修
民國七年(1918)敬睦堂木活字本
思綏草堂

[荆州]馮氏家譜
馮運寶主編
2001 年照排本
湖北

[夷陵]馮氏族譜
馮□□纂修
大樹堂木活字本
周功華

[鍾祥]馮氏宗譜
馮道信等纂修
2000 年大樹堂鉛印本
鍾祥

[漢川]馮氏宗譜十六卷
馮□□纂修
清光緒三十二年(1906)懷忠堂木活字本
思綏草堂

[漢川]馮氏宗譜十卷
馮道山修
1988 年懷忠堂鉛印本
山西家譜　猶他

[漢川]馮氏宗譜十七卷首一卷
馮清州主纂
1995 年大樹堂鉛印本
書名據版心、書衣題。
湖北

[黃岡]馮氏宗譜十二卷
馮功名纂修
民國三十三年(1944)天寶堂木活字本
書名據内封題,卷三卷端題"馮和卿宗譜"。馮氏譜於清光緒十九年(1893)創修,此爲二修本。
武漢　山西家譜　猶他

[黄岡]馮氏族譜十三卷
馮幼波主編
2005 年天寶堂照排本
湖北

[麻城]馮氏宗譜二十一卷首四卷
馮清廉修
清光緒十六年(1890)敦倫堂木活字本
山西家譜　猶他

[麻城]馮氏宗譜
馮爾洲纂修
民國二十五年(1936)又桂堂木活字本
山西家譜　猶他

[麻城]馮氏族譜二十六卷
馮業培、馮德昌等纂修
民國三十二年(1943)大樹堂木活字本
國家(缺圖卷三、四、世系卷三、十、十一、十九)

[麻城]馮氏宗譜三十卷首三卷
馮澤堂等修
民國三十三年(1944)敦倫堂木活字本
山西家譜　猶他

[麻城]馮氏宗譜八卷
馮永福等修
民國三十四年(1945)敦讓堂木活字本
國家　山西家譜　猶他

[麻城]馮氏族譜
馮□□纂修
1999 年大樹堂木活字本
麻城方志

[武穴]馮善户宗譜七卷首一卷
馮宗勝纂修
民國六年(1917)三元堂木活字本
山西家譜　猶他

[紅安]馮氏宗譜三十六卷首一卷
馮以良總編
1991 年大樹堂木活字本
山西家譜　猶他

[浠水]馮氏宗譜
(清)馮□□纂修
清乾隆十二年(1747)懿詒堂刻本
山西家譜(存卷首、卷三)　猶他

[蘄春]馮氏宗譜
馮□□纂修
民國二十七年(1938)穀詒堂鉛印本
山西家譜(存卷首〔總系〕、系圖一至五、行傳一至十)　猶他

[蘄春]馮氏宗譜首三卷各房分卷
馮容川主編
1995 年穀詒堂木活字本
山西家譜　猶他

[蘄春]馮氏宗譜首三卷二分房七卷三分房三卷四分房七卷五分房七卷六分房三卷七分房一卷八分房一卷
馮廣勞、馮樹軍修
1995 年穀詒堂木活字本
山西家譜　猶他

[崇陽]馮氏宗譜
馮君詳主修
民國二十六年(1937)木活字本
崇陽檔

[仙桃]馮氏宗譜二十一卷首一卷
馮振欽纂修
民國三十六年(1947)三元堂木活字本
書名據版心、書籤題。二修本。
武漢(缺卷五)

[仙桃]馮氏宗譜二十一卷首一卷
馮振邦等修
民國三十六年(1947)三元堂木活字本
山西家譜(缺卷五、十、十三)　猶他

[仙桃]馮氏宗譜
馮綱雄等編修
1989年三元堂鉛印本
書名據版心、書衣題。
湖北(存卷首一、首二、卷一至五、七至十、十二至十五)

[建始]馮氏族譜不分卷
馮均友等纂修
1988年始平堂稿本
書名據書衣題。
姜久平

傅

[湖北]傅氏源流世系单集・甲集
傅□□纂修
民國三十七年(1948)木活字本
書名據書衣題。
湖北

[湖北]傅氏源流世系彙集・甲集不分卷
傅之鵬纂修
民國三十七年(1948)鉛印本
武漢

[湖北]楚北傅氏家乘十二卷
傅芹山等修
1988年木活字本
書名據書衣題,版心上刻"清河傅氏續修宗譜"。
湖北

[湖北]楚北傅氏宗譜二卷
傅正浩等修
2014年清河堂照排本
四修本。
湖北

[湖北]楚北傅氏宗譜・清河堂(總譜)
傅正浩主編
2014年清河堂照排本
版心題"楚北傅氏宗譜"。
湖北

[鄂東]傅氏宗譜三十一卷首五卷
傅廷河修
1990年版築堂木活字本
書名據書衣題。
湖北　山西家譜　猶他

[漢陽]傅氏宗譜十一卷
傅守正修
民國三十七年(1948)木活字本
猶他

[漢陽]傅氏宗譜
傅□□纂修
民國三十七年(1948)鉛印本
書名據書衣題。
湖北(存卷二、五至十一)

[江夏]傅氏宗譜四卷

傅大有等纂修

民國三年(1914)版築堂木活字本

書名據書籤、書衣、版心、内封題。

上海　湖北　猶他

[江夏]傅氏宗譜

傅文卿等修

民國三十六年(1947)敬宗堂木活字本

書名據書衣題。三修本。

湖北(存卷二)

[江夏]傅氏宗譜

傅智於等修

1995年敬宗堂木活字本

書名據書衣題。

湖北(存卷一、二)

[黄陂]傅氏族譜

傅倫傑等修

1995年木活字本

書名據書衣題。五修本。

湖北

[陽新]傅氏宗譜十七卷首六卷

傅青雲主修

1988年金礪堂木活字本

書名據版心、書衣題。

湖北(存首六卷)

[夷陵]傅氏族譜八卷

傅□□纂修

民國間(1912—1949)石印本

傅少華

[石首]東山傅氏族譜

(明)傅□□纂修

明宣德三年(1428)刻本

石首檔(存卷二十八至三十)

[石首]繡林傅氏續修族譜四十一卷首一卷

傅在朝等纂修

民國三十六年(1947)巖野堂木活字本

書名據目録題,版心、書衣題"傅氏族譜"。

上海

[石首]傅氏族譜

合族纂修

1996年巖野堂鉛印本

十三修本。

石首博　劉作忠

[監利]傅氏族譜

傅宏孝等修

2011年金玉堂照排本

六修本。

湖北

[鄂州]壽昌傅氏宗譜十三卷首一卷

傅正常等纂修

清宣統三年(1911)金礪堂木活字本

書名據版心題。書衣題"傅氏宗譜"。

哥倫比亞　猶他

[鄂州]傅氏宗譜

傅□□纂修

民國二年(1913)版築堂木活字本

書名據書衣題。

湖北

[孝感]傅氏宗譜四卷首一卷
傅清海等纂修
民國三十六年(1947)木活字本
湖北

[孝感]傅氏族譜
傅□□纂修
1994 年紅世祠鉛印本
書名據書衣題。
湖北

[孝感]傅氏家乘十一卷
傅秋純修
1995 年木活字本
猶他

[孝感]傅氏家乘十一卷
傅德銀等修
1995 年木活字本
書名據書衣題,内封題“傅氏宗譜”。
湖北

[漢川]晴灘傅氏支譜
傅□□纂修
清光緒二年(1876)抄本
書名據版心題。
湖北

[漢川]楚北傅氏宗譜六卷首一卷
傅□□纂修
清光緒二十六年(1900)鉛印本
書名據書衣題。
湖北(存卷首、卷五、六)

[漢川]傅氏宗譜
傅□□纂修
金玉堂抄本
書名據版心題。
湖北(存卷一、二)

[漢川]楚北傅氏宗譜
傅烈海
1988 年木活字本
猶他

[漢川]傅氏宗譜五卷
傅德忠等修
2000 年照排本
湖北

[漢川]傅氏宗譜
傅□□纂修
2000 年版築堂鉛印本
猶他

[大悟]傅氏宗譜五卷首一卷
傅□□纂修
民國十一年(1922)木活字本
書名據書衣題。
湖北

[大悟]傅氏宗譜五卷首一卷
傅□□纂修
民國三十六年(1947)木活字本
書名據書衣題。
湖北

[黄岡]傅氏宗譜
傅光雋、傅光柏編修
民國二十五年(1936)三命堂木活字本
書名據書衣題。
湖北(存卷首一、四、五)

[麻城]傅氏宗譜八卷
傅燮臣修
清光緒十六年(1890)三説堂木活字本
書名據書衣題,書籤題"傅氏宗譜"。
山西家譜　猶他

[麻城]傅氏宗譜六卷首三卷
傅顯臺纂修
民國十二年(1923)金玉堂木活字本
書名據書衣題。
湖北　山西家譜　猶他

[麻城]傅氏宗譜六卷首二卷
傅□□纂修
民國十二年(1923)金玉堂木活字本
國家(缺卷首三)

[麻城]四修傅氏族譜三十四卷首一卷末一卷
傅益梗纂修
民國三十年(1941)木活字本
國家　山西家譜　猶他

[麻城]傅氏族譜九卷首二卷
傅玉章修
民國三十四年(1945)三説堂木活字本
山西家譜　猶他

[麻城]五修傅氏族譜三十四卷首一卷末一卷
傅少卿、傅泰潤等修
1992年鉛印本
書名據書衣題。五修本。
湖北　山西家譜　猶他

[麻城]傅氏宗譜
傅□□纂修
1992年複印本
清嘉慶壬申年(1812)創修。五修本。
麻城方志

[羅田]傅氏宗譜二十七卷首四卷
傅孝光纂修
民國三十年(1941)三德堂木活字本
山西家譜(存卷首一、二、四,卷一、十二、十八、二十一、二十三)　猶他

[羅田]傅氏宗譜十一卷首一卷
傅孝成、傅義强、傅延宇主編
2012年三德堂照排本
八修本。
湖北(存卷首、一)

[浠水]傅氏可英可仁祖合修宗譜十九卷首四卷末一卷
傅斌主編
2003年德政堂照排本
山西家譜　猶他

[蘄春]傅氏支譜四卷
(清)傅達建主修
清道光十七年(1837)清直堂木活字本
山西家譜　猶他

[蘄春]傅氏支譜四卷
(清)傅顯光修
清道光二十六年(1846)清直堂木活字本
國家(存卷一、三)

[蘄春]傅氏宗譜十五卷末一卷
傅達建修
清光緒三十四年(1908)善德堂木活字本
國家　猶他

[蘄春]傅氏宗譜十五卷首三卷末一卷
傅文甫修
民國二十一年(1932)善德堂木活字本
猶他

[黄梅]傅氏宗譜
傅記良等修
2009年清河堂照排本
湖北(存卷首)

[英山]傅氏宗譜十六卷首四卷
傅嵐屏修
民國三十年(1941)敦本堂木活字本
山西家譜　猶他

[英山]傅氏宗譜三十一卷首八卷
傅用鴻等纂修
民國三十五年(1946)敦本堂木活字本
山西家譜　猶他

[嘉魚]傅氏宗譜四卷
傅曉明修
2002年版築堂照排本
四修本。
湖北

[崇陽]崇陽傅氏宗譜四卷
傅名輝等修
2012年照排本
書名據版心題。
湖北

[仙桃]傅氏宗譜十二卷
傅□□纂修
清光緒十七年(1891)清河堂木活字本
書名據書衣題。續修本。
湖北

[仙桃]傅氏宗譜
傅壽聲、傅壽昌纂修
清光緒十七年(1891)清河堂木活字本
猶他

[仙桃]傅氏宗譜
傅如巖修
清光緒三十四年(1908)山陰堂木活字本
湖北(存卷首)　猶他

[仙桃]傅氏宗譜首一卷
傅□□纂修
清光緒三十四年(1908)山陰堂木活字本
書名據書衣題。
湖北

[仙桃]傅氏族譜十卷
傅彰一主修
民國二十六年(1937)相國第木活字本
書名據書衣題,版心題"傅氏宗譜"。
湖北

[仙桃]傅氏源流世系彙集甲集
傅之鵬等修
1950年石印本
山西家譜　猶他

[仙桃]傅氏通譜源流世系
傅繼楨等修
1988年版築堂木活字本
書名據書衣題。
湖北

[仙桃]傅氏宗譜不分卷
傅□□纂修
1988年版築堂木活字本
書名據版心、書衣題。
湖北(存十四卷)

[仙桃]傅氏宗譜
傅□□纂修
2000年版築堂鉛印本
湖北　猶他

[天門]傅氏宗譜十六卷首一卷
傅廷儀修
民國十年(1921)版築堂木活字本
書名據書衣題。
湖北

富察

[江陵]新修富察氏支譜二卷首一卷附二卷
札勒哈哩纂修
清光緒三十三年(1907)木活字本
日本國會　哥倫比亞　猶他

干

[武昌]潁川干氏宗譜十八卷首二卷
干承正、干振鷺等修
民國二十二年(1933)世德堂木活字本
山西家譜　猶他

甘

[枝江]甘氏家譜一卷
甘可富纂修
民國十五年(1926)江口華陽石印局石印民國元年(1912)修本
枝江檔

[應城]甘氏族譜
甘永椿纂修
1996年齡相堂鉛印本
書名據書衣題。
甘永椿

[黄岡]甘氏宗譜二十七卷首三卷
甘□□纂修
民國三十四年(1945)務本堂木活字本
國家

[黄岡]甘氏宗譜二十七卷首四卷
甘祖培修
民國三十五年(1946)務本堂木活字本
山西家譜

[麻城]甘氏宗譜
甘□□纂修
民國五年(1916)循理堂木活字本
山西家譜(存卷一至三)　猶他

[麻城]甘氏宗譜
甘□□纂修
民國五年(1916)循理堂複印本
麻城方志

[麻城]甘氏宗譜十卷
甘建棋修
民國三十三年(1944)舊學堂木活字本
國家　麻城方志　山西家譜　猶他

[麻城]甘氏宗譜二十七卷首四卷
甘子桂修
民國三十四年(1945)務本堂木活字本
猶他

[崇陽]甘氏大同譜
甘師詠主編
2000年舊學堂鉛印本
書名據書衣題。
崇陽圖

高

[新洲]高氏宗譜十五卷首三卷
高緒煜纂修
民國三十四年(1945)世澤堂木活字本
清光緒八年(1882)初修譜,此爲三修本。
新洲樂崗村

[新洲]高氏宗譜九十四卷首六卷
高□□纂修
民國三十六年(1947)木活字本
新洲三店村

[新洲]楚邾城高氏合修宗譜五十八卷首四卷
高鵬翥總編
1988年渤海堂木活字本
書衣題"高氏宗譜"。
湖北(缺卷一、二十二、四十一、四十七)

[新洲]高氏家譜十卷首二卷
高萃渠修
1989年渤海堂木活字本
山西家譜　猶他

[新洲]楚邾城高氏合修宗譜六十四卷首三卷
合族纂修
2010年渤海堂照排本
版心題"高氏宗譜"。
湖北(缺卷十九、三十六)　山西家譜　猶他

[公安]高氏族譜七卷首一卷
高訓源修
民國六年(1917)忠恕堂木活字本
書名據版心、書籤、内封題。
山西家譜(缺卷五、六)　猶他

[夷陵]高氏宗譜八卷
高元均纂修
民國二十五年(1936)渤海堂木活字本
高秉焱

[興山]深坪高氏族譜不分卷
高家箴等纂修
清光緒間(1875—1908)抄清光緒元年(1875)本
書名據書衣題。
興山方志

[荆門]高氏族譜
高向雄主編
1998年鉛印本
上海　湖北　荆門

[荆門]高氏族譜補充資料三卷
高向雄主編
1999 年鉛印本
書名據書衣、内封題。
上海

[漢川]高氏宗譜二十二卷
高中德等修
1993 年渤海堂鉛印本
書名據版心題。九修本。
湖北

[黄岡]高氏族譜十卷首二卷
高熙慶等纂修
清光緒九年(1883)世澤堂木活字本
書名據版心、書衣、内封題。
上海(缺卷十)　猶他

[黄岡]高氏族譜
高□□纂修
清光緒九年(1883)世澤堂木活字本
山西家譜　猶他

[黄岡]高氏宗譜
高□□纂修
民國(1912—1949)初年世澤堂木活字本
山西家譜　猶他

[黄岡]高氏族譜四卷
高能錦纂修
民國四年(1915)安愚堂木活字本
書衣題"齊安高氏宗譜",版心題"高氏宗譜"。譜初修於清乾隆五十九年(1794),此爲三修本。
黄岡檔

[黄岡]高氏宗譜十四卷首二卷
高衍寬等纂修
民國四年(1915)世澤堂木活字本
書名據版心、書衣、内封題。
國家(缺卷三、四、六、十一、十五,十三册)
上海(缺卷首)　猶他

[黄岡]楚黄高氏宗譜三十五卷
高代敬等纂修
民國十八年(1929)木活字本
新洲安仁村

[黄岡]高氏族譜二十卷
高德純、高德菊等修
民國三十四年(1945)木活字本
國家　山西家譜　猶他

[黄岡]高氏宗譜四十八卷首六卷
高介眉等纂修
民國三十六年(1947)渤海堂木活字本
書名據版心、書衣、内封題。
國家(缺卷首二)　上海　山西家譜　猶他

[黄岡]楚黄高氏宗譜
高□□纂修
民國間(1912—1949)渤海堂木活字本
國家(存卷十二、四十至四十五、四十七)

[黄岡]高氏家譜
高方煜修
1989 年渤海堂木活字本
書名據書衣題。七修本。
湖北

[黄岡]高氏家譜十卷首二卷
高永滮修
1989 年渤海堂本
猶他

[黄岡]楚黄高氏合修宗譜五卷
高鵬翥總編
1990 年渤海堂木活字本
版心、書衣題“高氏宗譜”。
湖北

[黄岡]高氏宗譜九卷
高昌林主編
1995 年儉德堂木活字本
書名據版心、書衣題。七修本。
湖北(存卷一)

[黄岡]高氏家譜十卷首二卷
高澤斌修
2010 年渤海堂照排本
猶他

[麻城]高氏宗譜
高□□纂修
複印本
麻城方志

[麻城]高氏宗譜十五卷首二卷
高士恒、高朝臣等修
民國十七年(1928)金鏡堂木活字本
國家　山西家譜　猶他

[羅田]高氏宗譜十六卷首三卷
高楚翹、高傅琅修
清光緒二十七年(1901)守遇堂木活字本
山西家譜(缺卷十五、十六)　猶他

[羅田]高氏宗譜七卷首三卷
高世樂纂修
民國二十六年(1937)金鏡堂木活字本
山西家譜　猶他

[羅田]高氏宗譜十八卷首三卷
高松生編修
民國二十七年(1938)追達堂木活字本
國家　山西家譜　猶他

[浠水]高氏家乘四卷首二卷
(清)高慶雲等修
清同治八年(1869)忠信堂木活字本
山西家譜　猶他

[浠水]高氏宗譜八卷首三卷
高世連等修
民國二十六年(1937)金鏡堂木活字本
書名據書衣題。
湖北

[浠水]高氏家譜十五卷末一卷
高文英主編
1993 年渤海堂鉛印本
湖北(缺卷十至十二、卷末)

[蘄春]高氏宗譜三卷首三卷
(清)高華德纂修
清道光十五年(1835)紹愚堂木活字本
山西家譜　猶他

[蘄春]高氏家譜十二卷首一卷末一卷
(清)高煥明纂修
清同治五年(1866)畹香堂木活字本
書籤題“高氏家乘”。
山西家譜　猶他

[蘄春]高氏家譜三十二卷
高丟寅修
民國十二年(1923)渤海堂木活字本
山西家譜　猶他

[蘄春]高氏宗譜九卷首三卷
高□□纂修
民國二十六年(1937)金鏡堂木活字本
國家

[蘄春]高氏宗譜三卷首三卷
高□□纂修
民國三十八年(1949)紹愚堂木活字本
國家

[蘄春]高氏家譜十三卷首一卷末一卷
高世傑等修
1993年渤海堂鉛印本
書名據版心、書衣題。三修本。
湖北(缺卷首、十、十一、十二、卷末)

[蘄春]高氏宗譜三十一卷
高克等修
2001年傳禮堂油印本
山西家譜　猶他

[蘄春]高氏家譜十卷首二卷
高方富修
2010年渤海堂照排本
山西家譜　猶他

[黄梅]高氏宗譜五卷
高正達等纂修
民國三十五年(1946)木活字本
黄梅檔

[通山]高氏族譜二十六卷
合族纂修
1992年渤海堂油印本
書名據版心、書衣題。七修本。
高君民

郜

[蘄春]郜氏家譜
郜治明等修
2014年照排本
湖北

葛

[武昌]葛氏宗譜十二卷首一卷
葛春田等纂修
民國十年(1921)敦本堂木活字本
山西家譜　猶他

[武昌]葛氏宗譜十一卷墨譜一卷首一卷
葛春田修
民國十一年(1922)敦本堂木活字本
國家　猶他

[武昌]葛氏宗譜十二卷首一卷
葛蔭宏纂修
民國三十五年(1946)敦本堂木活字本
山西家譜　猶他

[通城]葛氏宗譜
葛天仕、葛觀瀾等編修
民國十八年(1929)頓邱堂木活字本
書名據版心、書衣題。
湖北

[通城]葛氏宗譜
葛生榮主編
2011年頓邱堂照排本
八修本。
湖北

耿

[黄陂]耿氏宗譜三卷
耿文聯等纂修
民國十一年(1922)燕山堂木活字本
書名據版心題。
遼寧

[麻城]楚黄耿氏族譜二十六卷首一卷
(清)耿文浚纂修
清同治五年(1866)文在堂木活字本
版心、内封題"耿氏族譜"。
上海(存卷首、卷四至七、十至十六、十八、二十至二十六)　猶他

[麻城]楚黄耿氏族譜三十三卷首一卷
耿良堃纂修
民國三十六年(1947)木活字本
書名據目録題。九修本。
武漢(缺卷十七)　山西家譜　猶他

[紅安]耿氏族譜十四卷首一卷
(清)耿□□纂修
約清乾隆十七年(1752)木活字本
山西家譜　猶他

[紅安]耿氏宗譜三十一卷首一卷
耿普暉、耿成亮等修
民國十六年(1927)木活字本
山西家譜(缺卷一、十九)　猶他

龔

[湖北]龔氏聯宗族譜第五卷
龔中和修
2005年渤海堂照排本
湖北

[新洲]龔氏宗譜二十七卷首一卷末一卷
龔安亨、龔常藻纂修
民國十年(1921)木活字本
新洲仿子村

[夷陵]龔氏族譜
龔□□纂修
木活字本
周功華

[興山]龔氏族譜不分卷
龔學亮等纂修
抄本
書名據書衣題。記事至1989年。
龔道信

[麻城]龔氏宗譜五卷首二卷
龔道馥纂修
民國五年(1916)敦本堂木活字本
山西家譜　猶他

[麻城]龔氏宗譜二十七卷首一卷
龔性元等修
民國十年(1921)種柏堂木活字本
國家

[麻城]龔氏宗譜四卷
龔正玉等修
1994年德善堂木活字本
書名據書衣題。五修本。
湖北

[麻城]龔氏宗譜
龔□□纂修
1994年種柏堂木活字本
麻城方志

[麻城]龔氏宗譜十二卷首二卷
龔守謨主編
1995年種柏堂鉛印本
山西家譜　猶他

[羅田]龔氏宗譜八卷首一卷
(清)龔□□纂修
清同治元年(1862)源遠堂刻本
思綏草堂

[羅田]龔氏宗譜七卷首一卷
(清)龔正己纂修
清同治元年(1862)源遠堂刻本
山西家譜　猶他

[羅田]龔氏宗譜十八卷
龔鴻恩等修
民國二十七年(1938)樹德堂木活字本
書名據書衣題。
國家　湖北

[羅田]龔氏宗譜十八卷
龔古元纂修
民國二十七年(1938)樹德堂木活字本
山西家譜　猶他

[羅田]龔氏宗譜五卷
龔學成纂修
民國三十年(1941)振德堂木活字本
山西家譜　猶他

[英山]龔氏宗譜
龔正君纂修
民國二十六年(1937)振德堂木活字本
山西家譜(存卷首、卷五、六、十、十二至二十五、二十七)　猶他

[崇陽]武陵家志(龔氏)十三卷首二卷
龔煥文纂修
民國二十六年(1937)崇陽縣木活字本
山西家譜　猶他

[崇陽]龔氏家乘十三卷首二卷附録一卷
龔村容纂修
民國二十七年(1938)木活字本
崇陽華陂村

[宣恩　鶴峰]渤海堂龔氏四修族譜
龔倫力修
2002年照排本
猶他

貢

[麻城]貢氏八修宗譜二十九卷首四卷
貢出芬主編
1988年紀念堂木活字本
書衣題“貢氏宗譜”。
山西家譜　猶他

辜

[武漢]漢陽辜氏族譜九卷首一卷
辜道法等纂修
據清宣統元年(1909)晉安堂木活字本複印
書名據書衣題。版心題“辜氏宗譜”。
上海(存卷首上)

[黄岡]辜氏五修宗譜十三卷首十一卷
辜瑞恩修
民國二十一年(1932)敦本堂木活字本
山西家譜(缺卷十三)　猶他

顧

[武昌]顧氏宗譜六卷
顧應寸、顧應局等修
民國十五年(1926)武陵堂木活字本
山西家譜　猶他

[武昌]顧氏宗譜
顧□□纂修
民國間(1912—1949)木活字本
國家(存卷三)

[武昌]顧氏宗譜
顧□□纂修
民國間(1912—1949)武陵堂木活字本
國家(存卷三、六)

[新洲]顧氏宗譜
顧碧峰修
2014年務本堂照排本
四修本。
湖北

[咸安]湖北顧氏通譜卷四:咸安秀七公卷
《湖北顧氏通譜》編纂委員會編
2014年武陵堂照排本
湖北

[大悟]顧氏宗譜六卷首一卷
顧國康修
民國三十八年(1949)武陵堂木活字本
山西家譜　猶他

[麻城]顧氏宗譜六卷
顧選青修
民國四年(1915)雍睦堂木活字本
國家　山西家譜　猶他

[紅安]顧氏宗譜六卷首一卷
顧□□纂修
民國三十八年(1949)武陵堂木活字本
思綏草堂

[巴東]顧氏家譜不分卷
顧□□纂修
據顧潮珊民國九年(1920)節抄本複印
書名據書衣題。
顧國聲　顧寶聲

官

[湖北]官氏五修宗譜二十卷首一卷
官裕鐺等纂修
民國二十七年(1938)忠孝堂木活字本
黄岡檔(存卷首、卷二至十八、二十)

[黄岡]官氏五修宗譜二十卷首一卷
官書田等修
民國二十六年(1937)忠孝堂木活字本
書衣題"官氏宗譜"。
山西家譜　猶他

[黄岡]官氏五修宗譜二十卷
官裕鐺修
民國二十六年(1937)忠孝堂木活字本
國家(存卷首、二至四、九、十五、十六、十八至二十)

關

[當陽]關氏族譜十六卷
關宗斌、關宗武等纂修
1997 年忠惠堂鉛印本
書名據版心、書衣題。六修本。
湖北

[麻城]關氏宗譜十卷首二卷
關研純編修
民國三十三年(1944)忠義堂木活字本
山西家譜　猶他

[羅田]關氏宗譜十卷首二卷末二卷
關啓運、關啓仁等修
民國六年(1917)務本堂木活字本
山西家譜　猶他

關王

[漢川]關王宗譜十六卷
關王紹傑主編
1994 年壽槐堂鉛印本
湖北　山西家譜　猶他

管

[宜昌]管氏家譜六卷首一卷
管聖階修
民國十七年(1928)厚德堂木活字本
山西家譜(缺卷六)　猶他

[黄岡]管氏宗譜九卷
(清)管應起纂修
清同治八年(1869)木活字本
書名據版心題。創修譜。
湖北　武漢　山西家譜　猶他

[黄岡]管氏宗譜九卷
管年忠纂修
民國二年(1913)木活字本
書名據版心題。二修本。
湖北(存卷一至三、五至九)　武漢　山西家譜　猶他

[黄岡]管氏宗譜十四卷首一卷
管洪德等纂修
民國三年(1914)九一堂木活字本
書名據版心、書衣題。
上海

[黄岡]管氏宗譜
管□□纂修
民國三年(1914)九一堂木活字本
山西家譜　猶他

[黄岡]管氏宗譜七卷首一卷
管年準等纂修
民國三十六年(1947)紹仲堂木活字本
書名據版心題。三修本。
武漢　山西家譜　猶他

[麻城]管氏宗譜六卷首一卷
管□□纂修
民國十七年(1928)厚德堂木活字本
思綏草堂

[麻城]管氏宗譜十卷首二卷
管□□纂修
民國三十年(1941)世德堂木活字本
思綏草堂

[麻城]管氏宗譜
管□□纂修
據1997年鉛印本複印
民國十七年(1928)創修,此爲續修本。
麻城方志

光

[仙桃]光氏宗譜
光正旺等纂修
2000年鉛印本
劉作忠

桂

[湖北]桂氏宗譜(譜首)
桂大昌等修
2002年照排本
湖北

[武漢]桂氏宗譜十卷首一卷
桂雄五纂修
民國二十六年(1937)天水堂木活字本
書名據版心題。清同治乙丑年(1865)創修,民國三年(1914)續修,此爲三修本。
武漢

[武昌]桂氏宗譜
桂美應纂修
民國二十五年(1936)天水堂木活字本
山西家譜　猶他

[江夏]桂氏宗譜七卷首一卷
桂厚久等纂修
1996年天水堂木活字本
書名據版心、書衣、内封題。譜初修於清乾隆五十三年(1788),此爲四修本。
上海　湖北　猶他

[新洲]桂氏宗譜三十二卷首一卷末一卷
桂遠金等修
1989年天水堂木活字本
山西家譜　猶他

[新洲]桂氏宗譜
桂厚久等修
1996年天水堂木活字本
書名據書衣題。四修本。
湖北

[黄岡]桂氏宗譜五卷首一卷
桂聲遠等修
清光緒三十年(1904)天水堂木活字本
書名據版心、書籤、内封題。
上海

[黄岡]桂氏宗譜
桂□□纂修
民國间(1912—1949)天水堂木活字本
山西家譜　猶他

[黄岡]桂氏宗譜十卷首二卷
桂成斌等纂修
民國五年(1916)天香堂木活字本
書名據版心、書衣、内封題。
上海　新洲堤闸村　猶他(存卷首下、卷一至十)

[黄岡]桂氏宗譜
桂□□纂修
民國七年(1918)天水堂木活字本
山西家譜　猶他

[黄岡]桂氏宗譜十二卷首二卷
桂安明纂修
1991年天香堂木活字本
山西家譜　猶他

[黄岡]桂氏宗譜
桂訓日主編
2002年照排本
上海　安徽　江西　四川　湖南

[武穴]桂氏宗譜十九卷首二卷
桂華封修
民國三十七年(1948)永思堂木活字本
山西家譜　猶他

[武穴]桂氏宗譜二十七卷首一卷
桂起芝修
1989年清源堂鉛印本
山西家譜　猶他

[黄梅]桂氏宗譜六卷首一卷
桂益三纂修
民國二十二年(1933)天水堂木活字本
山西家譜　猶他

[通山]戴禄公宗譜(桂氏)
(清)桂□□纂修
清乾隆二十四年(1759)天水堂木活字本
國家(存卷首)　山西家譜　猶他

[通山]桂氏重修族譜
桂□□纂修
清光緒十九年(1893)天水堂木活字本
山西家譜(存卷一、二、四、五、七)　猶他

[通山]桂氏重修族譜
桂□□纂修
民國十二年(1923)天水堂木活字本
山西家譜(存卷二、三、六至九)　猶他

[通山]桂氏重修族譜
桂□□纂修
民國十三年(1924)天水堂木活字本
國家　湖北(存卷七、八)

郭

[湖北]郭氏宗譜
郭□□纂修
民國九年(1920)汾陽堂木活字本
國家(存卷三、四、六至十)

[黄陂]郭氏宗譜二十一卷首二卷
郭大富、郭鼎魁修
民國二十九年(1940)汾陽堂木活字本
山西家譜　猶他

[新洲]郭氏宗譜
郭子秀、郭席珍纂修
民國十六年(1927)木活字本
清光緒十五年(1889)郭可第、郭平初修，此爲二修本。
新洲四崗村(存首四卷)

[新洲]郭氏宗譜
郭雲漢纂修
民國二十二年(1933)木活字本
新洲鄭家園村

［新洲］郭氏宗譜四十卷首十四卷
郭啓愛、郭可裕等纂修
民國二十二年(1933)木活字本
清道光四年(1824)郭春亭初修，此爲四修本。
新洲三店村

［新洲］郭氏宗譜四卷首二卷
郭存瑜、郭宗林纂修
民國二十四年(1935)木活字本
新洲竹園村

［新洲］郭氏宗譜十六卷
郭世鼎、郭成富纂修
民國三十六年(1947)汾陽堂木活字本
書名據版心、書衣題。
湖北(缺卷一)

［新洲］郭氏宗譜十六卷首三卷
郭廣銀、郭焰林等修
1990年汾陽堂木活字本
書名據書衣題。四修本。
湖北

［夷陵］郭氏族譜五卷
郭氏族人合修
民國七年(1918)汾陽堂木活字本
郭明新

［夷陵］郭氏族譜
郭□□纂修
民國間(1912—1949)木活字本
周功華

［夷陵］郭氏族譜
郭新文等修
1994年荆南堂木活字本
郭祥新

［秭歸］郭氏族譜五卷
郭慶蝴等纂修
1980年複印抄本
書名據版心題。
郭啓敦

［十堰］郭氏宗譜(竹溪支譜)
郭國臣主編
2010年照排本
山西家譜　猶他

［棗陽］湖河郭氏三房六門族譜不分卷
郭□□纂修
民國三十六年(1947)述會堂鉛印本
書名據書衣題。
棗陽檔

［孝感］汴川郭氏宗譜二卷
孝感市郭氏宗譜理事會編
2000年汾陽堂照排本
孝南　山西家譜　猶他

［應城］蒲陽郭氏宗譜八卷
郭成憲纂修
民國九年(1920)敦睦堂木活字本
書名據書衣題。版心題“郭氏宗譜”。
北大

［安陸］郭氏族史資料
郭思明主編
1998年鉛印本
上海

[黄岡]郭氏宗譜十六卷
(清)郭學淵等纂修
清光緒二十二年(1896)汾陽堂木活字本
書名據版心、書籤、内封題。
國家　上海

[黄岡]郭氏宗譜十六卷
(清)郭宗禮纂修
清光緒二十二年(1896)汾陽堂木活字本
山西家譜(缺卷十六)　猶他(缺卷十六)

[黄岡]郭氏宗譜十二卷首一卷
郭仕錦纂修
清光緒二十八年(1902)木活字本
山西家譜　猶他

[黄岡]郭氏族譜四十卷首十四卷
郭雲漢、郭啓受等纂修
民國二十三年(1934)鉛印暨木活字本
書名據版心、書衣題。四修本。
國家(缺卷首三、卷二、三、九至十一、十四、十五、二十一、二十三上、二十四、二十五、三十六、三十九)　上海

[黄岡]郭氏宗譜十八卷
郭銀華等編修
1990年汾陽堂木活字本
書名據書衣題。四修本。
湖北

[黄岡]郭氏宗譜二十二卷
郭成良主編
1993年汾陽堂油印本
山西家譜　猶他

[麻城]郭氏宗譜十六卷
郭萬峖修
清光緒二十二年(1896)汾陽堂木活字本
猶他

[麻城]郭氏宗譜十五卷
郭朝珠、郭章華等修
民國九年(1920)汾陽堂木活字本
山西家譜　猶他

[麻城]郭氏宗譜六卷
郭光鵬修
民國十二年(1923)汾陽堂木活字本
山西家譜　猶他

[麻城]郭氏宗譜七卷首一卷
郭命遠纂修
民國十五年(1926)汾陽堂木活字本
書名據書衣題。
上海

[麻城]郭氏宗譜八卷
郭德貴修
民國三十六年(1947)汾陽堂木活字本
山西家譜　猶他

[麻城]郭氏宗譜
郭□□纂修
據民國三十六年(1947)汾陽堂木活字本複印
麻城方志

[紅安]郭氏宗譜八卷首一卷
(清)郭封魯纂修
清同治七年(1868)東林堂木活字本
山西家譜　猶他

[羅田]郭氏族譜十二卷首六卷
郭承葵、郭景熙修
清宣統二年(1910)紹汾堂木活字本
書籤題"郭氏宗譜"。
山西家譜　猶他

[羅田]郭氏族譜十八卷首一卷
郭大經修
民國二十七年(1938)紹汾堂木活字本
山西家譜　猶他

[浠水]郭氏十修宗譜
郭□□纂修
約民國二十三年(1934)木活字本
山西家譜(存卷:世傳卷二至卷二十二、卷二十四至卷二十八、卷三十至卷三十八、卷四十至卷五十四、卷五十六至卷五十八、祀産卷卷一至卷七)　猶他

[浠水]郭氏宗譜世傳二十五卷系圖六卷首二卷末一卷
(清)郭應榮纂修
清光緒元年(1875)木活字本
山西家譜　猶他

[浠水]汾陽郭氏宗譜
郭□□纂修
清光緒八年(1882)刻本
浠水博(存卷一、二)

[浠水]郭氏宗譜世傳三十卷系圖六卷首三卷
郭煥周、郭游標等纂修
民國二十四年(1935)木活字本
山西家譜　猶他

[浠水]蘄水郭公家乘摘録不分卷
郭□□纂修
民國間(1912—1949)抄本
湖北

[蘄春]郭氏宗譜十五卷
郭本棠修
民國二十四年(1935)敦本堂木活字本
山西家譜　猶他

[通山]郭氏宗譜十三卷
郭慶林纂修
1988年鉛印本
書名據版心、書衣題。八修本。
郭幫才

[仙桃]郭氏宗譜四卷末一卷
郭金偉主編
2014年照排本
湖北

[潛江]汾陽堂郭氏三修族譜
郭孝軍編
2000年鉛印本
郭孝軍

[恩施]太原堂郭氏家譜
郭□□纂修
複印抄本
書名據書衣題。
郭芳玉

海

[松滋]海氏族譜
湖北松滋海氏族譜編纂委員會編
2014年照排本
湖北

韓

[贛鄂湘皖]韓氏宗譜

韓德元主編

2010 年南陽堂照排本

湖北(存上卷)

[武漢]韓氏宗譜二十四卷首一卷末一卷

韓洪蒝等纂修

清光緒三十三年(1907)南陽堂木活字本

書名據版心、書衣、内封題。三修本。

武漢　山西家譜　猶他

[武昌]韓氏宗譜□□卷

韓繼魏纂修

民國三十六年(1947)書錦堂木活字本

譜初修於清嘉慶十五年(1810),清同治三年(1864)二修,清光緒三十一年(1905)三修,此爲四修本。

武漢(存卷首一至三、卷一至五、七、九至十)　山西家譜　猶他

[漢口]韓氏宗譜

韓國海等修

清光緒三十三年(1907)木活字本

山西家譜　猶他

[漢口]韓氏宗譜

韓洪蒝纂修

清光緒三十三年(1907)南陽堂木活字本

書名據版心、内封題。三修本。

武漢

[漢陽]韓氏宗譜三卷首一卷

韓國瑨等纂修

膠卷複製清光緒三十三年(1907)南陽堂木活字本

書名據書衣題。

湖北(存卷首、卷一、二)

[漢陽]韓氏宗譜五卷末一卷

韓□□纂修

膠卷複製南陽堂木活字本

書名據書衣、版心題。

湖北(存卷一至五、末一卷)

[漢陽]韓氏宗譜八卷

韓德功纂修

民國八年(1919)荆州堂木活字本

書名據版心、書籤題。内封題"江邑梓人鄭繼美堂刊"。

上海

[漢陽]韓氏宗譜九卷首一卷

韓永清纂修

民國二十三年(1934)荆州堂鉛印本

書名據版心、書衣、目録題。

上海

[江夏]韓氏宗譜十四卷首一卷末一卷

韓德時等修

2010 年南陽堂木活字本

書名據書衣題。十一修本。

湖北(缺卷一、二、七)

[新洲]楚黄韓氏宗譜十六卷首二卷

韓宗有等編修

民國三十四年(1945)荆州堂木活字本

版心、書衣題"韓氏宗譜"。

湖北(缺卷一、十五、十六)

[新洲]韓氏宗譜二十卷首二卷
韓傳和等修
1992年荆州堂鉛印本
書名據書衣題。四修本。
湖北(缺卷十七)

[新洲]韓氏宗譜二十卷首二卷附二卷
韓全臣等修
2013年荆州堂木活字本
五修本。
湖北

[陽新]韓氏大成宗譜
韓有才、韓世同修
1989年南陽堂木活字本
書名據書衣題,版心題“韓氏宗譜”。
湖北(存卷一、三至六、九、十一、十三、十四)

[夷陵]韓氏族譜
韓大萃修
民國二年(1913)南陽堂石印本
劉代金

[黄岡]韓氏宗譜二十六卷首二卷
韓肇鑫主編
1992年木活字本
書籤題“楚黄韓氏宗譜”。
山西家譜　猶他

[黄岡]韓氏宗譜二十卷首二卷
韓詩林主編
2013年荆州堂照排本
山西家譜　猶他

[麻城]韓氏宗譜十卷
韓家琚修
民國十一年(1922)忠孝堂木活字本
山西家譜　猶他

[麻城]韓氏宗譜九卷首一卷
韓存宗纂修
民國三十四年(1945)忠孝堂木活字本
國家　山西家譜　猶他

[麻城]韓氏宗譜
韓□□纂修
1991年荆州堂木活字本
民國十一年(1922)創修,此爲續修本。
麻城方志

[浠水]韓氏宗譜二十卷首八卷
韓厚森纂修
1994年五雲堂木活字本
山西家譜　猶他

[蘄春]韓氏宗譜十二卷
韓嵋雲纂修
清光緒三十年(1904)五雲堂木活字本
山西家譜(缺卷十一)　猶他

[蘄春]韓氏宗譜十卷首四卷
韓榮嵋纂修
民國十八年(1929)五雲堂木活字本
山西家譜　猶他

[蘄春]蘄陽韓氏宗譜二卷
韓佐卿修
1993年敦倫堂木活字本
蘄春横車鎮

[蕲春]五省韓氏宗譜二卷(蕲州篇)
韓德元主編
2010 年南陽堂照排本
湖北

[通山]韓氏宗譜二十卷
韓氏鄂咸桂鄉纂修委員會
1995 年油印本
書衣、版心題"韓氏宗譜"。五修本。
韓田旭

[廣水]廣水韓氏宗譜
韓傳保等修
2014 年南陽堂照排本
湖北

[天門]韓氏宗譜不分卷
韓□□纂修
民國六年(1917)南陽堂木活字本
書名據版心、書衣題。
湖北(存三卷)

韓傳

[新洲]韓傳宗譜十六卷首一卷
韓全芬等編修
民國三十四年(1945)荆州堂木活字本
書名據版心題,書衣題"韓氏宗譜"。
湖北(缺卷十五、十六)

[黄岡]韓傳宗譜二十六卷首三卷末一卷
韓傳士垣修
民國三十四年(1945)三公堂木活字本
書衣題"韓傳族譜"。
山西家譜　猶他

[黄岡]韓傳宗譜二十六卷首五卷末一卷
韓傳士垣、韓傳其舜纂修
民國三十五年(1946)三公堂木活字本
書名據版心題,書衣、内封題"韓傳族譜"。三修本。
思綏草堂

[黄岡]韓傳族譜二十六卷首三卷
韓傳德令修
1991 年三公堂油印本
山西家譜　猶他

[黄岡]韓傳宗譜二十六卷首二卷
韓傳咸禎總編
1991 年三公堂木活字本
四修本。
湖北

蒿

[黄陂]黄陂蒿中芝公家志
蒿國華等
1996 年木活字本
書名據書衣題。
湖北

郝

[新洲]郝氏宗譜
郝紹書纂修
清光緒三十三年(1907)廉潔堂木活字本
書名據版心、書衣題。六修本。
湖北(存卷二下、六、七、九、十一、十四、十五、十六、十九)

[監利]郝氏族譜
郝□□纂修
1992年曬書堂木活字本
書名據書衣題。
湖北

[麻城]郝氏宗譜五卷首一卷
(清)郝先階修
清同治十三年(1874)刻本
山西家譜 猶他

[麻城]郝氏宗譜十卷首二卷
郝明暾、郝聯濱等纂修
民國三年(1914)曬腹堂木活字本
山西家譜 思綏草堂 猶他

[麻城]郝氏宗譜
郝□□纂修
據民國三年(1914)曬書堂木活字本複印
清雍正二年(1724)創修,此爲續修本。
麻城方志

[蘄春]郝氏九修宗譜三十四卷末一卷
郝聰修
民國三十一年(1942)曬書堂木活字本
山西家譜(缺卷二十六、三十一) 猶他

何

[湖北]何氏宗譜六卷
何□□纂修
民國二十九年(1940)本源堂木活字本
山西家譜 猶他

[湖北]何氏宗譜
何祥今、何紀抗主修
2011年九井堂照排本
山西家譜(存卷首上、下) 猶他

[武昌]何氏宗譜□□卷
何家榜纂修
民國三十六年(1947)積善堂木活字本
書名據版心題。五修本。清乾隆三十一年(1766)創修,清道光三年(1823)續修,清咸豐元年(1851)三修,民國三年(1914)四修。
武漢圖(存七卷:一至五、七、八)

[江夏]何氏宗譜五卷首一卷
何宗政主修
民國三十七年(1948)詠梅堂木活字本
書名據版心題。
湖北

[新洲]何氏宗譜三卷首三卷
何世興等纂修
民國十一年(1922)木活字本
新洲董椿村(存卷首上下,卷二、三)

[新洲]何氏宗譜十五卷
何先端、何緒俊等修
1989年弘德堂木活字本
書名據書衣題。三修本。
湖北

[新洲]何氏宗譜十五卷
何惟遠總纂
1994年本源堂木活字本
書名據書衣題。三修本。
湖北

[新洲]何氏十一修家乘總卷五卷四甲分譜二卷
何軾修
2009 年本源堂照排本
湖北

[新洲]何氏宗譜十四卷東鄉分三卷首三卷
何泉波等纂修
2011 年弘德堂照排本
四修本。
湖北(存總卷首、卷首、東鄉分卷首;缺卷十三、東鄉分卷二)

[十堰]鄖陽何氏宗譜
何存興修
2007 年照排本
湖北

[夷陵]何氏家乘
何楚彦纂修
清光緒二十五年(1899)尚書堂木活字本
趙長青　何士容

[夷陵]何氏家譜
何長福修
民國四年(1915)旌陽堂木活字本
何年華

[夷陵]何氏家譜
何年華修
2008 年旌陽堂照排本
何年華

[安陸]何氏大同宗譜不分卷
何傳新纂修
據抄本複印
書名據書衣題。
安陸

[漢川]何氏宗譜十二卷
何國軒、何興哲等主編
1999 年三高堂鉛印本
書名據書衣、内封題。四修本。
湖北

[黄岡]何氏家譜六卷
何氏合族纂修
清光緒二十九年(1903)本源堂木活字本
書名據版心題。三修本。
上海

[黄岡]何氏宗譜六卷
何文松、何文全等纂修
據清光緒二十九年(1903)本源堂木活字本影印
山西家譜　猶他

[黄岡]何氏宗譜十四卷首二卷末一卷
何□□纂修
民國四年(1915)水部堂木活字本
國家　山西家譜　猶他

[黄岡]何氏八修家乘不分卷
何偉齋纂修
民國十九年(1930)本源堂木活字本
山西家譜　猶他

[黄岡]何氏宗譜六卷
何敦衡、何克明纂修
民國三十一年(1942)本源堂木活字本
山西家譜　猶他

[黄岡]何氏七修宗譜一百零五卷
何運安、何修誠等纂修
民國三十七年(1948)穀詒堂木活字本
山西家譜　猶他

[黄岡]何氏宗譜十四卷
何先端、何緒俊等纂修
1989年弘德堂木活字本
山西家譜　猶他

[黄岡]何氏宗譜九卷首一卷
何承仁修
1990年吉林堂木活字本
山西家譜　猶他

[黄岡]何氏宗譜四十二卷
何渭濱、何秀豐修
1992年敦本堂木活字本
書名據版心、書衣題。五修本。
湖北

[黄岡]何氏宗譜十五卷
何惟信修
1994年木活字本
山西家譜　猶他

[黄岡]何氏十一修家乘總譜五卷四甲分譜附拾遺補漏集一卷
何先晚主編
2010年本源堂照排本
内封題"何氏家乘"。
湖北

[麻城]何氏宗譜三十四卷首二卷
何氏合族纂修
民國十四年(1925)敦倫堂木活字本
書名據版心、書衣、内封題。
上海(存首二卷、卷一至二十九)　尋源姓氏(存首二卷、卷一至十、十二至十五、十七、十九、二十一、二十二、二十四、二十七至二十九)　山西家譜(缺卷十一、十六、十八、二十、二十三、二十五、二十六、三十)

[麻城]何氏宗譜四十三卷首五卷
何永海修
民國十四年(1925)敦倫堂木活字本
山西家譜　猶他

[麻城]何氏宗譜
何德魁修
民國十四年(1925)敦倫堂木活字本
猶他

[麻城]何氏宗譜
何□□纂修
據1995年三高堂木活字本複印
書名據書衣題。此爲續修本。
麻城方志

[羅田]何氏宗譜十二卷首三卷
何延翊修
民國十一年(1922)詠梅堂木活字本
書名據書衣題,内封題"羅田何氏三修宗譜"。
山西家譜(缺卷八)　猶他

[蘄春]何氏宗譜八卷首四卷
何耀英修
1991年重印民國二十五年(1936)濟德堂木活字本
山西家譜　猶他

[蘄春]何氏宗譜六十一卷首一卷
何植三等修
民國三十一年(1942)兩儀堂木活字本
國家(缺卷二十、二十一)

[蘄春]何氏宗譜六十一卷首一卷
何伯昇等修
民國三十三年(1944)光裕堂木活字本
山西家譜　猶他

[蘄春]何氏八修宗譜一百零二卷
何正坤等修
1990年穀詒堂鉛印本
山西家譜　猶他

[黄梅]何氏宗譜四卷
何曙初、何慶雲編修
民國三十一年(1942)廬江堂木活字本
山西家譜　猶他

[黄梅]何氏宗譜十六卷
何宗光修
民國三十七年(1948)九井堂木活字本
山西家譜　猶他

[英山]何氏宗譜十五卷
何惟信修
1994年本源堂木活字本
猶他

[咸安]何氏宗譜二十八卷首八卷
何振華主編
1994年三河堂木活字本
書名據書衣題。六修本。
湖北(存卷首一、三、四,卷九、十、十二、十三)

[赤壁]何氏宗譜四卷
(清)何□□纂修
清道光二十五年(1845)廬江堂木活字本
國家

[赤壁]何氏宗譜
(清)何□□纂修
清同治間(1862—1874)廬江堂木活字本
國家(存卷四)

[通城]何氏族譜不分卷
(清)王文清纂修
清乾隆三十八年(1773)廬江堂木活字本
書名據版心題。
國家

[通城]何氏族譜不分卷
(清)何益廣纂修
清道光二十八年(1848)廬江堂木活字本
書名據版心、書籤題。
上海

[通城]何氏家乘不分卷
何□□纂修
清光緒四年(1878)廬江堂木活字本
書名據版心題。
上海

[通城]何氏宗譜三十六卷
何立甫、何曉祥等纂修
民國三十一年(1942)廬江堂木活字本
書名據版心題。
湖北(存卷首)

[通城]何氏族譜
何龍淩編修
2008 年廬江堂照排本
湖北(存第三卷)

[潛江]何氏家譜
何本江等纂修
1999 年鉛印本
書名據書衣題。
何本江

[來鳳]來鳳何氏首修合族宗譜
何之常等修
2009 年廬江堂照排本
首修本。
湖北

賀

[武昌]賀氏合修族譜
(清)賀□□纂修
清咸豐十年(1860)木活字本
山西家譜　猶他

[大冶]金牛當鋪賀
賀其亮修
2003 年集善堂照排本
湖北

[大冶]賀氏宗譜十六卷
賀繼斌主編
2008 年儒宗堂照排本
十修本。
湖北

[鄂州]賀氏宗譜三十五卷
合族纂修
清咸豐十年(1860)重遠堂刻本
書名據版心、書衣題。
武大　湖北　山西家譜　猶他

[黄岡]賀氏宗譜二十卷
賀光華纂修
民國三十八年(1949)儒宗堂鉛印本
山西家譜(缺卷十四至十七)　猶他

[嘉魚]蒲圻賀氏家乘二十八卷首一卷
(清)賀漣纂修
清乾隆五十四年(1789)刻本
自貢(存卷首、卷一至五、七至十七、十九至二十八)

洪

[新洲]洪氏宗譜二十二卷首一卷
洪才佐、洪才全纂修
民國二年(1913)木活字本
書名據版心、書衣題。
湖北　新洲烏鉢窑村

[新洲]洪氏宗譜三十三卷
洪俊毅主編
1989 年燉煌堂鉛印本
書名據書衣題。
湖北　山西家譜　猶他

[新洲]洪氏宗譜三十五卷
洪國梅等修
2008 年燉煌堂木活字本
五修本。
湖北　猶他

[黄岡]洪氏宗譜八卷首二卷
洪□□纂修
民國五年(1916)義居堂木活字本
山西家譜　猶他

[黄岡]洪氏宗譜八卷
賀□□纂修
民國六年(1917)木活字本
思綬草堂

[黄岡]洪氏宗譜八卷首一卷
洪庸登纂修
民國三十四年(1945)四知堂木活字本
山西家譜(缺卷七、八)　猶他

[黄岡]洪氏宗譜十卷
洪昌望主編
1991年木活字本
書名據書衣題,書籤題"龍岡洪氏宗譜"。
山西家譜　猶他

[黄岡]洪氏宗譜三十五卷
洪毅主編
2008年燉煌堂照排本
湖北

[麻城]洪氏三修宗譜十三卷首三卷
洪象笏纂修
民國三十六年(1947)義居堂木活字本
書名據譜序題,版心、書衣、内封題"洪氏宗譜"。
國家　上海　山西家譜　猶他

[麻城]洪氏宗譜
洪□□纂修
據1989年燉煌堂木活字本複印
麻城方志

[黄梅]洪氏宗譜十一卷
洪瑞澗修
民國十八年(1929)忠孝堂刻本
書名據版心、書衣題。四修本。
湖北(存卷首、卷六至九、十一)

洪楊

[黄岡]洪楊宗譜十二卷
楊伋斌主編
2003年四知堂木活字本
山西家譜　猶他

侯

[武漢]侯氏族譜
侯□□纂修
1996年木活字本
山西家譜(存卷二至六)　猶他

[鄂東南]侯氏宗譜十五卷首二卷
侯國水等修
2014年敦本堂照排本
七修本。
湖北(缺卷五下、十上、十五)

[陽新]侯氏宗譜十五卷
侯全龍等修
1988年敦本堂木活字本
書名據書衣題。六修本。
湖北

[麻城]侯氏宗譜八卷
侯玉恒纂修
清光緒十二年(1886)裕後堂木活字本
山西家譜　猶他

[麻城]侯氏宗譜
侯□□纂修
1993 年穀裕堂木活字本
麻城方志

[浠水]侯氏宗譜十八卷首八卷
侯紹祥、侯德忠修
1994 年穀裕堂木活字本
山西家譜　猶他

胡

[湖北]胡氏五修宗譜六卷
胡□□纂修
民國二十年(1931)修文堂木活字本
國家

[湖北]胡氏宗譜□□卷
胡□□纂修
民國三十五年(1946)華林堂木活字本
書名據版心題。
武漢(存卷七十、八十五)

[湖北]胡氏四修宗譜
胡□□纂修
民國間(1912—1949)三恪堂木活字本
國家

[湖北]胡氏族譜二卷
胡先漢等修
1991 年安定堂鉛印本
書名據書衣題。
湖北

[湖北]胡氏宗譜
胡□□纂修
1994 年孝友堂木活字本
山西家譜(存卷三十一至三十三、四十一、五十九、六十一至六十三、六十五至六十八)　猶他

[湖北]中華胡姓通譜·湖北卷
胡漢新修
2009 年安定堂照排本
湖北

[武昌]胡氏宗譜六卷首一卷
胡步瑗修
清光緒八年(1882)經義齋木活字本
國家(缺卷四至六)　山西家譜　猶他

[武昌]胡氏宗譜七卷首一卷
伯旺公嗣孫同續修
清光緒二十八年(1902)經義齋木活字本
山西家譜(缺卷二、四)　猶他

[武昌]胡氏族譜八卷首一卷
胡紹文修
民國十年(1921)經義齋木活字本
山西家譜　猶他

[武昌]胡氏宗譜八卷首一卷
胡少泉纂修
民國三十二年(1943)清畏堂木活字本
山西家譜(缺卷二、三、七)　猶他

[武昌]中華胡姓通譜二卷首一卷
胡昌壽主編
2009 年安定堂照排本
山西家譜　猶他

[江夏]胡氏族譜二十二卷首四卷
(清)胡□□纂修
清光緒十三年(1887)刻本
思綏草堂

[黄陂]横岡胡氏支譜不分卷
(清)胡暻等纂修
清康熙四十三年(1704)抄本
書名據版心題。譜序題"横岡胡氏横渠支譜"。
歷史所

[黄陂]胡氏宗譜二十卷
胡傳發主編
1995 年鉛印本
湖北　山西家譜　猶他

[黄陂]中华胡姓通譜木兰卷
胡才茂等修
2008 年照排本
湖北

[黄陂]胡氏宗譜
胡瑞元等纂修
2011 年照排本
湖北

[黄陂]中華胡姓通譜湖北零柒卷(四)
湖北省武漢市黄陂區李家集街編纂委員會修
2011 年安定堂照排本
湖北

[新洲]胡氏宗譜十卷
胡基秀、胡開福纂修
清光緒三十年(1904)木活字本
譜初修於清乾隆二十六年(1761)。
新洲沙畈村

[新洲]胡氏宗譜十卷首二卷
胡緒材纂修
民國七年(1918)木活字本
新洲西河村(存一卷)　新洲胡彰村

[新洲]胡氏宗譜九卷首四卷
胡士蔚等修
民國二十六年(1937)安定堂木活字本
書名據書衣題。
湖北(存卷首上中下、卷一、四、六至九)

[新洲]胡氏宗譜
胡筱三等纂修
民國二十六年(1937)木活字本
胡田材

[新洲]胡氏宗譜六卷
胡翠軒等纂修
民國三十三年(1944)木活字本
新洲楊家山村

[新洲]胡氏宗譜二十卷
胡虞臣等纂修
民國三十三年(1944)木活字本
新洲樓寨村

[新洲]胡氏宗譜四卷
胡□□纂修
民國三十四年(1945)木活字本
新洲烏鉢窑村

[新洲]胡氏宗譜二十七卷首四卷
胡璧府、胡良卿等修
1989 年安定堂木活字本
書名據書衣題。
湖北(缺卷一)

［新洲］胡氏宗譜
胡瑞蘭等修
1991 年安定堂木活字本
書名據書衣題。
湖北

［新洲］胡氏宗譜九卷首五卷
胡賢元修
1993 年安定堂木活字本
山西家譜　猶他

［新洲］胡氏宗譜五卷首二卷
胡經凱、胡經煥修
1994 年安定堂木活字本
書名據書衣題。
湖北　山西家譜　犹他

［新洲］中華胡姓通譜·湖北 08 卷新洲分譜
中華胡姓通譜編纂委員會新洲分會編著
2008 年安定堂照排本
湖北

［新洲］中華胡姓通譜二卷首一卷
胡秋安主編
2008 年安定堂照排本
此譜是胡姓通譜新洲分譜榮八公支譜。
山西家譜　猶他

［新洲］中華胡姓通譜新洲分卷九卷
胡志發主編
2008 年安定堂照排本
山西家譜　猶他

［新洲］胡氏宗譜新洲分卷
胡友倫等修
2011 年華林堂照排本
湖北

［大冶］大冶胡氏宗譜
（清）胡□□纂修
清道光三年（1823）傳善堂木活字本
上海（存卷首、卷一、二）

［大冶］大冶胡氏纂修宗譜□卷
（清）胡□□纂修
清光緒三年（1877）傳善堂木活字本
上海（存卷首、卷一、二）

［大冶］胡氏宗譜四卷
胡先財等修
民國四年（1915）经義堂木活字本
書名據書衣題。
湖北（存卷首）

［大冶］胡氏宗譜
胡□□纂修
民國十八年（1929）華林堂木活字本
書名據書衣題。
湖北（存卷二）

［大冶］中華胡姓通譜
胡德其主編
2008 年安定堂照排本
山西家譜　猶他

［陽新］中华胡姓通譜阳新分譜
胡慶玉等修
2008 年華林堂照排本
湖北（存卷一、八）

［荆州］胡氏家乘
胡宗敬修
民國九年（1920）崇陽堂木活字本
山西家譜　猶他

［荆州］中華胡氏通譜荆州觀音壋支譜
胡克泉主編
2012 年安定堂照排本
湖北

［松滋］中華胡氏通譜湖北省 38（松滋）卷
胡文泉主編
2012 年照排本
書眉題“中華胡氏通譜湖北省松滋卷”。
湖北

［監利］胡氏家乘
胡宗敬等纂修
民國九年（1920）崇陰堂木活字本
書名據版心、書衣題。二修本。
河南（存譜序、卷六中）　山西家譜　猶他

［監利］胡氏族譜八卷首五卷
胡紫園修
民國十年（1921）安定堂木活字本
國家　山西家譜　猶他

［江陵］胡氏族譜十七卷序一卷
胡□□纂修
民國六年（1917）木活字本
江陵檔

［江陵］胡氏宗譜十六卷首一卷
胡嗣俊等纂修
民國十三年（1924）鉛印本
書名據版心、目録題。内封題“胡氏族譜”。
國家　上海　人大　荆州區檔　廣東
東洋文庫　東京　哈佛　猶他

［夷陵］胡氏家乘十二卷
（清）胡□□纂修
清光緒十三年（1887）安定堂刻本
胡慶業

［夷陵］胡氏家乘十二卷
胡□□纂修
清光緒二十九年（1903）安定堂木活字本
胡慶業

［夷陵］胡氏族譜五卷
胡文林纂修
民國十二年（1923）石印本
胡廷蔚

［夷陵］胡氏族譜
胡氏族人合修
1989 年安定堂木活字本
胡傳全

［夷陵］胡氏族譜
胡氏族人合修
周功華

［夷陵］胡氏族譜
胡傳富編修
2006 年照排本
羅澤忠

［宜都］胡氏家譜四卷
胡長祥、胡長彬纂修
民國二十四年（1935）木活字本
宜都市五眼泉鎮

[長陽]都鎮灣胡氏族譜
胡□□纂修
刻本
長陽宗教局(存一卷)

[長陽]麻池胡氏族譜
胡□□纂修
抄本
長陽宗教局(存一卷)

[襄陽]世界胡氏通譜湖北襄陽分譜
胡久明修
2012 年照排本
湖北

[鄂州]胡氏宗譜
胡□□纂修
民國二十二年(1933)木活字本
國家

[鄂城]胡氏宗譜
胡□□纂修
民國三十六年(1947)華林堂木活字本
山西家譜(存卷十、十七)　猶他

[鄂城]胡氏宗譜
胡□□纂修
民國三十六年(1947)華林堂木活字本
山西家譜(存卷七十、八十三)　猶他

[荆門]胡氏家譜
胡氏家譜修譜編寫組纂修
2000 年鉛印本
荆門

[孝感]鄂環青石橋胡氏宗譜
胡心鼎主編
1993 年崇愛堂鉛印本
書名據書衣題。九修本。
湖北　孝感　孝南　山西家譜

[孝感]胡氏宗譜
胡崇嵐總編
1996 年安定堂木活字本
山西家譜　猶他

[孝南]中華胡姓通譜湖北省孝南卷
胡永順等修
2009 年安定堂照排本
湖北

[應城]胡氏宗譜
胡紹瑗修
1992 年安定堂鉛印本
書名據書衣題。
湖北(存卷四)

[漢川]閘口胡氏宗譜十一卷首一卷
合族纂修
1998 年安定堂鉛印本
湖北(存卷首、卷七)

[雲夢]雲夢胡氏宗譜三卷
胡盛文、胡必義、胡盛合編修
1998 年安定堂油印、複印本
湖北

[黄岡]胡氏宗譜七卷首二卷
胡富禎、胡富鳳等修
清光緒五年(1879)三恪堂木活字本
國家(缺卷首上)　山西家譜　猶他

[黄岡]胡氏宗譜十五卷
(清)胡鳳延編修
清光緒八年(1882)經義堂木活字本
山西家譜　猶他

[黄岡]胡氏家乘
(清)胡□□纂修
清光緒九年(1883)聚順堂木活字本
山西家譜(存卷首、卷一至五、八至十三)　猶他

[黄岡]胡氏宗譜十卷
(清)胡□□纂修
清光緒十四年(1888)安定堂木活字本
山西家譜　猶他

[黄岡]胡氏宗譜十一卷首三卷
胡寶珍、胡榮芝修
清光緒二十四年(1898)三恪堂木活字本
山西家譜(缺卷首下、卷九)　猶他

[黄岡]胡氏宗譜□□卷
胡□□纂修
民國間(1912—1949)華林堂木活字本
書名據版心題。
武漢(存卷十、十七)

[黄岡]胡氏宗譜十二卷首二卷
胡匡一修
民國四年(1915)里仁堂木活字本
山西家譜　猶他

[黄岡]胡氏宗譜十卷
胡氏合族纂修
民國七年(1918)安定堂木活字本
書名據版心、書衣、内封題。
上海

[黄岡]胡氏宗譜十六卷首四卷
胡□□纂修
民國七年(1918)安定堂木活字本
國家　山西家譜　猶他

[黄岡]胡氏宗譜十卷首一卷
胡□□纂修
民國七年(1918)安定堂木活字本
國家　山西家譜　猶他

[黄岡]胡氏宗譜十一卷首二卷
胡□□纂修
民國二十二年(1933)三恪堂木活字本
書名據書衣題。四修本。
湖北　山西家譜　猶他

[黄岡]胡氏宗譜十二卷首五卷
胡榮森修
民國二十二年(1933)三恪堂木活字本
山西家譜　猶他

[黄岡]胡氏宗譜二十卷首四卷
胡筱蘭修
民國二十六年(1937)三郃堂木活字本
國家　思綏草堂　山西家譜　猶他

[黄岡]胡氏宗譜九卷首四卷
胡師發纂修
民國二十六年(1937)安定堂木活字本
書名據版心題。四修本。
湖北(存卷首一、二、四,卷一、五、七至九)

[黄岡]胡氏宗譜九卷首四卷
胡士英纂修
民國二十六年(1937)安定堂木活字本
山西家譜　猶他

[黄岡]胡氏宗譜十四卷首三卷
胡柏坪、胡筱三修
民國二十六年(1937)三邰堂木活字本
國家(缺卷三、四、六)

[黄岡]胡氏宗譜六卷首二卷
胡爲宗修
民國三十二年(1943)經義堂木活字本
國家　山西家譜　猶他

[黄岡]黄岡胡氏宗譜三卷首一卷
胡□□纂修
民國三十三年(1944)經義堂木活字本
書名據書衣題。
國家　湖北

[黄岡]黄岡胡氏宗譜
胡□□纂修
民國三十三年(1944)經義堂木活字本
書名據書衣題。版心、内封題“胡氏宗譜”。
上海(存卷首、卷一、二、六、九至十一、十三、十四、十六、十九、二十)

[黄岡]胡氏宗譜六卷首二卷
胡國授纂修
民國三十三年(1944)經義堂木活字本
山西家譜(缺卷四)　猶他

[黄岡]胡氏宗譜三卷首一卷
胡國海、胡錦堂修
民國三十三年(1944)經義堂木活字本
山西家譜　猶他

[黄岡]胡氏宗譜二十六卷首一卷
胡甚鈞等修
民國三十三年(1944)傳經堂木活字本
山西家譜(存卷首、卷一至三)　猶他

[黄岡]胡氏宗譜
胡松山等纂修
民國三十四年(1945)大德堂木活字本
山西家譜　猶他

[黄岡]胡氏宗譜十三卷首一卷末一卷
胡賢莆修
民國三十四年(1945)聚順堂木活字本
山西家譜　猶他

[黄岡]胡氏宗譜二十七卷首四卷
胡紀芳、胡少良修
1989年安定堂木活字本
山西家譜　猶他

[黄岡]胡氏宗譜
胡璧府等修
1989年安定堂木活字本
書名據書衣題。續修本。
湖北

[黄岡]胡氏宗譜十二卷首二卷
胡敦鵬纂修
1990年里仁堂木活字本
湖北　山西家譜　猶他

[黄岡]胡氏宗譜十三卷首四卷
胡□□纂修
1991年安定堂木活字本
山西家譜(缺卷首一)　猶他

[黄岡]胡氏宗譜三十三卷
胡保貴等纂修
1993年華林堂鉛印本
書名據書衣題。四修本。
胡旺生

[黄岡]胡氏宗譜十五卷首二卷
胡基運、胡基滿修
1995 年安定堂木活字本
山西家譜　猶他

[黄岡]胡氏宗譜十卷
胡詩富、胡貴臺編修
1997 年安定堂鉛印本
書名據版心、書衣題。四修本。
湖北

[黄州]胡氏宗譜十卷首四卷
胡訓武纂修
1991 年聚順堂木活字本
書名據書衣題,目録題"黄州市淋山河胡氏第八届續修宗谱"。
湖北

[麻城]胡氏族譜十四卷
胡正暄修
民國四年(1915)肇虞堂木活字本
山西家譜　猶他

[麻城]胡氏宗譜十二卷
胡□□纂修
民國五年(1916)敦本堂木活字本
書名據書衣題。
湖北

[麻城]胡氏宗譜十二卷
胡中釗、胡中煊等修
民國五年(1916)敦本堂木活字本
國家　山西家譜　猶他

[麻城]胡氏宗譜二十卷首四卷
胡步霄、胡君福纂修
民國七年(1918)延禧堂木活字本
國家　山西家譜　猶他

[麻城]胡氏宗譜
胡□□纂修
約民國十二年(1923)敦睦堂木活字本
山西家譜　猶他

[麻城]胡氏宗譜三修十九卷首三卷
胡定朝、胡仁鳳等修
民國十三年(1924)務本堂木活字本
山西家譜(缺卷首二、卷三、四、卷十六至十九)　猶他

[麻城]胡氏宗譜十六卷首三卷
胡玉堂修
民國十三年(1924)敦睦堂木活字本
山西家譜(缺卷十)　猶他

[麻城]了林胡氏世系表四卷首二卷
胡在庚修
民國二十年(1931)精一堂木活字本
山西家譜　猶他

[麻城]胡氏族譜不分卷
胡明春、胡正全修
民國二十六年(1937)安定堂木活字本
山西家譜　猶他

[麻城]胡氏宗譜四卷首二卷又首二卷
胡學偷修
民國二十七年(1938)華林堂木活字本
國家　山西家譜　猶他

[麻城]胡氏宗譜四十四卷首八卷
胡□□纂修
民國二十九年(1940)聯璧堂木活字本
國家(缺卷首一、卷首二下、卷首六、卷首七上、卷二上、卷五、十四、二十六、四十一、四十二)　山西家譜　猶他

[麻城]胡氏宗譜六卷首二卷
胡爲宗修
民國三十二年(1943)經義堂木活字本
山西家譜(缺卷首下、卷六)　猶他

[麻城]胡氏宗譜二十八卷首四卷
胡守法修
民國三十四年(1945)華林堂木活字本
山西家譜　猶他

[麻城]胡氏族譜十四卷
胡□□纂修
約民國三十五年(1946)木活字本
山西家譜　猶他

[麻城]胡氏族譜十四卷
胡正琳等修
民國三十五年(1946)肇虞堂木活字本
山西家譜　猶他

[麻城]胡氏族譜
胡□□纂修
民國三十五年(1946)木活字本
山西家譜(存卷二、四、八、十三、十四)　猶他

[麻城]胡氏宗譜五卷首二卷末一卷
胡正楷、胡明科纂修
民國三十六年(1947)安定堂木活字本
山西家譜　猶他

[麻城]胡氏宗譜
胡□□纂修
民國間(1912—1949)敦睦堂木活字本
國家(存卷首、卷一、二、五至二十四、二十六至四十三)

[麻城]胡氏族譜
胡□□纂修
民國間(1912—1949)木活字本
國家(存卷二至八、十至十四)

[麻城]胡氏宗譜十九卷首一卷
胡光文等主編
1990年延禧堂木活字本
山西家譜(缺卷十九)　猶他

[麻城]胡氏族譜十五卷
胡利焱總編
1999年照排本
山西家譜　猶他

[麻城]胡氏宗譜
胡金奎主編
2001年敦本堂照排本
麻城方志

[武穴]胡氏宗譜一卷
胡錦城等纂修
民國十年(1921)華林堂木活字本
武穴檔

[武穴]胡氏宗譜
胡輝華等修
1996年鉛印本
山西家譜　猶他

[紅安]胡氏宗譜六卷
(清)胡世選等修
清光緒五年(1879)刻本
書名據書衣題。二修本。
湖北

[紅安]胡氏族譜八卷
胡德馨編修
清光緒三十四年(1908)木活字本
書名據版心題。
湖北

[紅安]胡氏族譜八卷
胡維棟等修
清光緒三十四年(1908)木活字本
書名據書衣題。
湖北

[紅安]胡氏宗譜六卷
胡光叙等修
民國九年(1920)木活字本
書名據書衣題。三修本。
湖北

[紅安]胡氏宗譜九卷首一卷
胡祖寅纂修
民國三十六年(1947)安定堂木活字本
國家　山西家譜　猶他

[紅安]胡氏族譜
胡祖寅等修
民國三十七年(1948)星帶堂木活字本
書名據書衣題。六修本。
湖北(存卷首、卷一至三、五、七至十三、十五、十六、十九至二十五)

[紅安]胡氏宗譜十一卷首一卷
胡端廷等修
1995 年安定堂木活字本
湖北

[羅田]胡氏宗譜十二卷首四卷
胡興煦修
民國五年(1916)崇本堂木活字本
山西家譜　猶他

[浠水]胡氏宗譜二十一卷
胡永奎總編
1992 年安定堂木活字本
書名據書衣題。
湖北

[浠水]華林胡氏宗譜三十三卷首一卷
胡純修、胡德知主修
1994 年鉛印本
山西家譜　猶他

[蘄春]華林胡氏宗譜二十四卷
胡少懷、胡祖耀等修
民國十八年(1929)木活字本
山西家譜　猶他

[蘄春]胡氏六修宗譜二十五卷首三卷
胡德星主編
1996 年培桂堂油印本
書衣題“胡氏宗譜”。
山西家譜(缺卷四、八、二十一、二十二、二十四)　猶他

[黃梅]張胡民籍宗譜十七卷首一卷
胡□□纂修
民國十八年(1929)清安堂木活字本
猶他

[英山]胡氏宗譜八卷首一卷
(清)胡應樞纂修
清乾隆四十九年(1784)刻本
書名據版心題,書籤題"胡氏家乘"。清康熙五十年(1711)初修,此爲二修本。
平頂山(存卷首、卷二至八)

[英山]胡氏宗譜十六卷首二卷
胡松、胡遠愚纂修
民國三十年(1941)四顯堂木活字本
國家　山西家譜　猶他

[英山]中華胡氏通譜英山分譜
胡維第主編
2009年照排本
湖北

[通城]胡氏宗譜
胡介丞主修
民國十八年(1929)安定堂木活字本
山西家譜(存卷天集一至四卷,地集一至三卷,元集卷一,黄集一至四卷,辰集一至三、六卷,宿集一至六卷,張集十三、六卷,寒集二、八,來集二至五,暑集三、八、十一,往集十二、十三、十五,列集二、三、五、六、八、十、十二、十三、十五,宇集卷一,洪集卷一,荒集一、二,閏集一至四,餘集三、六,成集七、八,昃集一、三至八、一四、一七至一九、二十一至二十三,盈集一至三、五至七,月集一至三、七至八、十、十一、十四,日集三至一二,秋集一至二,收集一至一八、二十,冬集二至十、十二、十五至二十二、二十四至二十八、三十、三十四至四十五,藏集一至三)　猶他

[通城]胡氏宗譜
胡秉坤纂修
民國三十七年(1948)安定堂木活字本
書名據版心、書衣題。
湖北(存地集卷一、元集卷一至三、黄集卷三、宇集卷三、冬集卷七)　國家(存卷天集一至四卷,元集一至四,黄集一至二,荒集卷一,月集卷二,盈集五至九,辰集一、十、十七、二十一,宿集一、四、七卷,列集卷二,寒集十,收集四、十,冬集十、十一、十四、十六、三十、三十三、三十四,藏集四、六、十二、十四、十五)　山西家譜　猶他

[通城]胡氏宗譜三卷首一卷
胡穎、胡怡和總編
1993年敦本堂鉛印本
書名據版心、書衣題。
湖北

[通城]胡氏宗譜
胡珊鵬主編
2006年安定堂照排本
湖北

[通城]世界胡氏通譜通城綜合卷
胡天貴主編
2011年照排本
湖北

[通城]胡姓成公相乘
胡三寶主編
2013年照排本
湖北

[廣水]胡氏宗譜二十一卷首一卷
胡安主主編
2003年安定堂照排本
湖北

[仙桃]沔陽縣長埫口胡氏族譜七卷
胡維榮纂修
民國十五年(1926)鉛印本
版心題"胡氏宗譜",書籤題"胡氏族譜"。
吉大

[仙桃]胡氏宗譜
胡熙鳳修
1988年安定堂油印本
湖北

[仙桃]胡氏宗譜十五卷首一卷
胡常鈺、胡會鏜修
1989年四維堂木活字本
山西家譜　猶他

[仙桃]湖北仙桃胡姓通譜四卷首一卷
胡嘉森纂修
2008年照排本
山西家譜　猶他

[仙桃]世界胡氏通譜湖北仙桃靖公支系卷·安定堂
胡鐵樹修
2012年安定堂照排本
湖北

[天門]胡氏宗譜三卷
胡孝生、胡震霖主修
1994年安定堂油印本
湖北

[潛江]世界胡氏通譜湖北省第75卷潛江市分譜
胡禮銀主編
2008年照排本
凡例題"中華胡姓通譜湖北省第75卷潛江市分譜"。
湖北

[宣恩]中華胡姓通譜·宣恩卷
胡遠志修
2010年安定堂照排本
湖北

户

[崇陽]户氏家譜
户四平修
民國三十七年(1948)二美堂木活字本
崇陽趕龍村

華

[大冶]華氏宗譜十五卷首三卷
華□□纂修
民國二十九年(1940)青紫堂木活字本
國家(卷首一、二、卷七、八、十一至十三、十五)

[大冶]華氏宗譜十五卷首一卷
華春芳纂修
民國二十九年(1940)青紫堂木活字本
山西家譜　猶他(缺卷一、五、九、十、十四)

[應城]華氏宗譜
華□□纂修
民國九年(1920)廉明堂木活字本
山西家譜　猶他

[大悟]華氏宗譜十八卷
華龍纂修
1989年青紫堂木活字本
山西家譜　猶他

[黄岡]華氏家譜三十六卷首一卷

華芳夫、華富三修

清光緒三十四年(1908)睦族堂木活字本

山西家譜(存卷首、卷十一至十三、卷二十一、二十三、二十六、二十九、三十一、三十三至三十六)　猶他

[黄岡]華氏宗譜三十六卷

華□□纂修

清光緒三十四年(1908)睦族堂木活字本

國家(存卷首、卷十一至十三、二十二、二十三、二十九至三十一、三十三至三十六、四十一)

[黄岡]華氏家譜四十二卷首一卷

華祝三、華小峰修

民國十九年(1930)睦族堂木活字本

山西家譜(缺卷一、三、十五、二十四、二十五、四十二)　猶他

[蘄春]武陵華氏九修宗譜(學房支)

華□□纂修

民國九年(1920)木活字本

湖北(存卷一至五、七至十一)

[蘄春]武陵華氏十修宗譜各房分卷

華振家修

1990年三多堂鉛印本

山西家譜(存傑房二卷、樂房八卷、恭房二卷、通房五卷、成房三卷、高房二卷、霽房三卷、賢房三卷、仁房八卷、才房八卷、忠房六卷、學房九卷)　猶他

黄

[湖北](黄氏)溯源録一卷

(清)黄曰湖修

清康熙五十四年(1715)刻本

山西家譜　猶他

[湖北]青獅橋黄氏五修族譜□卷

黄□□纂修

清光緒二十年(1894)江夏堂木活字本

書名據卷八後記題,版心題"黄氏五修族譜"。

上海(存卷六至八)

[湖北]黄氏宗譜

黄□□纂修

民國間(1912—1949)第一堂木活字本

國家

[武漢]黄氏家譜

黄□□纂修

民國間(1912—1949)木活字本

國家

[江漢]江漢黄氏世譜

黄保亞等修

2011年江夏堂照排本

湖北

[武昌]江夏衍派黄氏世譜

(清)黄國梁修

清乾隆四十八年(1783)刻本

猶他

[武昌]黄氏宗譜十八卷
(清)黄之富等纂修
清道光間(1821—1850)培本堂刻本
書名據書籤、版心題。
湖北(存卷一至三、五至八、十至十六、十八)

[武昌]黄氏宗譜
黄善經修
清光緒二十年(1894)追遠堂木活字本
山西家譜(存一册譜序至墓圖) 猶他

[武昌]黄氏宗譜八卷首一卷
黄□□纂修
光緒三十四年(1908)忠孝堂木活字本
書名據版心、書衣題。四修本。
湖北(缺卷一、六)

[武昌]黄氏宗譜四卷首一卷
黄邦弼纂修
清宣統三年(1911)務本堂木活字本
山西家譜 猶他

[武昌]黄氏宗譜三卷首三卷
黄之鶴等纂修
民國二年(1913)九齡堂刻本
書名據版心題，譜序題“黄氏續修宗譜”。
景德鎮

[武昌]黄氏宗譜
黄□□纂修
民國四年(1915)培本堂木活字本
書名據書衣題。
湖北

[武昌]黄氏宗譜首三卷總系二卷世系不分卷
黄開文纂修
民國二十五年(1936)敦倫堂木活字本
山西家譜 猶他

[武昌]黄氏宗譜八卷首一卷
黄孟東修
民國三十六年(1947)忠孝堂石印本
書名據版心、書衣題。五修本。
湖北(存卷二至五、七) 武漢(存卷首、卷二)

[漢陽]余姚黄氏家乘六卷
黄慶曾等纂修
清宣統二年(1910)木活字本
書籤、内封題“余姚黄氏支譜”。
歷史所 吉大

[漢陽]黄氏大族譜
莊吴福主編
1969年鉛印本
書名據書衣題。
香港中大

[東西湖柏泉]黄氏宗譜十四卷首一卷
黄榮魁等修
民國九年(1920)敦睦堂木活字本
書名據書衣題。
湖北

[江夏]江夏黄氏家譜不分卷
黄之瀾纂修
稿本
南京

[江夏]黄氏族譜
黄岳修
1954 年木活字本
猶他

[江夏]江夏黄氏宗譜黄氏名人
黄□□纂修
2007 年江夏堂照排本
湖北

[江夏]江夏黄氏宗譜三卷
黄誠瓊修
2009 年江夏堂照排本
湖北　猶他

[黄陂]黄氏族譜
黄□□纂修
清光緒十九年(1893)抄本
書名據書衣題。
湖北

[黄陂]黄氏宗譜
黄大儒修
民國二年(1913)積慶堂木活字本
猶他

[黄陂]黄氏宗譜
黄星齋等纂修
民國二年(1913)繩武堂木活字本
書名據版心、内封題,版心刻積慶堂。
上海(存卷首、卷一至三)

[黄陂]黄氏族譜
黄□□纂修
民國十八年(1929)岡竹堂木活字本
山西家譜(存卷二、三、六、七上、七下、八、九、十一、十四至十七、二十一至二十三、二十六、二十七、二十九、末上十一、末下十二)　猶他

[黄陂]黄氏宗譜十二卷
黄楷書修
民國二十六年(1937)餘慶堂木活字本
山西家譜　猶他

[黄陂]黄氏族譜
黄□□纂修
民國三十三年(1944)穀詒堂木活字本
山西家譜(存卷首二至六、首八、卷一至三、卷五至三十)　猶他

[黄陂]黄氏族譜三十卷首八卷
黄□□纂修
民國三十三年(1944)穀詒堂木活字本
國家(缺卷首一、卷四)

[黄陂]黄氏族譜九卷首三卷
黄宏鍾修
民國三十五年(1946)雙井堂木活字本
山西家譜　猶他

[黄陂]黄氏簡歷
黄□□纂修
1989 年抄本
湖北

[黄陂]黄氏宗譜二卷
黄仁濤修
2011 年三略堂照排本
湖北

[黄陂]黄氏家譜
黄國賦等修
2014 年照排本
湖北

[新洲]黄氏宗譜十八卷
黄克臣总纂修
民國五年(1916)培本堂木活字本
書名據版心題。
湖北

[新洲]黄氏宗譜十九卷首一卷
黄鵬程、黄晴臺等纂修
民國十六年(1927)木活字本
新洲城南村

[新洲]史黄氏宗譜十卷
黄潤堃纂修
民國三十三年(1944)木活字本
新洲段家山村

[新洲]黄氏宗譜三甲續修支譜不分卷
黄豐玉、黄功玉纂修
民國三十四年(1945)木活字本
新洲黄套村

[新洲]黄氏宗譜七甲續修支譜九卷
黄子厚、黄敦夫纂修
民國三十五年(1946)木活字本
新洲黄套村

[新洲]黄氏宗譜十四卷
黄端夫、黄小筱纂修
民國三十五年(1946)木活字本
新洲董椿村

[新洲]黄氏宗譜九甲續修支譜
黄俊臣、黄新應等纂修
民國三十五年(1946)木活字本
新洲西河村

[新洲]黄氏十甲支譜不分卷
黄功臣、黄功濟纂修
民國三十五年(1946)木活字本
新洲黄套村

[新洲]黄氏宗譜二十七卷首四卷
黄文彬、黄月卿等纂修
民國三十五年(1946)木活字本
譜初修於清乾隆十二年(1747)。
新洲石橋村

[新洲]黄氏宗譜西一甲續修支譜不分卷
黄宏廷、黄悦賢等纂修
民國三十六年(1947)木活字本
新洲三店村

[新洲]黄氏宗譜二甲續修支譜十一卷
黄康衢、黄善能等纂修
民國三十六年(1947)木活字本
新洲三店村

[新洲]黄氏宗譜四卷首二卷
黄志清、黄清直纂修
民國三十六年(1947)木活字本
黄家堤

[新洲]黄氏宗譜二十二卷
黄咸吉總編
1989年敦睦堂木活字本
書名據版心、書衣題。四修本。
上海　湖北　山西家譜　猶他

[新洲]黄氏宗譜九卷
黄功長、黄克臣修
1990年培本堂鉛印本
書名據書衣題。
湖北

[新洲]黄氏宗譜四卷首二卷
黄清直等修
1991年本源堂木活字本
書名據書衣題。
湖北

[新洲]黄氏宗譜十四卷
黄傅寶倡修
1994年三略堂木活字本
書名據書衣題。
湖北　山西家譜　猶他

[大冶]黄氏宗譜
黄良善修
清光緒十九年(1893)敦本堂本
猶他

[大冶]黄氏續修大成宗譜
黄□□纂修
民國二十七年(1938)嗣雅堂木活字本
版心、書籤題"黄氏宗譜"。
上海(存卷首)

[大冶]黄氏宗譜七十九卷首四卷末一卷
黄品金、黄紹軒等編修
民國三十二年(1943)木活字本
書名據版心、書衣題。
湖北(缺卷二十九)

[陽新]黄氏宗譜□□卷首三卷
黄氏琬溪譜居宗譜編輯委員會修
2012年敦本堂照排本
湖北(存卷首三卷)

[竹山]黄氏宗譜八卷首二卷
黄子謙修
1991年忠孝堂木活字本
猶他

[房縣]房陵黄氏家譜
黄□□纂修
清雍正六年(1728)抄本
書名據卷首題。
湖北

[竹溪]黄氏宗譜
黄□□纂修
約民國八年(1919)沖和堂木活字本
山西家譜(存石屋下上門影泰公支下世系，南堂公支下世系)　猶他

[監利]黄氏宗譜不分卷
黄□□纂修
1987年江夏堂鉛印本
書名據版心、書衣題。
湖北(存四十七卷)

[宜昌]黄氏家譜一卷
黄德大纂修
民國三年(1914)抄本
書名據書衣題。
宜昌檔

[西陵]黄氏宗譜二十一卷首十卷
黄同華、黄維教纂修
民國三十五年(1946)孝義堂木活字本
國家

[夷陵]黄氏族譜
黄□□纂修
清宣統元年(1909)江夏堂木活字本
王平

[夷陵]黄氏族譜
黄德大手抄
民國三年(1914)江夏堂抄本
夷陵檔

[夷陵]黄氏家譜
黄□□纂修
江夏堂木活字本
黄成格

[鄂州]黄氏宗譜□□卷
黄应旂、黄正安、黄元吉纂修
清光緒三年(1877)忠孝堂刻本
書名據版心、書衣題。
湖北(存卷首、卷一至五)

[鄂州]黄氏宗譜□□卷
(清)黄肇封等纂修
清光緒五年(1879)木活字本
書名據版心、内封題。
鄂州博(存十五卷:卷首〔殘〕、卷一至九、十一至十五)

[鄂州]黄氏宗譜
黄□□纂修
忠孝堂刻本
書名據版心、書衣題。
湖北(存卷七)

[鄂州]黄氏宗譜
黄□□纂修
民國十三年(1924)忠孝堂木活字本
書名據版心、書衣題。
湖北(存卷三至六)

[鄂州]黄氏宗譜二十六卷
黄輝鼎等修
民國三十六年(1947)慎陽堂木活字本
書名據書衣題。四修本。
湖北(缺卷十二、二十六)

[鄂州]黄氏宗譜
黄□□纂修
1988年江夏堂木活字本
湖北

[鄂州]黄氏宗譜(黄六壪)
黄□□纂修
1994年忠和堂木活字本
書名據版心、書衣題。
湖北(存卷七)

[鄂城]黄氏宗譜八卷
黄經武修
民國三十六年(1947)貴孝堂石印本
山西家譜(存卷一、二)　猶他

[鄂城]黄氏宗譜二十卷首五卷
黄良海修
1992年觀德堂木活字本
猶他

[荆門]黄氏族譜二卷
黄鳳漢修
2007年江夏堂照排本
書衣題"黄氏家乘"。
山西家譜　猶他

[孝感]續修澴川黄氏宗譜十四卷
黄仰嵩等纂修
民國二十年(1931)敦本堂木活字本
版心、内封題"黄氏宗譜"。十修本。
遼寧

[孝感]江夏堂黄氏宗譜八卷首二卷
黄義鳴編修
1991 年江夏堂鉛印本
書名據版心題,書衣題"續修黄氏家庭史譜",譜序題"東山黄氏宗譜"。五修本。
湖北(存卷首、卷二)

[孝感]江夏堂黄氏宗譜二卷首一卷
黄玉楷等纂修
1999 年照排本
書名據内封題,版心、書衣、目録題"黄氏宗譜"。二修本。
上海

[孝感]黄氏宗譜
黄文明、黄雲壽、黄名福主修
2006 年江夏堂照排本
五修本。
湖北

[漢川]黄氏宗譜十二卷
黄必森主修
1997 年鳳鳴堂油印本
書名據書衣題。
湖北

[安陸]黄氏族譜
黄道安等修
2004 年照排本
湖北

[黄岡]黄氏宗譜十八卷
(清)黄世亨修
清道光二十八年(1848)培本堂刻本
猶他

[黄岡]黄氏宗譜十八卷
(清)黄仕震修
清光緒八年(1882)培本堂木活字本
猶他

[黄岡]黄氏宗譜六卷
(清)黄啓焜修
清光緒九年(1883)雙井堂木活字本
書名據版心題。
湖北(存卷一) 武漢

[黄岡]黄氏宗譜八卷首二卷
黄長慶修
民國四年(1915)敦本堂木活字本
山西家譜 猶他

[黄岡]黄氏宗譜七卷首一卷末一卷
黄□□纂修
民國四年(1915)本源堂木活字本
思綏草堂

[黄岡]黄氏宗譜六卷首二卷
黄蔚青修
民國六年(1917)清介堂木活字本
山西家譜 猶他

[黄岡]黄氏宗譜四卷首一卷
黄時有、黄濟寬修
民國十五年(1926)雙井堂木活字本
山西家譜 猶他

[黄岡]黄氏創修宗譜八卷首一卷
黄嘉時等修
民國二十一年(1932)敦本堂木活字本
山西家譜(缺卷四) 猶他

[黄岡]黄氏創修宗譜八卷首一卷
黄□□纂修
民國二十一年(1932)敦本堂木活字本
山西家譜　猶他

[黄岡]黄氏宗譜十七卷
黄□□纂修
民國三十二年(1943)培本堂木活字本
國家(缺卷一、二)

[黄岡]黄氏宗譜七卷首三卷
黄□□纂修
民國三十二年(1943)忠孝堂木活字本
思綏草堂

[黄岡]黄氏宗譜十甲分修
黄勸臣纂修
民國三十五年(1946)培本堂木活字本
山西家譜　猶他

[黄岡]黄氏宗譜七卷首一卷尾一卷
黄□□纂修
民國三十五年(1946)本源堂木活字本
思綏草堂

[黄岡]黄氏宗譜四卷首二卷
黄清志修
民國三十六年(1947)本源堂木活字本
山西家譜　猶他

[黄岡]黄氏宗譜
黄□□纂修
民國三十六年(1947)培本堂木活字本
山西家譜　猶他

[黄岡]黄氏宗譜二十六卷
黄□□纂修
民國三十六年(1947)慎陽堂木活字本
山西家譜　猶他

[黄岡]黄氏宗譜六十八卷
黄□□纂修
民國三十六年(1947)培本堂木活字本
湖北(缺卷首)

[黄岡]黄氏族譜九卷
黄□□纂修
民國間(1912—1949)敦本堂木活字本
山西家譜　猶他

[黄岡]黄氏宗譜二十九卷首四卷
黄□□纂修
民國間(1912—1949)敦本堂木活字本
書名據版心、書衣題。記事至1946年。
上海　猶他

[黄岡]黄氏宗譜八卷首二卷
黄子珍、黄仕奇修
1980年忠孝堂木活字本
山西家譜　猶他

[黄岡]黄氏宗譜十卷首一卷
黄福亭主編
1990年培本堂鉛印本
山西家譜　猶他

[黄岡]黄氏宗譜
黄承熙等修
1990年無雙堂木活字本
書名據書衣題。
湖北

[黄岡]黄氏宗譜十卷
黄昌福修
1990年敦睦堂木活字本
湖北　山西家譜　猶他

[黄岡]黄氏宗譜四卷首二卷
黄蘭階主編
1992年明倫堂木活字本
山西家譜　猶他

[黄岡]黄氏宗譜二十九卷首四卷
黄幼東、黄仲軒主編
1993年敦本堂木活字本
山西家譜　猶他

[黄岡]黄氏宗譜二十九卷首四卷
黄□□纂修
1993年敦本堂本
書名據書衣題。
湖北(缺卷十六)

[黄岡]黄氏宗譜二十三卷首五卷
黄允鑒、黄允鵬等修
1995年忠孝堂鉛印本
書名據書衣、版心、内封題。四修本。
湖北

[黄岡]黄氏宗譜六卷首四卷
黄品國等修
1995年潁川堂木活字本
書名據書衣題。五修本。
湖北

[黄岡]黄氏宗譜二十一卷首十卷
黄同連等修
2002年孝義堂照排本
山西家譜(缺卷二十、二十一)　猶他

[麻城]黄氏宗譜
(清)黄日葵等修
清道光十四年(1834)敦仁堂木活字本
山西家譜　猶他

[麻城]黄氏宗譜四卷首一卷
黄增禄等修
清光緒二十三年(1897)忠恕堂木活字本
山西家譜　猶他

[麻城]黄氏宗譜八卷首一卷
黄輝斗修
民國五年(1916)報本堂木活字本
山西家譜　猶他

[麻城]黄氏宗譜十卷末一卷
黄作霖纂修
民國五年(1916)培本堂木活字本
山西家譜　猶他

[麻城]黄氏宗譜十卷首二卷
黄壽山修
民國五年(1916)隨緣堂木活字本
山西家譜　猶他

[麻城]黄氏宗譜八卷首六卷
黄國番纂修
民國三十四年(1945)孝友堂木活字本
山西家譜　猶他

[麻城]黄氏宗譜五卷首一卷
黄興耀修
民國三十四年(1945)忠恕堂木活字本
山西家譜　猶他

[麻城]黄氏宗譜四卷

黄子章等修

民國三十五年(1946)敦本堂木活字本

山西家譜　猶他

[麻城]黄氏宗譜二十一卷首十卷

黄□□纂修

民國三十五年(1946)孝義堂木活字本

思綏草堂

[麻城]黄氏宗譜

黄□□纂修

2001年孝義堂木活字本

三修本。

麻城方志

[麻城]黄氏宗譜九卷

黄興雲主編

2004年務本堂油印本

山西家譜　猶他

[武穴]黄氏宗譜二十三卷首一卷

黄□□纂修

文明堂刻本

武穴檔(缺卷首)

[紅安]黄氏宗譜六卷

(清)黄源塘、(清)黄遠銓修

清同治十二年(1873)積慶堂木活字本

山西家譜　猶他

[紅安]黄氏族譜十五卷首一卷末一卷

黄榮階等修

民國三十二年(1943)木活字本

山西家譜　猶他

[紅安]黄氏宗譜二十六卷

黄輝鼎纂修

民國三十六年(1947)慎陽堂木活字本

山西家譜(缺卷十三、二十六)　猶他

[紅安]黄氏宗譜二十四卷

黄繼元等修

1996年慎陽堂木活字本

山西家譜　猶他

[羅田]黄氏宗譜十六卷首二卷

黄維瀾修

清光緒三十一年(1905)務本堂木活字本

山西家譜　猶他

[羅田]黄氏四修宗譜四十二卷首一卷

黄資甫、黄壽祺編修

民國二十七年(1938)千頃堂木活字本

書名據版心、書衣題"黄氏宗譜"。

湖北(存卷首、卷二、八至十、十二至十四、十七、十九、二十二、二十五至二十七、二十九、三十一、三十五、三十九)　山西家譜　猶他

[浠水]黄氏宗譜七卷首三卷

黄楚揚等修

民國三十二年(1943)忠孝堂木活字本

湖北(存卷首上)

[浠水]黄氏五修宗譜世傳十六卷世系三卷首六卷

黄倚臯修

民國三十六年(1947)最樂堂木活字本

書名據書衣題,書籤題"黄氏宗譜"。

山西家譜　猶他

[蘄春]黄氏宗譜十七卷首二卷末三卷
黄□□纂修
民國二十年(1931)木活字本
國家

[黄梅]黄氏民籍宗譜七卷
黄□□纂修
民國二十三年(1934)江夏郡木活字本
山西家譜(缺卷四)　猶他

[英山]黄氏宗譜七卷首二卷
黄位中修
清光緒三十一年(1905)木活字本
山西家譜　猶他

[通山]通陽黄氏宗譜十二卷
黄□□纂修
清光緒十三年(1887)沖和堂木活字本
思綏草堂

[通山]黄氏宗譜五十七卷
黄□□纂修
1989年照排本
書名據版心、書衣題。記事上起1947年,下止1989年。十一修本。
黄治堅

[崇陽]黄氏宗譜
黄繼相修
民國三十六年(1947)木活字本
崇陽采育村

[通城]黄氏宗譜十七卷首一卷末一卷
黄乾三、黄岐山纂修
民國二十六年(1937)孝友堂木活字本
書名據版心、書衣題。
湖北

[通城]黄氏宗譜(福六房)
黄□□抄寫
1991年抄本
記事止1991年。
湖北

[通城]黄氏宗譜不分卷
黄□□纂修
2006年山谷堂照排本
湖北(存三卷)

[通城]黄氏宗譜五卷
黄長貴、黄雄、黄明道總纂
2008年山谷堂照排本
十二修本。
湖北

[隨州]黄氏家乘總譜
黄□□纂修
民國六年(1917)寫本
書名據書衣題。
湖北

[廣水]廣水市黄氏宗族家譜(彙編)
黄永本等修
2014年照排本
湖北

[天門]黄氏宗譜
黄吉輝主編
1990年江夏堂油印本
書名據書衣題。
湖北

[潛江]黄氏六修宗譜二篇
黄承主修
1999年照排本
潛江檔

[建始]黄氏家譜大理支譜不分卷
黄玉華主編
2012年江夏堂照排本
建始

霍

[新洲]霍氏宗譜二十一卷首三卷
霍昌爍、霍昌發等修
1991年穀貽堂木活字本
書名據書衣題。六修本。
湖北(缺卷八)

[黄岡]霍氏宗譜十卷
(清)霍厚煌等纂修
清光緒二十年(1894)清源堂木活字本
二修本。
武漢(存卷一、三、六、七) 山西家譜 猶他

[黄岡]霍氏宗譜十卷
霍仁慶修
清末清源堂木活字本
猶他

[黄岡]霍氏宗譜十卷
霍□□纂修
清光緒(1875—1908)後期木活字本
山西家譜(存卷一、三、六、七) 猶他

[黄岡]霍氏宗譜□□卷
霍裕瀚等修
民國十三年(1924)清源堂木活字本
三修本。
武漢(存卷二至四、七、八、十三、十四) 山西家譜 猶他

[黄岡]霍氏宗譜
霍德川等修
民國十五年(1926)清源堂木活字本
山西家譜 猶他(存卷二至四、七、八、十二、十四)

[黄岡]霍氏宗譜十四卷首六卷
霍家洲修
1995年崇仁堂油印本
山西家譜 猶他

戢

[黄岡]黄岡戢氏宗譜九卷首二卷
戢□□纂修
清光緒十九年(1893)刻本
新洲揚埦村

[黄岡]戢氏宗譜四卷
戢德祥、戢德盛修
民國十八年(1929)務本堂木活字本
山西家譜 猶他

[黄梅]戢氏民籍宗譜八卷首一卷
戢能節等修
民國十一年(1922)采廬堂木活字本
書名據版心題,書籤题“戢氏宗譜”,内封題“同德堂”。
上海 猶他

[黄梅]戢氏民籍宗譜八卷首二卷
戢福田修
民國十一年(1922)采廬堂木活字本
書名據書衣題,書籤题“戢氏宗譜”。
山西家譜 猶他

紀

[湖北]紀氏宗譜首一卷各支分卷
紀大元主編
2015 年敦倫堂照排本
湖北

賈

[黄陂]賈氏宗譜
賈禮漢主修
1990 年濟美堂鉛印本
湖北

[陽新]賈氏宗譜三卷附録一卷
賈繼斌主編
1990 年油印本
書名據書衣、書脊題。
上海

[丹江口]均陽賈氏家乘六卷
賈篤本纂修
民國八年(1919)石印本
版心、書籤題“賈氏家乘”。初修本。
歷史所

[蕲春]賈氏宗譜三卷首一卷末一卷
(清)賈□□纂修
清嘉慶十一年(1806)敦倫堂刻本
國家

簡

[荆州]簡氏通志不分卷
簡永龍、簡立序等主編
2004 年照排本
山西家譜　猶他

江

[新洲]江氏宗譜六卷
江志芳等纂修
民國十八年(1929)木活字本
新洲馬河鄉

[新洲]江氏宗譜十五卷首二卷
江忠祥修
1989 年彩筆堂木活字本
書名據書衣題,内封題“江氏西分譜”。
湖北　山西家譜　猶他

[新洲]江氏宗譜二十二卷
江仍侗主編
1994 年淮陽堂鉛印本
書名據書衣題。
湖北

[新洲]江氏舟分譜七卷首一卷
江展耀修
2009 年彩筆堂照排本
山西家譜　猶他

[新洲]江氏西分宗譜
江炳春等修
2010 年彩筆堂照排本
五修本。
湖北

[新洲]江氏西分譜十五卷首一卷
江榮生主編
2010 年彩筆堂照排本
山西家譜(缺卷首、卷六)　猶他

[丹江口]均州河邊江族宗譜
江獻斌修
2006年照排本
二修本。
湖北

[監利]江氏族譜□□卷
(清)江世價纂修
清光緒十一年(1885)筆花堂木活字本
湖南(存卷首、卷一)

[夷陵]江氏族譜四卷
江維智修
民國二十二年(1933)濟陽堂石印本
宜昌檔　歐陽運森

[夷陵]江氏族譜
合族同修
民國二十六年(1937)清陽堂木活字本
江朝榮

[黃岡]江氏宗譜八卷
(清)江世興等修
清光緒四年(1878)敦本堂木活字本
山西家譜　猶他

[黃岡]江氏西分譜十三卷首三卷
江寶書修
清光緒二十四年(1898)彩筆堂木活字本
山西家譜(缺卷七、十一)　猶他

[黃岡]江氏宗譜二十卷首五卷末一卷
江明榮、江義源等修
民國十年(1921)崇正堂木活字本
山西家譜　猶他

[黃岡]江氏宗譜十五卷首三卷
江□□纂修
民國十二年(1923)敦本堂木活字本
山西家譜　猶他

[黃岡]江中分譜十四卷首二卷
江寶琳等修
民國二十六年(1937)彩筆堂木活字本
山西家譜　猶他

[黃岡]江氏西分譜十五卷首三卷
江訓典等修
民國三十五年(1946)彩筆堂木活字本
山西家譜(缺卷二、九、十一)　猶他

[黃岡]江中分譜十三卷首一卷
江展緒、江訓楊修
1989年彩筆堂木活字本
書名據書衣題,書籤題"江氏家譜"。
湖北　山西家譜　猶他

[麻城]江氏族譜二十二卷首二卷
江仕賡等纂修
民國三年(1914)生花堂木活字本
書名據版心、書衣、内封題。
上海

[麻城]江氏宗譜六卷首二卷
江雲鵬纂修
民國九年(1920)德基堂木活字本
國家　山西家譜　猶他

[麻城]江氏宗譜
江□□纂修
民國十七年(1928)彩筆堂木活字本
書名據版心題。
湖北(存卷七、八)

［麻城］江氏宗譜七十卷首四卷
江一禎、江祖岷纂修
民國三十五年(1946)筆花堂木活字本
山西家譜　猶他

［麻城］江氏宗譜
江□□纂修
據民國三十五年(1946)筆花堂木活字本複印
麻城方志

［麻城］江氏宗譜九卷首一卷
江晋賢修
1999年筆花堂照排本
山西家譜　猶他

［羅田］江氏宗譜九卷首一卷
江玉林、江宗海修
清光緒七年(1881)敦睦堂木活字本
山西家譜　猶他

［羅田］江氏宗譜十卷首二卷
江光藻、江從龍修
清光緒三十一年(1905)敦倫堂木活字本
山西家譜(缺卷一、三至五、七)　猶他

［羅田］江氏宗譜十一卷首一卷
江漢章等修
清宣統三年(1911)敦睦堂木活字本
山西家譜(缺卷一、三、五、六、九)　猶他

［羅田］江氏宗譜十四卷首一卷
江立嵩、江立松修
民國二十八年(1939)彩筆堂木活字本
山西家譜　猶他

［羅田］江氏族譜十四卷首一卷
江立嵩、江立綱等纂修
民國二十八年(1939)彩筆堂木活字本
國家(缺卷三)

［羅田］江氏宗譜十卷首二卷
江忠喆纂修
民國二十九年(1940)敦倫堂木活字本
山西家譜(缺卷三、四、六)　猶他

［羅田］江氏宗譜十九卷
六修宗譜編委會編
1985年彩筆堂油印本
書名據版心、書衣題。六修本。
湖北

［嘉魚］江氏族譜三十卷
江公安纂修
民國二十五年(1936)彩筆堂木活字本
書名據版心題,内封題"江氏家譜",書衣題"江氏宗譜"。
上海

［通山］江氏宗譜二十四卷
合族纂修
1988年忠孝堂油印本
書名據版心、書衣題。十一修本。
江濤英

［潛江］潛江江氏族譜
江□□纂修
清光緒間(1875—1908)敦睦堂木活字本
國家(存卷十一)

姜

[武昌]姜氏宗譜四卷

姜道金、姜自朋等修

民國二十二年(1933)敬義堂木活字本

國家(存卷一)　山西家譜(缺卷四)　猶他

[武昌]姜氏宗譜三十八卷首一卷

姜達平、姜達謙等修

1989年敬義堂木活字本

山西家譜　猶他

[漢陽]奓山姜氏宗譜

姜德森等纂修

民國三十三年(1944)寶璜堂木活字本

版心題"姜氏宗譜"。卷末有墨筆録族規、家傳數則,記事止於1944年。

武漢(存卷首)　山西家譜　猶他

[新洲]姜氏宗譜七卷首四卷

姜紹熊、姜傳緒纂修

民國三十四年(1945)鉛印本

清乾隆六十年(1795)初修,此爲四修本。

新洲朱楊村

[新洲]姜氏宗譜四卷

姜噓雲纂修

民國三十五年(1946)木活字本

新洲碩崗鄉

[大冶]姜氏宗譜三十八卷首四卷

姜達興主編

2009年敬義堂木活字本

山西家譜　猶他

[陽新]姜氏統宗譜四十三卷首四卷特卷三卷

袁仁奎纂修

清光緒二十九年(1903)寅清堂木活字本

山西家譜(缺卷首一、二、卷十二、十六、特卷一)　猶他

[竹溪]竹溪姜氏宗譜十八卷

占章杏纂修

民國三十五年(1946)木活字本

常山姜家村

[鄂城]姜氏統宗譜四十四卷首五卷

姜木清修

1993年寅清堂木活字本

猶他

[鄂州華容]姜氏統宗譜

姜友甫修

1993年木活字本

書名據書衣題。七修本。

湖北

[黄岡]姜氏宗譜八卷首四卷

姜封渭纂修

民國七年(1918)垂裕堂木活字本

山西家譜　猶他

[黄岡]姜氏宗譜八卷首四卷

姜德錦、姜繼森纂修

民國十二年(1923)光裕堂木活字本

山西家譜　猶他

[黄岡]姜氏宗譜八卷首四卷

姜紹熊、姜傳緒纂修

民國三十四年(1945)垂裕堂木活字本

山西家譜　猶他

[黃岡]姜氏宗譜二十七卷首八卷又一卷
姜□□纂修
民國三十七年(1948)表海堂木活字本
思綬草堂

[麻城]姜氏宗譜八卷
姜家潤纂修
民國三十二年(1943)耕讀堂木活字本
山西家譜　猶他

[麻城]姜氏宗譜十四卷首四卷
姜□□纂修
1989年垂裕堂木活字本
山西家譜(缺卷一、九)　猶他

[麻城]姜氏宗譜
姜□□纂修
據1999年興義堂木活字本複印
麻城方志

[麻城]姜氏宗譜十四卷首四卷
姜傳周修
2008年重裕堂木活字本
山西家譜　猶他

[紅安]姜氏宗譜四卷
姜必紹修
清光緒二十四年(1898)木活字本
山西家譜　猶他

[建始]姜氏族譜不分卷
(清)姜治元等纂修
清同治十三年(1874)積厚堂木活字本
書名據書衣題。
姜久平

[建始]姜氏族譜不分卷
姜治位等纂修
清光緒三十年(1904)積厚堂稿本
書名據書衣題。
姜久平

[建始]姜氏族譜不分卷
姜文林等纂修
清宣統二年(1910)積厚堂稿本
書名據書衣題。初修本。
姜久平

[建始]姜氏族譜
姜久平纂修
1999年鉛印本
二修本。
湖北　姜久平

蔣

[江陵]蔣氏家譜樂安郡·鐘山堂
蔣盛梅修
2010年照排本
十四修本。
湖北

[黃岡]蔣氏宗譜四卷首二卷
蔣方舟等修
民國三十七年(1948)會源堂木活字本
山西家譜　猶他

[麻城]蔣氏宗譜
蔣□□纂修
1993年三徑堂木活字本
麻城方志

[英山]蔣氏宗譜
蔣□□纂修
忠雅堂木活字本
猶他

[天門]天門蔣氏宗譜
蔣□□纂修
民國八年(1919)木活字本
山西家譜(存十九、二十)　猶他

[天門]湖北天門蔣氏宗譜八卷首四卷
蔣在新纂修
1989年鳳竹堂鉛印本
書名據書衣題。三修本。
湖北

[潛江]蔣氏族譜
蔣根茂主修
2000年樂安堂照排本
湖北

焦

[通山]焦氏宗譜
合族纂修
1989年油印本
書名據版心、書衣題。十修本。
焦元富

揭

[黄岡]黄岡揭氏宗譜三卷
揭繼仁等纂修
民國九年(1920)木活字本
新洲胡山村

[崇陽]揭氏宗譜八卷
揭蘭林、揭佐群等纂修
民國三十七年(1948)河南堂木活字本
書名據版心、書籤題，内封題“歷代源流族譜”。
山西家譜　尋源姓氏　猶他

金

[武漢]金氏宗譜十二卷首一卷末一卷
(清)金芳初修
清光緒六年(1880)忠勳堂木活字本
書名據版心、書衣題。五修本。
人大

[新洲]金氏宗譜
金□□纂修
2001年振聲堂照排本
山西家譜(存卷三、四)　猶他

[鄂州]彭城金氏宗譜一卷
金静甫等纂修
清光緒三十四年(1908)忠勳堂木活字本
書名據版心、内封題。七修本。
鄂州博

[黄岡]黄岡金氏宗譜三十九卷首三卷
金文藻主修
民國十四年(1925)振聲堂刻本暨活字本
書名據書衣、目録題。版心題“金氏宗譜”。
上海　東京　猶他

[黄岡]金氏宗譜嵩分五卷畈分五卷首二卷
金芹香、金漢鼎纂修
民國三十七年(1948)濟正堂木活字本
山西家譜(金日碑之後缺畈分卷一) 猶他

[黄岡]金氏宗譜四十九卷首三卷
金驥超主編
1990 年振聲堂鉛印本
湖北 山西家譜 猶他

[麻城]金氏宗譜十五卷首三卷
金九鼎纂修
清宣統元年(1909)紹仁堂木活字本
山西家譜 猶他

[麻城]金氏宗譜四十四卷首三卷
金士雄總理
民國十一年(1922)濟美堂木活字本
書名據書衣題,書籤题"麻城金氏續修宗譜"。
山西家譜 猶他

[麻城]金氏宗譜十六卷首四卷
金寶珊、金夢白纂修
民國二十九年(1940)紹仁堂木活字本
山西家譜 猶他

[麻城]金氏宗譜十六卷首四卷
金□□纂修
民國二十九年(1940)木活字本
書名據書衣題。四修本。
湖北

[麻城]金氏宗譜十六卷首四卷
金九鼎纂修
民國二十九年(1940)紹仁堂木活字本
書名據版心、書衣、内封題。
上海

[麻城]金氏宗譜十四卷首四卷
金□□纂修
民國二十九年(1940)紹仁堂木活字本
國家

[麻城]金氏宗譜
金□□纂修
據民國三十六年(1947)濟美堂木活字本複印
書名據書衣題。三修本。清乾隆五年(1740)創修,民國八年(1919)續修。
麻城方志

[麻城]金氏宗譜
金□□纂修
民國三十七年(1948)濟正堂木活字本
國家

[紅安]金氏宗譜四卷首一卷
金玉書、金鈞早等修
民國二十五年(1936)忠孝堂木活字本
山西家譜 猶他

[羅田]金氏宗譜十五卷首三卷
金□□纂修
清宣統三年(1911)紹仁堂木活字本
國家(缺卷十五)

[通城]金氏宗譜二十卷首一卷
金文甫纂修
民國三十年(1941)彭城堂木活字本
書名據版心、書衣題。九修本。
湖北

[通城]金氏宗譜二十卷首一卷終一卷
金同增編修
1989年彭城堂木活字本
書名據版心、書衣題。十修本。
湖北

[通城]金氏宗譜二十卷首一卷
金忠才、金美圖、金勛熬等編修
2005年彭城堂照排本
十一修本。
湖北

[天門]竟陵岳江金氏宗譜四卷首一卷
金兆福纂修
民國三十二年(1943)敘倫堂木活字本
書名據版心、書衣題。五修本。
湖北

靖

[新洲]靖氏宗譜二十四卷首一卷
靖自榮編修
1990年三星堂木活字本
書名據版心、書衣題,内封題"黄岡靖氏宗譜"。九修本。
湖北(缺卷一、二、四)

[黄岡]靖氏宗譜二十四卷首一卷
靖源發修
民國三十三年(1944)三星堂木活字本
書名據書衣題,内封題"黄岡靖氏宗譜"。
山西家譜　猶他

[黄岡]靖氏宗譜二十四卷首一卷
靖應璿、靖茂槐等修
1990年三星堂木活字本
書名據版心、書衣題,内封題"黄岡靖氏宗譜"。
山西家譜(缺卷三至五、十、十二、十三、十五、二十)　猶他

[黄岡]黄岡靖氏宗譜二十四卷首一卷
靖郁恒、靖家清纂修
2008年三星堂木活字本
版心題"靖氏宗譜"。
山西家譜(存卷首、三、五、七至十七、十九、二十一、二十三)　猶他

[麻城]靖氏宗譜
靖□□纂修
據1990年三星堂木活字本複印
九修本。明代前期創修,嘉靖十二年(1533)二修,萬曆年間三修,清康熙三十四年(1695)四修,清雍正十三年(1735)五修,清道光二十六年(1846)六修,清光緒二十七年(1901)七修,民國三十三年(1944)八修。
麻城方志

居

[武穴]居氏宗譜三十一卷首一卷
居正纂修
民國二十三年(1934)親遜堂木活字本
山西家譜　猶他

康

[紅安]康氏宗譜八卷
康光斗、康棟臣修
民國三十七年(1948)仁孝堂木活字本
山西家譜　猶他

柯

[湖北]柯氏大成宗譜不分卷
柯於鵬、柯享文修
1988年瑞鵲堂木活字本
湖北多地合修，書籤題“柯氏宗譜”。
山西家譜　猶他

[武昌　大冶]雙哵柯氏族譜
柯郁榮修
民國四年(1915)木活字本
猶他

[新洲]柯氏宗譜二卷首二卷
柯緒鵬等纂修
民國二十六年(1937)木活字本
譜初修於清光緒二十八年(1902)。
新洲施廟村

[大冶]柯氏大成宗譜不分卷
柯於鵬、柯善益等續修
2006年瑞鵲堂照排本
山西家譜　猶他

[大冶]中華柯氏大成宗譜五卷
柯明甫等修
2011年瑞鵲堂照排本
湖北

[麻城]柯氏宗譜
柯□□纂修
據2000年敦本堂照排本複印
麻城方志

[通城]柯氏傳淦家谱五卷
柯傳淦主修
2012年瑞鵲堂照排本
湖北

可

[浠水]可氏宗譜三十四卷首七卷
可□□纂修
民國三十二年(1943)世德堂木活字本
思綏草堂

孔

[湖北]孔氏南宗考略□□卷
徐鏡泉纂修
民國三十七年(1948)鉛印本
書名據版心題。
武漢

[武漢]漢陽孔氏世系表不分卷
孔昭霖纂修
民國二十二年(1933)石印本
書名據版心、書籤、内封題。
上海

[陽新]孔氏世家譜二十四卷首一卷
孔昭福、孔繁清等修
民國十四年(1925)詩禮堂木活字本
山西家譜(缺卷一、二、十二)　猶他

[東陵]孔氏族譜
合族同修
民國八年(1919)東魯堂木活字本
孔令鈞

[黄岡]孔子世家支譜六卷首一卷
孔繁良、孔繁怡纂修
民國十六年(1927)忠恕堂木活字本
書名據書衣、版心題。
湖北　猶他

[浠水]孔氏宗譜
孔□□纂修
1992年闕里堂木活字本
書名據書衣題。
湖北(存卷首、卷七、八、十二、二十六、二十七、二十八、三十)

[蘄春]孔氏宗譜三十四卷
孔昭輝、孔昭堂等修
民國十三年(1924)闕里堂木活字本
山西家譜(缺卷一、十、二十二、二十六)
猶他

庫

[新洲]庫李宗譜二十一卷首四卷
庫國耀修
1989年敦本堂木活字本
猶他

[麻城]庫氏宗譜
庫□□纂修
據2002年英雋堂照排本複印
麻城方志

[麻城]庫氏宗譜六卷首二卷末一卷
庫□□纂修
民國十年(1921)英雋堂木活字本
思綏草堂

庫李

[黄岡]庫李宗譜二十五卷首五卷
李居謙修
民國二十五年(1936)敦本堂木活字本
國家　山西家譜　思綏草堂　猶他

[黄岡]庫李宗譜二十卷首四卷
李仁厚、李樂善編纂
1989年敦本堂木活字本
山西家譜　猶他

匡

[黄陂]匡氏宗譜十六卷首二卷
匡天賜修
1994年壁光堂木活字本
猶他

[監利]匡氏探源初稿
匡禖鴻主編
2001年鉛印本
上海

[漢川]文溪匡氏族志
匡奕商等纂修
1990年鉛印本
書名據内封題。書衣題"匡氏族志"。
武漢方志

賴

[荆門]荆門銘輔公分鋪賴氏族譜
合族纂修
2001年潁川堂照排本
荆門

藍

[黄陂]黄陂藍氏支譜七卷首二卷
藍紹康等纂修
民國九年(1920)鍾玉堂木活字本
續修本。書衣、版心題"藍氏支譜"。
湖北

[大冶]藍氏宗譜
藍耀軍等修
2014年欽義堂照排本
十一修本。
湖北

郎

[黄岡]郎氏宗譜六卷首二卷
郎□□纂修
民國二十九年(1940)敦本堂木活字本
思綏草堂

勞

[漢口]漢口勞氏世族譜不分卷
(清)勞必達纂修
清乾隆十年(1745)刻本
哥倫比亞　猶他

雷

[湖北]雷氏家譜
(清)雷□□纂修
清咸豐十年(1860)木活字本
神農架方志

[武昌]雷氏宗譜八卷
雷□□纂修
民國三十六年(1947)安定堂石印本
國家

[新洲]雷氏宗譜八卷首一卷
雷宜罌修
1992年研易堂木活字本
湖北　山西家譜　猶他

[新洲]雷氏宗譜七卷首一卷
雷正名主編
1994年研易堂油印本
山西家譜　猶他

[黄岡]雷氏宗譜五卷首一卷
(清)雷懋熞等纂修
清同治二年(1863)慶宗堂木活字本
書名據版心、内封題。
上海(缺卷二)

[黄岡]雷氏宗譜六卷
雷錫芹等纂修
清光緒二十二年(1896)敦叙堂木活字本
書名據版心、内封題。
上海　尋源姓氏

[黄岡]雷氏宗譜七卷首一卷
雷名恒、雷名煦等修
清光緒二十二年(1896)敦叙堂木活字本
山西家譜　猶他

[黄岡]雷氏宗譜七卷首一卷
雷懋壑等纂修
清光緒二十二年(1896)敦叙堂木活字本
國家　山西家譜　猶他

[黄岡]雷氏宗譜二十五卷首三卷
雷英煦修
清光緒二十八年(1902)易學堂木活字本
山西家譜(缺卷四、五、十二、十四、二十五)　猶他

[黄岡]雷氏宗譜十二卷首二卷
雷錫芹等修
民國八年(1919)敦叙堂木活字本
國家(缺卷五)　山西家譜　猶他

[黄岡]雷氏宗譜十卷首一卷
雷英松修
民國九年(1920)繼善堂木活字本
山西家譜　猶他

[黄岡]雷氏宗譜三十三卷首六卷
雷清詩修
民國二十一年(1932)式穀堂木活字本
書籤題"壬申雷氏三修宗譜"。
國家(缺卷十六、十七、十九、二十四、二十九、三十一、三十二)　山西家譜　猶他

[黄岡]雷氏宗譜六卷首三卷
雷□□纂修
民國三十年(1941)講易堂木活字本
國家(缺卷首三、卷二、四、五)　山西家譜　猶他

[黄岡]雷氏宗譜
雷□□纂修
民國三十二年(1943)五福堂木活字本
國家

[黄岡]雷氏宗譜七卷首一卷
雷錫壽等修
民國三十五年(1946)研易堂木活字本
山西家譜(缺卷三)　猶他

[麻城]雷氏宗譜
雷□□纂修
據清光緒二十二年(1896)敦叙堂木活字本複印
麻城方志

[羅田]雷氏宗譜十卷首二卷
雷偉珠修
民國三十五年(1946)繼善堂木活字本
山西家譜　猶他

[蘄春]雷氏宗譜十卷
雷顯文等纂修
清光緒二十年(1894)馮翊堂木活字本
書名據內封題。四修本。
河北大

[黄梅]雷氏宗譜八卷
雷翰庭修
民國二十四年(1935)劍氣堂鉛印本
山西家譜　猶他

[咸寧]雷氏宗譜四十卷首一卷
雷聲力修
1994年講易堂木活字本
猶他

[嘉魚]講易堂雷氏宗譜五卷
雷振聲等纂修
據 1995 年鉛印本複印
書名據書衣題。
赤壁(存卷三)

冷

[黄陂]冷氏宗譜十四卷
冷□□纂修
民國二十年(1931)春山堂石印本
思綏草堂

黎

[湖北]黎氏族志
黎庶民修
1997 年照排本
六修本。
湖北

[武昌]黎氏宗譜五卷首一卷
黎源和纂修
清光緒二十五年(1899)經術堂木活字本
山西家譜(缺卷四)　猶他

[新洲]黎氏宗譜十八卷首二卷
黎華彩等纂修
清光緒十八年(1892)刻本
新洲羅泊村

[新洲]黎氏宗譜三十卷首二卷
鄧俊明總編
1991 年木活字本
書名據書衣題。此譜是黎、鄧、潘、張四姓合修。
山西家譜　猶他

[宜昌]宜昌黎氏宗譜八卷
黎其恭主修
民國十九年(1930)京兆堂石印本
書名據書衣題。版心、内封題“黎氏族譜”。
天津博　宜昌檔(存卷一至四、六至八)

[夷陵]黎氏族譜
(清)黎大烱纂修
清光緒八年(1882)載酒堂木活字本
歐陽運森

[夷陵]黎氏宗譜
黎其恭主修
民國九年(1920)元興利石印本
宜昌檔

[夷陵]黎氏家譜
黎啓權主修
2012 年京兆堂照排本
黎家華

[宜都]黎氏四修族譜·湖北宜都黎家坪節杞公一支
黎澤高、黎澤正主編
2011 年載酒堂照排本
四修本。
湖北

[枝江]黎氏四修族譜
黎澤高主編
2011 年載酒堂照排本
四修本。
湖北

[黄岡]黎氏族譜十四卷附一卷
黎世祥主修
民國三十六年(1947)高陽堂木活字本
書名據版心、書衣題。
上海

[紅安]黎氏族譜十八卷
黎楚佐纂修
民國三十六年(1947)高陽堂木活字本
國家(缺卷十七、十八)

[浠水]黎氏族譜
黎□□纂修
民國三十一年(1942)經術堂木活字本
山西家譜(缺卷十二、十六、十七、二十四、三十一)　猶他

[黄梅]黎氏宗譜三十卷首一卷
黎次山等纂修
清光緒十八年(1892)經術堂木活字本
書名據版心題。五修本。
國家

[黄梅]黎氏宗譜
黎□□纂修
民國三十二年(1943)經術堂木活字本
國家(缺卷十六、十七、二十四、三十一)

[通城]黎氏族譜
(清)黎文冕、(清)黎事依纂修
據清乾隆十六年(1751)京兆堂本抄寫
書名據版心題。創修本。
湖北

[通城]黎氏族譜
黎時忠修
2004年照排本
九修本。
湖北

[通城]黎氏族譜
通城黎氏族譜編委會
2014年據咸豐四年(1854)雍睦堂刻本點校
湖北

[恩施]版城黎氏八修族譜不分卷
黎□□纂修
清禮序堂木活字本
書名據版心題。記事至清道光間。
山西家譜　猶他

李

[湖北]李氏族譜□卷
(清)李□□纂修
清道光間(1821—1850)忠滑堂木活字本
書名據版心題。記事至清道光間。
上海(存卷五、七)

[湖北]李氏族譜:衎公湖北支系
李賢浚主編
2013年衎延堂照排本
湖北(存卷首一至首三)

[武漢]壽昌李氏宗譜十一卷
李和卿等纂修
清光緒十九年(1893)篤親堂木活字本
哥倫比亞　猶他

[武漢]嘉蒲獅子李氏族譜十卷
李□□纂修
民國四年(1915)木活字本
國家

[武漢]李氏宗譜十卷
李開印、李開榜纂修
民國七年(1918)篤親堂木活字本
書名據版心、書衣題。
上海　山西家譜　猶他

[武漢]李氏宗譜十二卷首一卷末一卷
李曉方等纂修
民國三十七年(1948)隴西堂鉛印暨石印本
武漢(存卷首、卷一至四、六至十、十二、卷末)　山西家譜(存卷首、卷一至四、六至十、十二、卷末)　猶他

[武漢]戚李家李氏宗譜六卷
李功成纂修
1999年鉛印本
上海(存卷首)

[武漢]湖北武漢李氏家族先甲分支[血姻親世系家譜]
李大定修
2007年照排本
湖北

[武昌]壽昌李氏宗譜九卷
(清)李鸞纂修
清同治三年(1864)篤親堂木活字本
美國國會　猶他

[武昌]李氏支譜
李傅蓮修
民國十三年(1924)青蓮堂木活字本
山西家譜(存卷首上、下、卷一至七)　猶他

[武昌]李氏宗譜二十八卷首五卷
李歡緒、李開先等修
民國三十七年(1948)三鑒堂木活字本
山西家譜　猶他

[武昌]李氏宗譜二十八卷首四卷
李學詩等纂修
民國三十七年(1948)三鑒堂鉛印本
書名據版心題。
武漢(存目録、卷一、三、五至七、九至十四、十九至二十三、二十五至二十七)　山西家譜　猶他

[武昌]李氏宗譜
李光第修
民國三十七年(1948)三鑒堂木活字本
猶他

[武昌]李氏宗譜二十八卷
李緒保修
1994年三鑒堂木活字本
書名據書衣題。五修本。
湖北

[武昌]李氏宗譜
李冠生修
1995年尊親堂木活字本
書名據書衣題。十一修本。
湖北　山西家譜　猶他

[漢陽]李氏宗譜八卷
(清)李□□纂修
清光緒三年(1877)敦本堂木活字本
書名據版心、内封題。
湖北

[漢陽]李氏宗譜十二卷首一卷
李□□纂修
民國六年至三十年(1917—1941)隴西堂木活字本
山西家譜(缺卷五)　猶他

[漢陽]李氏宗譜十二卷首一卷末一卷
李曉方等修
民國三十七年(1948)隴西堂鉛印本(首、末卷爲石印本)
山西家譜(存卷首、卷一至四、六至十、十二、卷末)　猶他

[漢陽]李氏宗譜
李育傑主編
2000年小爹湖照排本
七修本。
湖北

[漢陽]官橋李氏宗譜
李佐龍等編修
2003年隴西世家照排本
湖北

[東西湖徑河]李氏大屋灣宗譜/李氏宗譜/李氏四屋宗譜/李氏麼屋宗譜
各屋宗譜編纂委員會編
2012年照排本
湖北

[東西湖]李氏宗譜
李仁康等修
2012年照排本
湖北

[蔡甸]李氏宗譜三十八卷
李家彬主編
2001年崇德堂鉛印本
版心題"索河李氏宗譜"。
湖北

[江夏]李氏宗譜七卷首一卷
李大志、李大成、李大棚、李大主編修
2012年青蓮堂照排本
版心題"李氏六次續修宗譜"。
湖北

[黄陂]李氏宗譜
李瀛等纂修
民國十二年(1923)青蓮堂木活字本
書名據版心題。
山西家譜(存卷首一、二、卷一)　猶他

[新洲]李氏宗譜
李春溪纂修
民國九年(1920)木活字本
書名據書衣題。
李旻存

[新洲]李氏宗譜十卷
李宗光、李德明等修
民國九年(1920)永錫堂木活字本
山西家譜　猶他

[新洲]李氏宗譜五卷
李富厚、李榮校纂修
民國十年(1921)木活字本
新洲松林村

[新洲]李氏宗譜二卷首二卷
李保亨、李保光纂修
民國十三年(1924)木活字本
新洲坨坑村

[新洲]李氏宗譜二十六卷
李美鈞纂修
民國十七年(1928)木活字本
新洲三河口村

[新洲]李氏宗譜首一卷
李□□纂修
民國二十三年(1934)木活字本
新洲上大塘村

[新洲]李氏宗譜四卷首二卷
李善立等纂修
民國三十四年(1945)木活字本
新洲朱楊村

[新洲]李氏宗譜四十八卷首六卷
李孝鈞等纂修
民國三十五年(1946)木活字本
新洲孔埠村

[新洲]李氏宗譜七卷首三卷
李□□纂修
民國三十五年(1946)木活字本
新洲揚橋村

[新洲]李氏宗譜三十卷首六卷
李□□纂修
民國三十六年(1947)木活字本
新洲大游村

[新洲]李氏宗譜三十卷
李亮炯等纂修
民國三十六年(1947)木活字本
新洲白洋村

[新洲]李氏宗譜十五卷首三卷
李立明纂修
民國三十七年(1948)木活字本
新洲前灣村

[新洲]李氏宗譜十六卷首一卷
李承瀛總編
1988年青蓮堂油印本
書名據版心、書衣題，目録題“李氏智般公四修宗譜”，内封題“李氏智般公宗譜”。四修本。
湖北

[新洲]李氏宗譜八卷首四卷
李賢偉修
1990年青蓮堂木活字本
書名據書衣題。四修本。
湖北

[新洲]李氏宗譜五卷首一卷
李榮林、李榮清等修
1990年務本堂木活字本
山西家譜　猶他

[新洲]李氏宗譜二十四卷首二卷
李鋭波等編修
1991年青蓮堂木活字本
書名據書衣題。
湖北(缺卷首一、卷三、八至十、十四)

［新洲］李氏宗譜五卷首一卷
李崇先修
1993 年青蓮堂木活字本
書名據書衣題。
湖北

［新洲］李氏宗譜
李幼華修
1994 年鉛印本
湖北(存卷首一至七)

［新洲］李氏宗譜四十四卷首六卷
李恢騰、李桂發纂修
1994 年青蓮堂木活字本
書衣題“李氏續修宗譜”。
山西家譜(缺卷首三)　猶他

［新洲］李氏宗譜十五卷首三卷
李立常修
1996 年青蓮堂木活字本
書名據書衣題。
湖北　山西家譜　猶他

［新洲］李氏宗譜五卷首一卷
李其元等修
2003 年永茂堂木活字本
五修本。
湖北　山西家譜　猶他

［新洲］李氏宗譜八卷首一卷
李同道、李慶春等修
2008 年照排本
山西家譜　猶他

［新洲］李氏宗譜
李詠清總編
2008 年敦本堂照排本
四修本。
湖北

［新洲］李氏宗譜十二卷首四卷
李楷林修
2009 年聯誼堂木活字本
四修本。
湖北

［新洲］李氏宗譜十八卷首六卷
李楷林等修
2010 年追源堂、聯誼堂照排本
湖北

［新洲］李氏宗譜十二卷首四卷
李有德主編
2014 年敦倫堂照排本
四修本。
湖北

［大冶］李氏宗譜不分卷
(清)李□□纂修
清光緒五年(1879)綜理堂木活字本
國家(存卷首、卷一、三)　山西家譜(存卷首一、卷一、十四)　猶他

［大冶］李氏宗譜不分卷
李□□纂修
清光緒十七年(1891)仙根堂木活字本
國家

[大冶]李氏宗譜
李□□纂修
民國三十二年(1943)青蓮堂木活字本
國家(存卷二、三、五至七) 山西家譜 猶他

[大冶]李氏宗譜
李□□纂修
民國三十四年(1945)仙果堂木活字本
國家 山西家譜 猶他

[大冶楊葉洲]李氏宗譜
李如焰修
1993年務本堂木活字本
書名據書衣題。
湖北

[十堰(鄖陽青山)]李氏家乘
李尚賓修
2003年青山堂照排本
湖北

[鄖西]鄂西北廟溝李氏族譜
李昌明修
2010年照排本
湖北

[鄖陽]李氏家族資料彙集
李人龍修
2001年鉛印本
上海

[鄖陽]鄖陽青山李氏家乘十二卷首一卷末一卷
李崇焕纂修
2003年鉛印本
書名據内封、書衣題。
上海

[鄖陽]李氏家譜
李廣政主編
2009年照排本
湖北

[荆州]李氏族譜十八卷
李思美、李光昊編修
1988年隴西堂鉛印本
書名據版心、書衣題。
湖北(缺卷七)

[洪湖]李氏宗譜
李有美等纂修
民國三十六年(1947)隴西堂木活字本
書名據版心、書衣題。
洪湖

[洪湖]沔南李氏宗譜
李漢濤修
2006年隴西堂照排本
湖北 猶他

[石首]李氏族譜
李□□纂修
刻本
石首(存卷六、十四、十五、十七、二十一、二十三)

[石首]李氏族譜□□卷
(清)李□□纂修
清光緒间(1875—1908)百宦堂木活字本
上海(存卷一至七)

[石首]橋頭李氏族譜不分卷
橋頭李氏族譜五次續修編輯委員會纂修
照排本
內封題"歸本堂氏志"。
劉作忠

[石首]李氏族譜不分卷
李長富主編
2006年隴西堂照排本
山西家譜　猶他

[監利]李氏族譜
李□□纂修
清光緒二十八年(1902)隴西堂木活字本
書名據版心題。
上海(存卷首、卷一;另二册未標卷次)

[監利]李氏族譜
李聲漢等修
1988年敦睦堂木活字本
書名據書衣題。三修本。
湖北

[監利分鹽]李氏族譜五卷
李雲浦修
民國二十五年(1936)隴西堂木活字本
書名據書衣題。
湖北

[監利]李氏宗譜五卷
李啓譜修
1992年鉛印本
山西家譜　猶他

[江陵]李氏宗譜十八卷
西平十甲李氏複續修族譜委員會纂修
1988年隴西堂木活字本
湖北(缺卷七)

[江陵]李氏宗譜
李國威纂修
1989年鉛印本
書名據書衣題。
劉作忠

[夷陵]李氏宗譜九卷
(清)李賢聖主修
清同治二年(1863)隴西堂本
李澤民

[夷陵]李氏族譜
李光煜等主修
清宣統三年(1911)隴西堂木活字本
歐陽運森

[夷陵]李氏家乘十四卷
李懷清主修
民國三十五年(1946)敦本堂本
歐陽運森(存九卷)

[夷陵]李氏族譜
李氏族人合修
隴西堂木活字本
李緒蘭

[夷陵]夷陵五修李氏宗譜十二卷
李澤民編纂
2011年隴西堂照排本
李澤民

[長陽]長陽石五溪李氏宗譜一卷
(清)李大紹纂修
清咸豐十一年(1861)刻本
長陽宗教局

[長陽]長陽嚴松坪李氏族譜十七卷
李光熠等纂修
清宣統元年(1909)刻本
長陽宗教局　長陽施坪村

[棗陽]李灣李氏宗譜
李繼德、李述修纂修
1997年打印本
棗陽

[鄂州]李氏宗譜
李昭明等纂修
1993年隴西堂鉛印本
書名據版心題。書籤題“李氏合修家乘”。
李正金

[鄂州]李氏宗譜
李昭民修
1993年隴西堂本
書名據書衣題。
湖北　猶他

[荆門]荆門城西李氏族譜
李義和纂修
1999年隴西堂照排本
上海　湖北　荆門圖

[孝感]檀林李氏家譜十六卷首一卷文彙四卷
李家璵纂修
民國十年(1921)木活字本
書名據版心題。
吉大(存卷首、卷五至十四、十六下等殘頁)

[孝感]李氏宗譜十一卷首一卷
李智俠纂修
民國三十七年(1948)青蓮堂石印本
書名據版心、書衣題,目録題“澴南李氏肇刊宗譜”。
湖北

[孝感]李氏族譜二卷
李少楚纂修
1998年隴西堂鉛印本
上海

[孝感]李氏宗譜前傳後教譜録
李德山主編
2014年照排本
書衣題“李氏族譜”。
山西家譜(存第二卷)　猶他

[應城]西鄉李氏族譜
李福海、李安民纂修
2001年鉛印本
李儉民

[安陸]李氏族譜續修
李積海等修
2010年照排本
湖北

[漢川]李氏宗譜八卷
(清)李伯淮等修
清光緒三年(1877)敦本堂木活字本
書名據版心題。
武漢(存卷一、二、四、五)　猶他

[黄岡]李氏宗譜九卷
(清)李永沁等修
清咸豐十年(1860)青蓮堂木刻本
山西家譜(缺卷六)　猶他

［黄岡］李氏宗譜八卷首二卷
(清)李光燾纂修
清同治十三年(1874)樹德堂木活字本
山西家譜　猶他

［黄岡］李氏宗譜七卷
(清)李植華纂修
清光緒元年(1875)青蓮堂木活字本
書名據版心題。
上海

［黄岡］李氏宗譜九卷首一卷
(清)李□□纂修
清光緒二年(1876)敦本堂木活字本
國家

［黄岡］李氏支譜三卷首二卷
李懷琨等修
清光緒六年(1880)敦厚堂木活字本
山西家譜　猶他

［黄岡］李氏宗譜六卷
李□□纂修
清光緒十八年(1892)抄本
國家　山西家譜　猶他

［黄岡］李氏宗譜九卷首三卷
李殿卿等纂修
清光緒二十一年(1895)務本堂木活字本
書名據書衣、版心題。
上海

［黄岡］李氏宗譜
李□□纂修
清光緒二十二年(1896)追遠堂木活字本
山西家譜(存卷八上、卷十二至十四、十六)　猶他

［黄岡］岡邑李裕宗譜十六卷首二卷
李寶善等纂修
清光緒二十二年(1896)追遠堂木活字本
國家(缺卷首下、卷一、二、七下、八下、十)

［黄岡］李氏宗譜
李良臣等纂修
清光緒二十六年(1900)敦本堂木活字本
國家

［黄岡］李氏宗譜十卷首二卷
李光桂、李光增纂修
清光緒二十八年(1902)樹德堂木活字本
思綏草堂　山西家譜　猶他

［黄岡］李氏族譜
李□□纂修
民國(1912—1949)初敦本堂木活字本
猶他

［黄岡］李氏宗譜八卷首一卷
李□□纂修
民國(1912—1949)初敦本堂木活字本
猶他

[黄岡]李氏宗譜二十二卷首四卷
李英斗纂修
民國五年(1916)懷本堂木活字本
書名據版心、書衣、内封題。
上海

[黄岡]李氏宗譜四卷
李家禾纂修
民國八年(1919)三味堂木活字本
山西家譜　猶他

[黄岡]李氏續修宗譜十卷
李祥瑚、李光和等編纂
民國八年(1919)敦倫堂木活字本
山西家譜　猶他

[黄岡]李氏宗譜四十二卷
李登明纂修
民國十一年(1922)木活字本
新洲並山村

[黄岡]李氏族譜
李保光纂修
民國十三年(1924)敦本堂木活字本
山西家譜　猶他

[黄岡]李氏宗譜二卷首二卷
李□□纂修
民國十三年(1924)敦本堂木活字本
國家

[黄岡]李氏宗譜七卷
李羽翥纂修
民國十七年(1928)敦本堂木活字本
書名據内封、書籤題,版心題“李氏族譜”。三修本。
山西家譜　尋源姓氏　猶他

[黄岡]李氏宗譜十二卷首二卷
李先文、李美玉等續修
民國十七年(1928)樹德堂木活字本
書名據版心、書衣題。
國家　湖北(缺卷一至三、七、十二)　山西家譜　猶他

[黄岡]李氏宗譜十二卷首三卷
李□□纂修
民國十九年(1930)敦本堂木活字本
思綏草堂

[黄岡]李氏宗譜十卷首四卷
李烈爵等纂修
民國十九年(1930)敦本堂木活字本
書名據版心、書籤、内封題。
山西家譜　猶他

[黄岡]李氏宗譜十二卷首四卷
李烈爵、李篤慶等纂修
民國十九年(1930)敦本堂木活字本
山西家譜　猶他

[黄岡]李氏宗譜六卷首二卷
李□□纂修
民國二十三年(1934)木活字本
國家

[黄岡]李氏續修家譜三十五卷首六卷
李□□纂修
民國二十四年(1935)木活字本
國家

[黄岡]李氏宗譜二十四卷首六卷
李□□纂修
民國二十六年(1937)懷本堂木活字本
思綏草堂

[黄岡]李氏宗譜三卷首三卷
李光錫等纂修
民國二十六年(1937)敦倫堂木活字本
山西家譜　猶他

[黄岡]李氏合修宗譜十四卷首四卷
李光善、李光錫等纂修
民國二十六年(1937)敦倫堂木活字本
版心、書衣、内封題"李氏宗譜"。
國家　上海

[黄岡]李氏三户宗譜
李壽環纂修
民國三十一年(1942)三鑑堂木活字本
山西家譜　猶他

[黄岡]李氏宗譜
李豐珍修
民國三十四年(1945)青蓮堂木活字本
山西家譜　猶他

[黄岡]李氏支譜十卷首三卷世系外編一卷
李□□纂修
民國三十五年(1946)百忍堂木活字本
國家

[黄岡]李氏支譜
李□□纂修
民國三十五年(1946)連枝堂木活字本
書名據版心、書衣題,卷首四譜序題"磨刀衙公大成宗譜"。
湖北(存卷首三、首四、卷一、九)

[黄岡]李氏宗譜十三卷首一卷
李華南、李玉山修
民國三十六年(1947)青蓮堂木活字本
國家　山西家譜　猶他

[黄岡]李氏宗譜各房分卷首一卷
李幼廷等纂修
民國三十六年(1947)青蓮堂木活字本
山西家譜　猶他

[黄岡]楚黄李氏宗譜二十八卷首六卷
李蔚禄等纂修
民國三十六年(1947)懷本堂木活字本
目録題"楚黄李氏宗譜"。三修本。
上海

[黄岡]李氏宗譜十五卷首三卷
李立衡等纂修
民國三十七年(1948)青蓮堂木活字本
書名據版心、書衣、内封題。四修本。
上海

[黄岡]李氏族譜
李□□纂修
民國間(1912—1949)敦本堂木活字本
山西家譜　猶他

[黄岡]李氏族譜
李□□纂修
民國間(1912—1949)敦本堂木活字本
山西家譜　猶他

[黄岡]李氏宗譜不分卷
李道熠修
1950年青蓮堂木活字本
山西家譜　猶他

[黄岡]李氏祖譜
李靖之修
1987 年稿本
猶他

[黄岡]李氏宗譜
李明華纂修
1988 年敦本堂油印本
書名據版心、書衣題。四修本。
湖北

[黄岡]李氏宗譜八卷首二卷安分三卷家乘圖三卷
李大春、李立祥纂修
1988 年敦倫堂木活字本
山西家譜　猶他

[黄岡]李氏宗譜十五卷首二卷
李如淳主編
1989 年樹德堂木活字本
山西家譜　猶他

[黄岡]李氏宗譜十四卷首四卷
李光錫修
1989 年敦倫堂木活字本
四修本。
湖北

[黄岡]李氏宗譜十四卷首四卷
李映金等修
1989 年敦倫堂木活字本
山西家譜　猶他

[黄岡]李氏宗譜十六卷首二卷
李後祉、李厚信修
1989 年追源堂木活字本
山西家譜　猶他

[黄岡]李氏宗譜四十九卷首六卷
李孚俊修
1989 年青蓮堂木活字本
湖北(缺卷十四、十五、三十八)　山西家譜　猶他

[黄岡]李裕宗譜十六卷首二卷
李□□纂修
1989 年追源堂木活字本
湖北

[黄岡]李氏宗譜七卷首一卷
李金如、李金寶主修
1990 年青蓮堂木活字本
山西家譜　猶他

[黄岡]李氏宗譜六卷首二卷
李秀林修
1990 年新睦堂木活字本
山西家譜　猶他

[黄岡]李氏宗譜十五卷首三卷
李少斌等修
1991 年隴西堂木活字本
書名據版心、書衣題。
湖北

[黄岡]李氏族譜
李□□纂修
1991 年務本堂木活字本
湖北(缺卷首)

[黄岡]李氏支譜十六卷首三卷
李祥國修
1992 年道德堂木活字本
山西家譜　猶他

[黄岡]李氏宗譜三卷首一卷
李自琳等修
1992年連枝堂木活字本
山西家譜　猶他

[黄岡]李氏宗譜六卷首一卷
李大乾等修
1992年隴西郡木活字本
湖北

[黄岡]李氏宗譜二十二卷首二卷
李祖安主編
1995年青蓮堂木活字本
山西家譜　猶他

[黄岡]李氏宗譜十七卷首一卷
李□□纂修
1998年敦本堂木活字本
山西家譜　猶他

[黄岡]李氏宗譜十五卷首一卷
李本沐修
2005年青蓮堂照排本
湖北

[黄岡]李氏宗譜四卷首二卷又八卷
李文俊、李長有纂修
2008年敦倫堂照排本
湖北　山西家譜(缺卷四)　猶他

[黄岡]李氏宗譜八卷首二卷
李如鵬等總編
2008年敦倫堂木活字本
湖北

[黄岡]李氏宗譜八卷首一卷
李正順等修
2008年隴西郡照排本
五修本。
湖北

[黄岡]李氏宗譜十八卷含首七卷
李楷林修
2010年聯誼堂照排本
猶他

[黄岡]李氏宗譜
李艷金主編
2010年青蓮堂照排本
山西家譜(存卷六、九、十)　猶他

[黄岡]李唐吴王房統譜:黄岡衛公支族譜珉公分卷二卷首一卷增一卷
李濟民主編
2011年道德堂照排本
版心題“李氏宗譜”。
湖北

[黄岡]李氏宗譜七卷首一卷
李大志主編
2013年青蓮堂照排本
山西家譜　猶他

[黄州]李氏宗譜
李訓忠修
據1990年青蓮堂木活字本複印
三修本。
湖北

[麻城]李氏宗譜六卷首二卷
(清)李承瀛纂修
清同治五年(1866)青蓮堂木活字本
國家　山西家譜　猶他

[麻城]李氏宗譜二十二卷首三卷
(清)李秉炎修
清光緒四年(1878)青蓮堂木活字本
山西家譜(缺卷一、二、八、十二、十三、十八、十九) 猶他

[麻城]李氏宗譜五卷首一卷
李培根修
清光緒十二年(1886)蓮炬堂木活字本
山西家譜(缺卷二) 猶他

[麻城]李氏族譜九卷首一卷
李占元修
清光緒十七年(1891)步蓮堂木活字本
書籤題"李氏宗譜"。
山西家譜 猶他

[麻城]李氏宗譜十二卷首二卷
李□□纂修
清光緒十八年(1892)青蓮堂木活字本
書名據書衣題。
國家 湖北

[麻城]李氏宗譜十卷首二卷末一卷
李潤林、李玉珠等修
清光緒二十七年(1901)崇勝堂木活字本
山西家譜 猶他

[麻城]李氏宗譜四卷首二卷
李□□纂修
清光緒二十七年(1901)敦本堂木活字本
思綏草堂

[麻城]李氏宗譜六卷首二卷
李□□纂修
民國三年(1914)敦本堂刻本
思綏草堂

[麻城]李氏宗譜十四卷首三卷
李□□纂修
民國五年(1916)木活字本
國家

[麻城]李氏宗譜五卷首一卷
李學義、李學純等修
民國七年(1918)青蓮堂木活字本
山西家譜 猶他

[麻城]李氏宗譜五卷首三卷
李景文等修
民國八年(1919)同德堂木活字本
山西家譜 猶他

[麻城]李氏宗譜五卷首二卷末一卷
李兆生纂修
民國十一年(1922)三清堂木活字本
山西家譜 猶他

[麻城]李氏宗譜十九卷首三卷
李印華、李殿卿等修
民國十年(1921)務本堂木活字本
山西家譜 猶他

[麻城]李氏宗譜十卷首一卷
李幼甫等修
民國十三年(1924)樹德堂木活字本
山西家譜 猶他

[麻城]李氏宗譜六卷首二卷
李光輝、李其煇纂修
民國十三年(1924)登瀛堂木活字本
國家

[麻城]李氏宗譜六卷
李光焕等纂修
民國十三年(1924)登瀛堂木活字本
書名據版心、書衣、内封題。
上海(存卷一、三至六)

[麻城]李氏宗譜十六卷首一卷
李怡雲等修
民國十八年(1929)青蓮堂木活字本
山西家譜　猶他

[麻城]李氏宗譜十二卷首二卷
李怡伯等修
民國十九年(1930)崇勝堂木活字本
山西家譜　猶他

[麻城]李氏宗譜十卷首一卷
李茂生修
民國十九年(1930)青蓮堂木活字本
書衣題"麻城李氏宗譜"。
思綏草堂　山西家譜　猶他

[麻城]李氏宗譜九卷首二卷
李□□纂修
民國十九年(1930)青蓮堂木活字本
國家

[麻城]李氏宗譜八卷首二卷
李祖蘭、李昌茂修
民國二十七年(1938)崇倫堂木活字本
山西家譜　猶他

[麻城]李氏家譜十四卷首五卷附一卷
李世貞纂修
民國三十二年(1943)木活字本
山西家譜　猶他

[麻城]李氏宗譜六卷
李義臣修
民國三十二年(1943)道德堂木活字本
國家　山西家譜　猶他

[麻城]李氏宗譜八卷首二卷
李永乾纂修
民國三十二年(1943)衛封堂木活字本
書名據版心、書衣、内封題。
上海(存卷首、卷一至五、七、八)　猶他

[麻城]李氏宗譜六卷
李培劍纂修
民國三十三年(1944)敦本堂木活字本
山西家譜　猶他

[麻城]李氏宗譜八卷首二卷末一卷后四卷
李介宣纂修
民國三十四年(1945)木活字本
國家　思綏草堂　山西家譜　猶他

[麻城]李氏宗譜七卷首三卷
李植梧、李植發等修
民國三十五年(1946)道森堂石印本
山西家譜　猶他

[麻城]李氏族譜二十二卷首六卷
李成松等修
民國三十五年(1946)餘慶堂木活字本
書名據書衣題。四修本。
國家　湖北　猶他

[麻城]李氏宗譜
李先澤、李先焰等編修
民國三十五年(1946)木活字本
書名據書衣題。四修本。
湖北(存卷一至三、七)

[麻城]李氏宗譜三卷首二卷
李恒貴、李昌國纂修
民國三十六年(1947)抄本
書名據書衣題。此譜爲支譜。
山西家譜 猶他

[麻城]李氏下分宗譜三卷首二卷
李恒貴等修
民國三十六年(1947)道森堂石印本
書名據書籤題。
武漢(存卷首一) 山西家譜 猶他

[麻城]李氏宗譜九卷首一卷
李宗宏、李宗喜等修
民國三十六年(1947)敦本堂木活字本
山西家譜 猶他

[麻城]李氏宗譜
李□□纂修
民國三十六年(1947)青蓮堂木活字本
山西家譜(存卷一至三、五至十八、二十)
猶他

[麻城]李氏下分宗譜三卷首一卷
李□□纂修
民國三十六年(1947)石印本
思綏草堂

[麻城]李氏宗譜
李□□纂修
民國間(1912—1949)木活字本
國家(存卷首下、卷二、三、五至七、八上、卷終)

[麻城]李氏宗譜三卷首一卷
李厚發修
1989年青蓮堂木活字本
山西家譜 猶他

[麻城]李氏宗譜二十二卷首一卷
李春森總編
1992年青蓮堂木活字本
山西家譜 猶他

[麻城]李氏族譜十卷
李裕慶、李奎海等修
1993年青蓮堂鉛印本
山西家譜 猶他

[麻城]西鄉李氏族譜
李□□纂修
據1993年敦本堂木活字本複印
書名據書衣題。四修本。清光緒二年(1876)創修,清宣統二年(1910)續修,民國三十四年(1945)三修。
麻城方志

[麻城]李氏宗譜四卷
李□□纂修
1996年隴西堂木活字本
十修本。明中期李潮創譜,明萬曆八年(1580)作序,明天啓四年(1624)續修,清康熙二十年(1681)三修,清乾隆十八年(1753)四修,清嘉慶十一年(1806)五修,清道光二十五年(1845)六修,清同治十年(1871)七修,清宣統三年(1911)八修,民國三十四年(1945)九修。
麻城方志

[麻城]李氏宗譜
李□□纂修
據 1997 年五知堂木活字本複印
續修本。清乾隆十六年(1751)創修。
麻城方志

[麻城]世界李氏族譜全書遷麻城始祖季八公總譜
李正修
2013 年照排本
湖北

[武穴]李氏宗譜三十九卷首二卷
李振甫等編修
民國十七年(1928)敦睦堂木活字本
山西家譜　猶他

[武穴]李氏宗譜
李亦珊等編纂
民國十七年(1928)敬睦堂木活字本
國家(存卷首)

[武穴]李氏宗譜二十八卷首一卷
李鴿臣、李宜之等修
民國二十四年(1935)道根堂木活字本
山西家譜(存卷首)　猶他

[武穴]李氏大成譜
李中元、李至洪等修
2005 年照排本
山西家譜　猶他

[紅安]李氏宗譜五卷首一卷
李崇先修
1995 年青蓮堂木活字本
山西家譜　猶他

[紅安]栗梓園李氏族譜三十卷首二卷
李光和、李華林等修
2000 年餘慶堂木活字本
山西家譜　猶他

[紅安]李氏宗譜十四卷首二卷
李文俊、李如鵬總纂
2008 年敦倫堂照排本
湖北

[羅田]嚴田李氏宗譜
(清)李□□纂修
清乾隆間(1736—1795)刻本
國家(存卷一至四)

[羅田]李氏四修宗譜九卷首二卷末一卷
李鴻鈞、李庚甲等修
清光緒十八年(1892)木活字本
山西家譜　猶他

[羅田]李氏宗譜十二卷首二卷
李廷暉修
清光緒十八年(1892)青蓮堂木活字本
山西家譜　猶他

[羅田]李氏宗譜十六卷首一卷
李先保修
民國十七年(1928)青蓮堂木活字本
山西家譜　猶他

[羅田]李氏宗譜
李□□纂修
民國二十五年(1936)五知堂木活字本
山西家譜(存卷二、四至八、十一、十三)
猶他

[羅田]李氏宗譜十八卷首三卷末一卷
李承降、李少卿纂修
民國二十七年(1938)青蓮堂木活字本
書名據書衣題,書籤題"李學淵公譜"。
山西家譜　猶他

[羅田]李氏宗譜十八卷首四卷末一卷
李敦仁等修
民國二十七年(1938)青蓮堂木活字本
書名據版心題。四修本。
湖北(缺卷首四)

[羅田]李氏宗譜十八卷首二卷
李世賢修
民國二十七年(1938)青蓮堂木活字本
猶他

[羅田]李氏宗譜二十卷首三卷
李世顯、李增培等修
民國三十一年(1942)五知堂木活字本
山西家譜(缺卷五、十六、十七、十九)
猶他

[羅田]李氏宗譜二十一卷卷首四卷
李□□纂修
民國三十一年(1942)五和堂木活字本
山西家譜(缺卷首)　猶他

[羅田]李氏宗譜
李□□纂修
民國間(1912—1949)木活字本
國家

[羅田]李氏宗譜二十四卷首一卷
李家厚等修
1986年青蓮堂木活字本
山西家譜　猶他

[羅田]李氏宗譜三卷
李□□纂修
1987年孝義堂木活字本
山西家譜　猶他

[浠水]李氏宗譜
李□□纂修
民國五年(1916)木活字本
浠水大嶺卡村

[浠水]李氏宗譜十卷首二卷
李廷祥修
民國二十七年(1938)峰山堂木活字本
山西家譜　猶他

[浠水]李氏宗譜十卷首一卷
李子琳修
民國三十三年(1944)永錫堂木活字本
山西家譜　猶他

[浠水]李氏四修族譜二十三卷首三卷
李寶熙修
1992年青蓮堂木活字本
書衣題"李浩春堂四修族譜"。
山西家譜　猶他

[浠水]李氏宗譜二十一卷首一卷末一卷
李如焰總修
1993年務本堂木活字本
山西家譜　猶他

[浠水]李氏宗譜十卷首六卷
李昌啓主編
1995年青蓮堂木活字本
書名據版心、書衣題。
湖北

[蘄春]李氏宗譜十四卷首一卷
李守懷等修
清光緒十八年(1892)務本堂木活字本
山西家譜　猶他

[蘄春]李氏家譜十卷
李錫光等修
清光緒二十三年(1897)木活字本
山西家譜　猶他

[蘄春]李氏宗譜八卷首三卷
李朝儒修
民國八年(1919)念根堂木活字本
山西家譜　猶他

[黄梅]李氏宗譜二十卷首四卷
李紹蓮等纂修
民國二十二年(1933)親睦堂木活字本
書名據版心、書衣、内封題。
上海　猶他

[黄梅]李氏宗譜
李華修
2008年白鹿齋照排本
五修本。
湖北

[英山]李氏宗譜
李相郊等纂修
1988年僊籽堂鉛印本
書名據版心、書衣題。四修本。
李玉階

[英山]李氏宗譜四卷
李相仁等纂修
1989年僊籽堂鉛印本
書名據版心、書衣題。四修本。
李相仁

[咸寧　嘉魚]李氏族譜
李廷樹修
2012年隴西堂照排本
湖北(存卷三)

[赤壁]嘉蒲獅子李氏族譜十卷
李合德等纂修
民國四年(1915)中山堂木活字本
書衣題"獅李氏家譜"。
人大

[嘉魚]嘉魚李氏族譜五十卷
(清)李銘鐘等纂修
清嘉慶元年(1796)世祀堂刻本
書名據版心、書衣題,内封題"祀堂家乘"。五修本。
上海(存三十卷:一至八、十至十四、十六、二十、三十六、三十七、四十四、四十七、四十九)

[嘉魚]嘉魚李氏族譜六卷
(清)李□□纂修
清嘉慶十八年(1813)木活字本
書名據版心、書衣、譜序題。
上海

[嘉魚]嘉魚李氏族譜五十五卷
李氏合族纂修
清咸豐八年(1858)世祀堂木活字本
書名據版心、書衣題。内封題"李氏家乘"。
上海(存卷一至八、十至五十五)

[嘉魚]三修李氏族譜
(清)李之廉等纂修
清咸豐十年(1860)成紀隴西堂木活字本
書名據版心題。
上海(存卷首、卷一、三)　江陵檔

[嘉魚]李氏族譜□□卷
(清)李之乾等纂修
清咸豐十年(1860)刻本
江陵檔(存卷四、七、十二、十八、四十二、六十七、七十四)

[嘉魚]嘉魚李氏族譜
李□□纂修
清木活字本
書名據版心、書衣題。記事至清同治間。
上海(存卷二至五、白楊分支譜卷一至六)

[嘉魚]李氏族譜
李元吉纂修
民國五年(1916)石印本
書名據版心、内封題,書衣題"嘉魚李氏族譜"。
荆州区檔(存第一至三册、第五册、第七至十六册)

[通山]李氏宗譜八卷
大屋李僊籽堂譜局纂修
1989 年僊籽堂油印本
書名據版心、書衣題。
李朝科

[通山]李氏宗譜十六卷
李氏種德堂纂修
1993 年種德堂油印本
書名據内封題。六修本。
李烈發

[通山]李氏宗譜二十卷
李大路纂修
1993 年油印本
書名據版心、書衣題。十一修本。
李明遠

[通城]隴西堂通城西祠李氏宗譜十六卷首一卷
李道生主修
2003 年隴西堂照排本
九修本。
湖北

[仙桃]李氏宗譜十二卷首一卷
李曉方修
民國三十七年(1948)隴西堂木活字本
猶他

[仙桃]李氏宗譜十六卷
李□□纂修
清光緒十九年(1893)尊親堂木活字本
山西家譜　猶他

[仙桃]仙洪李氏族譜
李希鈞、李希桃等主編
2011 年隴西堂照排本
三修本。
湖北

[仙桃]鄂中李氏族譜
李繼誠等修
2012 年隴西堂照排本
七修本。
湖北

歷

[湖北]錫山歷氏宗譜
歷□□纂修
清代木活字本
山西家譜　猶他

連

[黄陂　孝感]連氏宗譜
黄孝史志編委會纂修
1992 年油印本
湖北

[廣水]追尋連氏家族之根
胡啓華著
2008 年照排本
湖北

梁

[武漢]梁氏宗譜二十五卷首三卷
梁章河、梁華剛纂修
民國三十六年(1947)三字堂木活字本
書名據版心、書衣題，内封題“梁氏家乘”。三修本。
湖北

[武昌]梁氏宗譜二十五卷首三卷
梁上錦修
民國三十六年(1947)三字堂木活字本
猶他

[新洲]梁氏宗譜八卷
梁耀雲纂修
民國三十四年(1945)木活字本
新洲李灣村

[陽新]梁氏宗譜
梁勳燦等修
2011 年光裕堂照排本
九修本。
湖北

[孝感]梁氏宗譜二十卷首一卷末一卷
梁祚昌纂修
清光緒二十六年(1900)木活字本
書名據版心題。
湖北

[孝感瀾川]梁氏宗譜二十卷首一卷末一卷
梁維緒主修
1990 年鉛印本
七修本。
湖北

[孝感]梁氏宗譜
梁柏清、梁德金總編
2013 年照排本
八修本。
湖北

[麻城]梁氏族譜
梁作模、梁作梠總修
光緒二十六年(1900)木活字本
書名據版心、内封、書衣題。
湖北(存卷一)

[麻城]梁氏族譜十二卷首一卷末一卷
梁守淦、梁德基等編修
民國二十六年(1937)木活字本
書名據内封、書衣題。版心題“梁氏宗譜”。
湖北(存卷首一、卷一、三、八、十、卷末)
山西家譜　猶他

[麻城]梁氏宗譜
梁□□纂修
據 1990 年木活字本複印
麻城方志

廖

[新洲]廖氏宗譜二十六卷首四卷
廖朗階等纂修
民國元年(1912)木活字本
新洲七里村

[大冶]廖氏宗譜五卷
(清)廖文淮、(清)廖文典編修
清道光二十五年(1845)世彩堂刻本
書名據版心、書衣題。
湖北(存卷一)

[大冶]廖氏宗譜五卷
(清)廖文典、(清)廖棟章、(清)廖旺章編修
清同治十二年(1873)世彩堂刻本
書名據版心、書衣題。
湖北(存卷一)

[大冶]廖氏宗譜六卷首一卷
廖立元、廖立渶、廖立健編修
清光緒二十八年(1902)世彩堂木活字本
書名據版心、書衣題。
湖北(存卷首)

[大冶]廖氏宗譜八卷首一卷
廖文發、廖文明等編修
民國十六年(1927)世彩堂木活字本
書名據版心、書衣題。
湖北(缺卷一)

[洪湖]廖氏族譜
廖華文主編
2014年世彩堂本
湖北

[公安]廖氏族譜十一卷
廖□□纂修
1990年世彩堂鉛印本
廖昌華

[夷陵]廖氏宗譜
廖世燦、廖世寬等修
2007年汝南堂照排本
廖世燦

[夷陵]廖氏族譜
廖德祥等修
2012年武威堂照排本
廖德祥

[宜都]廖氏族譜十五卷首一卷
(清)廖光澤纂修
清光緒二十五年(1899)世彩堂刻本
書名據版心、書衣題。
湖北

[宜都]廖氏族譜十五卷
廖大潤纂修
民國十一年(1922)世彩堂石印本
書名據版心、書衣題。
湖北

[鄂州]廖氏宗譜五十六卷首八卷
廖可振、廖德榕等編修
1993年世彩堂木活字本
書名據版心、書衣題。七修本。
湖北

[黄岡]廖氏宗譜
廖同禮、廖同春、廖封樂修
民國二年(1913)世彩堂木活字本
山西家譜　猶他

[黄岡]廖氏宗譜二十六卷首四卷
廖道範纂修
民國二年(1913)世彩堂木活字本
山西家譜　猶他

[黄岡]廖氏宗譜二卷首二卷
廖同金修
民國二年(1913)世彩堂木活字本
猶他

[黄岡]廖氏宗譜三十六卷首二卷
廖步瀛修
民國六年(1917)世彩堂木活字本
猶他

[黄岡]廖氏宗譜三十二卷首四卷
廖同金修
1988年世彩堂木活字本
猶他

[黄岡]廖氏宗譜
廖經正編修
1988年世彩堂木活字本
山西家譜　猶他

[麻城]廖氏宗譜三十七卷首三卷
廖成章、廖丹成等修
民國六年(1917)世彩堂木活字本
國家　山西家譜　猶他

[麻城]廖氏宗譜三十一卷首四卷
廖同金、廖經友等修
2005年世彩堂木活字本
山西家譜　猶他

[麻城]廖氏宗譜三十一卷首四卷
廖經正等修
2005年世彩堂木活字本
湖北(存卷二至四、六至三十一)

[麻城]大别山廖氏十修宗譜
廖□□纂修
2005年世彩堂複印本
麻城方志

[羅田]廖氏宗譜三十六首二卷
廖映春修
民國六年(1917)世彩堂木活字本
書衣題“廖氏七修宗譜”。
山西家譜(缺卷十七、十八、二十三)　猶他

[通山]廖氏宗譜四卷
合族纂修
1989年武威堂油印本
廖宇田

[崇陽]廖氏宗譜
廖紹夫纂修
民國二十二年(1933)木活字本
崇陽石嘴村

[通城]廖氏宗譜十三卷首一卷
廖新華主編
2010年武威堂照排本
十一修本。
湖北

[仙桃]廖氏宗譜
廖□□纂修
民國三十六年(1947)世彩堂木活字本
書名據版心、書衣題。
湖北(存卷二、三、七)

[仙桃]廖氏宗譜
廖啓榮編修
1991 年世彩堂鉛印本
湖北

[天門]廖氏宗譜
廖蔚俊修
民國三十六年(1947)世彩堂木活字本
猶他

林

[湖北]林氏宗譜
林□□纂修
民國十二年(1923)九牧堂木活字本
國家(存卷三、八、十一至十三、二十一至二十三、二十五、二十六、二十八、二十九、三十二)

[湖北]林氏四修宗譜
林□□纂修
民國間(1912—1949)崇禮堂木活字本
國家

[新洲]林氏宗譜十六卷首四卷
林毓蕃、林麗園等纂修
民國十二年(1923)木活字本
新洲洲上村

[新洲]林氏宗譜九卷首三卷
林永堃纂修
民國十八年(1929)九牧堂木活字本
山西家譜　猶他

[新洲]林氏宗譜二十七卷首二卷
林郎清、林雲亭等纂修
民國三十七年(1948)木活字本
新洲月明村

[新洲]林氏家乘
九牧林氏家乘第十次續修編纂委員會纂修
1992 年九牧堂鉛印本
武漢方志

[荆州]林氏宗譜
林美中等修
2001 年問本堂照排本
湖北

[夷陵]林氏宗譜四卷
林正得修
民國十二年(1923)九牧堂刻本
歐陽運森

[夷陵]林氏族譜十三卷
林□□纂修
民國二十五年(1936)九牧堂木活字本
林文楷

[漢川]林氏宗譜四十二卷
林其奂等修
民國四年(1915)敦本堂木活字本
書名據書衣題。七修本。
湖北

[漢川]林氏宗譜四十九卷附一卷
林承淵纂修
1992 年敦本堂鉛印本
書名據版心、書衣題,譜序題"漢川南湖林氏重修宗譜"。
湖北

[黄岡]林氏宗譜十七卷
林□□纂修
清光緒二十五年(1899)九牧堂木活字本
國家

[黄岡]林氏宗譜
林□□纂修
清光緒二十八年(1902)問禮堂木活字本
書名據版心題。
湖北博(存卷一)

[黄岡]林氏宗譜
林閾楨、林鳳鳴等纂修
民國二年(1913)培本堂木活字本
書名據版心、書衣題。
湖北博(存卷一至三、五)

[黄岡]林氏宗譜
林祚愷等纂修
民國十五年(1926)敦厚堂木活字本
書名據版心、書衣題。
湖北博(存卷一、二、六至八、十、十一、十四、十五)

[黄岡]林氏宗譜四十三卷首二卷
林鳳笙等修
民國二十六年(1937)培本堂木活字本
書名據書衣題。三修本。
湖北

[黄岡]黄岡林氏宗譜不分卷
林端甫、林淑臣等纂修
民國二十七年(1938)培奉堂木活字本
黄岡檔

[黄岡]林氏宗譜二十四卷首一卷
林祚昌等纂修
民國三十四年(1945)培源堂木活字本
書名據書衣、内封題。
湖北博(存卷首及書、語、政、事、文、學、温、良字卷)

[黄岡]林氏宗譜十四卷
林子均編修
1991年敦厚堂木活字本
湖北　山西家譜　猶他

[黄岡]林氏宗譜各房分卷首二卷
林遠達、林來仁修
1991年培源堂油印本
山西家譜　猶他

[黄岡]林氏宗譜各房分卷
林從桂修
1991年培本堂木活字本
猶他

[黄岡]林氏宗譜十九卷首一卷
林□□纂修
1992年大本堂木活字本
猶他

[黄岡]林氏宗譜十六卷首一卷
林□□纂修
1992年濟南堂木活字本
書名據書衣題。
湖北(缺卷首之二、卷二、三)

[黄岡]林氏宗譜四卷首二卷
林從永等修
1993年培本堂木活字本
書名據書衣題。四修本。
湖北

[黄岡]黄帝子孫比干後裔長林山湖北黄岡林氏源流淵源族譜
林崔榮修
2005 年照排本
湖北

[黄岡]林氏宗譜亨字卷
林祚譜等修
2005 年培本堂照排本
五修本。
湖北

[黄岡]林氏宗譜
合族纂修
2006 年培本堂照排本
湖北

[黄岡]林氏宗譜二十二卷
林文珠總編
2012 年九牧堂照排本
山西家譜　猶他

[黄岡]林氏宗譜二十二卷
林美福創修
2014 年九牧堂照排本
譜序題"林氏北山公七次續修宗譜"。
湖北

[麻城]林氏宗譜十卷首一卷
(清)林□□纂修
清同治十二年(1873)文貴堂刻本
書名據内封題,譜序題"林氏續修宗譜",内封題"清同治癸酉年續修"。
湖北　武漢　思綏草堂　山西家譜　猶他

[麻城]林氏宗譜十卷首一卷
(清)林□□纂修
清光緒三年(1877)文意堂木活字本
山西家譜　猶他

[麻城]林氏宗譜□□卷
林學湛纂修
清末民初木活字本
書名據版心題。
武漢(存卷五、十)

[麻城]林氏宗譜二十七卷
林□□纂修
民國二十二年(1933)問禮堂木活字本
山西家譜(存卷首二、卷一至七、十至十五、十八、十九、二十二至二十四、二十六、二十七)　猶他

[麻城]林氏宗譜十卷首三卷
林佐丞總纂
民國三十六年(1947)問禮堂木活字本
書名據版心題,書衣題"西陵林氏宗譜"。譜初修於清嘉慶十五年(1810),清同治十二年(1873)續修,民國三年(1914)三修,此爲四修本。
武漢(存卷首、卷一、二下、四至六、十)　山西家譜　猶他

[麻城]西陵林氏宗譜十卷首二卷
林延佑修
民國三十六年(1947)問禮堂木活字本
山西家譜　猶他

[麻城]西陵林氏宗譜
林□□纂修
據民國三十六年(1947)問禮堂木活字本複印
麻城方志

[麻城]林氏宗譜
林□□纂修
2012年九牧堂照排本
湖北(存卷二、四、五)

[紅安]林氏宗譜二十二卷
林□□纂修
清光緒二十五年(1899)九牧堂木活字本
山西家譜　猶他

[紅安]林氏宗譜二十三卷
林潤山修
1991年九牧堂木活字本
山西家譜　猶他

[羅田]林氏宗譜二十七卷首三卷
林景鴻、林昌基修
清光緒十九年(1893)崇禮堂木活字本
山西家譜　猶他

[羅田]林氏四修宗譜三十卷首四卷
林□□纂修
民國十七年(1928)崇禮堂木活字本
思綏草堂

[羅田]林氏宗譜
林□□纂修
民國三十年(1941)崇禮堂木活字本
山西家譜(存卷首一、卷一至三、五至十三、十五至十九、二十一至二十七、二十九)　猶他

[羅田]林氏五修宗譜二十九卷首二卷
林□□纂修
民國三十年(1941)崇禮堂木活字本
國家(缺卷四、十四、二十、二十八)

[羅田]林氏七修宗譜
林□□纂修
2007年崇禮堂照排本
山西家譜　猶他

[蘄春]林氏族譜三十六卷
林宗鳳修
民國十八年(1929)十德堂木活字本
國家(缺卷四、九至十四、十六至十八、三十、三十一)　山西家譜　猶他

[蘄春]林氏四修族譜三十六卷
林依魁等纂修
民國十八年(1929)十德堂木活字本
國家

[廣水]林氏(廣水市應山)宗譜
林德華主編
2010年照排本
湖北

[崇陽]林氏宗譜不分卷
(清)林秉圭、(清)林元貞等纂修
清咸豐十年(1860)忠孝堂木活字本
書名據版心題。
湖北(存一卷)

[崇陽]林氏宗譜不分卷
林之善纂修
民國四年(1915)鉛印本
崇陽縣林義鎮

[崇陽]林氏宗譜六卷
林士偉主修
1991年忠孝堂木活字本
書名據版心題。
湖北

凌

[漢陽]官礄凌氏宗譜八卷
(清)凌張雲等纂修
清光緒九年(1883)滕臨軒木活字本
東洋文庫 猶他

[麻城]凌氏宗譜十八卷首二卷
凌樂光纂修
民國七年(1918)御書堂木活字本
山西家譜(缺卷三) 猶他

[麻城]凌氏宗譜十三卷首二卷
凌光楫等纂修
民國七年(1918)御書堂木活字本
國家(存卷首一、二、卷三、四、八)

[麻城]凌氏宗譜
凌□□纂修
據1996年御書堂木活字本複印
麻城方志

劉

[湖北]彭城劉氏禮村世譜十六卷
(清)劉萬修
清乾隆二十二年(1757)刻本
猶他

[湖北]劉氏合派宗譜六卷
(清)劉□□纂修
清同治四年(1865)敦睦堂木活字本
書名據版心題,内封題"劉氏家乘"。
湖北(存卷一)

[湖北]劉氏家乘□卷
劉□□纂修
清敦本堂木活字本
書名據版心題。記事至清咸豐間。
上海(存卷十二〔河東支世系〕)

[湖北]劉氏宗譜二十三卷首一卷
劉茂蘭等纂修
清光緒二十一年(1895)三約堂木活字本
書名據版心題。
武漢

[湖北]劉氏宗譜
劉□□纂修
民國二十九年(1940)敦睦堂木活字本
書名據版心題。
武漢(存卷十三) 山西家譜 猶他

[湖北]劉氏宗譜譜首
江漢平原劉氏大風堂宗譜編纂委員會編
2014年大風堂照排本
湖北

[武漢]劉氏宗譜十四卷首一卷
劉義武主編
1997年三約堂鉛印本
山西家譜 猶他

[武漢]劉氏宗譜
劉柏安主編
2011年天禄堂照排本
書衣題"天禄堂劉氏宗譜"。
山西家譜(存卷一至三、六至十四) 猶他

[武漢]劉氏家譜五卷
劉敦海主編
2012年照排本
山西家譜　猶他

[武昌]劉氏宗譜不分卷
(清)劉□□纂修
清嘉慶十年(1805)敦睦堂木活字本
國家(存《永章里蘇塘莊鐘公世系》)　山西家譜　猶他

[武昌]劉氏宗譜八卷
(清)劉敦本等纂修
清同治八年(1869)金口鎮校經堂木活字本
東洋文庫　猶他

[武昌]劉氏宗譜十九卷
劉致和、劉旭波主修
民國七年(1918)親睦堂木活字本
國家(缺卷五、八、十六至十八)　山西家譜　猶他

[武昌]劉氏宗譜八卷首四卷
劉□□纂修
民國十三年(1924)天禄堂木活字本
思綏草堂

[武昌]劉氏宗譜八卷
劉繼煌纂修
民國十九年(1930)校經堂木活字本
華中師大(存卷一至四、八)

[武昌]劉氏宗譜十卷
劉昌邠、劉庭桐等修
民國二十一年(1932)梓溪堂木活字本
山西家譜(缺卷十)　猶他

[武昌]劉氏宗譜
劉□□纂修
民國三十五年(1946)雍睦堂木活字本
山西家譜(存卷四、六、七、二十四)　猶他

[武昌]劉氏宗譜十六卷
劉雲龍修
民國三十七年(1948)三治堂木活字本
猶他

[武昌]劉氏宗譜十六卷
劉子清主編
1990年三治堂鉛印本
書衣題"劉氏大成宗譜"。
山西家譜　猶他

[武昌]劉氏宗譜十六卷
劉世瑜主編
1997年天禄堂木活字本
山西家譜　猶他

[武昌]劉氏宗譜五十二卷
劉道福主編
2008年雍睦堂照排本
山西家譜(缺卷四十至四十二、四十八)　猶他

[江漢]三約堂劉氏宗譜
劉富道修
2009年三約堂照排本
湖北

[漢陽]漢陽劉氏家乘
劉□□纂修
民國二十年(1931)二明堂刻本
書名據版心題,書衣歐陽覺題簽"漢陽九真山劉氏二明堂宗譜"。
湖北(存卷二至四、六至十、長生簿、歸真録)

[漢陽]劉氏宗譜八卷
劉啓才等纂修
民國二十二年(1933)天禄堂木活字本
東洋文庫　猶他

[漢陽]漢陽劉氏家乘一卷
劉承霖等纂修
民國抄本
書名據書衣、譜序題。佚名增補記事至1957年。
上海

[漢陽]漢陽侏儒山劉氏中劉家志四册
劉錫俊等主編
1986年天禄堂鉛印本
書名據書衣題。譜初修於民國三十年(1941),此爲二修本。
武漢方志

[漢陽]漢陽永安集劉氏宗譜三卷首一卷
劉德明主編
1999年照排本
山西家譜　猶他

[漢陽]劉氏家譜五卷首一卷
劉敦春主編
2002年照排本
山西家譜　猶他

[黄陂]劉氏家乘十一卷
劉家琨纂修
清光緒七年(1881)太乙堂木活字本
書名據版心題。目録題"湖北黄陂縣紫溪豫開劉氏家乘",譜序題"紫溪劉氏家乘"。
人大

[黄陂]劉氏宗譜
劉福泰修
民國四年(1915)木活字本
猶他

[黄陂]劉氏續修族譜六卷
劉□□纂修
民國十年(1921)藜照堂木活字本
思綏草堂

[黄陂]劉氏宗譜四十四卷首一卷附二卷
劉有柳編修
1993年天禄堂照排本
山西家譜　猶他

[黄陂]劉氏宗譜敦本堂精編本
劉松餘修
2008年敦本堂照排本
湖北

[新洲]劉氏宗譜八卷首二卷
劉家意等纂修
清宣統三年(1911)木活字本
新洲南橋村

[新洲]劉氏宗譜三卷
劉□□纂修
民國七年(1918)木活字本
新洲勝利湖村

[新洲]劉氏宗譜四卷
劉高楚、劉鵬程等纂修
民國七年(1918)刻本
譜初修於清光緒十年(1884)。
新洲鐵屋河村

[新洲]劉氏宗譜二十卷首四卷
劉鐘淑纂修
民國十三年(1924)木活字本
劉沙洲

[新洲]劉氏宗譜
劉□□纂修
民國十六年(1927)三贤堂木活字本
書名據版心、書衣題。
湖北(存卷四、十二、十三、十七至二十二)

[新洲]劉氏宗譜十卷
劉宗晏纂修
民國三十四年(1945)木活字本
新洲烏鉢窑村

[新洲]楚安劉氏宗譜
劉壁軒、劉芳德等纂修
民國三十六年(1947)大風堂石印本
書名據版心題。
湖北(卷二、三、八至十、十一至十四、十六至二十)

[新洲]劉氏宗譜
劉□□纂修
民國三十六年(1947)木活字本
新洲魏劉墩

[新洲]劉氏宗譜二十四卷首四卷
劉堯階、劉松奶纂修
民國三十七年(1948)石印本
新洲曾寨村　新洲熊店村

[新洲]劉氏宗譜二十七卷首四卷
劉慕親續修
1989年敦本堂木活字本
湖北(缺卷首一、卷二十六、二十七)

[新洲]劉氏宗譜四十卷首二卷
劉鳳亭、劉宗仁等修
1989年藜照堂鉛印本
湖北

[新洲]劉氏宗譜二十卷首二卷
劉蔭利、劉焕卿等修
1990年鉛印本
湖北

[新洲]劉氏宗譜六卷首四卷
劉先焱、劉珍培修
1990年天福堂木活字本
山西家譜　猶他

[新洲]劉氏宗譜五卷首一卷
劉忠頭、劉忠良修
1990年天禄堂木活字本
山西家譜　猶他

[新洲]劉氏宗譜八卷首四卷附一卷
劉先森修
1990年天福堂木活字本
三修本。
湖北

[新洲]劉氏宗譜二十三卷首三卷
劉俊武等修
1991年天禄堂木活字本
二修本。
湖北

[新洲]劉氏宗譜二十二卷首二卷
劉遠銘等修
1991年天禄堂木活字本
湖北

[新洲]劉氏宗譜十八卷首四卷末一卷
劉宏暢修
1991年傳經堂木活字本
山西家譜　猶他

[新洲]劉氏宗譜十二卷
劉希才、夏柏香修
1995年藜照堂木活字本
湖北

[新洲]劉氏宗譜七卷首一卷
劉安成主編
1996年青藜堂鉛印本
山西家譜　猶他

[新洲]劉氏家譜三卷首四卷
劉有琳主編
2000年三祝堂木活字本
山西家譜　猶他

[新洲]劉氏宗譜
劉□□纂修
2000年三祝堂木活字本
山西家譜(存卷首四、卷一至三十四、三十九至七十三)　猶他

[新洲]劉氏宗譜三十卷首五卷
劉宗智修
2009年藜照堂照排本
五修本。
湖北

[新洲]劉氏宗譜八卷
劉錦鋒、劉德喜主編
2011年照排本
十四修本。
湖北

[新洲]劉氏宗譜五十五卷首四卷
劉寬鋒主編
2012年藜照堂、天禄堂照排本
目録題"劉氏五修宗譜"。
湖北(缺卷十六至三十三)　山西家譜　猶他

[黄石]劉氏宗譜
劉□□纂修
約民國二十五年(1936)青藜堂木活字本
國家　山西家譜　猶他

[大冶]劉氏宗譜不分卷
(清)劉仁通、(清)劉欽進等修
清道光二十六年(1846)敦睦堂木活字本
山西家譜　猶他

[大冶]劉氏宗譜十卷
劉□□纂修
民國七年(1918)敦本堂木活字本
思綏草堂

[大冶]劉氏宗譜十九卷首二卷
劉□□纂修
民國二十五年(1936)青藜堂木活字本
思綏草堂

[大冶]劉氏宗譜四十一卷首一卷
劉□□纂修
民國二十五年(1936)敦睦堂木活字本
思綏草堂

[大冶　陽新]劉氏宗譜十六卷
劉雲龍纂修
民國三十七年(1948)三治堂木活字本
猶他

[大冶]劉氏大成宗譜四卷
劉文斌主編
2002 年漢裔堂照排本
山西家譜　猶他

[陽新]劉氏宗譜
劉□□纂修
1989 年孝義堂木活字本
書名據版心、書衣題。
湖北(存卷首、首二、卷十二)

[陽新]劉氏宗譜
劉合林等修
2012 年三治堂照排本
六修本。
湖北

[十堰]彭城劉氏宗譜二卷
王心田、王燕山纂修墨譜
1962 年抄本
書名據書衣題。世系增補至 1998 年。
湖北

[宜昌]喬川劉氏族譜
劉□□纂修
清刻本
書名據版心題。
重慶(存卷十八至二十)

[夷陵]劉氏族譜
(清)劉□□纂修
清咸豐十年(1860)彭城堂刻本
王平

[夷陵]劉氏族譜
(清)劉大緒主修
清光緒元年(1875)慶林堂刻本
夷陵檔

[夷陵]劉氏族譜五卷
劉發煌等修
民國十五年(1926)德厚堂木活字本
王平

[夷陵]劉氏族譜十二卷
劉顔賓等纂修
民國二十六年(1937)彭城堂木活字本
劉春春

[夷陵]劉氏族譜
劉萬杞等主修
民國二十六年(1937)尚義堂本
歐陽運森(存卷首)

[夷陵]劉氏族譜
劉□□纂修
彭城堂木活字本
王平

[宜都]劉氏族譜二卷
劉開文纂修
民國十三年(1924)彭城堂木活字本
書名據版心題。
湖北

[宜都]梓溪劉氏族譜五卷
劉禮榆纂修
民國十九年(1930)彭城堂石印本
山西家譜　猶他

[枝江]枝江縣沙灣劉氏族譜六卷
劉□□纂修
民國二十四年(1935)木活字本
枝江安福寺鎮

[興山]劉氏宗譜
劉文燦纂修
民國抄本
書名據書衣題。
興山方志

[長陽]長陽縣劉氏通譜
(清)劉韻珂、(清)劉瀛等纂修
據清道光二十九年(1849)木活字本複印
長陽檔(存卷首)

[長陽]長陽縣劉氏宗譜十卷首二卷
(清)劉傳璋、(清)劉永恒等纂修
據清光緒元年(1875)木活字本複印
長陽檔(存卷首二)

[長陽]長陽德鄉白果坪劉氏族譜六卷
(清)劉璉國纂修
清光緒元年(1875)木活字本
宜昌檔

[長陽]劉氏通譜□卷
(清)劉韻珂纂修
清光緒三年(1877)彭城堂木活字本
書名據版心題。
上海(存卷一、二)

[長陽]長陽劉氏宗譜十一卷首一卷
劉相一等纂修
民國十年(1921)敦睦堂木活字本
書名據書籤題,版心、内封、目録題"劉氏宗譜"。
上海

[長陽]劉氏宗譜十八卷首一卷
劉傳文修
民國十年(1921)藜照堂木活字本
山西家譜　猶他

[沙市]劉氏家譜不分卷
劉□□纂修
清劉氏抄本
書名自擬。記事至清道光間。
上海

[監利]劉氏七修族譜十八卷首二卷
劉□□纂修
清光緒三十四年(1908)木活字本
國家

[監利]劉氏族譜
劉□□纂修
1988年彭城堂木活字本
湖北(存卷二十三)

[監利]劉氏宗譜二十九卷首一卷
劉以孝纂修
1995年巴蜀書社據民國十四年(1925)藜閣堂鉛印本影印
上海　馮平山

[公安]湘鄂邊劉氏通譜湖北省公安縣東嶽廟支族卷
劉世傑等修
2012年藜照堂照排本
湖北

[江陵]劉氏族譜六卷
(清)劉大緒纂修
清光緒元年(1875)彭城堂刻本
書名據内封題。
宜昌檔

[江陵]劉氏族譜五卷首一卷
劉經炳纂修
民國五年(1916)藜照堂木活字本
書名據版心、書衣、内封題。
上海

[棗陽]劉氏宗譜
劉□□纂修
民國間(1912—1949)校書堂木活字本
猶他

[棗陽]劉氏宗譜(續修)
劉煜貞、劉逢吉主編
2001年照排本
上海

[鄂州]劉氏宗譜
劉官門編修
清光緒十九年(1893)睿源堂木活字本
山西家譜(存卷五)　猶他

[鄂州]劉氏宗譜二十二卷首一卷
劉春圃編修
民國五年(1916)睿源堂木活字本
山西家譜(缺卷四、六、七、十至十三、十五、十六、十九、二十一)　猶他

[鄂州]劉氏宗譜二十卷首一卷
劉景榮修
民國五年(1916)睿源堂木活字本
山西家譜(存卷首、一、二、五、八、九、十四)　猶他

[鄂州]劉氏宗譜十六卷
劉雲龍修
民國三十七年(1948)三治堂木活字本
猶他

[鄂州]劉氏宗譜二十卷首三卷
劉永維修
1993年天禄堂木活字本
山西家譜　猶他

[孝感]楚澴川劉氏宗譜八卷
劉永宗、劉昌後纂修
清光緒三十三年(1907)忠義堂刻本
版心題“劉氏宗譜”。
湖北(缺卷六、八)

[孝感]劉氏宗譜
劉□□纂修
民國二十年(1931)校書堂木活字本
書名據版心題。記事止於民國十九年(1930)。
武漢(存卷五)　山西家譜　猶他

[孝感]劉氏宗譜
劉錦明主編
1998年木活字本
書名據版心題。五修本。
湖北(存卷首)

[漢川]劉氏家譜
劉俊傑修
1985年寫本
猶他

[漢川]校書堂劉氏宗譜十卷尾一卷
劉克仁、劉有鵬纂修
1993年校書堂油印本
書名據書衣題。版心題“劉氏宗譜”。
上海(存卷一至六、八至十、卷尾)

[漢川]劉氏宗譜十五卷首五卷
劉傳静主編
1995年照排本
山西家譜　猶他

[漢川]劉氏宗譜二十二卷
劉念主編
1998年竹江堂鉛印本
湖北

[漢川]劉氏宗譜
劉聲輝等修
2012年天禄堂照排本
五修本。
湖北

[黄岡]劉氏族譜四卷首二卷
(清)劉道文、(清)劉傑强等修
清光緒二年(1876)校書堂木活字本
山西家譜　猶他

[黄岡]劉氏宗譜十八卷首四卷
(清)劉祚銘等纂修
清光緒十四年(1888)敦本堂刻本
書名據版心、書籤、内封題,目録題"黄岡劉氏宗譜"。
上海　尋源姓氏　猶他

[黄岡]劉氏宗譜十八卷首四卷
(清)劉□□纂修
清光緒十八年(1892)敦本堂刻本
猶他

[黄岡]劉氏宗譜八卷首一卷
(清)劉蔭武纂修
清光緒二十年(1894)刻本
山西家譜　猶他

[黄岡]劉氏宗譜
(清)劉□□纂修
清光緒間(1875—1908)木活字本
山西家譜　猶他

[黄岡]劉氏宗譜□□卷
劉□□纂修
清篤本堂石印本
黄岡檔(存卷首六、卷二十六)

[黄岡]劉氏宗譜九卷首三卷
劉家鎰、劉家順修
清宣統三年(1911)藜照堂木活字本
國家(缺卷九)　山西家譜　猶他

[黄岡]黄岡劉氏宗譜二十二卷首二卷附一卷
劉國賢、劉吉安纂修
民國六年(1917)三賢堂木活字本
書名據譜序、版心題,書衣、内封題"劉氏宗譜"。
上海

[黄岡]劉氏宗譜十七卷首四卷
劉唐翰纂修
民國七年(1918)天禄堂木活字本
書名據版心、書衣題。
上海　尋源姓氏　山西家譜　猶他

[黄岡]劉氏族譜六卷首三卷
劉道晨等修
民國七年(1918)訂書堂木活字本
山西家譜　猶他

[黄岡]劉氏宗譜二十八卷首一卷

劉森松修

民國九年(1920)木活字本

卷首版心題“劉氏家乘”。

山西家譜(存卷首、卷二至十一、十三、十四) 猶他

[黄岡]劉氏族譜六卷首一卷

劉□□纂修

民國九年(1920)梓溪堂木活字本

山西家譜(缺卷四) 猶他

[黄岡]劉氏宗譜

劉□□纂修

民國十二年(1923)樹德堂石印本

黄岡檔(存卷首五、卷四、六、十三、十四、二十、二十二至二十四、二十六、二十七)

[黄岡]劉氏宗譜二十卷首二卷

劉鍾淑修

民國十三年(1924)天禄堂木活字本

山西家譜 猶他

[黄岡]劉氏宗譜

劉友庚修

民國十三年(1924)敦叙堂木活字本

山西家譜(存卷首、卷一至四、七至十二、十五) 猶他

[黄岡]劉氏宗譜十五卷首一卷

劉孝惠修

民國十三年(1924)敦叙堂木活字本

山西家譜(缺卷五、六、十三、十四) 猶他

[黄岡]劉氏宗譜

劉□□纂修

民國十三年(1924)天禄堂木活字本

山西家譜(存卷首四、卷一至十八) 猶他

[黄岡]劉氏宗譜四卷首二卷

劉治科、劉光琳修

民國十九年(1930)青藜堂木活字本

國家 山西家譜 猶他

[黄岡]劉氏宗譜二十卷

劉基金、劉紹鐸等修

民國二十二年(1933)藜照堂木活字本

山西家譜 猶他

[黄岡]劉氏宗譜各房分卷首五卷

劉啓鈺編修

民國二十六年(1937)奉先堂木活字本

山西家譜 猶他(聖祖房:五卷,賢祖房:十一卷,園祖房:四卷,發祖房:四卷)

[黄岡]麻城劉氏宗譜十七卷首二卷

劉初湧修

民國三十二年(1943)白水堂木活字本

山西家譜 猶他

[黄岡]劉氏宗譜

劉□□纂修

民國三十三年(1944)青藜堂木活字本

山西家譜(存卷一至五、七至十) 猶他

[黄岡]劉氏宗譜十六卷首二卷

劉□□纂修

民國三十四年(1945)木活字本

山西家譜(缺卷首一、卷十四、十五) 猶他

[黄岡]劉氏宗譜

劉□□纂修

民國三十五年(1946)青藜堂木活字本

山西家譜(存卷首二、卷一、二、四至六、九、十一、十四、十六)　猶他

[黄岡]劉氏宗譜三十八卷首三卷

劉□□纂修

民國三十五年(1946)藜照堂木活字本

山西家譜(缺卷十二、三十七)　猶他

[黄岡]黄岡劉氏續修宗譜二十二卷首三卷

劉傳綬纂修

民國三十六年(1947)三賢堂木活字本

書名據譜序題,版心、書衣、内封題"劉氏宗譜"。

上海

[黄岡]劉氏宗譜二十二卷首三卷副一卷

劉傳利等纂修

民國三十六年(1947)三賢堂木活字本

思綏草堂

[黄岡]劉氏宗譜二十二卷首三卷

劉傳綬編修

民國三十六年(1947)三賢堂木活字本

山西家譜(缺卷一、六、七、十、十三、十八、二十至二十二)　猶他

[黄岡]黄楚劉氏宗譜十卷首二卷

劉惟仁等纂修

民國三十六年(1947)天禄堂木活字本

版心、書衣、内封題"劉氏宗譜"。

上海

[黄岡]劉氏宗譜二十二卷首四卷

劉錫炎纂修

民國三十七年(1948)敦本堂石印本

黄岡檔(存卷首一、三、四,卷一至四、六至八、十至二十二、二十四)　山西家譜　猶他

[黄岡]劉氏宗譜四十卷首二卷

劉德記、劉國章修

1989年藜照堂鉛印本

湖北　山西家譜　猶他

[黄岡]蒲亭劉氏宗譜二十卷

劉□□纂修

1989年藜照堂照排本

山西家譜　猶他

[黄岡]劉氏宗譜

劉□□纂修

1989年鉛印本

山西家譜　猶他

[黄岡]劉氏宗譜二十七卷首四卷

劉昌慶編修

1989年敦本堂木活字本

山西家譜　猶他

[黄岡]劉氏宗譜十一卷

劉光前修

1990年藜照堂木活字本

山西家譜　猶他

[黄岡]劉氏宗譜十二卷

劉希才修

1990年藜照堂木活字本

山西家譜　猶他

[黄岡]劉氏宗譜二十卷首二卷
劉化忠編修
1990年木活字本
山西家譜　猶他

[黄岡]劉氏宗譜二十三卷首三卷
劉俊先修
1991年天禄堂木活字本
山西家譜　猶他

[黄岡]劉氏宗譜十二卷首二卷
劉惟清編修
1991年天禄堂木活字本
山西家譜(缺卷九)　猶他

[黄岡]劉氏宗譜二十二卷首三卷
劉家發修
1991年三賢堂木活字本
湖北　山西家譜　猶他

[黄岡]劉氏宗譜二十五卷首三卷
劉作善修
1994年天禄堂木活字本
山西家譜　猶他

[黄岡]劉氏宗譜三十卷首六卷
劉有明、劉之金修
1996年樹德堂木活字本
湖北　山西家譜　猶他

[黄岡]劉氏宗譜六卷首四卷
劉先波主編
1999年藜照堂木活字本
山西家譜　猶他

[黄岡]劉氏建祠志
劉宗志編寫
2000年木活字本
山西家譜　猶他

[黄岡]劉氏宗譜三十卷首五卷
劉宗智主編
2009年藜照堂木活字本
五修本。
湖北　山西家譜　猶他

[黄岡]劉氏宗譜十四卷首二卷
劉光明主編
2011年敦本堂照排本
山西家譜　猶他

[黄岡]劉氏宗譜二十卷
劉萬清主編
2011年藜照堂照排本
山西家譜　猶他

[黄岡上伍鄉]劉氏宗譜十四卷附卷首二卷
劉光明主編
2011年敦本堂照排本
書名據版心題。八續修本。
湖北

[麻城]劉氏宗譜
(清)劉□□纂修
清光緒六年(1880)天禄堂木活字本
國家

[麻城]劉氏宗譜二十卷
(清)劉□□纂修
清光緒十年(1884)木活字本
山西家譜　猶他

[麻城]劉氏宗譜十一卷首三卷
(清)劉□□纂修
清光緒十一年(1885)木活字本
思綏草堂

[麻城]劉氏族譜七卷首一卷
(清)劉紫蘭纂修
清光緒十三年(1887)青黎堂木活字本
書名據版心、書籤、内封題。五修本。
思綏草堂

[麻城]劉氏宗譜十七卷首三卷
劉初顯主稿
清宣統元年(1909)白水堂木活字本
山西家譜(缺卷九)　猶他

[麻城]劉氏宗譜七卷首一卷
劉初海編修
清宣統二年(1910)青藜堂木活字本
國家　山西家譜　猶他

[麻城]劉氏宗譜九卷首一卷
劉秉剛、劉金榜等修
清宣統二年(1910)青黎堂木活字本
山西家譜　猶他(缺卷九)

[麻城]劉氏宗譜十一卷首二卷
劉永仁等編修
民國二年(1913)藜照堂木活字本
國家　山西家譜　猶他

[麻城]劉氏宗譜十二卷首二卷
劉□□纂修
民國二年(1913)藜照堂木活字本
思綏草堂

[麻城]劉氏宗譜二十五卷首二卷
劉□□纂修
民國九年(1920)青藜堂木活字本
山西家譜　猶他

[麻城]劉氏族譜六卷首一卷
劉正福修
民國九年(1920)梓溪堂木活字本
猶他

[麻城]劉氏宗譜八卷首四卷
劉世鎬編修
民國十三年(1924)天禄堂木活字本
山西家譜　猶他

[麻城]劉氏宗譜四卷首二卷
劉光國、劉光龍編修
民國十五年(1926)青黎堂木活字本
山西家譜　猶他

[麻城]劉氏宗譜十卷
劉材逸主修
民國二十七年(1938)藜照堂木活字本
山西家譜　猶他

[麻城]劉氏宗譜
劉德明、劉德懷等修
民國三十二年(1943)藜照堂木活字本
山西家譜　猶他

[麻城]劉氏宗譜九卷首二卷
劉漢睿主編
民國三十二年(1943)青藜堂木活字本
山西家譜(缺卷二)　猶他

[麻城]劉氏宗譜六卷首二卷
劉殷臣、劉采芹編修
民國三十二年(1943)青黎堂木活字本
國家　山西家譜　猶他

[麻城]劉氏宗譜十二卷首二卷
劉先禮、劉先雝纂修
民國三十三年(1944)藜照堂木活字本
國家

[麻城]劉氏宗譜二十六卷
劉會倫、劉會旋修
民國三十四年(1945)黎光堂木活字本
山西家譜　猶他

[麻城]劉氏宗譜十二卷
劉明厚等修
民國三十五年(1946)藜照堂木活字本
山西家譜　猶他

[麻城]劉氏宗譜五卷
劉在功修
民國三十五年(1946)乙照堂木活字本
國家　山西家譜　猶他

[麻城]劉氏宗譜七卷
劉元達修
1950年敦德堂木活字本
山西家譜　猶他

[麻城]劉氏宗譜首二卷末一卷
劉顯延編修
1987年集義堂油印本
山西家譜　猶他

[麻城]劉氏宗譜十九卷首一卷
劉可培等修
1989年藜閣堂鉛印本
湖北(缺卷七)

[麻城]劉氏宗譜
劉□□纂修
1991年燃照堂木活字本
六修本。明天順四年(1460)創修,萬曆三年(1575)續修,清乾隆二十一年(1756)三修,民國三十三年(1944)四修。
麻城方志

[麻城]劉氏宗譜
劉□□纂修
1996年木活字本
麻城方志

[麻城]劉氏宗譜三卷
劉應傳纂修
1996年木活字本
山西家譜　猶他

[麻城]劉氏宗譜十五卷
劉身國、劉修海修
1998年藜照堂木活字本
山西家譜　猶他

[武穴]劉氏宗譜八卷
劉龍得修
清宣統元年(1909)敦睦堂木活字本
山西家譜　猶他

[武穴]劉氏宗譜四卷
劉漢智、劉基和修
民國三十六年(1947)敦睦堂木活字本
山西家譜　猶他

[紅安]劉氏宗譜十九卷首三卷
劉□□纂修
清光緒十四年(1888)紫溪堂木活字本
國家

[紅安]劉氏宗譜
劉□□纂修
民國六年(1917)抄本
書名據版心題。
湖北

[紅安]劉氏宗譜二十卷
劉南陽纂修
民國十三年(1924)敦叙堂木活字本
猶他

[紅安]楚安劉氏宗譜
劉壁軒、劉芳德等纂修
民國十六年(1927)大風堂石印本
山西家譜　猶他

[紅安]劉氏宗譜
劉世發、劉氏洲等纂修
民國十六年(1927)藜照堂木活字本
山西家譜　猶他

[紅安]劉氏宗譜上下各五卷
劉世發修
民國二十六年(1937)藜照堂木活字本
猶他

[紅安]劉氏族譜二十六卷
劉□□纂修
民國三十四年(1945)藜光堂木活字本
書名據書衣題。
湖北

[紅安]楚安劉氏宗譜二十卷首一卷
劉□□纂修
民國三十六年(1947)大風堂木活字本
思綏草堂

[紅安]劉氏宗譜三十三卷首二卷
劉□□纂修
民國三十七年(1948)中山堂木活字本
山西家譜(缺卷二)　猶他

[紅安]劉氏宗譜三十二卷首一卷
劉緒慈修
民國三十七年(1948)中山堂木活字本
猶他

[紅安]劉氏宗譜
劉後毅、劉後山等編修
1993年奉先堂木活字本
書名據版心、書衣題。
湖北(存卷首一至四、卷一、二、四下)

[紅安]劉氏家史
劉家讓總編
1994年崇德堂木活字本
書衣題"劉氏志書"。
山西家譜　猶他

[紅安]劉氏宗譜十五卷
劉金漢總編
1999年五和堂木活字本
山西家譜　猶他

[紅安]劉氏宗譜三十二卷首一卷
劉緒鈞修
1999年中山堂木活字本
山西家譜　猶他

[羅田]劉氏宗譜
(清)劉文輝、(清)劉學炯等修
清道光十七年(1837)敦本堂木活字本
國家(存卷首)　山西家譜　猶他

[羅田]劉氏宗譜六卷首一卷
劉柏屏等修
民國十三年(1924)敦本堂木活字本
山西家譜　猶他

[羅田]劉氏宗譜十三卷首八卷
劉美成、劉科振等纂修
民國二十七年(1938)天祿堂木活字本
山西家譜　猶他

[浠水]劉氏宗譜十一卷首二卷末一卷
劉楚英纂修
民國三十年(1941)推愛堂木活字本
山西家譜　猶他

[浠水]浠川劉氏三修宗譜五卷首五卷
劉衡山主編
1992年藜照堂木活字本
版心題"劉氏三修宗譜",書衣題"劉氏宗譜"。
湖北

[浠水]劉氏宗譜七卷
劉開樹、劉立友等修
1996年光武堂木活字本
山西家譜　猶他

[蘄春]劉氏宗譜八卷
劉耀江修
民國三十五年(1946)天祿堂木活字本
山西家譜　猶他

[黄梅]劉氏宗譜九卷首一卷
劉國標主修
1989年藜照堂木活字本
山西家譜　猶他

[嘉魚]中洲劉氏宗譜十卷首一卷末一卷
劉永卿主修
民國二十三年(1934)餘蔭堂鉛印本
書名據書籤、内封題。版心題"劉氏宗譜"。譜初修於清道光二十四年(1844),此爲三修本。
南開大學

[通城]劉氏宗譜
劉□□纂修
民國三十一年(1942)彭城堂木活字本
書名據版心、書衣題。
上海(存卷一至十五、十七至二十三、二十五至二十七、二十九、三十一至三十九)

[通城]通城劉氏宗譜四十八卷附首譜四卷
劉承漢等纂修
2000年照排本
譜初修於明正統九年(1444),此爲十修本。
上海(存首譜一至四卷,卷三十五、三十六、三十八)

[仙桃]劉氏宗譜三十卷首一卷
劉中善主修
民國十四年(1925)藜閣堂木活字本
書名據版心題。
武漢(存卷首、卷一至二十八)　山西家譜　猶他

［仙桃］劉氏宗譜二十九卷首一卷
劉以孝等修
民國十四年(1925)藜閣堂木活字本
山西家譜　猶他

［仙桃］劉氏族譜十五卷
劉敬泰主修
民國三十五年(1946)校書堂木活字本
書名據版心、書衣題。三修本。
上海

［仙桃］劉氏宗譜六卷
劉□□纂修
大風堂本
湖北

［仙桃］劉氏宗譜十九卷首一卷
劉可培等修
1989 年藜閣堂鉛印本
書名據書衣題。
湖北(缺卷七)

［仙桃］劉氏宗譜
劉義斌等修
1997 年藜閣堂木活字本
書名據書衣題。
湖北(存卷首)

［仙桃］劉氏宗譜
劉烈葵等修
1999 年天禄堂木活字本
書名據書衣題。
湖北

［仙桃］劉氏宗譜十六卷首一卷
劉烈葵主修
1999 年天禄堂鉛印本
山西家譜　猶他

［仙桃］劉氏宗譜序集
劉烈珊修
2000 年藜閣堂本
湖北

［仙桃］劉氏宗譜第八部梓溪世系六卷
劉□□纂修
2008 年照排本
山西家譜　猶他

［天門］劉氏宗譜第十五部藜閣世系第三十卷天門西灣洪湖壩潭
劉純茂等修
2008 年大風堂照排本
湖北(存卷三十)

［潛江］劉氏二修族譜四卷
劉永芳纂修
1989 年禄閣堂鉛印本
書名據書衣題。
劉才相

［潛江］劉氏家譜
劉孚元等修
2010 年照排本
山西家譜(缺卷九)　猶他

［恩施］恩施州劉氏宗支概況二卷
劉百樓、劉順人等纂修
打印本
書名據書衣題。
王金海

［恩施］恩施州劉氏宗支概況
鄂西劉氏宗譜編修組編
1999 年彭城堂打印本
恩施　劉百樓

[恩施]劉氏族譜
劉永莫、劉世鑒等修
1999 年照排本
山西家譜(存卷三之一)　猶他

[鶴峰]劉氏正宗家譜不分卷
劉世春等纂修
鉛印本
劉子亞

[鶴峰]劉氏族譜
劉景發修
2006 年彭城堂照排本
猶他

柳

[湖北]柳氏宗譜
柳□□纂修
約清光緒(1875—1908)末年紹惠堂木活字本
國家　山西家譜　猶他

[孝感　雲夢]柳氏世譜
柳高祥修
1998 年忠義堂照排本
湖北

[黄岡]柳氏宗譜首三卷後各房分卷
柳文珪修
清光緒三十四年(1908)紹惠堂木活字本
山西家譜(補前缺卷首三,亨分缺卷一、十一、十二,利分缺五卷,和分缺四卷,吉分缺三卷,元分缺一卷)　猶他

[黄岡]柳氏宗譜各房分卷
柳□□纂修
清光緒三十四年(1908)紹惠堂木活字本
山西家譜　猶他

[黄岡]柳氏宗譜三卷首一卷
柳延芝修
清光緒三十四年(1908)紹惠堂木活字本
山西家譜　猶他

[黄岡]柳氏宗譜二十卷首一卷
柳焱春纂修
民國二十七年(1938)正心堂木活字本
山西家譜(缺卷三、四、七)　猶他

[黄岡]柳氏宗譜
柳士儒修
1994 年照排本
山西家譜　猶他

[麻城]柳氏宗譜
柳□□纂修
據 1994 年木活字本複印
麻城方志

龍

[漢川]龍氏宗譜四卷
龍儒禮編修
1991 年敦厚堂木活字本
湖北(存卷首、卷三十三至六十七)

[黄岡]龍氏宗譜六十八卷首七卷
龍重善總編
1995年敦厚堂木活字本
山西家譜 猶他

[黄岡]龍氏宗譜
龍重旭主編
1995年敦厚堂木活字本
六修本。
湖北(存卷首、卷三十三至六十七)

[黄岡 蕲春]龍氏宗譜六十八卷附卷首
龍景熏等修
敦厚堂影印本
湖北

[赤壁]龍氏族譜十卷
龍曉曙修
2012年敦厚堂本
湖北(缺卷二)

[赤壁]敦厚堂龍氏族譜:庚一公世系
龍澤清修
2012年照排本
猶他

[建始]龍氏族譜不分卷
龍德振主修
2012年敦厚堂照排本
湖北 建始

婁

[崇陽]婁氏宗譜六卷
婁朝海主修
民國三十七年(1948)譙門堂木活字本
崇陽婁家嶺

盧

[湖北]湖北盧氏匯譜三卷
盧旺宗修
2012年照排本
湖北

[湖北]盧氏宗譜
盧業功等修
2013年范陽堂照排本
湖北

[武漢盧銀灣]盧氏宗譜
盧以恒修
2013年金銀堂照排本
湖北

[武漢夏口]盧氏宗譜
盧啓濤修
2012年照排本
湖北

[新洲]盧氏宗譜八卷首二卷
盧傳波總編
1992年敦本堂鉛印本
三修本。
湖北

[新洲]盧氏宗譜十卷首四卷
盧發家主修
1994年楷模堂木活字本
湖北 山西家譜 猶他

[新洲]盧氏宗譜八卷首二卷
盧忠耀編修
2013年敦本堂照排本
湖北(缺卷首上、卷六)

[夷陵]盧氏宗譜
盧□□纂修
清光緒二十九年(1903)范陽堂石印本
盧邦郢

[鍾祥]盧氏支譜
盧大德等編修
1998 年抄本
鍾祥檔

[黄岡]盧氏宗譜八卷首二卷
盧堯卿纂修
民國三十三年(1944)續刻民國元年(1912)敦本堂刻本
版心、書衣題"盧氏宗譜"。
黄岡檔

[黄岡]盧氏宗譜三十六卷首一卷
盧立舉修
民國三十八年(1949)木活字本
國家　山西家譜(缺卷首)　猶他

[黄岡]盧氏宗譜三十卷
盧言善等修
民國三十八年(1949)木活字本
國家

[黄岡]盧氏宗譜九卷首一卷又三十六卷首一卷
盧祖武、盧祖望等修
1995 年三元堂木活字本
山西家譜　猶他

[黄岡]盧氏宗譜六十卷首三卷
盧光餘、盧光恒等編修
1995 年三元堂木活字本
湖北

[黄岡]盧氏宗譜十二卷
盧昌瑞總編
2001 年培源堂鉛印本
三修本。
湖北　猶他

[麻城]盧氏宗譜十四卷首二卷
(清)盧□□纂修
清光緒六年(1880)敦厚堂木活字本
國家(缺卷首一、卷二、卷十三)　山西家譜　猶他

[麻城]盧氏宗譜十一卷首一卷
(清)盧鳳鳴等修
清光緒六年(1880)敦厚堂木活字本
國家　山西家譜　猶他

[麻城]盧氏宗譜十四卷首二卷
盧英傑修
清光緒三十四年(1908)敦厚堂木活字本
山西家譜　猶他

[麻城]盧氏宗譜
盧□□纂修
據清宣統元年(1909)敦本堂木活字本複印
麻城方志

[麻城]盧氏宗譜十四卷首二卷
盧漢賢修
民國二十年(1931)敦厚堂木活字本
國家　山西家譜　猶他

[麻城]盧氏宗譜
盧□□纂修
據 1992 年崇德堂木活字本複印
麻城方志

[浠水]浠水盧氏宗譜
盧必明等修
1994年敦本堂木活字本
六修本。
湖北

[通城]盧氏宗譜
盧金陵主編
2008年范陽堂木活字本
十二修本。
湖北

[天門]盧氏族譜二十卷
盧焕堂修
1993年范陽堂木活字本
湖北(存卷一至七)

[潛江]盧氏族譜二十卷
盧宗臣等纂修
民國十四年(1925)滎陽堂木活字本
書名據版心、書衣、内封題。三修本。
上海

盧孟

[黄岡]黄岡盧孟氏宗譜十卷首四卷
盧宏謀等纂修
民國三十三年(1944)錦標堂木活字本
國家

[黄岡]盧孟宗譜
孟□□纂修
1989年錦標堂木活字本
山西家譜(存卷一、三至六、八)　猶他

[黄岡]盧孟宗譜三卷
孟□□纂修
2014年錦標堂照排本
湖北(存中卷、下卷)

廬

[黄岡]廬氏宗譜三十六卷首一卷
廬□□纂修
民國三十八年(1949)木活字本
國家

魯

[湖北]魯氏宗譜
魯有學等修
2010年三異堂照排本
續修本。
湖北

[武昌]魯氏宗譜
魯達遜等纂修
民國十七年(1928)三異堂木活字本
書名據書衣題,版心題"魯氏族譜"。
上海(存卷一、二)

[夷陵]魯氏族譜
魯□□纂修
民國十三年(1924)扶風堂抄本
向長炎

[孝感]魯氏家譜
魯漢峰編
1994年三異堂鉛印本
目録題"湖北省孝感縣蕭家港官湖呰魯氏家譜"。
湖北

[漢川]蒲東魯氏宗譜
魯□□纂修
民國間(1912—1949)三異堂木活字本
書名據版心、書衣題。
上海(存卷二、三、五、六)

[黄岡]魯氏宗譜十七卷
魯子虚等修
民國七年(1918)三異堂木活字本
國家　山西家譜　猶他

[黄岡]東崗魯氏族譜二十四卷首一卷附魯文恪公遺集十卷
魯德洋、魯德闢編修
1989 年鉛印本
書名據書衣、内封題，版心題“東崗魯氏宗譜”。
湖北

[麻城]魯氏宗譜十卷首一卷
魯明文主編
1999 年三異堂照排本
山西家譜(缺世傳卷九)　猶他

[麻城]魯氏宗譜
魯□□纂修
據 1999 年三異堂木活字本複印
麻城方志

[羅田]魯氏宗譜六卷
魯龍藻修
清光緒三十三年(1907)木活字本
書名據書衣題。
湖北　山西家譜　猶他

[羅田]魯氏宗譜六卷
魯昆玉修
民國三十三年(1944)木活字本
山西家譜　猶他

[浠水]魯氏八修宗譜世傳十八卷世系五卷首七卷
魯植薪修
民國二十七年(1938)秉禮堂木活字本
山西家譜　猶他

[浠水]魯氏宗譜二十四卷
魯林軒、魯卓甫總編
1994 年秉禮堂鉛印本
山西家譜　猶他

[蕲春]魯氏四修宗譜十七卷首一卷
魯濟疆修
民國十一年(1922)木活字本
山西家譜(缺卷十一至十三、十五至十七)　猶他

[黄梅]魯氏允年户宗譜八卷
魯載清修
民國四年(1915)木活字本
猶他

[黄梅]魯氏允年户宗譜八卷
魯能善等修
民國十七年(1928)木活字本
山西家譜　猶他

[黄梅]魯氏宗譜十一卷首三卷
魯玉松纂修
民國三十六年(1947)親賢堂木活字本
猶他

[天門]東岡魯氏族譜二十五卷首一卷
(清)魯方耀等修
清光緒十三年(1887)木活字本
書名據書衣題。
湖北

陸

[黄陂]陸氏宗譜十七卷首一卷
陸世銀、陸德麽編修
1995 年詩海堂木活字本
湖北　山西家譜　猶他

[通城]陸氏宗譜六卷首一卷
(清)陸彝典、(清)陸楚華纂修
清同治四年(1865)河南堂木活字本
書名據版心題。
上海

陸程

[麻城]陸程宗譜八卷首二卷
陸程□□纂修
民國三十一年(1942)敦本堂木活字本
思綏草堂

路

[湖北]路氏宗譜
路□□纂修
1955 年稿本
書名據書衣題。
武漢　山西家譜　猶他

[夷陵]路氏宗譜
路學思、路運美編修
2012 年照排本
路運美

吕

[湖北]吕氏宗譜十一卷
吕龍章主編
2006 年文獻堂鉛印本
湖北

[鄂東]中華吕氏鄂東聯修宗譜十一卷首一卷
吕龍章主編
2006 年文獻堂照排本
書衣題"吕氏宗譜"。
山西家譜　猶他

[武漢]吕氏宗譜
吕志前主編
1991 年聚三堂油印本
山西家譜　猶他

[武漢]吕氏宗譜四卷首一卷
吕中復編修
2003 年萬春堂油印本
山西家譜　猶他

[武昌]吕氏宗譜
吕□□纂修
民國間(1912—1949)三相堂木活字本
書名據版心題。
武漢(存卷首《約據》,大房支譜卷一、二至四,二房支譜卷一,三房支譜卷二)

[武昌]吕氏宗譜三十四卷首五卷
吕周書修
1994 年文獻堂鉛印本
山西家譜　猶他

[黄陂]吕氏宗譜不分卷
吕光卿、吕育雲修
2004年照排本
山西家譜　猶他

[新洲]吕氏宗譜
吕道慶主編
1995年敦本堂木活字本
山西家譜(存卷首、首一)　猶他

[大冶]吕氏續修宗譜
(清)吕□□纂修
清咸豐十年(1860)敦本堂木活字本
國家(存卷首)　山西家譜　猶他

[大冶]吕氏宗譜
(清)吕振興、(清)吕家滿等修
清同治七年(1868)敦本堂木活字本
山西家譜(存卷首)　猶他

[大冶]吕氏續修宗譜
吕□□纂修
清光緒間(1875—1908)敦本堂木活字本
山西家譜(存卷二)　猶他

[大冶]吕氏宗譜
吕家李、吕永學等修
清光緒三十二年(1906)敦本堂木活字本
國家(存卷首、卷二)　山西家譜　猶他

[大冶]吕氏宗譜
吕□□纂修
民國二十五年(1936)文獻堂木活字本
山西家譜(存卷首)　猶他

[大冶]吕氏宗譜
吕□□纂修
民國三十五年(1946)文獻堂木活字本
國家(存卷首)

[大冶]吕氏宗譜十二卷首五卷
吕惠生、吕錦堂編修
民國三十六年(1947)文獻堂木活字本
山西家譜　猶他

[大冶]吕氏宗譜
吕承嚴等修
民國三十七年(1948)博義堂木活字本
山西家譜(存卷首)　猶他

[洪湖]吕氏宗譜不分卷
吕志前主編
1993年三相堂鉛印本
山西家譜　猶他

[監利]吕氏族譜四卷
吕家文總編
1988年敦本堂木活字本
山西家譜　猶他

[長陽]長陽吕氏宗譜三十二卷
(清)吕世顯纂修
清道光二十五年(1845)思敬堂刻本
山西家譜　猶他

[長陽]長陽西灣吕氏四修族譜二十二卷
吕良相、吕忠倫主修
民國三十一年(1942)思敬堂木活字本
書衣題"吕氏家乘",版心題"長陽吕氏族譜"。
山西家譜(缺卷七)　猶他

[鄂州]吕氏宗譜
吕植清等纂修
1994 年文獻堂鉛印本
四修本。
吕秘庭

[應城]吕氏宗譜
吕長良纂修
2000 年博義堂照排本
山西家譜(存卷首、卷三、四、三十四上、三十四下、三十五) 猶他

[黄岡]吕氏大成宗譜
吕鹿平纂修
民國六年(1917)聚三堂木活字本
山西家譜 猶他

[黄岡]吕氏宗譜六卷首二卷
吕時仁總纂
民國九年(1920)敦本堂木活字本
山西家譜 猶他

[黄岡]團山吕氏宗譜
吕丹書等修
民國十七年(1928)悠久堂木活字本
山西家譜 猶他

[黄岡]吕氏宗譜
吕□□纂修
1995 年敦本堂木活字本
山西家譜(存卷首、卷一) 猶他

[黄岡]吕氏宗譜
吕□□纂修
2012 年敬享堂油印本
山西家譜(存卷一至四十) 猶他

[麻城]吕氏宗譜十二卷
吕綿羲等編修
1990 年紹嶽堂木活字本
山西家譜 猶他

[麻城]吕氏宗譜
吕□□纂修
2005 年方正堂照排本
麻城方志

[浠水]吕氏族譜不分卷
吕□□纂修
民國二十五年(1936)鉛印本
山西家譜 猶他

[浠水]吕氏宗譜
吕道有、吕道才纂修
1993 年文獻堂鉛印本
山西家譜 猶他

[浠水]吕氏族譜二十八卷
吕漢春總修
1993 年敦本堂油印本
山西家譜 猶他

[蕲春]吕氏重修宗譜六卷首一卷
吕光琦修
民國九年(1920)寅清堂木活字本
書名據版心、書籤題。
歷史所 山西家譜 猶他

[黄梅]吕氏宗譜
吕光喜等纂修
1989 年木活字本
山西家譜(存卷首上下、卷一、四、六、八) 猶他

[隨州]呂氏宗譜十五卷首一卷
呂□□纂修
2002年璜篆堂抄本
山西家譜　猶他

[廣水]呂氏宗譜
呂世國主編
2005年清德堂照排本
山西家譜　猶他

[廣水]呂氏宗譜四章
呂忠德主編
2009年照排本
山西家譜　猶他

[仙桃]呂氏宗譜不分卷
呂昭勳主修
1998年三相堂鉛印本
山西家譜　猶他

[仙桃]呂氏宗譜不分卷
呂振勁主修
2002年三相堂鉛印本
山西家譜　猶他

[宣恩]呂氏宗譜
呂忠厚修
2008年河東堂照排本
山西家譜　猶他

呂楊陳

[黄岡]呂楊陳氏宗譜十卷
楊德鄰、陳德潤等編修
清光緒二十年(1894)務本堂木活字本
思綏草堂　山西家譜　猶他

欒

[新洲]欒氏宗譜九卷
欒勳臣纂修
民國二十三年(1934)木活字本
譜初修於清光緒二年(1876)。
新洲蛾甲村

[新洲]欒氏宗譜十卷首二卷
欒□□纂修
民國二十三年(1934)古仙堂木活字本
書名據書衣題。三修本。
國家　思綏草堂

[新洲]欒氏宗譜十卷首二卷
欒祖武、欒祖炎等修
1989年古仙堂木活字本
書名據書衣題。四修本。
湖北

[新洲]欒氏宗譜十卷首一卷
欒治國主編
2014年古仙堂照排本
山西家譜　猶他

[新洲]欒氏宗譜
欒普成等修
2014年古仙堂照排本
五修本。
湖北(存九下)

羅

[湖北]羅氏宗譜
羅□□纂修
豫章堂油印本
書名據版心、書衣題。
劉作忠(存卷五)

[武昌]羅氏宗譜九卷
羅兆桂、羅兆福編修
民國三十五年(1946)柏林堂木活字本
國家

[江漢]羅氏宗譜
羅會榮修
2012年豫章堂照排本
湖北

[漢陽]洪山廟南羅氏宗譜三十卷首一卷末一卷
羅良訓等纂修
民國九年(1920)木活字本
版心題"羅氏宗譜",内封題"漢陽羅氏五百年來之家乘"。
日本國會　猶他

[黄陂]黄陂天河羅陳灣羅氏宗譜首修
羅守紀總編
2012年豫章堂照排本
版心題"羅氏宗譜"。
湖北

[新洲]羅氏三修宗譜十六卷首一卷末一卷
(清)羅古林等纂修
清光緒四年(1878)刻本
新洲羅泊村

[新洲]羅氏宗譜五十二卷
羅若如等纂修
民國五年(1916)木活字本
新洲茶店村

[新洲]羅氏宗譜六十二卷首六卷
羅楚珩等修
民國二十四年(1935)柏林堂木活字本
山西家譜　猶他

[新洲]羅氏宗譜三卷
羅錦山等纂修
民國三十五年(1946)木活字本
新洲羅坪河村

[新洲]羅氏宗譜四十卷首一卷
羅守倫等纂修
民國三十七年(1948)刻本
譜初修於清同治三年(1864)。
新洲七里村　新洲吴太村

[新洲]羅氏宗譜三十六卷首四卷
羅蔭堂等修
1989年柏林堂鉛印本
湖北(缺卷三十四)

[新洲]羅氏宗譜十五卷
羅武仁、羅華暇等編修
1991年豫章堂、柏林堂木活字本
書名據版心題。三修本。
湖北

[新洲]羅氏宗譜六十二卷首七卷
羅楚珩修
1995年柏林堂木活字本
湖北(缺卷首七、十四)

[新洲]羅氏宗譜三十六卷首四卷
羅蔭堂主編
1998年柏林堂木活字本
山西家譜　猶他

[新洲]豫章羅氏族譜十卷首一卷
羅在謀主編
2012年照排本
書衣題“羅氏族譜”。
山西家譜　猶他

[大冶]羅氏宗譜不分卷
(清)羅顯佳等纂修
清嘉慶十四年(1809)柏林堂木活字本
書名據版心、書籤題。
上海

[大冶]羅氏重修宗譜
(清)羅名巖、(清)羅有榮等同修
清道光二十五年(1845)柏林堂木活字本
山西家譜　猶他

[大冶]羅氏重修族譜十八卷
(清)羅名巖等纂修
清光緒二十五年(1899)柏林堂木活字本
書名據版心題,目録題“羅氏續修宗譜”。
上海(存卷一、三、五)

[大冶]羅氏宗譜
羅以章等編修
光緒二十七年(1901)柏林堂木活字本
書名據版心題。
湖北(存卷首)

[大冶]羅氏宗譜不分卷
羅廣清等纂修
民國六年(1917)柏林堂木活字本
書名據版心題。
武漢　猶他

[大冶]羅氏宗譜
羅□□纂修
民國三十年(1941)柏林堂木活字本
猶他

[大冶]羅氏宗譜九卷
羅兆桂、羅兆福編修
民國三十五年(1946)柏林堂木活字本
山西家譜　猶他

[大冶]羅氏宗譜
羅□□纂修
約民國(1912—1949)初年柏林堂木活字本
山西家譜　猶他

[夷陵]羅氏族譜
羅□□纂修
民國十五年(1926)豫章堂木活字本
羅傳習

[夷陵]羅氏族譜
羅賢恩等修
2011年豫章堂照排本
羅傳習

[夷陵]羅氏族譜
羅□□纂修
木活字本
周功華

[鄂州]羅氏宗譜二十七卷首八卷
羅福春等主修
1994年敦本堂鉛印本
書名據版心題。譜初修於清嘉慶六年(1801),此爲四修本。
上海

[應城]羅氏宗譜十九卷首一卷
羅來福、羅時斌等修
2002年敦本堂照排本
譜序題"羅氏族譜"。
湖北

[黄岡]羅氏支譜六卷末一卷
(清)羅應鯤等纂修
清同治八年(1869)報本堂刻本
書名據版心、書籤、内封題。四修本。
國家

[黄岡]羅氏宗譜十五卷首一卷
(清)羅定照等修
清光緒二年(1876)刻本
山西家譜(缺卷七、九)　猶他

[黄岡]羅氏支譜六卷首一卷
羅□□纂修
清光緒二十五年(1899)豫章郡木活字本
山西家譜　猶他

[黄岡]羅氏族譜四卷
羅登基等纂修
清光緒三十二年(1906)恒道堂木活字本
書名據書衣題,版心題"羅氏宗譜"。
上海

[黄岡]羅氏宗譜七卷首一卷
羅必俊等修
清宣統元年(1909)孝慈堂木活字本
書名據書衣題。
湖北(存卷首)

[黄岡]羅氏宗譜十二卷
羅光緘修
清宣統三年(1911)敦本堂木活字本
國家(缺卷五)　山西家譜　猶他

[黄岡]羅氏宗譜七卷首一卷
羅必俊、羅發益纂修
民國三年(1914)孝慈堂木活字本
湖北(存卷首)

[黄岡]黄岡羅氏宗譜二十卷首三卷
羅如山等編修
民國二十二年(1933)孝慈堂木活字本
書衣、版心題"羅氏宗譜"。二修本。
湖北

[黄岡]羅氏宗譜二十卷首一卷
羅必俊等修
民國二十二年(1933)孝慈堂木活字本
書名據書衣題。
湖北(缺卷二、三、十二、十四)

[黄岡]羅氏續修族譜四十二卷首六卷
羅星北等纂修
民國二十七年(1938)柏林堂木活字本
書名據版心題,書衣、内封題"羅氏宗譜"。
上海

[黄岡]羅氏續修宗譜四十二卷首六卷
羅冠丞、羅導三編修
民國二十七年(1938)柏林堂木活字本
山西家譜　猶他

[黄岡]羅氏七甲宗譜九卷
羅□□纂修
民國間(1912—1949)柏林堂木活字本
國家(缺卷首)

[黄岡]羅氏宗譜十五卷
羅光前等纂修
民國三十五年(1946)柏林堂木活字本
書名據版心、書衣、内封題。
上海　山西家譜　猶他

[黄岡]羅氏宗譜四十卷首六卷
羅守倫等修
民國三十六年(1947)柏林堂木活字本
國家　山西家譜　猶他

[黄岡]羅氏宗譜三十六卷
羅蔭堂主編
1989年柏林堂木活字本
湖北　山西家譜　猶他

[黄岡]羅氏宗譜二十一卷首三卷
羅光壽編修
1990年孝慈堂木活字本
國家

[黄岡]羅氏宗譜八卷首二卷
羅存智編修
2012年柏林堂鉛印本
四修本。
湖北　猶他

[麻城]羅氏族譜十九卷首一卷
(清)羅朝彦纂修
清同治七年(1868)柏林堂木活字本
書名據版心題。
四川

[麻城]羅氏宗譜十二卷首二卷
羅方苞編修
民國四年(1915)盡心堂木活字本
山西家譜　猶他(缺卷六、十二)

[麻城]羅氏族譜二十二卷首二卷
羅□□纂修
民國五年(1916)柏林堂木活字本
國家(缺卷五、八)

[麻城]羅氏宗譜十二卷
羅敬亭、羅雲卿、羅佑偉等編修
民國三十年(1941)柏林堂木活字本
書籤題“羅氏族譜”。
山西家譜　猶他

[麻城]羅氏宗譜十二卷
羅大卿修
民國三十年(1941)柏林堂木活字本
山西家譜(缺卷十一)　猶他

[麻城]羅氏族譜十八卷首二卷
羅先煌主編
1997年柏林堂木活字本
四修本。
湖北　麻城方志

[麻城]羅氏族譜坤朋(貴一)公二卷
羅潤德等修
2012年照排本
湖北　山西家譜

[通城]羅氏宗譜三十卷綜合卷一卷
羅秋帆、羅理明等修
民國二十七年(1938)豫章堂木活字本
書名據版心、書衣題。
湖北(存卷一、十六、二十七、三十八、四十、四十三)

[通城]羅氏宗譜三十卷綜合卷一卷
茂慶公後裔宗譜編纂委員會編
2014年豫章堂照排本
湖北

[潛江]羅氏家譜
羅方來等纂修
1998 年鉛印本
羅方來

[潛江]羅仲全家庭志
羅仲全修
2002 年照排本
湖北

駱

[漢川]駱氏族譜六卷首一卷
駱有臣修
1989 年内黄堂鉛印本
書名據版心題。
湖北

[黄岡]駱氏支譜六卷首二卷
駱高才、駱紹良修
民國九年(1920)繼寶堂木活字本
書名據書衣題。
山西家譜　猶他

[黄岡]駱氏宗譜
駱文銀等編修
1995 年鉛印本
書名據版心題。
湖北

[蘄春]駱氏宗譜
(清)駱□□纂修
清同治十二年(1873)木活字本
書名據書衣題。
山西家譜(存卷一、十)　猶他

[蘄春]駱氏八修宗譜
駱□□纂修
民國六年(1917)餘慶堂木活字本
山西家譜(存卷十七、二十一、二十三、四十四、四十五、五十至五十四、五十七、六十、六十五至六十七、六十九、七十二)　猶他

[蘄春]駱氏九修宗譜九十卷首一卷末一卷
駱□□纂修
民國三十年(1941)餘慶堂木活字本
山西家譜(存卷首、卷一至三、二十二、二十四、二十五、三十四、三十七、四十二、五十六、六十、八十四、八十五、八十七至九十)
猶他

馬

[湖北]馬氏族譜
馬家梁、馬廷楝等修
清光緒十九年(1893)扶風堂木活字本
書名據書衣題。
湖北(存卷首一、二)

[湖北]馬氏族譜
馬光頭等纂修
民國九年(1920)懷遠堂木活字本
書名據書衣題，六修本。
武漢　山西家譜　猶他

[湖北]馬氏族譜
馬聲暘、馬東谷等修
民國十一年(1922)扶風堂木活字本
書名據書衣題。
湖北

[湖北]馬氏族譜
馬光頭等修
2013年影印民國九年(1920)懷遠堂木活字本
書名據書衣題。六修本。
湖北(存譜序、傳)

[湖北]江漢馬氏統譜聯二洪宗譜宗五公支譜
江漢馬氏聯二洪宗支宗五公分支宗譜編纂委員會編
2014年扶風堂照排本
七修本。
湖北

[武漢]馬氏宗譜十卷
馬志堤、馬天發等修
1994年絳帳堂木活字本
山西家譜　猶他

[江漢]江漢馬氏統譜銅柱堂宗譜
馬月亮、馬炎昌、馬君昌等主編
2014年銅柱堂照排本
版心題"馬氏宗譜"。十修本。
湖北

[江夏]馬氏族譜
馬光燦等修
民國七年(1918)懷遠堂木活字本
山西家譜　猶他

[新洲]馬氏宗譜十一卷首一卷
馬精臣、馬祝三纂修
民國五年(1916)木活字本
譜初修於清光緒十七年(1891)。
新洲東馬家灣

[石首]馬氏族譜
馬□□纂修
馬聰明據民國七年(1918)木活字本抄寫
石首檔

[監利]江漢馬氏統譜貴公宗譜壺瓶套支譜二卷
壺瓶套馬氏宗族理事會修
2013年絳帳堂照排本
湖北

[江陵]馬氏族譜
馬有才等修
清光緒二十六年(1900)絳帳堂木活字本
書名據書衣、版心題。
湖北

[江陵]馬氏族譜
馬本孝等修
2005年絳帳堂照排本
六修本。
湖北

[枝江]枝邑馬氏族譜
馬協清主編
2008年照排本
六修本。
湖北　猶他

[荊門京山]馬氏宗譜(忠廣一日華支部分)
馬延光修
2004年照排本
湖北

[京山]馬氏族譜六卷
馬延光主編
2011 年扶風堂照排本
山西家譜　猶他

[漢川]馬氏宗譜十卷首一卷末一卷
馬巨纂修
1994 年扶風堂鉛印本
書名據版心、書衣題。
湖北(存卷首、卷三、四)

[漢川]馬氏宗譜重五公支系五卷首一卷
漢川馬氏宗親總會重五公宗親分會修
2011 年扶風堂照排本
九修本。
湖北

[黄岡]馬氏宗譜十一卷首一卷
馬厚福修
民國九年(1920)敦本堂木活字本
山西家譜　猶他

[黄岡]馬氏宗譜四卷
馬□□纂修
民國間(1912—1949)敦本堂木活字本
山西家譜　猶他

[黄岡]馬氏族譜六卷首二卷
馬瑞圖纂修
民國十年(1921)絳帳堂木活字本
山西家譜　猶他

[黄岡]馬氏宗譜二十四卷
馬傳禄、馬江松、馬仲輝等修
1990 年敦本堂木活字本
書名據書衣題。
湖北　山西家譜　猶他

[黄岡]馬氏宗譜四十一卷首一卷
馬啓發總修
1995 年繼述堂木活字本
山西家譜(缺卷二)　猶他

[黄岡]馬氏宗譜四十一卷首一卷
馬後松等修
1995 年繼述堂木活字本
書名據書衣題。六修本。
湖北(缺卷二)

[黄岡]馬氏宗譜十卷
馬傳文修
2009 年敦本堂照排本
山西家譜　猶他

[麻城]馬氏宗譜
馬□□纂修
民國九年(1920)敦本堂木活字本
國家

[麻城]馬氏宗譜
馬□□纂修
據民國十年(1921)絳帳堂木活字本複印
麻城方志

[麻城]馬氏宗譜十一卷首三卷
馬敏齊等修
民國三十三年(1944)絳帳堂木活字本
國家　山西家譜　猶他

[英山]馬氏宗譜十卷
(清)馬廷福等纂修
清同治十二年(1873)青雲堂木活字本
書名據版心、書籤、内封題。三修本。
歷史所　山西家譜　猶他

[英山]馬氏宗譜十五卷

馬□□纂修

民國二十八年(1939)親睦堂木活字本

山西家譜　猶他

[赤壁]馬氏宗譜

馬學盛主修

民國十二年(1923)扶風堂木活字本

書名據版心、書衣題。

湖北(存卷首、卷一至七)

[仙桃]江漢馬氏統譜銅柱堂宗譜

江漢馬氏銅柱堂宗支宗譜編纂委員會修

2014年銅柱堂照排本

湖北

毛

[湖北]毛氏宗譜

毛□□纂修

民國間(1912—1949)睦族堂木活字本

猶他

[漢陽興隆]興隆毛氏四修族譜

毛拱等修

2009年河新堂照排本

四修本。

湖北

[大冶]毛氏續修宗譜不分卷

(清)毛□□纂修

清咸豐元年(1851)注詩堂木活字本

國家(存譜頭)

[大冶]毛氏續修宗譜不分卷

毛□□纂修

清光緒二十四年(1898)敦孝堂木活字本

國家

[夷陵]五修毛氏族譜

毛啓國主編

2011年西河堂照排本

毛啓國

[黄岡]毛氏宗譜□卷

(清)毛□□纂修

清光緒十八年(1892)明德堂木活字本

書名據版心題。

武漢(存卷二至四、九、十三、十五、十八)

山西家譜

[黄岡]毛氏族譜九卷

毛起箋主編

1990年授詩堂鉛印本

山西家譜　猶他

[麻城]五腦山毛氏重修宗譜十九卷首二卷末一卷

(清)毛□□纂修

清光緒十八年(1892)明德堂木活字本

版心題"毛氏宗譜"。

國家　山西家譜　猶他

[麻城]毛氏宗譜十五卷又七卷首一卷

毛聲遠纂修

民國二十二年(1933)睦族堂木活字本

國家　山西家譜　猶他

[麻城]毛氏宗譜七卷首一卷又十五卷
毛聲達纂修
民國二十三年(1934)睦族堂木活字本
山西家譜　猶他

[麻城]毛氏宗譜二十五卷首二卷末一卷
毛彩峰纂修
民國三十四年(1945)明德堂木活字本
國家(缺卷三、四、八、九、十三、十七、十八、二十四、二十五)　山西家譜　猶他

[麻城]毛氏宗譜
毛□□纂修
據1986年明德堂木活字本複印
麻城方志

[紅安]毛氏宗譜十五卷首二卷
(清)毛正埒等纂修
清光緒十八年(1892)睦族堂木活字本
書名據版心題。
武漢(存卷首一)　山西家譜　猶他

[紅安]毛氏宗譜
(清)毛大元續修
清光緒十八年(1892)睦族堂木活字本
山西家譜　猶他

[紅安]毛氏宗譜
(清)毛□□纂修
清光緒間(1875—1908)明德堂木活字本
猶他

[紅安]毛氏宗譜□□卷
毛□□纂修
民國間(1912—1949)睦族堂木活字本
書名據版心題。
武漢(存卷五)

[羅田]毛氏宗譜二十二卷首一卷
毛遠齊修
民國三十四年(1945)樂壽堂木活字本
山西家譜(缺卷五、七、二十)　猶他

梅

[湖北]梅氏族譜
梅昌發主編
2014年汝南堂照排本
湖北

[黄陂]梅氏宗譜十二卷首一卷末一卷
梅材棟修
民國十九年(1930)濟美堂木活字本
猶他

[黄陂]梅氏宗譜武漢黄陂五青打古什篇
梅人波編修
2008年照排本
湖北

[黄陂]梅氏宗譜武漢黄陂陂南篇
梅仁發等修
2008年照排本
湖北

[黄陂]梅氏宗譜武漢黄陂楊埦篇
梅曉春修
2008年影印本/照排本
湖北

[黄陂]梅氏宗譜武漢黄陂楊垸篇
(清)梅德順纂修
2008年據光緒二年(1876)稿本影印
湖北

[黄陂]梅氏宗譜不分卷
梅仁發修
2008年照排本
山西家譜　猶他

[黄陂]梅氏宗譜武漢黄陂梅店篇
梅緒海等修
2009年照排本
湖北

[新洲]梅氏宗譜六卷
梅輟輝纂修
民國五年(1916)木活字本
新洲南橋村

[新洲]梅氏宗譜八卷
梅烈忠纂修
民國七年(1918)木活字本
新洲周山村

[新洲]梅氏宗譜五卷
梅公仲纂修
民國三十三年(1944)木活字本
新洲樹山村

[新洲]梅氏宗譜二十四卷首四卷
梅積良、梅從明等修
1988年雙桂堂木活字本
書名據書衣題。
湖北

[新洲]梅氏宗譜九卷首八卷
梅垂松等修
1989年樂道堂木活字本
書名據書衣題。四修本。
湖北

[孝感]梅氏家譜
(清)梅兆瑛修
清道光二十九年(1849)稿本
猶他

[黄岡]梅氏宗譜七卷
(清)梅用禮、(清)梅慶福等修
清道光十六年(1836)木活字本
國家(缺卷五)　山西家譜　猶他

[黄岡]梅氏宗譜八卷首二卷
(清)梅明光、(清)梅明鐸等修
清光緒二年(1876)刻本
山西家譜　猶他

[黄岡]梅氏宗譜
梅光表纂修
清光緒三十一年(1905)雙柏堂木活字本
山西家譜　猶他

[黄岡]梅氏宗譜八卷首一卷
梅慶坦、梅慶隆、梅慶培等纂修
民國五年(1916)雙桂堂木活字本
山西家譜　猶他

[黄岡]梅氏宗譜
梅□□纂修
約民國七年(1918)樂道堂木活字本
國家(存卷首六至八、卷二、三至八)　山西家譜　猶他

[黄岡]梅氏宗譜十一卷首一卷
梅地燻總修
民國十三年(1924)敦本堂木活字本
國家(缺卷二、七、十)

[黄岡]梅氏宗譜五卷首一卷
梅公仲修
民國三十三年(1944)敦倫堂木活字本
猶他

[黄岡]梅氏宗譜八卷首八卷
梅烈忠修
民國三十三年(1944)樂道堂木活字本
思綏草堂 山西家譜 猶他

[黄岡]梅氏宗譜十九卷藝文九卷
梅澤彬纂修
民國三十三年(1944)雙柏堂木活字本
國家 山西家譜 猶他

[黄岡]梅氏宗譜八卷首一卷
梅嘉庸等編修
民國三十四年(1945)雙桂堂木活字本
山西家譜 猶他

[黄岡]梅氏宗譜二卷首一卷
梅□□纂修
雙柏堂木活字本
猶他

[黄岡]梅氏宗譜二十四卷首四卷
梅積良修
1988年雙桂堂木活字本
山西家譜 猶他

[黄岡]梅氏宗譜十一卷首二卷
梅酮義修
1989年敦倫堂木活字本
山西家譜 猶他

[黄岡]梅氏瑯户宗譜八卷首一卷
梅春雲、梅澤浚纂修
2013年樂道堂照排本
目録題"五修梅氏瑯户宗譜"。五修本。
湖北 山西家譜 猶他

[黄州]梅氏宗譜
梅氏瑰城八届續修宗譜理事會編
2014年雙桂堂照排本
湖北(存卷一至九)

[麻城]梅氏族譜
(清)梅英傑修
清嘉慶二十一年(1816)刻本
版心題"梅氏合集"。
山西家譜(存卷文集一至四) 猶他

[麻城]梅氏合集四卷
(清)梅□□纂修
清嘉慶二十二年(1817)刻本
國家

[麻城]梅氏族譜十卷首二卷藝文四卷
梅□□纂修
清光緒二十七年(1901)百歲堂木活字本
山西家譜 猶他

[麻城]梅氏族譜二十四卷首五卷藝文九卷
梅□□纂修
民國十五年(1926)百歲堂木活字本
思綏草堂 山西家譜 猶他

[麻城]梅氏族譜二十四卷
梅□□纂修
民國十五年(1926)百歲堂木活字本
國家(存世系卷一至二十四)

[麻城]梅氏宗譜
梅□□纂修
據 1995 年木活字本複印
書名據書衣題。七修本。
麻城方志

[麻城]梅氏族譜四十四卷首三卷
梅清修、梅枝松修
1996 年百歲堂木活字本
湖北　猶他

[浠水]梅氏宗譜
梅禮楷、梅禮放修
2011 年光裕堂照排本
八修本。
湖北

[蘄春]梅氏宗譜十二卷首一卷
梅詩緣、梅書理纂修
民國二十八年(1939)敦本堂木活字本
山西家譜　猶他

[蘄春]梅氏宗譜十六卷首一卷
梅協春等修
2013 年光裕堂照排本
八修本。
湖北

[黃梅]梅氏宗譜
梅□□纂修
影印本
書名據版心題。
湖北(存卷十九)

[赤壁]梅氏宗譜
梅□□纂修
民國十三年(1924)崇文堂木活字本
書名據版心題。
湖北(存卷一)

[赤壁]梅氏宗譜
梅□□纂修
存著堂木活字本
書名據版心題。
湖北(存卷五、十四至十六)

[赤壁]梅氏宗譜
梅□□纂修
存著堂刻本
書名據版心題。
湖北(存卷二、三、五、八至十、十二至十五)

[仙桃]梅氏宗譜
梅□□纂修
汝南堂照排本
書名據書衣題。
湖北

[建始]梅氏族譜
梅□□纂修
花魁堂木活字本
書名據版心題。
建始(存卷二、十)

孟

[武昌]孟氏大成宗譜二十一卷首四卷
孟庚昱、孟悅齊等修
民國三十一年(1942)仁義堂木活字本
山西家譜(缺卷首三、卷一至三、六至八、十三至十七、二十一)　猶他

[黄陂]孟氏族譜六卷首一卷附録一卷
孟春朗等纂修
清光緒二十七年(1901)亞聖堂木活字本
書名據版心題,書衣題"孟氏家乘",内封題"孟氏亞聖宗譜"。
上海

[東陵]孟子世家譜
(清)孟廣均纂修
清同治四年(1865)三遷堂刻本
孟發盛

[東陵]孟氏族譜
合族同修
三遷堂木活字本
孟發盛

[咸寧]孟氏大成宗譜十卷
孟述輝等纂修
1997年木活字本
書名據版心題。
孟海林

[通山]孟氏宗譜五十六卷
合族纂修
當代鉛印本
書名據版心、書衣題。十六修本。
孟甲生

[仙桃]沔陽孟氏宗譜不分卷
孟繼堂纂修
民國十年(1921)亞聖堂木活字本
哥倫比亞 猶他

繆

[新洲]繆氏宗譜十八卷
繆祖發等纂修
民國三十四年(1945)木活字本
新洲樂崗村 新洲鐵甲村

[黄岡]繆氏宗譜十四卷首四卷
繆遵榮編修
清光緒二十九年(1903)敦睦堂木活字本
山西家譜 猶他

[黄岡]繆氏宗譜十四卷首四卷
繆遵賢編修
民國三十四年(1945)敦睦堂木活字本
山西家譜(缺卷九) 猶他

[黄岡]繆氏宗譜十四卷首四卷
繆訓武編修
1988年敦睦堂木活字本
湖北 山西家譜 猶他

閔

[武昌]閔氏宗譜七卷首三卷
閔學霖纂修
民國五年(1916)奬孝堂木活字本
山西家譜 猶他

[黄陂]閔氏宗譜十八卷
閔民安等編修
民國二十三年(1934)闇闇堂鉛印本
書名據版心題。三修本。
武漢(缺卷九) 山西家譜 猶他

[黃岡]楚安閔氏宗譜九卷
閔之彦、閔之壁編纂
民國三十五年(1946)兩誾堂木活字本
國圖　思綏草堂　山西家譜　猶他

[麻城]閔氏宗譜
閔□□纂修
民國三十四年(1945)純孝堂木活字本
麻城方志

[麻城]閔氏宗譜
閔□□纂修
據1991年孝友堂木活字本複印
四修本。
麻城方志

[羅田]閔氏宗譜五卷首二卷
閔一洛修
民國三年(1914)孝友堂木活字本
山西家譜　猶他

[蘄春]蘄陽閔氏宗譜三十六卷
閔華軒等纂修
民國元年(1912)木活字本
浠水檔

[蘄春]蘄陽閔氏宗譜三十八卷
閔學誾、閔繼吉等編修
民國三十七年(1948)孝友堂木活字本
山西家譜　猶他

明

[武昌]明氏重修宗譜
(清)明道興等纂修
清光緒十八年(1892)鳳鳴堂木活字本
書名據版心題,書籤、内封題"明氏宗譜"。
上海(存卷首、卷一至四、七至十)

[大冶]明氏宗譜十卷
(清)明師文、(清)明應全等修
清道光五年(1825)孝第堂木活字本
山西家譜(存卷一、十)　猶他

[大冶]明氏大成宗譜不分卷
(清)明□□纂修
清同治十一年(1872)親睦堂木活字本
山西家譜　猶他

[大冶]明氏宗譜十一卷首一卷
(清)明昌貴、(清)明湟昌等修
清光緒四年(1878)親睦堂木活字本
國家(存卷首、卷七)　山西家譜　猶他

[大冶]明氏宗譜
明□□纂修
民國十八年(1929)親睦堂木活字本
山西家譜(存卷三、六、九)　猶他

[大冶]明氏宗譜十卷首一卷
明合銀、明安義等修
民國三十一年(1942)親睦堂木活字本
國家(存卷首、卷三、四、七、八)　山西家譜　猶他

[麻城]明氏宗譜十四卷
明家言纂修
民國三十五年(1946)日月堂木活字本
國家　山西家譜　猶他

[麻城]明氏宗譜
明□□纂修
據1993年日月堂木活字本複印
四修本。
麻城方志

南

[麻城]南氏瑩分八修宗譜三十一卷首十一卷
南□□纂修
民國二十四年(1935)木活字本
山西家譜　猶他

倪

[新洲]倪氏族譜十一卷首一卷
倪兆蘭編修
1990年重光堂鉛印本
山西家譜　猶他

[新洲]倪氏宗譜
倪文彬、倪士章主編
1992年重光堂木活字本
書名據版心、書衣題。八修本。
湖北

[陽新]倪氏宗譜八卷
倪□□纂修
民國元年(1912)鋤經堂木活字本
思綏草堂

[鄂州]倪氏宗譜十卷
倪勝章總編
1994年千乘郡鉛印本
書名據書衣題。四修本。
湖北　山西家譜　猶他

[鍾祥]倪氏族譜
倪□□纂修
子文廟抄本
書名據書衣題。
湖北

[黄岡]倪氏宗譜六卷首一卷
倪敬亭編修
民國三十年(1941)敦本堂木活字本
山西家譜　猶他

[黄岡]倪氏宗譜十八卷首四卷
倪國波主編
1996年鋤經堂木活字本
書名據書衣題。四修本。
湖北(缺卷首二、三、四)

[麻城]倪氏宗譜五卷首一卷
倪大觀編修
民國六年(1917)敦本堂木活字本
山西家譜　猶他

[麻城]倪氏宗譜七卷首四卷
倪佐時、倪佐弼等修
民國十二年(1923)重光堂木活字本
山西家譜　猶他

[英山　安徽霍山]千乘倪氏宗譜九卷
倪□□纂修
民國三十一年(1942)鋤經堂木活字本
思綏草堂

[天門]倪氏族譜
倪誠主編
2013年鋤經堂照排本
湖北

聶

[湖北]聶氏族譜八卷
(清)聶炳照等纂修
清光緒四年(1878)三禮堂木活字本
書名據版心、書籖題。
上海(缺卷三、五)　尋源姓氏　猶他

[夷陵]聶氏族譜
合族同修
民國九年(1920)木活字本
聶邦元

[棗陽]聶家集聶氏家譜
聶道卿等纂修
1993 年鉛印本
書名據書衣題。
棗陽　聶道平

[漢川]聶氏宗譜
聶崇尚纂修
1989 年三禮堂油印本
書名據版心、書衣題。
湖北(存卷十三)

[麻城]聶氏宗譜
聶□□纂修
據民國九年(1920)問政堂木活字本複印
麻城方志

[麻城]聶氏族譜
聶全仲修
2010 年問政堂照排本
湖北

[浠水]聶氏五修宗譜
聶□□纂修
民國八年(1919)尚義堂木活字本
山西家譜(存卷一、三至十三)　猶他

[浠水]聶氏族志十一卷首一卷
聶福城主編
1992 年尚義堂木活字本
山西家譜　猶他

[隨州]聶氏族譜
聶明强主編
2007 年三禮堂照排本
湖北

甯

[麻城]甯氏宗譜八卷
甯宗儀修
民國二十六年(1937)忠貞堂木活字本
國家　猶他

牛

[黄岡]牛氏宗譜十八卷
牛耀飛等修
1993 年崇倫堂木活字本
書名據書衣題。六修本。
湖北

[黄岡]牛氏家譜
牛錫斌主編
1994 年崇倫堂木活字本
山西家譜　猶他

歐陽

[湖北]歐陽氏族宗譜
歐陽德銀等修
2012 年六一堂照排本
九修本。
湖北

[漢陽]歐陽家譜
歐陽世海修
2011 年渤海堂照排本
版心題“歐陽沙湖家譜”。
湖北

[黃陂]歐陽宗譜六卷首二卷
歐陽熙麟修
民國三十二年(1943)木活字本
書名據書衣、版心題。
山西家譜　猶他

[夷陵]歐陽族譜
(清)歐陽□□纂修
清光緒十九年(1893)渤海堂木活字本
歐陽運森

[夷陵]歐陽宗譜
姚星吾纂修
民國十三年(1924)六一堂抄本
宜昌檔

[夷陵]歐陽族譜
歐陽運森編修
1984年六一堂鉛印本
歐陽運森

[夷陵]歐陽氏族譜
歐陽氏族修譜理事會修
1993年渤海堂鉛印本
歐陽運森

[枝江]歐陽宗譜
歐陽運森纂修
1998年六一堂照排本
歐陽運森

[黃岡]歐陽宗譜六卷首四卷
(清)歐陽召揚纂修
清道光二十三年(1843)崇實堂木刻本
山西家譜　猶他

[黃岡]歐陽氏宗譜十六卷
歐陽祚生、歐陽延源修
清光緒二十九年(1903)篤親堂木活字本
國家　山西家譜　猶他

[黃岡]歐陽宗譜六卷首四卷
歐陽堯城纂修
清光緒三十四年(1908)木活字本
山西家譜　猶他

[黃岡]歐陽氏宗譜十二卷首三卷附一卷
歐陽延釗、歐陽萬鑒等編修
民國二十二年(1933)六一堂木活字本
國家　山西家譜　猶他

[黃岡]歐陽氏宗譜十二卷首四卷
歐陽世喜總編修
1991年六一堂木活字本
書名據書衣題。
湖北

[麻城]歐陽宗譜十卷
歐陽文盛纂修
民國十二年(1923)六一堂木活字本
山西家譜　猶他

[麻城]歐陽四修宗譜十三卷
歐陽永通等編修
民國三十五年(1946)六一堂木活字本
國家　山西家譜　猶他

[麻城]歐陽宗譜十三卷
歐陽天傑、歐陽永通等纂修
民國三十五年(1946)六一堂木活字本
四修本。書名據版心、書衣題。
國家　湖北

[麻城]歐陽宗譜
歐陽□□纂修
2000年六一堂照排本
麻城方志

[仙桃]仙桃鎮歐陽氏續修宗譜十三卷首一卷
歐陽黄復修
民國四年(1915)六一堂木活字本
猶他

[天門]歐陽氏族宗譜
歐陽矩輪主編
2012年照排本
九修本。
湖北

潘

[湖北]潘氏合修宗譜湖北區籌備委員會報告書
潘正道等修
2013年複製民國三十六年(1947)木活字本
書名據書衣題。
湖北

[武漢]潘氏宗譜十九卷首三卷
潘□□纂修
民國六年(1917)木活字本
新洲吴勝村

[武漢]潘氏族譜四卷首一卷
潘馮斌編纂
民國十七年(1928)公興堂木活字本
書衣、内封題"潘氏宗譜"。
武漢　山西家譜　猶他

[武漢]潘氏宗譜二卷
潘□□纂修
民國二十年(1931)木活字本
新洲四崗村

[武漢]潘氏宗譜四十七卷
潘經武纂修
民國三十五年(1946)木活字本
新洲三山村

[武漢]潘氏宗譜二卷
潘□□纂修
2011年公興堂照排本
湖北

[漢口]潘氏族譜
潘馮斌修
民國十七年(1928)僅興堂木活字本
山西家譜　猶他

[黄陂]黄陂潘氏續譜編纂處預刊小册
潘正道編
民國三十二年(1943)木活字本
書名據書衣題。
湖北

[黄陂]潘勝户宗譜十六卷首四卷
潘光東、潘從永等纂修
民國三十七年(1948)木活字本
版心題"潘氏宗谱",内封題"黄陂潘氏勝户宗谱"。三修本。
湖北

[黄陂]潘氏族譜
潘季順等纂修
1999年合德堂鉛印本
潘季順

[黄陂]潘氏族譜續編本五卷
潘□□纂修
1999 年照排本
續修本。
湖北(存首卷、四)

[黄陂]潘貞户宗譜二卷
潘厚喜主編
2001 年合德堂照排本
書衣題“潘氏家譜”。
山西家譜　猶他

[黄陂]潘壽户宗譜二卷
潘從盛等纂修
2002 年合德堂照排本
潘彝賡

[黄陂泊漢港]潘氏宗譜(黄陂北鄉·泊漢港支系)
潘□□纂修
2010 年合德堂照排本
續編本。
湖北

[黄陂東鄉]武漢潘氏總譜(黄陂東鄉分卷)
潘彝賡主編
2010 年照排本
續修本。
湖北

[新洲]潘氏族譜三十九卷
潘樹聲主編
1992 年滎陽堂木活字本
山西家譜(缺卷十六)　猶他

[新洲]潘氏宗譜□□卷
潘□□纂修
2006 年滎陽堂照排本
湖北(存卷二)

[新洲]潘氏宗譜四十二卷首六卷
潘敦華主編
2008 年滎陽堂照排本
七修本。
湖北(存卷首六卷、世系圖一卷)

[陽新]潘氏宗譜
潘□□纂修
民國三十三年(1944)忠武堂木活字本
國家(存卷二)

[陽新]潘氏宗譜十卷首二卷
潘□□纂修
民國三十三年(1944)忠武堂木活字本
山西家譜(缺卷一、二)

[陽新]潘氏宗譜七卷首二卷
潘宿嵒修
民國三十三年(1944)忠武堂木活字本
猶他

[宜昌]潘氏家譜
潘志勛、潘文彬彙編
2003 年打印本
上海

[夷陵]潘氏族譜
(清)潘崑主修
清咸豐八年(1858)畢采堂刻本
書名據版心題。
宜昌檔　歐陽運森

[夷陵]潘氏族譜
潘壽南等主修
清光緒三十三年(1907)畢采堂木活字本
宜昌檔　歐陽運森

[夷陵]潘氏族譜
合族同修
滎陽堂木活字本
潘德秀

[京山]續修京山白馬廟潘氏支譜五卷
潘茂德等纂修
現代鉛印本
書名據書衣題。
潘成明

[孝感]澴川老譜
湖北省潘氏文化研究會纂修
2013年照排本
湖北

[黄岡]潘氏宗譜十九卷首三卷
潘波澄修
民國六年(1917)體元堂木活字本
山西家譜(缺卷十七至十九)　猶他

[黄岡]潘氏宗譜十卷
潘泰業等修
民國七年(1918)體元堂木活字本
山西家譜　猶他

[麻城]潘氏宗譜
潘□□纂修
2001年合德堂照排本
麻城方志

[紅安]潘氏宗譜十六卷
潘河澤等纂修
民國三十三年(1944)餘慶堂木活字本
書名據版心、書衣、内封題。五修本。
上海

[羅田]潘氏宗譜十一卷首二卷
(清)潘文禮修
清同治七年(1868)尚德堂木活字本
山西家譜　猶他

[羅田]潘氏宗譜十二卷首二卷
(清)潘鴻賓、(清)潘文翰等纂修
清光緒十九年(1893)務本堂木活字本
山西家譜　猶他

[羅田]潘氏宗譜十卷首二卷
潘寅、潘學恩等修
清光緒二十九年(1903)清和堂木活字本
山西家譜　猶他

[羅田]潘氏支譜四卷
潘邦念等纂修
清宣統三年(1911)木活字本
羅田方志

[羅田]潘氏宗譜甲篇五卷首一卷乙篇十三卷
潘壽祺修
民國二十六年(1937)清和堂木活字本
山西家譜　猶他

[浠水]潘氏宗譜三十九卷首九卷
潘經心編纂
民國三十七年(1948)滎陽堂木活字本
書名據版心、書衣題。
湖北(缺卷首一)

[廣水]太平潘氏宗譜
潘成忠、潘德森等纂修
1998 年太平堂照排本
湖北 潘成忠

[廣水]廣水潘譜
潘成忠主編
2010 年太平堂照排本
湖北 潘成忠

[仙桃]潘氏宗譜壽八公世系
潘錫堯等修
2013 年滎陽堂照排本
湖北

龐

[監利]龐氏族譜
龐道全修
2005 年始平堂照排本
猶他

[麻城]龐氏宗譜二十二卷首四卷
龐成功、龐榮安總修
民國三十六年(1947)高陽堂木活字本
書名據版心題。
武漢(存首之一至四) 山西家譜(缺卷十七、二十一) 猶他

[崇陽]龐氏宗譜二十二卷首四卷
龐海樵等修
民國三十六年(1947)木活字本
山西家譜(存卷首) 猶他

[仙桃]龐氏宗譜不分卷
龐聲凱修
2008 年遺安堂照排本
猶他

裴

[武昌]裴氏宗譜
裴壽山主編
2011 年緑野堂照排本
湖北 裴壽山

[黄陂]黄陂裴氏家乘
裴高才主編
2008 年緑野堂照排本
湖北(存上卷)

[洪湖]洪湖裴氏族譜
裴厚興修
2013 年緑野堂照排本
五修本。
湖北

[監利]監利裴氏分支傳略
裴來湘主編
1997 年照排本
書名據内封題,書衣題"裴氏宰相世系傳略"。
上海

[漢川]裴氏宗譜
(清)裴聲譽纂修
清同治九年(1870)抄本
湖北 裴壽山

[漢川]裴氏宗譜
裴振助纂修
緑野堂抄本
湖北 裴壽山

[漢川]裴氏宗譜
裴咬其纂修
1958年緑野堂抄本
湖北　裴壽山

[漢川]漢川南鄉楊林裴氏宗譜
裴壽山纂修
2001年緑野堂照排本
書名據目録題,内封題“裴氏宗譜”。
湖北　裴壽山

[孝昌]裴氏族譜
裴朝陽主編
2014年緑野堂照排本
湖北

[羅田]裴氏宗譜四卷首一卷
裴家祥總編
1994年緑野堂鉛印本
書名據版心題。
湖北(存卷首)

[浠水]裴氏宗譜十三卷
裴□□纂修
民國二十九年(1940)緑野堂木活字本
思綏草堂

[蘄春]裴氏宗譜二十卷首三卷
裴東升主編
2001年緑野堂鉛印本
書名據版心題。
湖北(存卷首)

彭

[湖北]彭氏宗譜
彭□□纂修
2008年十策堂本
湖北

[湖北]彭氏宗譜
彭方金主編
2009年十策堂鉛印本
湖北(存卷首)

[武漢]彭氏宗譜三十卷
彭維鑒等纂修
民國三十五年(1946)述古堂木活字本
書名據版心、書衣題。三修本。
上海(存首五卷、大分六卷、二分四卷、三分四卷、四分七卷、五分二卷、六分二卷)

[武昌]武昌葛仙鎮彭氏宗譜八卷首一卷
(清)彭其餘等纂修
清光緒十二年(1886)述古堂木活字本
版心題“彭氏宗譜”。
哥倫比亞　猶他

[武昌]彭氏宗譜初集二卷二集六卷首二卷
彭祖年等纂修
民國二十五年(1936)述古堂木活字本
書名據版心題。
武漢(存卷首上、二集卷六)　山西家譜　猶他

[武昌]彭氏宗譜六卷首二卷
彭秉彝等修
民國二十五年(1936)述古堂木活字本
金華家譜(存卷首一)

[新洲]彭氏宗譜四卷
彭禮學纂修
民國三年(1914)木活字本
新洲烏鉢窑村

[新洲]彭氏宗譜不分卷
彭信成纂修
民國六年(1917)刻本
新洲楊崗村

[新洲]彭氏宗譜七卷
張傳福纂修
民國十三年(1924)刻本
初修本。
新洲張灣村

[新洲]彭氏宗譜三卷
彭仲甫、彭彩軒纂修
民國三十五年(1946)鉛印本
新洲富興村

[黄石]彭氏宗譜六十卷首二卷
彭國楨、彭春山纂修
民國二十六年(1937)永年堂木活字本
山西家譜　猶他

[監利][彭氏]萬銓公支譜五卷首一卷
(清)彭衷祥主修
清同治十三年(1874)奇瑞堂木活字本
書名據版心題。
尋源姓氏

[江陵]彭氏家譜四卷
彭光國纂修
民國七年(1918)述古堂石印本
書名據版心、書衣題。
荆州檔

[夷陵]彭氏族譜
彭相思等主修
民國十三年(1924)長壽堂木活字本
彭克權

[夷陵]彭氏族譜
彭氏族人合修
清光緒三十三年(1907)可祖堂木活字本

[宜都]彭氏族譜十卷
彭信瑞修
民國二十六年(1937)隴西堂木活字本
彭傳玉

[興山]彭氏族譜不分卷
彭祖燾纂修
民國間(1912—1949)木活字本
書名據書衣題。
興山方志

[保康]歇馬彭氏宗譜
彭德軒纂修
1997年鉛印本
書名據書衣題。
保康

[鍾祥]大堰溝彭氏宗譜不分卷
彭維烈等纂修
1999年據清道光十七年(1837)木活字本複印
書名據書衣題。
鍾祥　鍾祥檔

[鍾祥]大堰溝彭氏宗譜不分卷
彭傳祚等纂修
1999 年據民國五年(1916)抄本複印
書名據書衣題。
鍾祥

[鍾祥]彭氏宗譜
彭山等纂修
1999 年鉛印本
鍾祥

[黃岡]彭氏宗譜
彭□□纂修
民國六年(1917)竊比堂木活字本
山西家譜(缺卷首)　猶他

[黃岡]彭氏宗譜四卷首一卷
彭金波、彭恩殿等協修
民國三十五年(1946)述古堂木活字本
山西家譜　猶他

[黃岡]彭氏宗譜十四卷
彭家全纂修
民國三十五年(1946)三槐堂木活字本
山西家譜　猶他

[黃岡]彭氏宗譜十卷
彭期浚、彭期鼇修
民國三十五年(1946)述古堂木活字本
山西家譜(缺卷二、四、八、九)　猶他

[黃岡]楚黃彭氏宗譜三十七卷首七卷
彭清泉等纂修
民國三十七年(1948)述古堂木活字本
國家(存卷首一至四、六、七,卷一至十六、十八至三十七)　武漢　思綏草堂　山西家譜　猶他

[黃岡]楚黃彭氏宗譜三十五卷首二卷
彭澤禧、彭錫福等修
民國三十七年(1948)述古堂木活字本
版心題"彭氏宗譜"。
湖北(缺卷九、十)

[黃岡]彭氏宗譜
彭□□纂修
民國間(1912—1949)述古堂木活字本
書名據版心、書衣題。
湖北(存卷二至四)

[黃岡]彭氏宗譜四卷首一卷
彭熠東、彭福林等修
1989 年述古堂木活字本
書名據書衣題。四修本。
湖北　猶他

[麻城]彭氏宗譜十卷
(清)彭遠約、(清)彭遠界修
清同治十年(1871)務本堂刻本
國家(缺卷二、七、九)　山西家譜　猶他

[麻城]彭氏宗譜不分卷
(清)彭□□纂修
清同治十二年(1873)刻本
山西家譜　猶他

[麻城]彭氏宗譜十八卷首一卷
彭清銘、彭壽嶽、彭玠廷纂修
清光緒三十年(1904)望古堂木活字本
國家(缺卷四)

[麻城]彭氏宗譜
彭□□纂修
民國八年(1919)商賢堂木活字本
山西家譜(存卷一至七)　猶他

[麻城]彭氏宗譜
彭□□纂修
民國十三年(1924)商賢堂木活字本
國家

[麻城]彭氏宗譜十三卷首一卷
彭之彦主修
民國二十九年(1940)稽古堂木活字本
山西家譜　猶他

[麻城]彭氏宗譜不分卷
彭□□纂修
民國三十六年(1947)竊比堂木活字本
思綏草堂

[麻城]彭氏族譜二十卷
彭振家等修
民國三十八年(1949)雙桂堂木活字本
國家(缺卷十、十九、二十)　山西家譜　猶他

[麻城]彭氏宗譜五十卷
彭勤洲編修
1991年竊比堂鉛印本
書名據書衣題,書籤題"彭氏家乘"。
湖北　山西家譜　猶他

[麻城]彭氏宗譜二十三卷末一卷
彭天解主編
1992年聚訓堂油印本
山西家譜　猶他

[麻城]彭氏宗譜
彭□□纂修
1994年聚訓堂木活字本
麻城方志

[麻城]彭氏宗譜十卷
彭天向、彭紅俊編修
2014年述古堂照排本
五修本。
湖北　山西家譜　猶他

[武穴]彭氏宗譜六十一卷首三卷
彭鼎新等纂修
民國二十六年(1937)永年堂木活字本
國家(存卷首三、卷一殘、三、四、六、八、十、十一、卷十三殘、十四至十七、二十至三十二、三十四至三十六、三十九至四十二、四十四至四十六、四十八至五十九)

[紅安]黄安彭氏族譜二十卷
彭克亭主修
民國三十八年(1949)雙桂堂木活字本
書名據目録題,版心、書衣、内封題"彭氏族譜"。
國家　上海　猶他

[紅安]中國大别山彭氏總譜四卷
彭文孝主編
2008年照排本
山西家譜　猶他

[蘄春]彭氏八修族譜
彭建候主修
民國十七年(1928)述言堂木活字本
書名據内封題。
彭世强

[蘄春]彭氏族譜四十四卷
彭□□纂修
民國十七年(1928)述信堂木活字本
國家(缺卷一至九、三十)　山西家譜　猶他

[蘄春]彭氏四修族譜四十二卷首一卷末一卷
彭族輝修
民國二十八年(1939)家壽堂木活字本
國家(缺卷五、二十、二十三、二十四、三十二、三十三、三十八)　山西家譜　猶他

[蘄春]彭氏族譜四十二卷
彭□□纂修
民國間(1912—1949)述言堂木活字本
國家(存卷十一至十三、十五、十七至二十、二十二、二十五、二十七、三十四、三十六、三十九至四十二)

[蘄春]彭氏宗譜四卷首一卷
彭保書主編
2011年述信堂照排本
山西家譜　猶他

[英山]彭氏宗譜五卷首一卷
(清)彭常薰、(清)彭守坤等纂修
清咸豐十一年(1861)敦本堂木活字本
國家

[英山]彭氏宗譜六卷首一卷
(清)彭道民、(清)彭鴻恩修
清咸豐十一年(1861)敦本堂木活字本
山西家譜　猶他

[英山　羅田]彭氏三修族譜三十九卷首一卷末一卷
(清)彭謄真等修
清光緒二十年(1894)宗壽堂木活字本
山西家譜(缺卷五至七、十、十八、二十四至二十七、三十三、三十五、三十九)　猶他

[英山]彭氏宗譜六卷首一卷
(清)彭文山等纂修
清光緒間(1875—1908)敦本堂活字本
國家

[英山]隴西彭氏家史二十卷
彭耀環等纂修
1989年鉛印本
書名據書衣題。
彭德群

[廣水]廣水市彭氏族譜十二卷首一卷末一卷
彭爲群主編
2008年鉛印本
湖北

[仙桃]彭氏宗譜二卷
彭德蒸等纂修
清光緒三十三年(1907)述古堂木活字本
東洋文庫　猶他

[仙桃]彭氏宗譜十卷
彭進之纂修
民國二十六年(1937)述古堂鉛印本
書名據版心題。
湖北博　武漢(存卷二至十)　山西家譜　猶他

[仙桃]彭氏宗譜
彭□□纂修
民國間(1912—1949)述古堂木活字本
猶他

[仙桃]彭氏族譜
彭威禮修
1986 年寫本
猶他

[仙桃]彭氏宗譜十卷
彭功秉主編
2014 年述古堂照排本
八修本。
湖北　山西家譜　猶他

[潛江]彭氏宗譜四集十五卷首五卷末一卷
彭庚颺纂修
民國九年(1920)木活字本
書名據版心、書衣題。
吉大(存卷首、卷一至五)

[潛江]彭氏家譜
彭齊平主修
1999 年鉛印本
彭齊平

[利川南坪]彭氏族譜
彭信玖主編
2008 年隴西堂本
湖北

皮

[大冶]皮氏宗譜
皮治洪等
2014 年松陵堂照排本
八修本。
湖北(存譜首)

[洪湖]皮氏族譜
皮□□纂修
據民國二十六年(1937)鹿門堂木活字本複印
書名據版心、書衣題。
湖北(存卷二至六)

[洪湖]皮氏族譜
皮禮福、皮紹博等編修
1988 年鹿門堂木活字本
書名據版心題,内封題"家乘"。
湖北(存卷首下、卷二至四、六)

[潛江]皮氏族譜
皮耀卿纂修
2001 年天水堂照排本
湖北(存卷首下、卷二、五)

漆

[湖北]漆氏宗譜
漆應山修
1996 年睦族堂鉛印本
書衣題"戚氏宗譜"。戚、漆合修。
山西家譜　猶他

[鄂豫皖贛]漆氏宗譜十二卷首六卷
漆厚松修
1989 年睦族堂木活字本
湖北(缺卷二、六、七、十)

[黄岡]漆氏族譜三十六卷
漆□□纂修
清光緒三十三年(1907)睦族堂木活字本
書名據版心、書衣題。
上海

祁

[京山]京川祁氏宗譜
祁□□纂修
1995年舉善堂木活字本
書名據書衣題，版心題"祁氏宗譜"。
湖北(存卷十三)

[黄州]黄州祁氏族譜四卷
祁世甲等纂修
民國十一年(1922)舉善堂木活字本
哥倫比亞　猶他

綦

[浠水]綦氏宗譜十二卷首一卷
綦鴻焕等修
清光緒二十九年(1903)繼述堂木活字本
山西家譜(存卷首、卷十、十一)　猶他

[浠水]綦氏宗譜十六卷首一卷
綦之海等修
民國三十五年(1946)繼述堂木活字本
山西家譜(缺卷八、十六)　猶他

齊

[新洲]齊氏宗譜二十七卷
齊□□纂修
2005年滋本堂照排本
山西家譜(缺卷一、二)　猶他

[江陵]齊氏宗譜不分卷
齊□□纂修
民國九年(1920)抄本
書名據書衣題。
上海

[黄岡]齊氏宗譜十一卷
齊文先總編
1993年尚本堂木活字本
書名據版心、書衣題。
湖北　猶他

[天門]天門應城齊氏宗譜
齊傳賢編纂
2004年汝南堂照排本
湖北

錢

[湖北]錢氏宗譜
錢焱良、錢秉國等修
1994年彭城堂鉛印本
山西家譜　猶他

[湖北]錢氏宗譜楚黄系
錢金華等修
2014年照排本
六修本。
湖北

[武昌]武昌錢氏家乘
錢青山、錢有巧主編
2005年照排本
山西家譜　猶他

[武昌]武昌錢氏家乘十三卷
錢有巧彙編
2005年錦樹堂照排本
湖北

[東西湖]錢氏宗譜三卷
錢兆利修
2009年照排本
湖北

[蔡甸　漢南]錢氏家乘
錢昌煌等修
2012年錦樹堂照排本
湖北

[江夏]江夏錢氏族譜十卷
(清)錢柳溪、(清)錢琢卿编修
清同治三年(1864)表忠堂刻本
版心題"錢氏宗譜"。
湖北(缺卷二)

[江夏]江夏錢氏族譜十二卷首一卷
錢石坪纂修
清光绪二十一年(1895)表忠堂木活字本
版心題"錢氏宗譜"。
湖北

[江夏八吉府]武漢八吉府錢氏宗譜
錢國平、錢家培、錢治安主编
2013年照排本
湖北

[黄陂]錢氏族譜二十六卷首一卷
錢人緯纂修
民國二年(1913)金書堂木活字本
書名據版心、書衣、内封題。
科學　猶他

[大冶　浠水]錢氏家乘二十卷
錢開庭等編纂
2012年三德堂照排本
湖北

[麻城]錢氏支譜
錢壽鵬等修
1990年萬選堂木活字本
麻城方志

[黄梅]吴越錢氏宗譜湖北黄梅
錢振興主编
2012年信古堂本
湖北(存卷首)

[咸寧]錢氏宗譜
錢定松主编
2011年石鏡堂照排本
書名據版心題。十三續修本。
湖北

喬

[孝感]孝感喬氏族譜四卷
(清)喬用遷纂修
清道光十九年(1839)石印本
書名據内封題,版心題"喬氏族譜"。
河北大　南京大　山西家譜　猶他

秦

[夷陵]秦氏宗譜
秦□□纂修
民國二十八年(1939)樂善堂木活字本
秦發模

[夷陵]秦氏宗譜
秦德聲修
2003年抄本
秦德聲

[長陽]秦氏宗譜二十二卷
(清)秦□□纂修
清咸豐六年(1856)松友堂刻本
國家

[長陽]秦氏宗譜二十一卷
秦□□纂修
民國四年(1915)松友堂刻本
國家(缺卷四、八、十六至二十一)

[襄陽]歐廟秦氏族譜不分卷
秦逸科主編
2011年照排本
山西家譜　猶他

[鄂城]秦氏宗譜三十三卷首六卷
(清)秦世皋修
清同治十三年(1874)敦倫堂刻本
猶他

[鄂城]秦氏宗譜二十二卷首二卷
秦濟民等纂修
1993年三賢堂鉛印本
書名據版心、書衣題。
湖南　猶他

[孝感]秦氏宗譜七卷
秦介凡、秦鴻貴等纂修
1994年天水郡鉛印本
書名據版心、書衣題。
湖北　猶他

[漢川]秦氏宗譜十六卷首一卷
秦業光纂修
清光緒三十二年(1906)刻本
書名據版心、内封題。
秦潔

[黄岡]秦氏宗譜三十三卷首六卷
(清)秦廷禄、(清)秦德儒等修
清同治十二年(1873)敦倫堂木活字本
山西家譜　猶他

[黄岡]秦氏族譜十卷
(清)秦際清等纂修
清光緒十五年(1889)繼述堂木活字本
書名據版心題。内封題“秦氏宗譜”。六修本。
遼寧

[黄岡]秦氏宗譜十二卷首二卷
秦宜睦、秦賢春編修
民國二十三年(1934)萬石堂木活字本
山西家譜(缺卷九)　猶他

[黄岡]黄岡秦氏宗譜十八卷
秦玉田等纂修
民國二十四年(1935)繼述堂木活字本
哥倫比亞　猶他

[黄岡]秦氏宗譜二十三卷
秦家厚修
1991年繼述堂木活字本
書名據書衣題。九修本。
湖北　山西家譜　猶他

[黄岡]秦氏宗譜五十卷首七卷
秦濟民、秦協甫編修
1993年三賢堂木活字本
書名據書衣題。
湖北　猶他

[黄岡]秦氏宗譜六十六卷首七卷
秦卓如、秦濟民等編修
1993年三賢堂木活字本
湖北　山西家譜　猶他

[麻城]秦氏族譜四十卷首一卷末一卷
秦必愷、秦熙臺編修
1992年鉛印本
湖北

[羅田]秦氏宗譜十二卷首二卷
秦裕華、秦壽萱、秦祖恩等編修
1993年萬石堂木活字本
山西家譜　猶他

[嘉魚]秦氏宗譜十六卷
秦紹志等纂修
1995年鉛印本
書名據書衣題。
赤壁

[咸豐]曲江秦氏家譜二卷
秦秀彰、秦秀選纂修
民國十年(1921)刻本
咸豐檔

覃

[湖北]中華覃氏志·湖北卷
覃太智等修
2014年照排本
湖北

[松滋]松滋覃氏族譜十八卷
覃現鳳等纂修
民國二十六年(1937)興隆祠石印本
覃北雲

[松滋]覃氏族譜
覃章海、覃兆元、覃兆榮等纂修
2002年興隆祠照排本
湖北

[夷陵]覃氏族譜
(清)覃思盛編修
清咸豐八年(1858)積善堂刻本
覃海茂

[夷陵]覃氏族譜
覃達夫主修
民國十一年(1922)普舍堂石印本
歐陽運森

[五峰]長樂覃氏族譜
覃兆三主編
2013年興隆祠照排本
目録題"長樂房覃氏族譜"。
湖北

[長陽]長陽縣覃氏族譜十九卷
覃忠信等纂修
據清光緒三十二年(1906)刻本複印
長陽檔

[長陽]覃氏族譜二十卷首二卷
覃□□纂修
清光緒三十三年(1907)離光堂木活字本
思綏草堂

[長陽]長陽柿壩覃氏宗譜一卷
胡清濂纂修
民國十年(1921)石印本
長陽宗教局

[長陽]重修覃氏族譜首一卷世系各房分卷
覃□□纂修
民國十年(1921)中州堂木活字本
思綏草堂

[長陽柿貝]中州堂覃氏族譜十二卷
覃守憲主編
2011年中州堂照排本
三修本。
湖北

[恩施]覃氏族譜不分卷
覃事賢等纂修
鉛印本
書名據書衣題。
覃業恢

[恩施]宣恩覃氏族譜
覃□□纂修
抄本
書名據書衣題。
恩施

卿

[天門]卿氏宗譜七卷
卿宗祥修
1993年邵陽堂木活字本
猶他

丘

[黄岡]中華丘氏大宗譜湖北黄岡分譜
羅華旺編修
2006年照排本
湖北

[羅田]中華丘氏大宗譜湖北羅田分譜三卷
羅文彬總編
2008年照排本
湖北

[通山]中華丘氏大宗譜湖北通山分譜不分卷
丘承友主編
2005年照排本
山西家譜　猶他

[通城]中華丘氏大宗譜湖北通城分譜
丘正平、丘亞洲主編
2008年照排本
湖北

邱

[新洲]邱氏宗譜十卷首二卷
邱汝盛、邱汝德修
清光緒二十年(1894)忠寶堂木活字本
山西家譜　猶他

[新洲]邱氏宗譜
邱楚林等纂修
民國十一年(1922)刻本
新洲南橋村

[新洲]邱氏宗譜三十八卷首四卷
邱南宣等纂修
民國三十六年(1947)刻本
新洲堤圍村

[漢川]邱氏族譜十一卷首一卷
邱周鐸纂修
1991年東海堂鉛印本
山西家譜　猶他

[黄岡]邱氏宗譜十三卷
(清)邱享壽、(清)邱享晏等修
清光緒三年(1877)忠實堂木刻本
山西家譜　猶他

[黄岡]邱氏宗譜十一卷首四卷
邱益三等修
民國二十年(1931)忠實堂木活字本
山西家譜　猶他

[黄岡]邱氏宗譜
邱□□纂修
民國二十年(1931)忠實堂木活字本
山西家譜(存卷首二至四、世系一至三十二、三十四至三十五、三十七至四十一)
猶他

[黄岡]邱氏宗譜四十一卷首四卷
邱□□纂修
民國二十年(1931)忠實堂木活字本
國家(缺卷首一、卷三十三、三十六)

[黄岡]邱氏宗譜
邱□□纂修
民國二十年(1931)忠實堂木活字本
國家(存卷首一、卷一)　山西家譜　猶他

[黄岡]邱氏宗譜四十一卷首四卷
邱心泉、邱秀峰、邱可貞等纂修
民國二十年(1931)忠實堂木活字本
書名據版心、書衣題。六修本。
湖北(缺卷十一、三十一)

[黄岡]邱氏宗譜
邱□□纂修
民國三十六年(1947)忠實堂木活字本
書名據版心、書衣題。
湖北(存卷一、三、四、六至八、十七、十八、二十一、二十二、二十九至三十八)

[黄岡]感化分邱氏宗譜續編三十八卷
邱雲峰等纂修
民國三十七年(1948)忠實堂木活字本
版心題"邱氏宗譜"。
武漢(存卷一至二十六、二十九至三十八)
山西家譜　猶他

[黄岡]邱氏宗譜三十二卷首四卷末一卷
邱緒剛編修
1989年忠實堂木活字本
山西家譜(缺卷首四)　猶他

[黄岡]邱氏宗譜三十二卷首三卷末一卷寨分三卷
邱緒灝纂修
1989年忠實堂木活字本
書名據版心、書衣題。
湖北(缺卷首二、卷三)

[麻城]邱氏宗譜
邱□□纂修
據1995年敦本堂木活字本複印
麻城方志

[蘄春]蘇山邱氏宗譜十四卷首一卷
邱□□纂修
民國五年(1916)忠實堂木活字本
山西家譜　猶他

[建始]東鄉邱氏族譜
邱普壽等纂修
2001年鉛印本
湖北

屈

[夷陵]屈氏族譜
屈必伸編修
三閭堂本
屈克龍

[秭歸]屈氏族譜一卷
屈家升、屈家民纂修
民國十二年(1923)抄本
屈原紀念館

[麻城]屈氏宗譜八卷
(清)屈達程纂修
清同治元年(1862)佩蘭堂木活字本
山西家譜　猶他

[麻城]屈氏宗譜
(清)屈□□纂修
清光緒間(1875—1908)佩蘭堂木活字本
國家(存卷七、八)

[麻城]屈氏宗譜十四卷
屈耀翔纂修
清光緒三十三年(1907)佩蘭堂木活字本
山西家譜(缺卷一)　猶他

[麻城]屈氏宗譜
屈□□纂修
據民國二十三年(1934)基厚堂木活字本複印
麻城方志

[麻城]屈氏宗譜四卷首六卷
屈閈坊纂修
民國二十三年(1934)基厚堂木活字本
山西家譜　猶他

[麻城]屈氏宗譜十九卷
屈□□纂修
民國二十七年(1938)佩蘭堂木活字本
書衣題"麻城東屈譜"。
山西家譜(存卷三、七至九)　猶他

[麻城]屈氏宗譜二十卷
屈□□纂修
民國二十七年(1938)佩蘭堂木活字本
國家(存卷三、九至十一、十三至十九)　山西家譜　猶他

[羅田]屈氏宗譜九卷首一卷
屈志松編修
民國九年(1920)敦睦堂木活字本
山西家譜　猶他

瞿

[孝感]瞿氏宗譜三卷首一卷
瞿福裕、瞿裕想等修
1998年三星堂照排本
湖北

[孝感]瞿氏宗譜不分卷
瞿紹志纂修
2009年照排本
書籤題"茶林瞿氏宗譜"。
山西家譜　猶他

[麻城]瞿氏宗譜八卷首一卷
瞿則祥編修
2010 年松陽堂照排本
山西家譜　猶他

[羅田]瞿氏大宗譜六都分譜三卷
瞿頂怡主編
2013 年照排本
山西家譜(存卷四至六、十九)　猶他

[蘄春]瞿氏宗譜二十九卷
瞿龍躍等編修
清光緒三十年(1904)敦倫堂木活字本
山西家譜(缺卷二、三、十一、十三、二十、二十二)　猶他

[蘄春]瞿氏六修宗譜三十卷
瞿行輝編修
民國二十三年(1934)敦倫堂木活字本
國家　山西家譜　猶他

全

[麻城]全氏宗譜五卷首一卷
全錫貢等修
民國三十一年(1942)獨善堂木活字本
山西家譜　猶他

冉

[松滋]冉氏宗譜不分卷
(清)冉□□纂修
清同治四年(1865)木活字本
思綏草堂

讓

[武昌]讓氏家譜不分卷
讓廉纂修
據 1981 年重修讓氏頤正堂石印本複印
民國三十四年(1945)創修,重修本。
湖北　猶他

[漢川]讓龍灣讓氏族譜
讓龍灣讓氏族譜創修委員會編
2012 年照排本
湖北

饒

[大冶]饒氏宗譜不分卷
(清)饒仕河等纂修
清乾隆二十六年(1761)敦睦堂木活字本
書名據版心題。
上海(存一册)

[大冶]饒氏宗譜□□卷
(清)饒□□纂修
清道光六年(1826)敦睦堂木活字本
書名據版心、書籤題。
上海(存卷二至四)

[大冶]饒氏宗譜不分卷
(清)饒永春等纂修
清咸豐十年(1860)敦睦堂木活字本
書名據版心、書籤題。
上海(存七册)

[大冶]饒氏宗譜不分卷
(清)饒榮福等纂修
清光緒十二年(1886)敦睦堂木活字本
書名據版心、書籤題。
上海(存卷三、八、十三)

[大冶]饒氏宗譜
饒□□纂修
民國三年(1914)敦睦堂木活字本
書名據版心、書籤題。
上海(存卷首,卷三、五、八、九、十二、十五、二十二)

[大冶]饒氏宗譜
饒□□纂修
1989年雙峰堂鉛印本
書名據版心、書衣題。
湖北(存卷一、三至七、九至十二、十四、十五、十七至二十一、遷移録)

[黄岡]饒氏宗譜十四卷首二卷
饒銘武編修
1989年親睦堂木活字本
山西家譜　猶他

[麻城]饒氏宗譜六卷
(清)饒□□纂修
清光緒八年(1882)刻本
思綏草堂

[麻城]饒氏宗譜
饒□□纂修
據民國三十五年(1946)魯陰堂木活字本複印
麻城方志

[武穴]饒氏宗譜
饒□□纂修
民國二十二年(1933)篤親堂木活字本
山西家譜(缺卷二、十四)　猶他

[武穴]饒氏宗譜四十五卷
饒雲耀等纂修
民國十八年(1929)源遠堂木活字本
東洋文庫　猶他

[浠水]浠水饒氏軍籍宗譜五十一卷首七卷
饒九香、饒興芳等編修
民國二十六年(1937)五福堂木活字本
山西家譜　猶他

[浠水]浠水饒氏軍籍宗譜世傳二十六卷世系一卷首七卷
饒□□纂修
民國三十一年(1942)五福堂木活字本
思綏草堂

[浠水]浠水饒氏軍籍宗譜傳四十七卷系圖五卷首五卷
饒幼南修
1989年五福堂油印本
書名據書衣題。五修本。
湖北

[浠水]饒氏宗譜首六卷世系五卷世傳四十九卷
饒□□纂修
1990年五福堂鉛印本
湖北(缺卷四、五)

[黄梅]饒氏宗譜

饒□□纂修

雙峰堂木活字本

湖北(存卷一、三至七、九至二十一、遷移録補遺録)

[英山]饒氏宗譜十二卷首二卷

饒□□纂修

民國三十年(1941)敦睦堂木活字本

國家(缺卷首一、卷六)　山西家譜　猶他

[隨州]饒氏族譜六卷

饒元浚等纂修

民國七年(1918)木活字本

饒純毅

任

[湖北]任氏宗譜

任純生等修

2014 年五知堂照排本

十修本。

湖北

[新洲]任氏宗譜二十卷首四卷

任萬東等纂修

民國三十六年(1947)木活字本

新洲曾寨村

[新洲]任氏宗譜十八卷

任嗣黄纂修

民國三十六年(1947)木活字本

新洲馮鋪鄉

[新洲]任氏宗譜二十卷首四卷

任本義、任本奎修

1989 年五知堂木活字本

山西家譜　猶他

[新洲]任氏宗譜二十卷首四卷

任志成編修

2014 年五知堂照排本

湖北　山西家譜　猶他

[當陽]荆溪任氏家乘十二卷

任道鎔修

清光緒十五年(1889)一本堂木活字本

山西家譜　猶他

[棗陽]任崗任氏族譜不分卷

任正儒等纂修

據 1994 年鋼筆寫本複印

書名據書衣題。

棗陽　任正儒

[穀城]任氏族譜三卷

任聊芳纂修

民國二十一年(1932)銅活字本

穀城

[黄岡]任氏宗譜十九卷首四卷

任子祥纂修

民國三十六年(1947)五知堂木活字本

書名據版心題。

上海(缺卷首三、卷三、十二)

[黄岡]任氏宗譜二十卷首四卷

任嗣黄纂修

民國三十六年(1947)五知堂木活字本

山西家譜　猶他

[黄岡]任氏宗譜二十卷首四卷
任祖安等纂修
民國三十六年(1947)五知堂木活字本
國家(缺卷十三)

[麻城]任氏宗譜十二卷
任熙晃編修
民國二年(1913)五知堂木活字本
山西家譜　猶他

[麻城]任氏宗譜
任□□纂修
據1987年五知堂木活字本複印
麻城方志

榮

[麻城]榮氏宗譜九卷首四卷
榮士美、榮士清等經理
民國九年(1920)三樂堂木活字本
山西家譜(缺卷六)　猶他

[麻城]榮氏宗譜
榮□□纂修
據1996年三樂堂木活字本複印
麻城方志

[麻城]榮氏宗譜十卷首二卷
榮德立等修
1996年三樂堂鉛印本
湖北

榮王

[天門]榮王氏宗譜四卷
王法堯編纂
2005年三樂堂照排本
山西家譜　猶他

阮

[黄陂]黄陂縣阮家牌樓壪綜合史録
阮觀春編修
1997年鉛印本
湖北

[鄖西]阮氏族譜
阮班朝、阮家成主編
2014年竹林堂照排本
湖北

[保康]歇馬阮氏族譜不分卷
阮觀文纂修
2000年抄本
保康

[黄岡]阮氏宗譜十二卷
阮□□纂修
清光緒二十六年(1900)公義堂木活字本
思綏草堂

[黄岡]阮氏宗譜十二卷
阮□□纂修
民國二十五年(1936)公義堂木活字本
思綏草堂

[麻城]阮氏三修宗譜七卷首一卷
阮宏旺等修
清光緒二十年(1894)繼述堂木活字本
山西家譜

[麻城]阮氏宗譜

阮□□纂修

據清光緒三十三年(1907)木活字本複印

麻城方志

[武穴]阮氏宗譜

阮漢棋、阮金通主編

2010年竹林堂照排本

書名據版心題。十修本。

湖北(存卷首)

[紅安]阮氏宗譜三十二卷首一卷末一卷

阮永誠、阮徵青編修

清光緒三十三年(1907)竹林堂木活字本

書名據版心題。

國家　湖北　山西家譜　猶他

[紅安]阮氏宗譜五十九卷首二卷末一卷

合族纂修

1989年竹林堂木活字本

書名據版心、書衣題。

湖北　猶他

[通山]阮氏宗譜

合族纂修

1989年尋源堂油印本

書名據版心、書衣題。九修本。

阮長春

[通山]阮氏宗譜

阮義榮纂修

1989年油印本

書名據版心、書衣題。九修本。

阮尚高

[通山]阮氏宗譜

合族纂修

1989年竹林堂油印本

書名據版心、書衣題。四修本。

阮士善

[通山]阮氏宗譜十七卷首一卷

阮緒齊主編

2010年竹林堂照排本

十修本。

湖北(存卷首)

沙

[湘鄂川陝粵]沙氏族譜

沙貽霞、沙永松等編修

2007年汝南堂照排本

五修本。

湖北

單

[新洲]單氏宗譜

單恩富等纂修

民國二十四年(1935)木活字本

新洲單崗村

商

[武漢]商氏宗譜一卷

商□□纂修

民國間(1912—1949)益專堂鈔本

書名據函套題。記事至民國二十七年(1938)。

武漢

[新洲]商氏宗譜二十卷首一卷末一卷
商忠焕、商世全等纂修
民國三十五年(1946)木活字本
新洲洲上村

[夷陵]商氏族譜不分卷
商克勤主修
2006年追遠堂照排本
商克勤

[黄岡]商氏宗譜二十二卷首四卷
商良和編修
1990年三元堂木活字本
山西家譜　猶他

[麻城]麻邑東鄉商氏宗譜
商□□纂修
民國十一年(1922)解易堂木活字本
版心、書衣題"商氏宗譜"。
湖北(存卷首、首二、卷三至七)

[麻城]商氏宗譜二十六卷首二卷
商顯臣纂修
民國十二年(1923)解易堂木活字本
山西家譜　猶他

[麻城]商氏宗譜
商□□纂修
據1987年續志堂木活字本複印
四修本。
麻城方志

[黄梅]商氏民籍宗譜
(清)商映奇、(清)商務本編修
清同治三年(1864)敦本堂木活字本
國家(存卷一至三)　山西家譜　猶他

[黄梅]商氏民籍宗譜十卷
商秀書編修
民國二十九年(1940)敦本堂木活字本
山西家譜　猶他

上官

[荆門]上官氏宗譜(第一分册)
上官昌錫主編
2006年花蕚堂照排本
湖北　山西家譜　猶他

[麻城]上官宗譜八卷
上官□□纂修
民國三十二年(1943)至孝堂木活字本
思綏草堂

邵

[武昌]邵氏宗譜十四卷首二卷
邵純暇、邵鳳岐編修
民國三十三年(1944)愛樹堂木活字本
國家

[武昌]武昌北鄉邵氏宗譜十六卷
邵逸民、邵迪齋纂修
民國三十六年(1947)安樂堂石印本
書名據書籤題,版心、内封題"邵氏宗譜"。
上海　猶他

[黄岡]邵氏宗譜八卷首三卷
邵主臣、邵清臣編修
民國十九年(1930)敦本堂木活字本
山西家譜(缺卷首中、下、卷三、四)　猶他

[黄岡]邵氏聯宗族譜
邵孟堂纂修
民國三十六年(1947)木活字本
國家(存卷一上、六十九至七十五、七十七至七十九)

[黄岡]邵氏宗譜伏八公分支譜
邵士衡主編
1991年爽蔭堂鉛印本
書名據書衣題。八修本。
湖北 山西家譜 猶他

[黄岡]邵氏宗譜千四公伏六分卷
邵士衡主編
1991年爽蔭堂鉛印本
書名據書衣題。八修本。
湖北 山西家譜 猶他

[嘉魚]中華邵氏統譜二卷湖北八賢堂
邵江信等修
2014年八賢堂照排本
湖北

[竹山]新續邵氏宗譜
邵安華主編
2001年照排本
湖北

佘

[孝感]佘氏宗譜
佘□□纂修
1993年鉛印本
湖北(存卷八上)

[麻城]義門佘氏宗譜十卷首一卷
佘正陞修
清宣統二年(1910)九修堂木活字本
山西家譜 猶他

[咸寧]佘氏宗譜十五卷
佘選陞、佘壬林修
清光緒三十二年(1906)銅陵堂木活字本
山西家譜(缺二至五、七、十) 猶他

沈

[湖北]中華沈氏宗譜(譜首)
沈□□纂修
2009年照排本
湖北

[荆州]沈氏族譜
沈倫海主編
2012年三善堂照排本
湖北

[孝感]澴川沈氏宗譜二十四卷
沈用癸等纂修
民國八年(1919)木活字本
書名據書籤題,版心題"沈氏宗譜"。四修本。
國家 哥倫比亞 猶他

[孝感]沈氏宗譜十卷含卷首
沈汝霖修
民國十二年(1923)四利堂石印本
猶他

[孝感]沈氏宗譜十卷
沈興敏纂修
1989年木活字本
猶他

[應城]沈氏宗譜
沈冬祥、沈錫文纂修
1993年木活字本
書名據書衣題。
湖北

[黄岡]楚黄沈氏宗譜五十卷
沈增祺等纂修
民國三十七年(1948)木活字本
新洲周鋪村　新洲長嶺村

[黄岡]沈氏宗譜五十卷首一卷
沈慶鼇修
民國三十八年(1949)敦本堂木活字本
山西家譜(缺卷一下、二、十五、十六上下、十七、十八、二十五上、二十六、二十七、二十八上、二十九上、三十一至三十三、三十七、三十八、四十六上、四十七、四十九、五十)　猶他

[黄岡]沈氏宗譜四十三卷首一卷
沈木佑主編
1990年敦本堂木活字本
湖北　山西家譜　猶他

[麻城]沈氏宗譜十卷首一卷
(清)沈□□纂修
清同治十一年(1872)木活字本
山西家譜　猶他

[麻城]沈氏宗譜六卷
(清)沈□□纂修
清同治十二年(1873)敦本堂木活字本
山西家譜　猶他

[麻城]沈氏宗譜十三卷首一卷
沈士源等修
民國八年(1919)孝友堂木活字本
書名據書衣題。三修本。
國家　湖北

[麻城]沈氏宗譜二十四卷首七卷
沈宣栽等修
民國三十三年(1944)孝友堂木活字本
書名據書衣題。
湖北

[麻城]沈氏宗譜
沈□□纂修
據1990年敦本堂木活字本複印
麻城方志

[黄梅]沈氏宗譜
沈益義、沈鵬程主編
2009年三善堂照排本
湖北(存卷一)

盛

[湘鄂贛皖陝]盛氏大成宗譜
盛□□纂修
2011年廣陵堂照排本
湖北

[黄陂]盛氏宗譜
盛雲初主編
2001年照排本
山西家譜　猶他

[黄陂北鄉]盛氏宗譜
盛雲初主編
2013年廣陵堂之積厚分堂照排本
湖北

[新洲]盛氏宗譜四卷首一卷
盛成傑總編
1994年務本堂木活字本
山西家譜　猶他

[麻城]盛氏宗譜七卷首一卷末一卷
盛安淮、盛安炳編修
民國六年(1917)務本堂木活字本
書名據書衣題。
湖北　山西家譜　猶他

[麻城]盛氏宗譜
盛□□纂修
據1994年務本堂木活字本複印
麻城方志

施

[湖北]施氏宗譜
施□□纂修
民國間(1912—1949)宗伯堂木活字本
國家(存卷三十五至四十七、五十至五十七、五十九至七十)

[武漢]施安培家世譜系録
施安培纂修
2000年照排本
上海

[新洲]施氏宗譜七十卷
施萬朗、施意誠纂修
民國三十五年(1946)木活字本
新洲觀塘村

[新洲]施氏宗譜七十卷首五卷
施馥階、施緒禮纂修
民國三十五年(1946)木活字本
新洲洲上村

[新洲]施氏宗譜六十五卷
施長容纂修
民國三十六年(1947)刻本
新洲施崗村

[安陸]安陸施姓族譜
施方青主編
2014年照排本
湖北

[黄岡]施氏宗譜八卷首一卷
施子卿等纂修
民國三十五年(1946)宗伯堂木活字本
國家

[麻城　黄岡]施氏宗譜二十四卷首七卷
施祚芬等纂修
民國三十五年(1946)宗伯堂木活字本
書名據版心、目録題。
武漢(存卷首、卷一至五、七)　山西家譜　猶他

[麻城]施氏宗譜
施緒禮修
民國三十五年(1946)宗伯堂木活字本
山西家譜(存卷首一至五、七)　猶他

[麻城]施氏宗譜
施□□纂修
據民國三十五年(1946)宗伯堂木活字本複印
麻城方志

[麻城]施氏宗譜七十卷首八卷又二卷
施祚芬、施緒禮修
民國三十六年(1947)宗伯堂木活字本
國家　山西家譜　猶他

[麻城]施氏宗譜五十九卷首二卷
施鑫宗、施志忠總編
1991年宗伯堂木活字本
山西家譜　猶他

[麻城]施氏宗譜六十九卷首二卷末一卷
施惠雨主編
1991年宗伯堂鉛印本
書名據書衣題。
湖北(存卷首二卷、卷一至五十九)

[麻城]施氏宗譜
施恢友修
2011年宗伯堂照排本
湖北

[麻城]施氏宗譜
施□□纂修
2014年宗伯堂照排本
山西家譜(存卷六、八、十四至十八、二十三至二十五)　猶他

石

[湖北]石氏總志
石懷琳、石迪吉等纂修
1989年教義堂鉛印本
續修本。
湖北

[新洲]石氏支譜六卷首一卷末一卷
石□□纂修
民國三十五年(1946)木活字本
新洲石橋村

[新洲]石氏宗譜十二卷首一卷
石身椿總編修
1990年恭謹堂油印本
四修本。
湖北(缺卷一)

[大冶]武威石氏宗譜二卷首一卷
(清)石忠烈等纂修
清同治七年(1868)恭儉堂木活字本
書衣題"石氏宗譜"。
哥倫比亞　猶他

[大冶]武威魯莊石氏宗譜
(清)石金川纂修
清光緒三年(1877)恭儉堂木活字本
猶他

[大冶]石氏續修宗譜七卷及卷首
(清)石隆熾修
清光緒十三年(1887)忠孝堂木活字本
國家　猶他

[大冶]石氏宗譜七卷首一卷
石教臣修
1989年忠孝堂油印本
山西家譜(缺卷二)　猶他

[松滋]石氏家志四十卷首一卷
石國礎等主修
1990年六順堂鉛印本
山西家譜　猶他

[大冶]石氏宗譜二十七卷
石教綸等修
2013 年敦義堂照排本
湖北

[漢川]石氏宗譜
石懷超等修
2013 年照排本
湖北

[黄岡]石氏宗譜十二卷
石心源纂修
民國七年(1918)恭謹堂木活字本
書名據版心、書衣題。
上海

[黄岡]石氏宗譜十二卷首二卷末一卷
石忠林等修
民國三十三年(1944)恭謹堂木活字本
國家　山西家譜　猶他

[黄岡]石氏宗譜十二卷首二卷末一卷
石自炳等修
民國三十三年(1944)恭謹堂木活字本
山西家譜　猶他

[黄岡]石氏宗譜十二卷首二卷
石身春總編
1990 年恭謹堂木活字本
山西家譜　猶他

[麻城]石氏宗譜八卷首一卷
石勝熙、石生發等修
民國二十三年(1934)純臣堂木活字本
書名據版心、書衣題。
國家　上海　山西家譜　猶他

[麻城]石氏宗譜
石□□纂修
2001 年六順堂照排本
麻城方志

[麻城]石氏宗譜
石□□纂修
民國十年(1921)純臣堂木活字本
麻城方志

[崇陽]重修石氏宗譜九卷
石西亭等纂修
民國間(1912—1949)武威堂木活字本
書名據書籤題,版心題“石氏宗譜”。
國家

[仙桃]石氏宗譜八卷首一卷
石文煥主修
民國二十六年(1937)武威堂木活字本
書名據版心題,内封題“家乘全書”。
武漢(存卷首、卷二)　山西家譜　猶他

[仙桃]石氏族譜八卷首一卷
石聲濤修
民國三十六年(1947)木活字本
山西家譜(存卷首、卷二)　猶他

[仙桃]石氏族譜
石本良等修
2005 年照排本
三修本。
湖北

[仙桃]石氏族譜
石根遠等編修
2005 年照排本
三修本。
湖北

[仙桃]石氏族譜
石根遠等編著
2006 年鉛印本
三修本補充版。
湖北

[天門　漢陽]石氏宗譜二十四卷附一卷
石永銘修
民國十七年(1928)醇謹堂木活字本
山西家譜　猶他

[宣恩]石氏族譜
石自柏等修
2015 年照排本
湖北

史

[新洲]史氏宗譜六卷
史正生等纂修
民國九年(1920)木活字本
新洲萬崗村

[新洲]史氏宗譜十四卷首三卷
史宗臣編修
1990 年敦本堂木活字本
山西家譜　猶他

[新洲]史氏宗譜十四卷首三卷
史新詠主編
2013 年敦本堂照排本
湖北

[鍾祥]史氏族譜
史思高等纂修
1999 年鉛印本
鍾祥檔

[黄岡]史氏宗譜六卷
(清)史志福、(清)史志道編修
清光緒八年(1882)木活字本
山西家譜　猶他

[黄岡]史氏宗譜六卷首二卷又六卷
史明旭等修
民國九年(1920)骨鯁堂木活字本
山西家譜　猶他

[黄岡]史氏族譜十五卷首一卷
史澤雄等編修
1989 年三忠堂木活字本
書名據版心題。五修本。
湖北

[黄岡]史氏宗譜二十五卷首一卷
史啓漢等編修
1993 年敦本堂木活字本
山西家譜　猶他

[麻城]史氏宗譜
史□□纂修
據民國八年(1919)骨鯁堂木活字本複印
麻城方志

[麻城]史氏宗譜六卷首一卷
史明倫等纂修
民國九年(1920)骨鯁堂木活字本
國家

[羅田]史氏家乘
史智鵬編著
2007 年照排本
湖北

[仙桃]史氏宗譜八卷
史□□纂修
1996 年溧陽堂鉛印本
書名據版心題。
湖北

[天門]史氏宗譜九卷
史載瓊、史紀選、史紀令編修
1991 年溧陽堂鉛印本
書名據版心題。
湖北

史黄

[新洲]史黄氏宗譜十四卷首三卷
黄新咏主編
2013 年敦本堂照排本
六修本。
湖北

[黄岡]史黄氏宗譜十卷
黄國平主編
2005 年大度堂照排本
湖北

舒

[陽新]舒氏宗譜
舒誠松主編
2007 年注經堂照排本
續修本。
湖北(存卷首、四)

[興山建陽坪]三峽舒氏愷七公族譜考修
舒德焱編著
2012 年照排本
湖北　山西家譜　猶他

[黄岡]舒氏中分譜十八卷首二卷
合族同修
清同治四年(1865)敦睦堂木刻本
山西家譜　猶他

[黄岡]岡邑舒氏宗譜
舒□□纂修
清光緒十九年(1893)梓溪堂刻本
黄岡檔

[黄岡]岡邑舒氏宗譜
舒啓焜等纂修
民國九年(1920)梓溪堂刻本
黄岡檔

[黄岡]岡邑舒氏宗譜
舒明良等纂修
民國三十五年(1946)梓溪堂刻本
黄岡檔

[黄岡]舒氏宗譜二十二卷首三卷
舒邦彦主編
1990 年敦睦堂木活字本
山西家譜　猶他

[武穴]舒氏宗譜六卷
(清)舒履純修
清道光七年(1827)達尊堂木活字本
山西家譜(缺卷五)　猶他

[武穴]舒氏宗譜六卷
(清)舒浩、(清)舒梅修
清道光二十七年(1847)達尊堂木活字本
山西家譜　猶他

[武穴]舒氏大成宗譜十三卷首十卷
舒文菁修
民國三十六年(1947)五常堂木活字本
國家　山西家譜　猶他

帥

[麻城]帥氏宗譜六卷
(清)帥□□纂修
清咸豐八年(1858)木活字本
山西家譜(缺卷四)　猶他

[麻城]帥氏宗譜八卷
帥□□纂修
清光緒二十一年(1895)感德堂木活字本
山西家譜(缺卷六)　猶他

[紅安]帥氏族譜八卷首二卷
帥訓高、帥紹榮等修
清光緒十年(1884)追遠堂木活字本
山西家譜

[黃梅]黃梅帥氏支譜八卷
(清)帥宗枚纂修
清同治二年(1863)怡怡堂木活字本
書名據内封題,書籤題"帥氏支譜"。
南京

[黃梅]帥氏宗譜
帥元甲主修
1995年怡怡堂鉛印本
湖北

帥余

[麻城]帥余氏宗譜十卷
帥方茹、帥安良修
民國三十六年(1947)感德堂木活字本
書衣題"帥余宗譜"。
山西家譜　猶他

水

[武昌]水氏宗譜
水祖培修
民國二年(1913)六一堂本
武漢　猶他

[武昌]水氏宗譜
水世闓修
2003年照排本
湖北

宋

[湖北]宋氏家乘
宋□□纂修
民國間(1912—1949)梅賦堂木活字本
國家(存卷六至八、十三、十七)

[武漢]宋家家乘三卷
宋用潛纂修
清光緒二十八年(1902)抄本
書名據版心、内封題。
科學　猶他

[武昌]宋氏宗譜
宋□□纂修
清光緒三十三年(1907)並第堂木活字本
山西家譜(存卷首) 猶他

[陽新]宋氏宗譜十卷首一卷
宋盛儀修
民國二十三年(1934)京兆堂木活字本
猶他

[黄岡]宋氏宗譜
宋□□纂修
清光緒十五年(1889)抄本
山西家譜 猶他

[黄岡]宋氏宗譜首三卷後各房分卷
宋聞學纂修
清光緒三十三年(1907)敦睦堂木活字本
山西家譜 猶他

[黄岡]宋氏宗譜七十五卷首五卷
宋□□纂修
民國四年(1915)敦睦堂木活字本
國家(缺卷一、三十八)

[黄岡]宋氏宗譜七十六卷首一卷
宋明祥修
民國四年(1915)敦睦堂木活字本。
山西家譜(缺卷首[墓圖]、卷一、三十八)
猶他

[黄岡]楚北宋氏宗譜八卷世系八卷
宋國楨、宋鶴齡纂修
民國十七年(1928)賦梅堂木活字本
書名據書籤題,版心、内封題"宋氏宗譜"。
上海

[黄岡]鄂東黄岡宋氏宗譜七十九卷首五卷
宋從先、宋自兆纂修
民國三十四年(1945)木活字本
新洲施楊村 新洲富興村

[黄岡]宋氏宗譜七十六卷首七卷
宋清臣修
1990年敦睦堂木活字本
山西家譜(缺卷十、四十二至四十六)
猶他

[黄岡]宋氏宗譜七十五卷首七卷
宋崇文修
1990年敦睦堂木活字本
猶他

[黄岡]宋氏宗譜十七卷
宋士燕修
1993年敦睦堂木活字本
六修本。
湖北 山西家譜 猶他

[黄岡]宋氏宗譜十三卷首一卷
宋又强修
2010年敦睦堂照排本
猶他

[黄岡]宋氏宗譜六卷首一卷附大房大觀北分支譜一卷
宋金林修
2010年敦睦堂照排本
山西家譜 猶他

[麻城]宋氏宗譜十九卷首三卷
宋□□纂修
民國三十一年(1942)賦梅堂木活字本
國家(缺卷首一、卷三、五)　山西家譜　猶他

[麻城]宋氏宗譜二十一卷
宋濟臣修
據民國三十四年(1945)木活字本複印
麻城方志

[紅安]宋氏宗譜
宋□□纂修
民國三十八年(1949)作賓堂木活字本
國家(存卷二十一)

[蘄春]宋氏宗譜四卷
宋文泉、宋文清編修
清光緒三十年(1904)京兆堂木活字本
山西家譜(缺卷三)　猶他

[英山]宋氏宗譜十二卷首二卷
(清)宋光清編修
清同治六年(1867)永友堂木活字本
國家　山西家譜　猶他

[英山]宋氏宗譜十卷
宋盛義編修
民國二十三年(1934)京兆堂木活字本
國家(缺卷六)　山西家譜　猶他

[赤壁]宋氏宗譜
宋來智等修
2012年京兆堂照排本
湖北(存卷九、十七)

[嘉魚]宋氏宗譜
宋光才等修
2011年雙元堂照排本
湖北

蘇

[湖北]蘇氏續修族譜二卷首二卷
蘇世潘纂修
清光緒三十年(1904)武功堂木活字本
書名據版心題,內封題"蘇氏族譜"。
上海

[湖北]蘇氏宗譜八卷
蘇□□纂修
民國間(1912—1949)坡頤堂木活字本
國家

[武昌]蘇氏宗譜
蘇善夫修
民國十一年(1922)白玉堂木活字本
山西家譜　猶他

[武昌]蘇氏宗譜不分卷
蘇善夫纂修
民國十二年(1923)白玉堂木活字本
書名據版心題。
武漢(存一册)

[松滋]蘇氏宗譜十卷首二卷
蘇□□纂修
民國三十一年(1942)文貞堂木活字本
山西家譜　猶他

[監利]蘇氏族譜
蘇賢光、蘇賢沛、蘇賢榮等主修
1989 年武功堂鉛印本
書名據版心、書衣題。
湖北(缺卷一、三、七至十一)

[孝感]蘇氏宗譜
蘇氏宗譜纂修理事會編
1997 年眉山堂鉛印本
孝感　孝南

[黄岡]蘇氏宗譜十四卷首二卷
蘇承宏、蘇開選修
1994 年四戒堂木活字本
山西家譜　猶他

[麻城]蘇氏宗譜八卷首二卷
蘇肇元修
清光緒十八年(1892)坡頤堂木活字本
山西家譜　猶他

[麻城]蘇氏宗譜七卷首一卷
蘇如壽修
清光緒十八年(1892)坡頤堂木活字本
國家(缺卷二、四)

[麻城]蘇氏宗譜八卷首二卷
蘇如壽修
清光緒三十一年(1905)坡頤堂木活字本
山西家譜　猶他

[麻城]蘇氏宗譜十九卷首三卷
蘇必有、蘇先忠修
1990 年坡頤堂鉛印本
山西家譜　猶他

[團風]蘇氏宗譜十九卷首三卷
蘇俊超、蘇楚卿等主修
1990 年坡倫堂鉛印本
書名據版心、書衣題。四修本。
湖北(缺卷十八)

[天門]蘇氏族譜十二卷首一卷
蘇賢光、蘇賢沛等主修
1989 年武功堂鉛印本
書名據版心、書衣題。
湖北(缺卷二)

孫

[湖北]孫氏族譜
(清)孫□□纂修
清光緒間(1875—1908)木活字本
國家(存卷九、十、十九、二十一、二十三)

[湖北]馬良孫氏族譜
孫萬國纂修
1999 年鉛印本
保康

[武昌]孫氏宗譜十六卷首六卷
孫□□纂修
民國三十二年(1943)仁恕堂木活字本
思綏草堂

[黄陂]孫氏族譜六卷首一卷末一卷
孫文仕、孫光俊等修
民國十三年(1924)木活字本
山西家譜　猶他

[新洲]孫氏宗譜二十四卷
孫其典纂修
民國三十六年(1947)木活字本
三修本。
新洲烏鉢窑村

[新洲]孫氏宗譜不分卷
孫正華、孫正啓纂修
民國三十七年(1948)木活字本
新洲楊崗村

[竹山]崇先堂孫氏宗譜續編
孫坤明編修
2008年崇先堂照排本
山西家譜　猶他

[石首]孫佑兹家譜表
孫佑兹修
1980年寫本
猶他

[宜昌]孫氏派譜不分卷
(清)孫增榮纂修
清光緒六年(1880)桐梧堂木活字本
書名據版心題。
宜昌檔

[夷陵]孫氏族譜
孫□□纂修
兵法堂本
周功華

[黄岡]孫氏族譜五十二卷
孫允鶴、孫允懷等修
民國十六年(1927)木活字本
國家　山西家譜　猶他

[黄岡]孫氏宗譜二十四卷首二卷
孫有品等編修
民國三十六年(1947)映雪堂木活字本
國家　山西家譜　猶他

[黄岡]孫氏宗譜十六卷
孫交炎、孫太池主編
1994年世隆堂木活字本
書名據版心、書衣題。五修本。
湖北

[黄岡]孫氏宗譜首七卷各房分卷
孫保成總編
1995年樂安堂木活字本
書名據書衣題。十修本。
湖北　山西家譜　猶他

[黄岡]孫氏宗譜四卷
孫光英主編
1999年樂安堂鉛印本
書名據書衣題。
湖北

[黄岡]孫氏族譜十二卷
孫耀超主編
2010年敦睦堂照排本
十三修本。
湖北　山西家譜　猶他

[黄州]孫氏族譜三十四卷首一卷
孫廣墉纂修
民國三十六年(1947)敦睦堂木活字本
書名據版心、書衣題。
湖北博

[麻城]孫氏宗譜六卷
孫士貞纂修
清宣統二年(1910)金聲堂木活字本
山西家譜　猶他

[麻城]孫氏宗譜
孫□□纂修
據清宣統二年(1910)金聲堂木活字本複印
麻城方志

[麻城]孫氏宗譜八卷
孫濟川、孫瑞廷等修
民國六年(1917)映雪堂木活字本
山西家譜　猶他

[浠水]孫氏三修族譜十二卷
孫祖培編修
民國二十四年(1935)穀詒堂木活字本
山西家譜　猶他

[蘄春]孫氏宗譜四卷又二十二卷首二卷
孫樹桂修
民國十六年(1927)富春堂木活字本
山西家譜(缺卷二、四、十六、十八)　猶他

[團風]孫氏宗譜三十四卷首二卷
孫崇鈺等修
民國三十六年(1947)敦睦堂木活字本
書名據書衣題。
湖北(缺卷首下、卷七、十、十五、十六、十九、二十七、二十九至三十三)

[通山]孫氏宗譜三十六卷
孫氏富春堂大坪譜局纂修
1995年富春堂鉛印本
書名據版心、書衣題。三十一修本。
孫小陽

[崇陽]孫氏宗譜三十卷首一卷
孫振基等纂修
民國八年(1919)富春堂木活字本
書名據版心題。六修本。
武漢(存卷首、卷八至十三)　山西家譜　猶他

[天門]孫氏宗譜
孫慶橋主編
2012年樂安堂照排本
山西家譜　猶他

[江漢平原]樂安堂孫氏宗譜四卷附卷首一卷
孫慶橋主編
2010年樂安堂照排本
湖北

孫舒

[天門]孫舒宗聯譜四卷首一卷
孫子德總編
2011年敦睦堂照排本
山西家譜　猶他

談

[黄岡]談氏宗譜六卷
(清)談永成纂修
清同治十三年(1874)木刻本
山西家譜　猶他

[黄岡]談氏宗譜十二卷
談佐鈞修
民國二十五年(1936)木活字本
山西家譜　猶他

[黄岡]談氏宗譜十二卷
談□□纂修
民國間(1912—1949)木活字本
書名據書衣、版心題。
上海　尋源姓氏

[黄岡]談氏宗譜
談□□纂修
民國間(1912—1949)木活字本
山西家譜(存卷一、三至九、十二)　猶他

[黄岡]談氏宗譜二十一卷
談安山主修
1991 年木活字本
山西家譜(存卷一至九)　猶他

[麻城]談氏宗譜三卷首一卷
談□□纂修
民國八年(1919)授聖堂木活字本
思綏草堂

譚

[新洲]譚氏宗譜四卷
譚仁愷等纂修
民國三十六年(1947)刻本
新洲沙畈村

[荆州]譚氏族譜十二卷首二卷
譚寶寅纂修
民國五年(1916)三仕堂木活字本
書名據版心、書衣題。五修本。
湖北

[松滋]譚氏宗譜
譚道盛主編
2008 年齋郡堂照排本
湖北

[夷陵]譚氏族譜
譚□□纂修
弘農堂木活字本
譚宏清

[夷陵]譚氏五修族譜
譚□□纂修
木活字本
譚昌群

[漢川]譚氏宗譜八卷
譚繼輝等修
1997 年平陵堂木活字本
書名據書衣題。
湖北　猶他

[黄岡]譚氏宗譜十卷首三卷
譚振太、譚振武編修
1988 年中和堂續修木活字本
山西家譜　猶他

[通山]譚氏宗譜二十四卷
譚氏萬松堂纂修
1989 年萬松堂油印本
版心題"譚氏宗譜"。八修本。
譚利南

[通城]譚氏宗譜三十五卷首二卷
譚宗籍、譚振華等編修
民國三十一年(1942)齊郡堂木活字本
書名據版心題。五修本。
湖北(存卷首上、下)

[巴東]弘農譚氏源流
譚□□纂修
清咸豐十年(1860)絹質稿本
書名據版心題。
譚金魁

[巴東]譚氏家譜
譚金魁纂修
2001 年稿本
譚金魁

[仙桃]譚氏族譜十二卷首一卷
譚□□纂修
民國九年(1920)弘農堂木活字本
書名據版心、書衣題。
湖北

湯

[武昌]湯氏宗譜五卷
湯有光等纂修
民國三十七年(1948)日新堂石印本
書名據版心題,内封題"家乘全書"。三修本。
國家

[武昌]湯氏宗譜五卷首一卷
湯鴻樹主修
1995 年日新堂木活字本
山西家譜　猶他

[黄陂]湯氏宗譜
湯□□纂修
清光緒二十九年(1903)玉茗堂木活字本
山西家譜(存卷一至六、八、九)　猶他

[黄陂]湯氏宗譜
湯□□纂修
約民國二十六年(1937)玉茗堂木活字本
國家(存卷首傳記、世系五、七、九)　山西家譜　金華家譜(存卷首傳記、世系五、七、九、補一、三、四、八)　猶他

[黄陂]湯氏宗譜二十卷
湯□□纂修
1998 年玉茗堂活字本
書名據書衣題。續修本。
湖北

[監利]湯氏宗譜
湯□□纂修
1989 年九如堂鉛印本
書名據版心、書衣題。
湖北(存卷九)

[孝感]湯氏宗譜
湯□□纂修
1988 年中山堂鉛印本
湖北(存卷二至十三)　山西家譜　猶他

[孝感]湯氏宗譜
湯□□纂修
1989 年中山堂鉛印本
書名據版心、書衣題。
湖北(存卷九)　猶他

[孝感]湯氏宗譜十三卷
湯成博纂修
1994 年中山堂鉛印本
山西家譜　猶他

[麻城]湯氏宗譜十六卷
湯金典編修
民國十九年(1930)濬哲堂木活字本
山西家譜　猶他

[蕲春]湯氏宗譜二十四卷首一卷
湯裕奎編修
清光緒十九年(1893)中山堂木活字本
國家(存卷首、卷四上、中、下)　山西家譜　猶他

[仙桃]湯氏宗譜二卷
湯崇新、湯正興、湯全中等編修
2014 年中山堂照排本
六修本。
湖北

唐

[武昌]唐氏宗譜二十卷首三卷
唐□□纂修
民國二十三年(1934)世德堂木活字本
山西家譜　猶他

[武昌]唐氏宗譜三十卷
唐金華等修
2014 年重倫堂本
湖北(存卷首、卷五至十一、十三至二十五、二十七至三十)

[漢陽]唐氏宗譜六卷
唐顯章總編
民國三十八年(1949)晋陽堂鉛印本
書名據版心題。四修本。
湖北

[江夏]唐氏宗譜四卷首一卷
唐因開、唐因亳修
民國十九年(1930)晋陽堂木活字本
書名據版心、書衣題。續修本。
湖北

[江夏]唐氏宗譜四卷首一卷
唐新椿修
1994 年晋陽堂鉛印本
書名據版心、書衣題。三修本。
湖北

[新洲]唐氏宗譜
唐江濤、唐秀清等纂修
民國七年(1918)木活字本
譜初修於清康熙三十六年(1697)。
新洲李曼村

[監利]唐氏總譜不分卷
唐傳德總編修
1988 年横經堂木活字本
書名據版心、書衣題,内封題“唐氏家乘”。
湖北(存二十九卷)

[江陵]唐氏族譜
唐祖培修
1972 年寫本
猶他

[沙洋]唐氏家譜
唐永耀主編
2006 年照排本
五修本。
湖北

[黄州]唐氏宗譜三十五卷
唐幹廷、唐静山纂修
1991 年平陽堂木活字本
書名據版心題,書衣題“唐氏宗譜”。三修本。
唐幹廷

[麻城]唐氏四修宗譜六卷首四卷
唐曉珊編修
民國十二年(1923)合德堂木活字本
山西家譜(存卷六)　猶他

[麻城]唐氏宗譜十二卷首一卷
唐積信等修
民國二十一年(1932)勤儉堂木活字本
國家　山西家譜　猶他

[麻城]唐氏宗譜七卷首四卷
唐清注纂修
民國三十四年(1945)本源堂木活字本
山西家譜　猶他

[麻城]唐氏宗譜
唐天榜、唐惠仁等纂修
民國三十四年(1945)揖讓堂木活字本
山西家譜　猶他

[麻城]唐氏宗譜四卷首三卷
唐彩雲纂修
民國三十五年(1946)勤儉堂木活字本
山西家譜　猶他

[麻城]唐氏宗譜
唐□□纂修
據1995年木活字本複印
麻城方志

[紅安]唐氏宗譜六卷
唐百盛編修
清宣統二年(1910)晉陽堂木活字本
山西家譜　猶他

[羅田]唐氏宗譜七卷首三卷
唐雙承等編修
清光緒十九年(1893)合德堂木活字本
山西家譜　猶他

[羅田]唐氏宗譜
唐懨未編修
民國三十二年(1943)合德堂木活字本
山西家譜　猶他

[咸寧]中華唐氏通譜湖北省咸寧分卷
唐繼乾修
2012年晉陽堂照排本
湖北(存卷首、卷九)

[天門]唐氏先人傳
唐振良修
2014年抄本
湖北

陶

[湖北]陶氏宗譜四十四卷
陶守珩等修
民國三十六年(1947)陶氏五柳堂木活字本
山西家譜　猶他

[湘鄂]陶氏族譜十九卷首五卷
陶海晏等修
2014年五柳堂照排本
四修本。
湖北(缺卷十四)

[武漢陽邏]陶氏宗譜雁行本
陶濟安修
1993年五柳堂鉛印本
書名據書衣題。
湖北　猶他

[新洲]陶氏宗譜
(清)陶□□纂修
清同治間(1862—1874)木活字本
湖北(存卷二、三、五至七、十一、十三、十五、十七至十九)

[新洲]六甲支譜陶氏八卷
陶早茂等纂修
清光緒二十三年(1897)刻本
新洲桃花寨村

[新洲]陶氏宗譜三十卷
陶鳳笙等纂修
民國十八年(1929)木活字本
新洲桃花寨村

[新洲]陶氏家史十一卷首二卷
陶守詢、陶德懷等修
1987年五柳堂木活字本
湖北

[夷陵]陶氏族譜
合族同修
民國十七年(1928)愛菊堂木活字本
熊林章

[黄岡]陶氏三甲譜六卷首一卷
(清)陶宜魁、(清)陶宜海等修
清光緒二十三年(1897)木活字本
山西家譜　猶他

[黄岡]陶氏宗譜二十四卷
陶華午、陶華元等修
民國三十三年(1944)石印本
山西家譜　猶他

[黄岡]陶氏宗譜四十四卷
陶守珩等纂修
民國三十七年(1948)五柳堂木活字本
書名據版心題。
武漢　山西家譜　猶他

[黄岡]陶氏族譜十八卷首二卷末一卷
陶□□纂修
民國三十八年(1949)五柳堂木活字本
國家

[麻城]陶氏宗譜不分卷
(清)陶啓華、(清)陶啓高等編修
清咸豐九年(1859)刻本
山西家譜　猶他(存三至六房)

[麻城]陶氏宗譜不分卷
(清)陶□□纂修
清咸豐九年(1859)刻本
國家

[麻城]陶氏宗譜二十一卷首一卷末一卷
(清)陶之楠、(清)陶之樂修
清同治八年(1869)刻本
書名據版心題。
湖北(存卷二、三、五、六、十一、十三、十五、十七至十九)　山西家譜　猶他

[麻城]陶氏宗譜
(清)陶□□纂修
清光緒二十二年(1896)刻本
山西家譜(存卷一、二、五、七、九、十、十三、十四、十六、十九、二十、二十三至二十五)
猶他

［麻城］陶氏宗譜
（清）陶懋垌纂修
清光緒二十二年（1896）刻本
國家（存卷二、十三、十四）

［麻城］陶氏八甲譜
（清）陶□□纂修
清光緒二十四年（1898）木活字本
山西家譜　猶他

［麻城］陶氏宗譜四卷首二卷
陶鳴金、陶懋德等編修
民國四年（1915）敬畏堂木活字本
山西家譜　猶他

［麻城］陶氏宗譜二十一卷首一卷末一卷
陶獻徽等修
民國四年（1915）木活字本
山西家譜　猶他

［麻城］陶氏宗譜七卷首一卷
陶□□纂修
民國十五年（1926）五柳堂木活字本
思綬草堂

［麻城］陶氏宗譜七卷首一卷
陶興麒纂修
民國十五年（1926）五柳堂木活字本
國家　山西家譜　猶他

［麻城］陶氏宗譜二十一卷首一卷末一卷
陶獻徽等修
民國三十五年（1946）木活字本
國家　思綬草堂　山西家譜　猶他

［麻城］陶氏宗譜四卷首二卷
陶明貴、陶明清等編修
民國三十五年（1946）敬畏堂木活字本
山西家譜　猶他

［麻城］陶氏宗譜二十六卷首四卷末一卷
陶□□纂修
民國三十七年（1948）五柳堂木活字本
國家

［麻城］陶氏宗譜十卷首二卷末一卷
陶首燚、陶存鼎等修
民國三十八年（1949）五柳堂木活字本
山西家譜　猶他

［麻城］陶氏宗譜三十卷首四卷
陶早德、陶登亮等修
1988年五柳堂木活字本
湖北　山西家譜　猶他

［麻城］陶氏宗譜九卷首一卷
陶德深總編
1999年五柳堂木活字本
山西家譜　猶他

［麻城］陶氏宗譜
陶□□纂修
2004年五柳堂照排本
麻城方志

［武穴］陶氏宗譜
陶懋玫修
1990年五柳堂木活字本
書名據書衣題。六修本。
湖北

[蘄春]陶氏宗譜二十七卷首六卷
陶蔭池總修
民國十四年(1925)木活字本
山西家譜　猶他

[蘄春]陶氏宗譜三十一卷
陶坤雲、陶敦國總修
1993年五柳堂木活字本
山西家譜　猶他

[英山]陶氏宗譜六卷
陶大輝、陶大季等編修
民國三十年(1941)五柳堂木活字本
山西家譜　猶他

滕

[新洲]滕氏宗譜
滕練成纂修
民國二十六年(1937)木活字本
新洲滕榨村

[黄岡]楚黄滕氏宗譜八卷首二卷
滕先炎修
民國二十六年(1937)忠直堂木活字本
版心、書衣題"滕氏宗譜"。
山西家譜　猶他

[黄岡]滕氏族譜
滕良淞修
2010年忠繡堂照排本
猶他(存卷一)

田

[湖北]田氏宗譜
田祝三等纂修
民國三十六年(1947)紫荊堂木活字本
書名據書衣題。
建始

[武漢]田氏宗譜
田吉燠等纂修
民國三十八年(1949)紫荊堂木活字本
書名據書衣題。
武漢方志

[監利]田氏家譜文化十一卷
田新堂等修
2014年照排本
湖北

[夷陵]田氏族譜
(清)田□□纂修
清咸豐三年(1853)紫荊堂刻本
周功華

[夷陵]夷陵田氏簡譜
田清心、田清志續修
民國九年(1920)木活字本
田安新

[長陽]長陽白沙坪田氏族譜六卷
(清)田宗達等主修
清光緒七年(1881)刻本
長陽宗教局

[長陽]田氏族譜不分卷
田鳳陽、田開朗等纂修
清光緒三十年(1904)雁門堂木活字本
書名據版心、内封、書衣題。
湖北(存十七卷)

[長陽]長陽天池口田氏族譜不分卷
田□□纂修
民國二年(1913)抄本
長陽宗教局

[長陽]長陽桃山田氏族譜不分卷
田□□纂修
刻本
長陽宗教局

[鄂州]田氏宗譜二十六卷
田輔堤等主修
1994年紫荆堂鉛印本
書名據版心題。三修本。
鄂州博　山西家譜

[鍾祥]報本堂坊鎮田氏家譜不分卷
(清)田增生等纂修
清道光九年(1829)抄本
書名據書衣題。
鍾祥

[鍾祥]報本堂坊鎮田氏家譜
田祥貴等纂修
2000年抄本
鍾祥

[漢川]田氏宗譜三十九卷首二卷
田海章、田運早、田祖發、田想苟纂修
1989年荆樹堂木活字本
書名據版心、書衣題。
湖北

[雲夢]田氏宗譜二卷
田錫爵纂修
據民國三十六年(1947)荆樹堂石印本複印
書名據版心題。
湖北(存卷下)

[麻城]田氏宗譜十卷末一卷
(清)田光斗編修
清咸豐二年(1852)木活字本
山西家譜　猶他

[麻城]田氏宗譜十卷
(清)田佩蘭等編修
清光緒二十三年(1897)紫荆堂木活字本
山西家譜　猶他

[麻城]田氏宗譜四卷首二卷
田□□纂修
清宣統三年(1911)紫荆堂木活字本
國家

[麻城]田氏宗譜十二卷首一卷
田鳳鳴、田彩亭等修
民國十七年(1928)紫荆堂木活字本
書衣題"田氏二世祖鎮系宗譜"。
山西家譜　猶他

[麻城]田氏宗譜五十二卷
田稚鳳纂修
民國二十九年(1940)紫荆堂木活字本
山西家譜　猶他

[麻城]田氏宗譜
田世安纂修
1985年紫荆堂木活字本
麻城方志

[麻城]田氏宗譜
田□□纂修
荆樹堂木活字本
湖北(存卷下)

［蘄春］田氏宗譜七十卷首二卷
田必焌等纂修
民國十二年(1923)木活字本
山西家譜　猶他

［蘄春］久長山田氏宗譜
田必敬修
民國十二年(1923)木活字本
書名據書衣題。
湖北(存卷首)

［蘄春］田氏宗譜
田鑫修
2009年文盛堂照排本
九修本。
湖北

［來鳳］土家族田姓史料
合族纂修
1995年鉛印本
書名據版心、書衣題。
來鳳

［鶴峰］容美田氏歷代世系不分卷
田□□纂修
抄本
書名據書衣題。
恩施

童

［湖北］童氏宗譜
(清)童□□纂修
清光緒間(1875—1908)刻本
國家

［武昌］童春暉堂家乘分卷
童德鴻纂修
民國二十年(1931)春暉堂鉛印本
書名據版心、書衣題。
武漢　山西家譜　猶他

［武昌］童春暉堂家乘
童實秋修
民國二十年(1931)鉛印本
金華家譜　猶他

［新洲］童氏宗譜三卷
童家旺等纂修
民國三十三年(1944)刻本
新洲蔡咀村

［新洲］童氏宗譜三十六卷
童惟運主編
2014年鼎和堂照排本
湖北

［鄂州］童氏宗譜
童□□纂修
民國十七年(1928)忠孝堂木活字本
國家

［黄岡］黄岡童氏宗譜□卷
(清)童□□纂修
清敦本堂刻本
黄岡檔(存九卷)

［黄岡］童氏宗譜三十三卷首二卷
(清)童盛烱修
清光緒十八年(1892)敦本堂石印本
山西家譜　猶他

[黄岡]童氏宗譜六卷首二卷
童承炳、童先第等修
民國十八年(1929)忠孝堂木活字本
山西家譜　猶他

[黄岡]童氏宗譜六卷首二卷
童有宏編修
民國二十二年(1933)敦本堂木活字本
山西家譜　猶他

[黄岡]黄岡童氏宗譜二十六卷首三卷
童祚志等纂修
民國三十四年(1945)木活字本
書名據版心、書衣、目録題。内封題"童氏宗譜"。三修本。
國家(缺卷二、二十)　上海

[黄岡]童氏宗譜四十四卷首四卷
童家耀修
民國三十四年(1945)敦本堂木活字本
山西家譜(缺卷六、七、十四、二十八、三十八、三十九、四十三、四十四)　猶他

[黄岡]童氏宗譜四十四卷首四卷
童□□纂修
民國三十六年(1947)敦本堂木活字本
國家(缺卷六、七、十四、二十八、三十八、三十九)

[黄岡]黄武童氏宗譜二十八卷首三卷
童水盛修
1991 年照排本
書名據書衣題。六修本。
湖北　猶他

[黄岡]童氏宗譜四十六卷
童國清主編
1991 年鼎和堂鉛印本
湖北　山西家譜　猶他

[黄岡]童氏宗譜三十九卷首三卷
童吉財修
1991 年敦本堂木活字本
山西家譜　猶他

[黄岡]童氏宗譜十六卷首一卷
童吉華主編
2013 年敦本堂照排本
湖北

[黄州]童氏宗譜十六卷首四卷
童吉佑編修
1990 年孝友堂鉛印本
書名據版心、書衣題。八修本。
湖北

[麻城]童氏宗譜
童□□纂修
據孝友堂木活字本複印
麻城方志

[麻城]童氏宗志三十九卷首四卷
童吉財等修
1991 年敦本堂木活字本
書名據書衣題。九修本。
湖北(缺卷十四、四十一)

[羅田]童氏宗譜二十六卷
童先孚纂修
民國三十一年(1942)木活字本
山西家譜　猶他

[赤壁]鴈門童氏宗譜二十八卷
童學龍修
民國三十七年(1948)敦睦堂木活字本
猶他

涂

[漢陽]涂氏宗譜十九卷首一卷
涂人俊主編
1992年三妙堂照排本
書名據版心、内封、書衣題。續修本。
湖北　猶他

[黃陂]涂氏宗譜二十九卷
涂道金纂修
民國十五年(1926)木活字本
南京

[黃陂]涂氏宗譜(涂國珍支系)
涂光鼎纂修
2012年木活字本
書名據書衣題。
湖北

[新洲]涂氏宗譜二十卷首四卷
涂增益等編修
1988年三妙堂木活字本
湖北(缺卷八)

[新洲]涂氏宗譜
涂吉安、涂焱明、涂志華編修
2010年三妙堂照排本
五修本。
湖北　山西家譜　猶他

[黃岡]涂氏宗譜
涂□□纂修
民國十五年(1926)三妙堂木活字本
山西家譜　猶他

[黃岡]涂氏宗譜不分卷首二卷
涂正鐸編修
民國三十五年(1946)三翰堂木活字本
湖北(存首二卷、世系六卷)　山西家譜
猶他

[黃岡]涂氏宗譜二十卷首二卷
涂增益總編
1988年三妙堂木活字本
書名據書衣題。
湖北　山西家譜　猶他

[黃州]涂氏宗譜十卷首四卷
涂敷林等纂修
民國六年(1917)敦厚堂木活字本
書名據版心、書衣、内封題。五修本。
武漢　山西家譜　猶他

[麻城]涂氏家譜六卷首一卷
涂德釗、涂德立等編修
民國八年(1919)三妙堂木活字本
山西家譜　猶他

[麻城]涂氏家譜六卷首二卷
涂學城、涂國柱修
民國三十年(1941)三妙堂木活字本
山西家譜　猶他

[麻城]涂氏宗譜
涂□□纂修
據1997年三翰堂木活字本複印
書名據書衣題。四修本。
麻城方志

[麻城]涂氏家譜十卷
涂永友修
1997年木活字本
山西家譜　猶他

[武穴]涂氏宗譜三十八卷
涂鍾秀等纂修
民國三十五年(1946)尊聯堂木活字本
書名據版心、書衣、内封題。
上海

[羅田]涂氏宗譜七卷首二卷
(清)涂銑督、(清)涂鏞等修
清光緒六年(1880)三妙堂木活字本
山西家譜　猶他

[羅田]涂氏宗譜
涂□□纂修
民國三十年(1941)木活字本
國家(存卷一)

屠

[孝感]屠氏族譜二十五卷
(清)屠之申修
清道光七年(1827)敬齊堂木活字本
猶他

萬

[湖北　湖南]扶風堂萬氏宗譜湘鄂合修本四卷首一卷
萬祥安主編
2009年扶風堂照排本
湖北(存卷首、卷三第三本下册)

[武昌]萬氏宗譜世系二卷行傳六卷首二卷
萬鐘俊等編修
民國二十一年(1932)敦本堂木活字本
山西家譜(缺世系一卷,行傳三、四)　猶他

[武昌]萬氏宗譜十三卷首一卷
萬英三主修
民國三十七年(1948)扶風堂木活字本
山西家譜(缺卷三、四、七卷上册)　猶他

[黄陂]萬氏宗譜十三卷首二卷
萬惠民纂修
1994年天啓堂鉛印本
湖北

[新洲]萬氏宗譜十卷
萬永清纂修
民國五年(1916)敦厚堂木活字本
新洲萬崗村

[新洲]萬氏宗譜十卷首四卷
萬孝全等纂修
民國十七年(1928)木活字本
新洲幹河村

[新洲]萬氏宗譜心齋公支十卷首一卷末一卷
萬□□纂修
1997年鉛印本
書名據書衣題。八修本。
湖北

[新洲]萬氏宗譜
萬學峰、萬學仁等修
1997年鉛印本
山西家譜　猶他

[新洲]萬氏宗譜七卷末一卷
萬文福、萬濟舟等修
1999年照排本
山西家譜　猶他

[監利]萬銓公支譜五卷
(清)彭衷祥纂修
清同治十三年(1874)奇瑞堂木活字本
山西家譜　猶他

[監利]萬氏族譜
萬南芳等主編
1987年槐里堂鉛印本
書名據書衣題。
湖北　劉作忠

[監利]萬氏宗譜
萬祥安、萬齊材等主編
2008年扶風堂照排本
書名據書衣題。
湖北

[黄岡]黄岡萬氏心齋宗譜十卷首一卷
合族纂修
清光緒三十二年(1906)四賢堂刻本
版心、内封題"萬氏宗譜"。
北大

[黄岡]黄岡萬氏宗譜三卷首一卷
萬恭奎等纂修
民國十三年(1924)銅活字本
新洲萬家河口壪

[黄岡]萬氏宗譜世系圖二卷世傳六卷首二卷
萬□□纂修
民國二十一年(1932)敦本堂木活字本
國家(缺世系圖卷一、世傳卷三、四)

[黄岡]萬氏宗譜十四卷
萬必麟纂修
民國二十五年(1936)燕貽堂木活字本
書名據版心、書衣、内封題。三修本。
武漢　山西家譜　猶他

[黄岡]萬氏宗譜十三卷首三卷
萬裕本纂修
民國三十五年(1946)師孟堂木活字本
山西家譜　猶他

[黄岡]萬氏宗譜十四卷首八卷
萬成巛纂修
民國三十五年(1946)師孟堂刻本
黄岡檔

[黄岡]黄岡萬氏心齋公宗譜十卷首一卷末二卷
萬□□纂修
民國三十六年(1947)木活字本
書名據目録題，版心、書衣題"萬氏宗譜"。四修本。
上海　武漢方志　山西家譜　尋源姓氏　猶他

[黄岡]萬氏宗譜世系圖二卷世傳六卷首二卷
萬□□纂修
民國三十六年(1947)敦本堂木活字本
國家(存卷首)

[黄岡]萬氏宗譜三十八卷首三卷
萬□□纂修
民國三十六年(1947)槐里堂木活字本
國家　山西家譜　猶他

[黄岡]萬氏宗譜三十八卷首三卷
萬盛明、萬享祥等修
1992年槐里堂木活字本
山西家譜　猶他

[黄岡]萬氏宗譜十四卷首九卷
萬玉華等修
1992年師孟堂木活字本
山西家譜　猶他

[黄岡]萬氏宗譜心齋公支十卷末一卷
合族纂修
1999年鉛印本
書名據内封題。書衣題"萬氏宗譜"。
上海　湖北　武漢　武漢方志

[黄岡]黄岡萬氏心齋公宗譜十卷首一卷末二卷
萬□□纂修
2013年影印民國三十六年(1947)木活字本
四修本。
湖北

[麻城]萬氏家譜十卷
萬朝德、萬朝品纂修
民國元年(1912)槐蔭堂木活字本
國家　山西家譜　猶他

[麻城]萬氏家譜十卷
萬振官修
民國三十六年(1947)渭善堂木活字本
山西家譜　猶他

[麻城]萬氏宗譜
萬□□纂修
據1991年扶風堂木活字本複印
麻城方志

[麻城]萬氏宗譜
萬□□纂修
1992年木活字本
麻城方志

[武穴]萬氏宗譜八卷首一卷
萬□□纂修
民國二十五年(1936)成孝堂木活字本
山西家譜　猶他

[羅田]萬氏宗譜五卷
高旭樞纂修
民國十三年(1924)木活字本
羅田檔

[浠水]萬氏宗譜正傳十卷世系四卷首六卷
萬振餘纂修
1992年孝友堂鉛印本
湖北

[通山]萬氏宗譜三十一卷
合族纂修
1988年槐里堂鉛印本
書名據書衣題。
通山萬家壠

[通城]萬氏宗譜三卷
萬里雲纂修
2009年扶風堂照排本
九修本。
湖北

汪

[武漢]夏口汪氏宗譜十卷
汪北陞主修
民國十七年(1928)石印本
書名據書衣題。版心題"汪氏宗譜"。
上海

[黄陂]汪氏宗譜
汪良焕等修
民國七年(1918)敦本堂木活字本
書名據書衣題。
湖北(存卷首、卷六)

[新洲]汪氏宗譜二十四卷首四卷附二卷
汪鵬、汪則民等修
民國十八年(1929)敦倫堂木活字本
國家　山西家譜　猶他

[新洲]汪氏宗譜二十三卷
汪毓南、汪玉懷主編
1989年忠源堂木活字本
湖北

[新州]汪氏宗譜二十八卷首三卷
汪松壽、汪官清、汪文華等修
2010年敦本堂照排本
山西家譜

[枝江]旌陽汪氏續修宗譜八卷
(清)汪鐘斗等修
清康熙三十六年(1697)木活字本
山西家譜　猶他

[鄂州]汪氏宗譜二十六卷
汪德煜編修
1991年平陽堂影印本
書名據書衣題。五修本。
湖北(缺卷十五)

[鄂城]汪氏宗譜四卷首一卷
汪之銀等纂修
民國十一年(1922)生花堂木活字本
書名據版心題。二修本。
遼寧

[京山]汪氏重纂君顯公下支譜不分卷
汪傳智纂修
清咸豐六年(1856)稿本
書名據譜序題。書衣題"重纂支譜"。
國家

[黄岡]黄岡汪家集汪氏家譜十五卷首一卷
汪世毅等纂修
清光緒十八年(1892)敦本堂木活字本
書衣、内封、版心題"汪氏宗譜"。
上海　尋源姓氏　山西家譜　猶他

[黄岡]汪氏宗譜十卷首四卷
汪□□纂修
清光緒二十二年(1896)佑啓堂木活字本
書名據版心題。
安徽博(存卷首三至四、卷一至五、七、九)　歷史所　山西家譜　猶他

[黄岡]汪氏宗譜十卷首二卷
汪佑忠纂修
清光緒三十年(1904)敦本堂木活字本
書名據版心、内封題。
上海

[黄岡]汪氏族譜
汪□□纂修
清光緒三十年(1904)紫荆堂木活字本
國家

[黄岡]汪氏宗譜十卷首一卷
汪□□纂修
清光緒三十年(1904)敦本堂木活字本
山西家譜　猶他

[黄岡]汪氏宗譜十卷首四卷末一卷
汪□□纂修
清光緒間(1875—1908)佑啓堂活字本
山西家譜(存卷首三、四、卷一至五、七、九、十、卷末) 猶他

[黄岡]黄岡汪氏宗譜
汪□□纂修
民國六年(1917)刻本
黄岡檔(存卷七、九、十一、十三至十九、二十一至二十六、二十八至三十一、三十五至四十三)

[黄岡]長沖汪氏宗譜十一卷
汪烈高修
民國十三年(1924)木活字本
山西家譜 猶他

[黄岡]汪氏宗譜
汪□□纂修
民國十三年(1924)孝友堂木活字本
山西家譜(存卷首、卷一至四) 猶他

[黄岡]汪氏宗譜
汪□□纂修
民國十四年(1925)敦倫堂木活字本
書名據版心、書衣題。
湖北(存卷首二至三、卷一至二十四)

[黄岡]汪氏宗譜十二卷首四卷
汪□□纂修
民國十四年(1925)佑啓堂木活字本
國家 山西家譜 猶他

[黄岡]汪氏宗譜二十四卷首四卷附二卷
汪鳴九等纂修
民國十八年(1929)敦倫堂石印本
書名據版心、書衣題。五修本。
上海 南京

[黄岡]汪氏宗譜十四卷
汪□□纂修
約民國十九年(1930)雲環堂木活字本
山西家譜(缺卷七、十一、十二) 猶他

[黄岡]汪氏宗譜二十卷
汪聲錫等修
民國二十五年(1936)三瑞堂木活字本
國家(缺卷四、十二至十四、十八、二十)
山西家譜 猶他

[黄岡]汪氏族譜
汪□□纂修
民國三十四年(1945)敦本堂木活字本
書名據書衣題,版心題"汪氏宗譜"。
湖北(存卷一至十二)

[黄岡]汪氏宗譜四十卷首八卷
汪龍潘纂修
民國三十四年(1945)越源堂木活字本
山西家譜 猶他

[黄岡]汪氏宗譜十四卷首二卷
汪理卿、汪文山纂修
民國三十五年(1946)敦本堂木活字本
山西家譜 猶他

[黄岡]沙河汪氏續修宗譜十四卷首二卷
汪文訓主修
民國三十五年(1946)敦本堂木活字本
書名據譜序題。版心、書衣、内封題"汪氏族譜"。
國家 上海 尋源姓氏

[黄岡]汪氏宗譜九卷首二卷
汪世傳等編修
民國三十五年(1946)敦實堂木活字本
山西家譜　獅他

[黄岡]黄岡汪氏宗譜
汪□□纂修
民國三十六年(1947)務本堂刻本
黄岡檔(存卷一、二、六至八、十一至十七、十九、二十一至二十三、二十五至三十一、三十三至三十九、四十一至四十七)

[黄岡]汪氏宗譜十八卷
汪堂泳、汪錦華等纂修
1989年三瑞堂木活字本
四修本。
湖北　山西家譜　獅他

[黄岡]汪氏宗譜二十七卷首四卷
汪波庭、汪少廷等修
1989年敦本堂木活字本
山西家譜(缺卷二十六、二十七)　獅他

[黄岡]汪氏宗譜二十五卷首四卷
汪□□纂修
1989年敦本堂木活字本
書名據書衣題。
湖北(缺卷首一、卷九)

[黄岡]汪氏宗譜十二卷首五卷
汪烈安主編
1991年佑啓堂木活字本
湖北　山西家譜　獅他

[黄岡]汪氏宗譜八卷
汪永延主編
1991年瑞榮堂木活字本
書名據版心、書衣題。
湖北

[黄岡]六祖墳貴户汪氏族譜十五卷
汪思安等主編
1995年務本堂照排本
書名據書衣題。九修本。
汪崇林

[黄岡]汪氏宗譜二十八卷首三卷
汪官樹修
2010年敦本堂照排本
獅他

[麻城]麻城汪氏宗譜二十四卷首四卷
(清)汪鴻英、(清)汪應元纂修
清同治元年(1862)越源堂木活字本
書名據譜序題。版心、書衣、内封題“汪氏宗譜”。
上海

[麻城]汪氏宗譜十二卷首一卷
(清)汪□□纂修
清光緒十七年(1891)清源堂刻本
國家

[麻城]汪氏宗譜五卷首二卷
汪輔卿修
民國八年(1919)紋兆堂木活字本
山西家譜　獅他

[麻城]汪氏宗譜三十九卷首八卷
汪□□纂修
民國三十四年(1945)木活字本
國家

[麻城]麻城汪氏宗譜二十四卷首四卷
汪世傳等纂修
民國三十五年(1946)敦實堂木活字本
書名據書衣、内封、版心題。五修本。
上海

［麻城］汪氏族譜十四卷首四卷
汪鶴喬纂修
民國三十六年(1947)文英堂石印本
山西家譜　猶他

［麻城］汪氏族譜十三卷首三卷
汪立厚、汪立祥纂修
民國三十八年(1949)平陽堂木活字本
山西家譜　猶他

［麻城］汪氏宗譜
汪□□纂修
據1988年越源堂木活字本複印
麻城方志

［武穴］汪氏宗譜十一卷首一卷
汪鵬程纂修
民國五年(1916)集英堂木活字本
山西家譜　猶他

［羅田］汪氏族譜十六卷
汪陞堂編修
清光緒二十四年(1898)務本堂木活字本
山西家譜　猶他

［羅田］義水汪氏族譜六卷首二卷末一卷
汪盛喜、汪忠富編修
清光緒三十一年(1905)敦倫堂木活字本
山西家譜　猶他

［羅田］義水汪氏族譜七卷首四卷
汪習熣修
民國十三年(1924)水啓堂木活字本
山西家譜(缺卷二、六)　猶他

［浠水］汪氏宗譜
汪□□纂修
約民國二十八年(1939)慎思堂木活字本
山西家譜(存卷五、六、八、九)　猶他

［蘄春］汪氏宗譜十四卷首六卷
汪□□纂修
清光緒三十二年(1906)慎思堂木活字本
山西家譜　猶他

［黄梅］汪氏宗譜六卷首二卷
汪禮元、汪禮銘修
民國二十五年(1936)平陽郡木活字本
山西家譜　猶他

［團風］汪氏宗譜二十卷
汪光春主編
1993年敦本堂鉛印本
湖北

［赤壁］汪氏宗譜越國世家首卷
汪遠福、汪宗清主編
2011年平陽堂鉛印本
湖北

［崇陽］汪氏宗譜
汪子象等纂修
民國三十六年(1947)詒穀堂木活字本
國家(存卷首、卷一)　山西家譜　猶他

［仙桃］汪氏宗譜
汪□□纂修
民國間(1912—1949)永錫堂木活字本
書名據版心、書衣題。
湖北(存卷二至九)

［仙桃］汪氏族譜十二卷首三卷
汪芬孝修
1989 年顧賢堂鉛印本
續修本。
湖北

［仙桃］汪氏宗譜
汪忠新等修
2012 年平陽堂照排本
湖北

［仙桃］汪氏宗譜
汪賢法主編
2012 年平陽堂照排本
湖北

［仙桃］汪氏族譜二卷
汪□□纂修
2012 年顧賢堂照排本
山西家譜　猶他

［恩施］湖北恩施州汪氏宋祖發展史
汪儒林等纂修
打印本
書名據書衣題。二修本。
恩施

［恩施］汪氏家譜
汪儒林主編
2010 年平陽堂照排本
湖北

汪胡

［蘄春］汪胡氏宗譜
汪胡□□纂修
約清光緒二十六年(1900)穎華堂木活字本
山西家譜(存卷二十)　猶他

王

［湖北　江西　湖南］鄂贛湘邊王氏大成宗譜
王□□纂修
2001 年照排本
山西家譜(存第三分册下編:莊門世系)　猶他

［湖北］新編王氏族派一卷
王崇熙修
民國間(1912—1949)稿本
武漢

［湖北］瑯琊王氏宗譜不分卷
(清)王□□纂修
清道光間(1821—1850)三槐堂木活字本
書名據版心題。
上海(存二册)　猶他

［湖北］瑯琊王氏宗譜四卷首二卷
王宗晚、王北綾纂修
清光緒十二年(1886)蛟溪局重訂刻本
譜初修於明萬曆間。
黄岡檔

［湖北］王氏通譜一百零六卷首二卷
王庸敬修
清光緒二十年(1894)槐政堂活字本
猶他

［湖北］王氏宗譜十三卷首四卷
王□□纂修
民國六年(1917)槐蔭堂木活字本
國家(存卷首一、三、四、卷五、九、十、十三)

[湖北]瑯琊王氏宗譜不分卷
王□□纂修
民國間(1912—1949)一本堂木活字本
國家(存十五卷)

[湖北]王氏宗譜
王□□纂修
民國間(1912—1949)石印本
書名據版心題,卷六内封題"老五房宗譜"。
武圖(存卷六)　山西家譜　猶他

[湖北]王氏宗譜
王□□纂修
民國(1912—1949)末年孝友堂木活字本
山西家譜　猶他

[湖北]王氏家譜序
王永厚等修
1987年三槐堂木活字本
書名據書衣題,版心題"王氏家史"。
湖北

[湖北]王氏家譜首卷
王孝譜等修
2004年三槐堂照排本
湖北

[湖北]新觀王氏宗譜首卷
新觀王氏宗譜編纂委員會編
2011年三槐堂照排本
湖北

[湖北]王氏宗譜三十卷首二卷
王青才主編
2011年三槐堂照排本
湖北

[鄂東]太原王氏宗譜四卷首一卷
王茂新主編
2008年三槐堂照排本
湖北

[武漢]王氏宗譜十六卷
王國瑞等纂修
民國十四年(1925)三槐堂、松風堂木活字本
書名據書衣題。
蔡甸永安二房嘴

[武漢]王氏宗譜
王□□纂修
民國間(1912—1949)三槐堂木活字本
國家(存卷十六、三十五、四十八、五十二)

[武漢]王氏宗譜合卷稿二卷
王祥等纂修
1999年太原堂、三槐堂、松風堂鉛印本
蔡甸永安二房嘴

[武漢]漢南王氏家乘十八卷首一卷
王彬哲等纂修
2004年影印民國八年(1919)槐蔭堂木活字本
書名據版心、書衣題。
上海

[武漢]漢南王氏宗譜十八卷
王前生等纂修
2004年石地彩印社照排本
書名據版心題,目録題"漢南王氏五修宗譜"。
上海

[武昌]鄂城王氏宗譜二十一卷首五卷
王永恬纂修
民國三十六年(1947)槐蔭堂木活字本
國家

[武昌]王春和家族譜
王樹國等修
2013年照排本
湖北

[漢陽]漢南王氏家宬十八卷
王□□纂修
民國八年(1919)槐蔭堂影印本
書名據書衣題。四修本。
湖北

[漢陽]漢南王氏家譜十八卷
王前文等編修
2004年槐蔭堂照排本
五修本。
湖北

[漢陽]王氏宗譜五卷首一卷
王祥主編
2006年松風堂、三槐堂照排本
續修本。
湖北

[漢陽]王氏宗譜四卷
王□□纂修
2009年三槐堂照排本
湖北

[黄陂]王氏宗譜三十八卷首一卷
王鼎鈞、王兆坤等纂修
民國十一年(1922)黄鼎文刻本
書名據書衣、版心題。三修本。
湖北博

[黄陂]王氏宗譜二十五卷首一卷
王育民、王法啓編修
1996年三槐堂照排本
山西家譜　猶他

[黄陂]王亨户宗譜五卷首一卷
王國罡、王治中主編
2013年三槐堂照排本
四修本。
湖北

[新洲]王氏宗譜二十四卷
王瀛山等纂修
民國五年(1916)木活字本
新洲東港村

[新洲]王興三宗譜三卷
王輝海、王四箴等纂修
民國五年(1916)木活字本
新洲陳吕村

[新洲]王氏宗譜三十卷首三卷
王子厚、王幹甫纂修
民國十年(1921)木活字本
書名據書衣題。四修本。
新洲王泗村

[新洲]東溪王氏宗譜八卷
王玉書、王子幹纂修
民國十年(1921)木活字本
新洲施楊村

[新洲]王氏宗譜
王□□纂修
民國十八年(1929)木活字本
新洲王瓦村

［新洲］王氏宗譜九卷

王馨彬、王乃湘纂修

民國二十五年(1936)木活字本

四修本。

新洲桃源村

［新洲］王氏宗譜五卷

王覺明等纂修

民國三十六年(1947)鉛印本

書名據書衣題。四修本。

新洲胡仁村

［新洲］王氏宗譜四十四卷

王敬敷、王雪琴纂修

民國三十六年(1947)木活字本

新洲利河村

［新洲］王氏南泗公宗譜三十卷首四卷

王□□纂修

民國三十六年(1947)木活字本

新洲萬山村

［新洲］王氏宗譜八卷

王洪模、王洪志修

1987年三槐堂木活字本

書名據書衣題。

湖北(存卷二至八)　山西家譜　猶他

［新洲］王氏聯宗合修家乘三十卷首四卷

王邦定等修

1989年三槐堂木活字本

版心、書衣題"王氏宗譜"。

湖北(缺卷二十四)　山西家譜　猶他

［新洲］王氏宗譜十六卷首一卷

王□□纂修

1989年三槐堂木活字本

書名據書衣題。

湖北

［新洲］王氏宗譜

王佐之修

1989年三槐堂鉛印本

書名據書衣題。

湖北

［新洲］王氏宗譜

王小山、王國斌修

1989年三槐堂木活字本

山西家譜(存卷一至四、七、九至十二、十七、十八、二十六)　猶他

［新洲］王氏宗譜三十卷首二卷

王域堯纂修

1990年三槐堂木活字本

書名據書衣題。

湖北

［新洲］王氏譜略

王紹金總編

1992年三槐堂木活字本

書名據書衣題,版心題"王氏宗譜",序題"齊安王氏三修宗譜"。

湖北

［新洲］王氏族譜九卷首二卷

王天禄主修

1993年崇仁堂木活字本

山西家譜(缺卷三上、六下)　猶他

[新洲]王氏宗譜
王□□纂修
1993年槐蔭堂木活字本
書名據書衣題。
湖北(存卷首乙丙丁、由分卷二至八、卷十一至十三、十四下、十五至十八、湖分三、五、七、八、十、十二至十四、三分二至四、九)

[新洲]王氏宗譜六卷首一卷
王芳仲總編
2000年三槐堂照排本
湖北

[新洲]王氏宗譜十六卷首一卷
王求山、王新詠等修
2007年三槐堂照排本
湖北

[新洲]王氏宗譜(由分)十八卷首六卷
王玉振主編
2011年槐蔭堂照排本
湖北

[新洲]王氏宗譜(山分)十二卷首六卷
王玉振主編
2011年槐蔭堂照排本
湖北

[新洲]王興三宗譜
王燕中編修
2013年光裕堂照排本
山西家譜(存卷十七、三十一至三十三,光榮册一册)　猶他

[新洲]王氏宗譜十四卷
王福壽主編
2014年植槐堂照排本
四修本。
湖北

[大冶]王氏大成譜八十二卷
王武柱等編修
1988年三槐堂鉛印本
山西家譜(缺卷五、九、二十三至四十、四十二、四十三、五十六、五十七、六十三、八十)　猶他

[大冶]王氏大成譜八十二卷
王金鐸修
1989年三槐堂木活字本
山西家譜　猶他

[陽新]王氏尋源宗譜
王武經修
民國二十六年(1937)敦睦堂木活字本
山西家譜(存卷首、卷二、三、五至七)　猶他

[鄖陽]鄖陽王氏族譜
王爾仁編著
2004年照排本
湖北

[鄖陽]鄖陽王氏族譜二版
王爾仁、王永勝編著
2009年照排本
湖北

[鄖西]鄖西王氏家譜
王蔭炳主編
2006年三槐堂鉛印本
湖北

[鄖西]隕西三槐王氏家譜
王蔭美等修
2013 年三槐堂照排本
湖北

[荊州]王氏族譜二十二卷
王□□纂修
民國九年(1920)三隱堂石印本
書名據書衣題,版心題"王氏家譜"。
荊州區

[洪湖]王氏家譜不分卷
王順霖等纂修
民國三十六年(1947)忠恕堂木活字本
書名據書衣題。
洪湖

[石首]王氏族譜五卷
(清)王錫智、(清)王錫命纂修
清乾隆二十三年(1758)刻本
山西家譜　猶他

[石首]王氏族譜
王□□纂修
刻本
石首檔

[松滋]王氏宗譜十卷首一卷末一卷
王詩璉、王詩進等纂修
民國二十二年(1933)三槐堂木活字本
山西家譜　猶他

[松滋]王氏宗譜十卷
王紹陶等纂修
民國三十年(1941)三槐堂木活字本
書名據版心、内封題。五修本。
國家

[松滋]王氏家譜
王□□纂修
1985 年寫本
猶他

[監利]王氏族譜
王綱炳主修
民國九年(1920)三槐堂木活字本
書名據版心題。
湖北(存卷首、卷十、十七)

[監利]王氏族譜
王□□纂修
1984 年稿本
猶他

[監利]王氏宗譜
王氏族譜續修理事會編
1988 年三槐堂木活字本
湖北

[監利]監利王氏宗譜
王□□纂修
2008 年三槐堂照排本
湖北

[監利]監利王氏宗譜監利王氏王公堂支祠
王焱昌等修
2008 年三槐堂照排本
書脊題"太原郡三槐堂卷十監利王氏王公堂支祠"。五修本。
湖北

[監利]監利王氏宗譜三塘支祠

王海元等修

2008年三槐堂照排本

書脊題“太原郡三槐堂卷十監利王氏三塘支祠”。

湖北

[監利]監利王氏宗譜仕仁套支祠

王盛富等修

2008年三槐堂照排本

書脊題“太原郡三槐堂卷十監利王氏仕仁套支祠”。

湖北

[監利]監利王氏宗譜東湖支祠

王植坤等修

2008年三槐堂照排本

書脊題“太原郡三槐堂卷三十東湖支祠”。

湖北

[監利]監利王氏宗譜荒湖支祠

王尚茂等修

2009年三槐堂照排本

書脊題“太原郡三槐堂卷二十五荒湖支祠”。

湖北

[監利]監利王氏宗譜龔場王家支祠

王以斌等修

2009年三槐堂照排本

書脊題“太原郡三槐堂卷二十六龔場王家支祠”,内封題“王氏族譜”。

湖北

[監利]監利王氏宗譜小嶺支祠

王植雄等修

2009年三槐堂照排本

書脊題“太原郡三槐堂卷三十三小嶺支祠”。五修本。

湖北

[監利]監利王氏宗譜螺山支祠

王祖金等修

2010年三槐堂照排本

書脊題“太原郡三槐堂卷三十四螺山支祠”。三修本。

湖北

[公安]王氏族譜

王良煜、王家英纂修

民國五年(1916)金地堂木活字本

書名據版心題,書衣題“王氏家乘”。五修本。

上海

[公安]王氏族譜十二卷

湖北公安王氏族譜續編會編

1995年三槐堂鉛印本

公安

[夷陵]王氏族譜

王□□纂修

1961年三槐堂抄本

王德彬

[夷陵]王氏族譜

王氏族人合修

清嘉庆十六年(1811)三槐堂刻本

張定虎

[宜都]王氏宗譜不分卷
王□□纂修
民國四年(1915)石印本
思綏草堂

[枝江]枝江縣安福寺王氏族譜七卷
(清)王□□纂修
清光緒間(1875—1908)刻本
枝江安福寺鎮

[遠安]王氏族譜
王□□纂修
1984 年寫本
猶他

[長陽]王氏宗譜三卷
王□□纂修
清光緒十五年(1889)太原堂木活字本
國家

[棗陽]棗邑王氏宗譜四卷
王文銑等纂修
民國十五年(1926)石印本
書名據書衣題。
棗陽

[鄂州]王氏宗譜七十四卷
王施主編
2008 年三槐堂照排本
山西家譜　猶他

[荆門]王氏宗譜不分卷
王□□纂修
民國十一年(1922)三槐堂木活字本
書名據書衣題。
湖北(存琪公派下世系、珂公派下世系)

[荆門]王家草場王氏族譜
王明勝修
2013 年三槐堂照排本
湖北

[孝感]孝感王氏宗譜八卷首一卷
(清)王祥徽纂修
清同治八年(1869)望雲堂刻本
版心、書籤題"王氏宗譜"。
人大

[孝感]澴川王氏宗譜十三卷首一卷
王生平總編
2000 年三槐堂照排本
山西家譜　猶他

[孝感]王氏宗譜十四卷
王心康、王迪民等編修
2012 年三槐堂照排本
山西家譜　猶他

[孝感]王氏宗譜澴川梁城埠系七卷首一卷
王林方主編
2012 年三槐堂照排本
續修本。
湖北

[孝感]新纂王氏族譜二分譜
王安勳修
2013 年三槐堂照排本
湖北

[孝感]王氏宗譜十一卷首一卷
王應池修
2013 年三槐堂照排本
猶他

[應城]王氏宗譜
蒲陽三槐王氏(時倫家族)委員會編
2013年照排本
湖北

[漢川]王氏宗譜
王世壽主修
民國四年(1915)木活字本
湖北

[漢川]漢川孛虎山王氏宗譜三十四卷首二卷附一卷
王□□纂修
民國八年(1919)三槐堂木活字本
思綏草堂

[漢川]王氏宗譜七卷首三卷
王家賓等纂修
民國二十九年(1940)三槐堂木活字本
書名據版心題。三修本。
武漢　山西家譜　猶他

[漢川]王氏宗譜十五卷首二卷
王世卿主修
民國三十七年(1948)三槐堂木活字本
湖北

[漢川]王氏宗譜二十一卷
王功善、王作啓等纂修
1993年三槐堂油印本
書名據版心、書衣題。八修本。
湖北(缺卷十二、二十一)

[漢川]王氏宗譜十五卷首二卷
王學龍總纂
1994年三槐堂鉛印本
書名據版心、書衣題。
湖北

[漢川]王氏宗譜九卷
王長山、王長根等修
1995年三槐堂鉛印本
書名據版心、書衣題。
湖北

[黄岡]王氏續修支譜十八卷
(清)王翼張纂修
清咸豐九年(1859)可九堂刻本
版心、内封題"王氏宗譜"。三修本。
紫陽檔　陝西檔(複印本)

[黄岡]王氏宗譜十五卷末一卷
(清)王□□纂修
清同治六年(1867)敦本堂木活字本
山西家譜(缺卷一)　猶他

[黄岡]王氏宗譜
(清)王世萃等纂修
清光緒九年(1883)孝友堂刻本
書名據版心、書籤、内封題。
上海(存卷首、卷一至十七)　尋源姓氏

[黄岡]王氏續編宗譜二十八卷
(清)王宗耆纂修
清光緒十二年(1886)王氏家祠刻本
書名據書籤題,内封、版心題"王氏宗譜"。四修本。
上海

[黄岡]王氏宗譜八卷首二卷
(清)王法典編修
清光緒十二年(1886)三槐堂木活字本
山西家譜　猶他

[黄岡]王氏宗譜

(清)王宏福、(清)王興斌纂修

清光緒二十三年(1897)三槐堂木活字本

書名據版心、内封題。

思綏草堂(存卷首、卷二、四至九)

[黄岡]王氏宗譜九卷首一卷

(清)王□□纂修

清光緒二十三年(1897)三槐堂木活字本

思綏草堂

[黄岡]王氏支譜

王試英纂修

民國三年(1914)三槐堂木活字本

山西家譜(存卷首、首一、首二、卷二至五、九至十七) 猶他

[黄岡]王氏宗譜三卷首一卷

王華齊編修

民國四年(1915)三槐堂木活字本

國家 山西家譜 猶他

[黄岡]王氏宗譜十六卷首一卷

王試英修

民國四年(1915)三槐堂木活字本

山西家譜 猶他

[黄岡]王興三宗譜三十二卷

王佐猷、王白沂等編修

民國五年(1916)光裕堂木活字本

書名據版心、書衣題。

湖北(存卷一、四、十一、十三、二十二、二十九)

[黄岡]王氏四修宗譜二十七卷

王□□纂修

民國六年(1917)槐蔭堂木活字本

國家(缺卷一、七、二十三)

[黄岡]王氏宗譜不分卷

王雪裘編修

民國十一年(1922)醉經堂木活字本

山西家譜 猶他

[黄岡]王氏宗譜十二卷

王祥孝修

民國十三年(1924)植槐堂木活字本

山西家譜 猶他

[黄岡]王氏宗譜

王義太纂修

民國十六年(1927)三槐堂木活字本

書名據版心題。

武漢(存卷首) 山西家譜 猶他

[黄岡]王氏宗譜七卷首一卷

王遠德等編修

民國十六年(1927)三槐堂木活字本

山西家譜(缺卷七)

[黄岡]王氏宗譜十三卷首三卷

王□□纂修

民國十八年(1929)三槐堂木活字本

山西家譜(缺卷三) 猶他

[黄岡]王氏宗譜九卷首三卷

王□□纂修

民國二十五年(1936)木活字本

思綏草堂

[黄岡]王氏宗譜九卷首三卷
王景純等修
民國三十二年(1943)槐蔭堂木活字本
山西家譜　猶他

[黄岡]王氏宗譜
王景林、王光第等編修
民國三十二年(1943)槐蔭堂木活字本
山西家譜(存卷首四卷、春分房一、二卷，申分房一至三、六、七、九、十一至十三、十五至十八，山分房二、四、五、七、八、十二、十四、十五)　猶他

[黄岡]王氏宗譜五卷首一卷
王□□纂修
民國三十四年(1945)三槐堂木活字本
山西家譜　猶他

[黄岡]王興三宗譜六卷
王心哲、王汝珠等修
民國三十四年(1945)光裕堂木活字本
山西家譜　猶他

[黄岡]王氏宗譜八卷首一卷
王芳文等編修
民國三十五年(1946)三槐堂木活字本
山西家譜　猶他

[黄岡]王氏宗譜四十三卷首四卷
王□□纂修
民國三十六年(1947)孝友堂木活字本
國家(缺卷四十)

[黄岡]王氏宗譜四十八卷首六卷
王出恒、王人旃等修
民國三十六年(1947)孝友堂木活字本
國家　山西家譜　猶他

[黄岡]王氏宗譜四十四卷首六卷
王□□纂修
民國三十六年(1947)孝友堂木活字本
思綏草堂

[黄岡]王氏宗譜三十卷世系紀三十卷首三卷
王□□纂修
民國三十六年(1947)三槐堂木活字本
思綏草堂

[黄岡]王氏宗譜十六卷
王輝昶、王輝湘修
民國三十八年(1949)木活字本
山西家譜　猶他

[黄岡]王氏宗譜八卷
王漢傑、王繼金等修
1950年三槐堂木活字本
山西家譜　猶他

[黄岡]太原天水譜十三卷首三卷
王均澤、王輝浩等修
1950年木活字本
書衣題“太原族譜”。
山西家譜

[黄岡]王氏族譜二十三卷首四卷
王佑梓修
1950年木活字本
思綏草堂　山西家譜　猶他

[黄岡]王氏宗譜
王佐之總編
1989年三槐堂鉛印本
山西家譜　猶他

[黄岡]王氏宗譜各房分卷
王蔭海、王蔭發等修
1990年槐蔭堂木活字本
山分十二卷、由分十二卷、湖分十五卷、春分二卷。
山西家譜　猶他

[黄岡]王氏宗譜湖分十五卷首四卷
王□□纂修
1990年槐蔭堂木活字本
書名據書衣題。六修本。
湖北

[黄岡]王氏宗譜三十六卷首二卷
王竹堂等編修
1990年孝友堂木活字本
山西家譜　猶他

[黄岡]王興三宗譜三十六卷
王毓彩等修
1990年光裕堂木活字本
書名據書衣題。五修本。
湖北

[黄岡]王氏宗譜三十一卷首三卷
王域春編修
1990年三槐堂木活字本
山西家譜(缺卷十二、十八、二十二、二十四至二十七、二十九、三十一)　猶他

[黄岡]王氏宗譜首四卷大分房四卷二分房四卷三分房六卷四分房四卷
王同釗主編
1993年太原郡木活字本
山西家譜　猶他

[黄岡]王氏宗譜十九卷
王宗耀編修
1994年三槐堂木活字本
山西家譜　猶他

[黄岡]王氏宗譜十二卷首三卷
王杜超編修
1996年醉經堂電腦打印本
山西家譜　猶他

[黄岡]王氏宗譜三十卷首四卷
王家福修
1997年務本堂木活字本
山西家譜　猶他

[黄岡]王氏宗譜二十八卷首一卷
王性彩主編
2002年孝友堂照排本
山西家譜　猶他

[黄岡]王氏宗譜十六卷
王慶龍、王求山等修
2007年三槐堂木活字本
山西家譜　猶他

[黄岡]王氏宗譜三卷
王□□纂修
2012年三槐堂照排本
山西家譜　猶他

[黄岡]王氏宗譜
王子湘主編
2013年三槐堂照排本
山西家譜　猶他

[黄岡]王興三宗譜九卷首一卷
王長慶總纂
2013年光裕堂照排本
六修本。
湖北

[黄岡]王馬二宗譜
王傳厚、王克成總纂
2014年槐蔭堂照排本
四修本。
湖北(缺卷五)

[麻城]沙河王氏宗譜
(清)王鐘麟纂修
清乾隆二十六年(1761)刻本
麻城方志

[麻城]王氏宗譜四卷首一卷末一卷
(清)王道肅、(清)王道銖修
清同治六年(1867)四益堂木活字本
書名據版心題。
北大　山西家譜　猶他

[麻城]王氏宗譜八卷
王□□纂修
清光緒十四年(1888)三槐堂木活字本
國家　山西家譜　猶他

[麻城]王氏宗譜九卷
王□□纂修
清光緒十六年(1890)三槐堂木活字本
山西家譜　猶他

[麻城]王氏宗譜十四卷
王祥鳳、王泰義等領修
清光緒十九年(1893)三槐堂木活字本
山西家譜　猶他

[麻城]王氏宗譜八卷首二卷
王城相、王城福等修
清光緒三十二年(1906)尊道堂木活字本
版心題“王氏宗譜”,内頁題“岡邑雷氏宗譜”,雷姓改王姓。
山西家譜　猶他

[麻城]王氏宗譜八卷首二卷
王城沟等修
清光緒三十二年(1906)遵道堂木活字本
山西家譜　猶他

[麻城]王氏宗譜八卷首一卷
王定楚編修
民國五年(1916)三槐堂木活字本
山西家譜　猶他

[麻城]王氏族譜六卷首一卷
王章達編修
民國六年(1917)三槐堂木活字本
山西家譜(缺卷五)　猶他

[麻城]王氏宗譜六卷
王世琨修
民國十二年(1923)三槐堂木活字本
山西家譜　猶他

[麻城]王氏宗譜六卷首二卷
王天授修
民國十二年(1923)三槐堂木活字本
山西家譜　猶他

[麻城]王氏宗譜十卷
王登淵修
民國十五年(1926)三槐堂木活字本
山西家譜　猶他

[麻城]王氏宗譜十三卷首三卷
王正德總修
民國二十三年(1934)三槐堂木活字本
山西家譜　猶他

[麻城]王氏宗譜三十卷表三十卷首二卷
王□□纂修
民國三十年(1941)三槐堂木活字本
國家(缺卷首上、卷二、八、十二、十三、十八、二十四、二十六、二十九)

[麻城]王氏宗譜
王壽堂等修
民國三十四年(1945)木活字本
麻城方志

[麻城]王氏四修宗譜十卷首三卷
王□□纂修
民國三十四年(1945)三槐堂木活字本
書衣題“王氏族譜”。
山西家譜　猶他

[麻城]王氏宗譜十卷
王□□纂修
民國三十四年(1945)睦族堂木活字本
山西家譜　猶他

[麻城]王氏總譜十一卷首二卷
王平章修
民國三十六年(1947)三槐堂木活字本
山西家譜　猶他

[麻城]王氏宗譜十卷首一卷
王蜀波編修
民國三十六年(1947)三槐堂木活字本
國家(缺卷一、二)　山西家譜　猶他

[麻城]王氏族譜二十一卷首四卷
王□□纂修
1950年木活字本
山西家譜　猶他

[麻城]王氏宗譜八卷
王□□纂修
1950年西陵世族木活字本
思綏草堂

[麻城]王氏宗譜
王□□纂修
1987年孝友堂木活字本
麻城方志

[麻城]王氏宗譜
王□□纂修
1992年清河堂木活字本
書名據書衣題。五修本。
麻城方志

[麻城]王氏宗譜八卷
王煥東等編修
1993年鳳閣堂木活字本
山西家譜　猶他

[麻城]王氏宗譜
王□□纂修
2005年照排本
麻城方志

[麻城]王氏宗譜二卷首一卷
王會明等修
2013年五槐堂照排本
四修本。
湖北

[武穴]王氏宗譜
王□□纂修
1992年三槐堂木活字本
山西家譜(存卷二至十七、十九至三十三、三十五)　猶他

[武穴]武穴王氏宗譜
馮澤火等修
2010年三槐堂照排本
湖北

[紅安]王氏族譜十五卷首三卷
王□□纂修
清光緒三十三年(1907)刻本
思綏草堂

[紅安]王氏族譜□□卷
王賓書等纂修
民國二年(1913)木活字本
書名據版心題。
武漢(存卷首)　山西家譜　猶他

[紅安]太原王氏族譜十三卷首三卷
王均澤修
1950年木活字本
山西家譜　猶他

[羅田]湖北羅田王氏宗譜八卷
(清)王□□纂修
清道光十一年(1831)木活字本
國家

[羅田]王氏宗譜八卷首三卷
(清)王□□纂修
清光緒十六年(1890)三槐堂木活字本
國家(缺卷首二、卷七)

[羅田]王氏宗譜八卷首一卷
(清)王賢臣等修
清光緒十六年(1890)三槐堂木活字本
山西家譜(缺卷一至十一、世系卷七)　猶他

[羅田]王氏五修宗譜一卷
王武元、王武魁纂修
清光緒三十三年(1907)刻本
羅田方志

[羅田]王氏宗譜二十二卷首四卷
王書田等修
民國六年(1917)槐蔭堂木活字本
國家(缺卷首三、卷六、十五、二十一)　山西家譜　猶他

[羅田]王氏宗譜八卷首一卷末一卷
王□□纂修
民國六年(1917)木活字本
山西家譜　猶他

[羅田]東安王氏庚申宗譜二十四卷世系圖考六十四卷
王葆心等纂修
民國十九年(1930)金鈎祠鉛印本
書名據書籤、内封題,版心題“王氏庚申宗譜”。
國家(存庚申宗譜二十四卷)　山西家譜　猶他

[羅田]王氏宗譜十三卷
王治清修
民國三十六年(1947)木活字本
書籤題“羅田王氏丁亥宗譜”。
山西家譜　猶他

[羅田]王氏丁卯十修統宗譜
王□□纂修
1987年木活字本
山西家譜　猶他

[羅田]王氏宗譜二十二卷首二卷
王履賢總修
1989年槐蔭堂油印本
山西家譜　猶他

[羅田]東安王氏宗譜五卷首二卷
王□□纂修
1993年三槐堂油印本
山西家譜　猶他

[羅田]王氏宗譜三卷
王家坤修
1994年三槐堂油印本
山西家譜　猶他

[羅田東安]東安王氏宗譜七卷
王□□纂修
1994年三槐堂照排本
書名據書衣題。十修本。
湖北

[浠水]蘄水班竹山王氏宗譜十四卷
(清)王祈啓、(清)王安焱纂修
清光緒十年(1884)三槐堂木活字本
版心題"班竹山王氏宗譜"。四修本。
上海(存卷一、二、四、七、九至十二)　猶他

[浠水]團溪王氏分宗譜
王之楨、王健五纂修
民國二十年(1931)木活字本
浠水博(存卷首、卷四、五、十四)

[浠水]王氏宗譜
王□□纂修
民國二十五年(1936)木活字本
浠水博(存卷首之一、三、四、卷四、十)

[浠水]王氏宗譜
王漢鋪、王連城修
民國三十五年(1946)敦本堂木活字本
山西家譜(存卷首一、三、五、卷五至七、十一、十二中、十二下、十六、十七、十九、二十三、二十九、三十四至三十六、四十、四十四、四十九、五十、五十三、五十四、六十、六十二至六十九、七十一、七十二)　猶他

[浠水]王氏宗譜
王□□纂修
民國間(1912—1949)慎思堂木活字本
國家(存卷五、八、九)

[浠水]王氏族譜
王□□纂修
民國間(1912—1949)孝義堂木活字本
國家(存卷首三、卷二、四至十四、十六至十九、二十一、二十二、二十四、二十五、二十七至二十九)　山西家譜　猶他

[浠水]王氏宗譜八卷
王福舟、王振球主修
1987年三槐堂木活字本
山西家譜　猶他

[浠水]王氏宗譜十四卷首二卷
王長忽、王長珠修
1992年三槐堂木活字本
山西家譜　猶他

[浠水]伯武王氏宗譜十卷首一卷
王宣國主編
2012年三槐堂照排本
山西家譜(缺卷四至十)　猶他

[蘄春]王氏宗譜八卷
(清)王世容、(清)王世華修
清光緒十年(1884)敦本堂木活字本
國家　山西家譜　猶他

[蘄春]王氏宗譜二十七卷
王則禧編修
清宣統二年(1910)三槐堂木活字本
山西家譜　猶他

[蘄春]王氏宗譜世系十卷世傳二十九卷首三卷
王耀榮修
民國二年(1913)孝義堂木活字本
國家(缺卷首三、世系九、世傳七、十二、十四、十五、二十五、二十六)　山西家譜　猶他

[蘄春]王氏三修宗譜十一卷首二卷
王賢榜纂修
民國二十六年(1937)三槐堂木活字本
國家　山西家譜　猶他

[蘄春]王氏宗譜
王景華修
民國三十年(1941)木活字本
書名據書衣題。
湖北(存卷一、二)　猶他

[蘄春]王氏宗譜五卷首三卷
王大生編纂
1991年三槐堂木活字本
書衣題"王氏家史"。
山西家譜　猶他

[蘄春]古河分支王氏宗譜二十五卷
王與安、王與兵編修
1992年三槐堂鉛印本
山西家譜　猶他

[蘄春]王家山王氏宗譜三十二卷
王□□纂修
1992年三槐堂鉛印本
書名據書衣題。五修本。
湖北(缺卷四)

[蘄春]珪户王氏宗譜六卷
王子雲主修
2011年三槐堂照排本
六修本。
湖北

[蘄春]王氏統宗譜(蘄春受户)
王壽春主修
2009年三槐堂照排本
湖北

[蘄春]王氏宗譜五卷
王正旺、王正春編修
2012年三槐堂照排本
山西家譜　猶他

[黄梅]王氏民籍宗譜六卷首一卷
王楷亭纂修
民國十三年(1924)三梅堂木活字本
山西家譜　猶他

[黃梅]中華王氏宗譜鼓角支系
王記龍主修
2006年三槐堂照排本
湖北

[英山]王氏宗譜三十六卷
王□□纂修
1992年木活字本
山西家譜(缺卷一、十一、十二、二十九)
猶他

[鄂東]王氏宗譜不分卷
(清)王□□纂
清同治間(1862—1874)草稿、清光緒間(1875—1908)續稿本
湖北

[咸寧]王氏宗譜
(清)王□□纂修
清道光二十七年(1847)刻本
山西家譜　猶他

[咸寧]王氏宗譜
(清)王□□纂修
清光緒十五年(1889)刻本
山西家譜　猶他

[咸寧]王氏家譜六卷
王□□纂修
民國十年(1921)木活字本
山西家譜　猶他

[咸寧]王氏家譜
王□□纂修
2014年三槐堂照排本
八修本。
湖北(存卷一、三、傳文卷)

[通山]王氏大成譜一卷
王氏合族纂修
民國三十六年(1947)木活字本
書名據版心題。八修本。
王定一

[通山]王氏宗譜三十卷
王田纂修
1989年青箱堂油印本
書名據版心題。八修本。
王能清

[崇陽]蜀西崇陽王氏族譜十四卷
王浚章修
民國二十六年(1937)鉛印本
山西家譜　猶他

[崇陽]王氏宗譜二十一卷
王龍卿修
民國二十六年(1937)太原堂木活字本
山西家譜　猶他

[崇陽]王氏宗譜不分卷
王源祖修、王煥堂纂
民國三十六年(1947)木活字本
崇陽楓林村

[崇陽]王氏宗譜
王新安修
民國三十六年(1947)太原堂鉛印本
書名據版心題。
湖北

[崇陽]王氏族譜
王德新等纂修
1993年鉛印本
王德新

[崇陽]崇陽王氏大成譜西莊祠分譜
王□□纂修
2011年太原堂照排本
湖北

[崇陽]崇陽王氏大成譜停雲分祠回頭嶺莊
王德香修
2012年太原堂照排本
九修本。
湖北

[通城]王氏宗譜
王龍直、王曾華主編
2010年太原堂照排本
十修本。
湖北

[廣水]王氏宗譜八卷
王倫清等編修
民國十一年(1922)三槐堂木活字本
書名據書衣題。
广水老王家壪

[廣水]王氏宗譜八卷
王倫璽等編修
1998年三槐堂鉛印本
書名據書衣題。
广水老王家壪

[仙桃]王氏宗譜□□卷
王敬元纂修
清光緒二十九年(1903)三槐堂木活字本
書名據版心題。二修本。
上海(存卷二十)

[仙桃]王氏宗譜
王價人等纂修
1924年三槐堂木活字本
書名據版心、書衣題。三修本。
上海(存卷十七、二十)

[仙桃]王氏族譜
王□□纂修
1984年稿本
猶他

[仙桃]沔陽王氏宗譜
王新民纂修
1997年三槐堂鉛印本
猶他

[仙桃]王氏宗譜
王新堂主編
2012年三槐堂照排本
六修本。
湖北

[潛江]王氏家譜
王緒虎纂修
1999年鉛印本
王緒虎

[潛江]荆楚新安琅琊王氏宗譜
王敬德主編
2013年三槐堂照排本
湖北

[恩施]沙子地三槐堂王氏家譜不分卷
王在光等纂修
民國間(1912—1949)三槐堂石印本
書名據書衣題。
王壽襄

[咸豐]王氏家譜不分卷
王炎森等纂修
打印本
恩施市二中王炎森

王馬

[新洲]王馬二宗譜四卷
(清)王昌沅、(清)王昌藻等纂修
清同治五年(1866)刻本
新洲龍崗村

[新洲]王馬二宗譜二十一卷首一卷
王會桐等總纂
1991年槐蔭堂鉛印本
書名據書衣題。三修本。
湖北　山西家譜(缺卷五)　猶他

王楊

[黄岡]王楊宗譜五卷首一卷
(清)王必狀編修
清咸豐十年(1860)木活字本
山西家譜　猶他

[黄岡]王楊宗譜八卷首二卷
王明盛、王雷豐等編修
民國二年(1913)三槐堂木活字本
山西家譜　猶他

[黄岡]王楊宗譜十一卷首二卷
王柱國等纂修
民國三十六年(1947)三槐堂木活字本
書名據版心題。三修本。
歷史所　山西家譜　猶他

[黄岡]王楊氏宗譜不分卷
王明清、王思普等主修
1992年三槐堂木活字本
山西家譜　猶他

望

[夷陵]夷陵望氏族譜
(清)望文翰纂修
清光緒七年(1881)刻本
望運生

危

[天門　應城]危氏宗譜八卷
危文燧等修
民國十五年(1926)南庭堂木活字本
書名據書衣題。三修本。
湖北

韋

[黄岡]韋氏宗譜十八卷首四卷附一卷
韋□□纂修
民國三十三年(1944)一經堂木活字本
山西家譜　猶他

隗

[新洲]隗氏宗譜不分卷
隗有敬、隗辛鐵纂修
民國二十二年(1933)木活字本
新洲寨山村

[新洲　紅安　安陸]隗氏源流十四卷
隗傑斌編著
2011年湧石堂照排本
四修本。
湖北

尉

[麻城]尉氏宗譜
尉□□纂修
據民國二十三年(1934)凌煙堂木活字本複印
麻城方志

魏

[湖北　江西]魏氏宗譜合譜二十二卷首一卷
魏志才主編
2005年照排本
五修本。
湖北

[新洲]魏氏宗譜二十四卷
魏垣壽總編
1991年大名堂木活字本
書名據版心、内封、書衣題。六修本。
湖北

[新洲]魏氏宗譜四十八卷首三卷
魏輝猛、魏澤喜編修
1992年大名堂木活字本
湖北(缺卷首二)

[公安]魏氏族譜十五卷首二卷
魏□□纂修
民國二十七年(1938)鉅鹿堂木活字本
書名據版心、書籤、内封題。四修本。
山西家譜(存卷首、卷一、二、五至十一、十三至十五)　猶他

[荆門]魏氏族譜一卷
魏氏族譜編寫組纂修
2001年九含堂鉛印本
書名據書衣、内封題。
荆門

[孝感]魏氏族譜
魏□□纂修
1994年鉅鹿堂木活字本
湖北(存卷二)

[黄岡]魏氏宗譜十一卷首三卷
(清)魏士奇、(清)魏源清修
清光緒四年(1878)木活字本
山西家譜　猶他

[黄岡]魏氏宗譜十八卷首四卷
魏道學等纂修
民國二十三年(1934)大名堂刻本
日本國會　猶他

[黄岡]魏氏宗譜二十二卷首一卷
魏模樹修
民國三十四年(1945)大名堂木活字本
山西家譜　猶他

[麻城]魏氏宗譜
(清)魏□□纂修
據清光緒四年(1878)木活字本複印
麻城方志

[羅田]魏氏宗譜
(清)魏立成、(清)魏魯書編修
清道光二十四年(1844)刻本
國家(存卷三至五、九)　山西家譜　猶他

[崇陽]魏氏宗譜八卷
魏文鳳等纂修
民國十五年(1926)木活字本
崇陽肥田村

[崇陽]崇邑魏氏宗譜三卷
魏忠旺、魏丁山、魏曉陽主編
2007 年鉅鹿堂照排本
湖北

[通城]魏氏宗譜十八卷首一卷
魏壽貴主編
2010 年鉅鹿堂照排本
十修本。
湖北

[咸豐]魏氏宗譜不分卷
魏廷焕等纂修
清光緒三十四年(1908)抄本
咸豐縣檔

温

[黄岡]温氏宗譜十卷首四卷
温永義、温快卿等修
民國九年(1920)青河堂木活字本
國家(缺卷首三、卷一)　山西家譜　猶他

[黄崗]温氏宗譜十五卷首四卷
温百恕、温百喜等編修
1991 年清河堂木活字本
山西家譜　猶他

[黄岡]温氏宗譜十五卷首四卷
温百恕等編修
2013 年清河堂照排本
山西家譜　猶他

文

[夷陵]文氏族譜
文□□纂修
清光緒間(1875—1908)雁門堂刻本
文正宜

[夷陵]文氏族譜
文□□纂修
民國間(1912—1949)雁門堂木活字本
文正宜

[夷陵]文氏族譜
文正宜主編
2000 年雁門堂照排本
文正宜

[當陽]湖北當陽文氏族譜
文光福主編
2010 年照排本
湖北

[羅田]文氏宗譜十三卷首二卷
文□□纂修
清宣統元年(1909)正氣堂木活字本
山西家譜　猶他

[羅田]文氏宗譜九卷首三卷
文伯殷修
民國二十七年(1938)正氣堂木活字本
山西家譜(缺卷十一、十三、十九)

[仙桃]正氣堂文氏族譜
文□□纂修
2008 年正氣堂照排本
湖北(存卷三、四)

[鶴峰]文氏宗譜不分卷
文宗派等纂修
鉛印本
書名據書衣題。
文學舉

聞

[浠水]聞氏宗譜二十八卷
聞仲儒等纂修
1992 年敦本堂鉛印本
書名據書衣題。
聞立法

[蘄春]聞氏宗譜二十四卷末一卷
聞月樵、聞桂芳纂修
清光緒二十一年(1895)敦本堂刻本
三修本。
穀城(存二十四卷:一至十、十二至二十四、卷末)

[英山]聞氏四修宗譜十六卷
聞功傑、聞風魁纂修
民國三十年(1941)清遠堂木活字本
山西家譜　猶他

翁

[武昌]武昌翁氏宗譜十二卷
翁允璵纂修
清光緒三年(1877)四勿堂刻本
竹溪長生村(存四卷)

[黄陂]灄源翁氏族譜四卷首一卷末一卷
翁俊亭主編
2007 年鉛印本
續修本。
湖北

鄔

[武漢]鄔氏家乘
鄔□□纂修
民國四年(1915)木活字本
書名據版心題。
武漢　山西家譜　猶他

[漢陽]鄔氏宗譜六卷
(清)鄔廷瑩修
清道光十九年(1839)抄本
猶他

[蘄春]鄔氏宗譜八卷首二卷
鄔□□纂修
民國十四年(1925)留青堂木活字本
山西家譜(缺卷首一)

吴

中華吴氏大統宗譜
吴長康主編
2002 年照排本
湖北

[湖北]吴氏世系圖
吴敬修
1985 年寫本
猶他

[湖北　河南]吴氏慶餘堂宗譜
吴德林等修
2012 年慶餘堂照排本
湖北　山西家譜　猶他

[湖北]湖北吴氏宗譜二卷
吴軍主編
2013 年照排本
山西家譜　猶他

[湖北]湖北吴氏宗譜
湖北吴氏文史研究會編
2013 年照排本
湖北

[湖北]湖北吴氏宗譜
湖北吴氏文史研究會編
2014 年照排本
湖北

[武昌]吴氏宗譜
吴□□纂修
清光緒間(1875—1908)觀樂堂木活字本
書名據版心題。
武漢(存卷二)　山西家譜　猶他

[武昌]吴氏宗譜
吴亮清等修
清宣統二年(1910)雙合堂木活字本
山西家譜(存卷首)　猶他

[武昌]吴氏宗譜二十六卷首一卷
吴樹傑、吴德華等修
1989 年慶餘堂木活字本
九修本。
湖北(缺卷十二)　山西家譜　猶他

[武昌]吴氏宗譜六十五卷首四卷
吴時振、吴禮金等修
1989 年至德堂木活字本
山西家譜　猶他

[江漢]吴氏宗譜四卷
吴昭彪主編
2012 年延陵堂照排本
三修本。
湖北

[漢陽]索河吴氏族譜
吴世趨等修
民國三十六年(1947)崇本堂鉛印本
書名據版心題。
湖北　武漢　山西家譜(存卷一、二、四十)　猶他

[黄陂]吴氏宗譜十一卷首一卷末一卷
吴時鼎等纂修
民國十二年(1923)思源堂木活字本
書名據版心題。
武漢　山西家譜　猶他

[黄陂]吴氏宗譜十一卷首一卷末一卷
吴烈編修
民國十二年(1923)思源堂木活字本
山西家譜　猶他

[黄陂]吴氏宗譜
吴□□纂修
民國間(1912—1949)思源堂本
猶他

[新洲]吴氏宗譜十六卷首二卷
吴聘之、吴焱成編修
民國二年(1913)木活字本
新洲曾寨村

[新洲]吴氏宗譜十三卷首二卷
吴漢卿等纂修
民國十六年(1927)木活字本
新洲曹田村

[新洲]吴氏宗譜五卷
吴知理等纂修
民國十八年(1929)木活字本
新洲大塘村

[新洲]吴氏宗譜二十四卷首二卷末二卷
吴先點等纂修
民國三十三年(1944)木活字本
新洲大渡村

[新洲]吴氏宗譜
吴□□纂修
民國三十四年(1945)木活字本
清光緒二十八年(1902)吴天財等初修。
新洲幹河村

[新洲]吴氏宗譜九卷首二卷
吴紹康纂修
民國三十五年(1946)木活字本
新洲肖堤村

[新洲]吴氏宗譜
吴□□纂修
民國三十五年(1946)木活字本
新洲吴勝村

[新洲]吴氏宗譜
吴□□纂修
民國三十五年(1946)木活字本
新洲大塘村(存卷三)

[新洲]吴氏宗譜十六卷首四卷
吴春華等修
1989年至德堂木活字本
湖北

[新洲]吴氏宗譜十六卷首二卷
吴子華等修
1989年至德堂鉛印本
書名據書衣題。
湖北

[新洲]吴氏宗譜四十四卷
吴後富、吴後賢等修
1989年三讓堂鉛印本
書名據書衣題。四修本。
湖北

[新洲]吴氏宗譜五十一卷
吴永雁總編
2008年三讓堂照排本
五修本。
湖北　山西家譜　猶他

[新洲]吴氏慶餘堂史志
吴德餘修
2012年慶餘堂照排本
十修本。
湖北

[新洲]吴氏慶餘堂宗譜:吴高顯支系卷
吴德餘主編
2012年慶餘堂照排本
湖北　山西家譜　猶他

[新洲]吴氏宗譜四卷

吴振茂編修

2013 年桂馥堂照排本

山西家譜　猶他

[大冶]吴氏宗譜不分卷

(清)吴文泰、(清)吴步淳等纂修

清道光十五年(1835)至德堂木活字本

湖北(存三卷)

[大冶]吴氏宗譜

吴□□纂修

民國十七年(1928)禮讓堂木活字本

山西家譜(存卷首〔殘破〕、卷一、五、七、八)　猶他

[大冶]吴氏宗譜八卷

吴其祥等修

民國三十二年(1943)錫類堂木活字本

山西家譜　猶他

[大冶]中華吴氏大統宗譜永興吴氏卷序言篇

《中華吴氏大統宗譜》編委會編

2002 年照排本

湖北

[陽新]吴氏宗譜

吴風翔等修

2009 年至德堂照排本

湖北

[陽新]中華吴氏大統宗譜

吴高會等修

2014 年延陵堂照排本

湖北

[松滋]松滋吴氏宗譜四十六卷首一卷末二卷

吴慶揚纂修

清光緒三十二年(1906)至德堂木活字本

版心、書籤題"吴氏宗譜"。六修本。

遼寧

[監利]吴氏族譜十五卷首二卷

吴元德修

1987 年延陵堂木活字本

猶他

[夷陵]吴氏族譜

吴思治主修

民國三十年(1941)延陵堂木活字本

吴其金

[興山]吴氏族譜

吴方林纂修

抄本

書名據書衣題。

興山方志

[襄陽]吴氏宗譜

吴德貴修

民國六年(1917)三讓堂木活字本

書名據版心題。

湖北(缺卷六)

[宜城]吴氏宗譜十五卷首二卷

吴元德、吴敦楊等主修

1989 年延陵堂木活字本

山西家譜　猶他

[鄂州]吴氏宗譜三卷首一卷
吴□□纂修
民國五年(1916)三讓堂木活字本
山西家譜(缺卷首)　猶他

[鄂城]吴氏宗譜四十九卷
吴心田等修
民國三十七年(1948)至德堂木活字本
山西家譜　猶他

[鄂城]吴氏宗譜五十卷含首九卷
吴風聲修
1994年至德堂木活字本
猶他

[孝感]孝感吴氏家譜六十五卷首一卷
吴樹勳、吴士珍纂修
民國二十五年(1936)延陵堂木活字本
書名據版心題,目録題"孝感松林崗吴氏家譜"。
湖北(缺卷六十一至六十五)

[漢川]楚北吴氏宗譜十一卷首三卷
吴祖瑞、吴業方編修
2011年延陵堂照排本
湖北

[黄岡]吴氏支譜四卷首一卷
(清)吴□□纂修
清光緒十年(1884)刻本
思綏草堂

[黄岡]吴氏宗譜十二卷首二卷
吴光化、吴大琳等修
清光緒十六年(1890)讓德堂木活字本
山西家譜　猶他

[黄岡]吴氏宗譜八卷
吴□□纂修
清光緒三十一年(1905)木活字本
山西家譜　猶他

[黄岡]吴氏宗譜二十卷首二卷末二卷
吴朝鼎纂修
清宣統二年(1910)讓德堂木活字本
書名據版心、書衣、内封題。
國家　上海圖　尋源姓氏(缺卷十五)　猶他(缺卷十五)

[黄岡]吴氏宗譜
吴□□纂修
民國元年(1912)本源堂木活字本
山西家譜(存卷三、六、二十一、二十四)　猶他

[黄岡]吴氏宗譜三十二卷
吴啓玉修
民國三年(1914)本源堂木活字本
國家　山西家譜　猶他

[黄岡]吴氏家乘八卷附世系三十卷
吴□□纂修
民國四年(1915)木活字本
國家

[黄岡]吴氏宗譜二十四卷首二卷末二卷
吴春臺編修
民國三十三年(1944)讓德堂木活字本
國家(缺卷三、四、十一、十五、二十二)　湖北　山西家譜　猶他

[黄岡]吴氏宗譜四十二卷
吴啓玉修
民國三十五年(1946)三讓堂木活字本
國家　山西家譜　猶他

[黄岡]吴氏宗譜三卷首一卷
吴□□纂修
民國三十五年(1946)三讓堂木活字本
黄岡檔

[黄岡　武昌]吴氏宗譜四十九卷
吴炳陽等纂修
民國三十七年(1948)至德堂木活字本
書名據版心題,内封題"黄岡邑五柳塘鎸"。
武漢　山西家譜　猶他

[黄岡]吴氏宗譜五十卷
吴心田等纂修
民國三十七年(1948)五柳堂木活字本
國家

[黄岡]吴氏宗譜四十八卷
吴律分等修
1989年三讓堂木活字本
山西家譜(缺卷四、八、十二、四十四)　猶他

[黄岡]吴氏宗譜八卷首二卷
吴志斌編修
1989年至德堂木活字本
山西家譜　猶他

[黄岡]吴氏宗譜十六卷首二卷
吴錦帆主編
1989年至德堂木活字本
山西家譜　猶他

[黄岡]吴氏宗譜八卷首三卷
吴志斌編修
1989年光前堂木活字本
山西家譜　猶他

[黄岡]吴氏宗譜三十卷首二卷末二卷
吴保華、吴華寬編修
1990年讓德堂木活字本
山西家譜　猶他

[黄岡]吴氏宗譜十六卷首三卷附功德簿一册
吴金海、吴銀齋編修
2006年至德堂照排本
山西家譜(缺卷十)　猶他

[黄岡]吴氏宗譜十六卷首二卷(西分)
吴劍鋒等修
2007年至德堂照排本
湖北(缺卷七、十)

[麻城]吴氏族譜
(清)吴□□纂修
清光緒九年(1883)木活字本
山西家譜(存卷二至六)　猶他

[麻城]吴氏族譜
(清)吴□□纂修
清光緒九年(1883)木活字本
書名據書衣題。
湖北(存卷一、五至七)

[麻城]吴氏支譜四卷首一卷
吴□□纂修
清光緒二十九年(1903)木活字本
山西家譜　猶他

[麻城]吴氏族譜十卷
吴揚休等修
民國十三年(1924)石印本
山西家譜　猶他

[麻城]吴氏三修宗譜六卷首一卷
吴文聘纂修
民國十七年(1928)讓德堂木活字本
書名據版心題。書籤題"吴孝子宗譜"。
山西家譜　猶他

[麻城]吴氏宗譜
吴□□纂修
據民國三十三年(1944)延陵堂木活字本複印
麻城方志

[麻城]吴氏宗譜七卷首二卷
吴祖祥修
民國三十三年(1944)延陵堂木活字本
山西家譜　猶他

[麻城]吴氏宗譜四卷首一卷
吴亞卿等修
民國三十三年(1944)延陵堂木活字本
山西家譜　猶他

[麻城]吴氏續修宗譜八卷首二卷
吴中弼纂修
民國三十四年(1945)至德堂木活字本
書名據書衣題,版心題"吴氏宗譜",内封題"吴氏族譜"。
上海

[麻城]吴氏宗譜
吴□□纂修
據1995年木活字本複印
麻城方志

[武穴]吴氏族譜
吴公壽、吴齡陽等修
民國三十三年(1944)至德堂木活字本
山西家譜　猶他

[武穴]吴氏宗譜
吴源清修
民國三十三年(1944)至德堂本
山西家譜　猶他

[武穴]吴氏宗譜三卷首一卷
吴□□纂修
民國間(1912—1949)至德堂木活字本
武穴檔(缺卷首)

[紅安]吴氏族譜十六卷首一卷
吴玉華、吴蘭亭等修
清宣統二年(1910)繼述堂木活字本
國家　山西家譜　猶他

[紅安]吴氏家乘三十卷
吴□□纂修
約民國十年(1921)木活字本
山西家譜(存卷首下至卷八)　猶他

[紅安]吴氏族譜四卷
吴文楚修
民國十六年(1927)延陵堂木活字本
山西家譜　猶他

[紅安]吴氏族譜四十卷
吴昌明等編修
民國三十六年(1947)鉛印本
國家(缺卷二)　山西家譜　猶他

[紅安]吴氏族譜三十六卷
吴□□纂修
民國三十七年(1948)鉛印本
思綏草堂

[紅安]黄安灄水吴氏族譜四十卷
吴昌明修
民國三十七年(1948)木活字本
猶他

[紅安]吴氏家譜三十七卷首七卷
吴文海、吴克利編修
1998年福壽宫木活字本
山西家譜　猶他

[羅田]吴氏宗譜三十二卷
吴官吉纂修
民國二十九年(1940)忠義堂木活字本
國家

[羅田]吴氏十修族譜十八卷首一卷
吴宗保、吴嘉田主編
1992年光前堂木活字本
書名據版心、書衣題。四修本。
湖北

[羅田]吴氏十修族譜二十四卷
吴省忠等修
1994年忠義堂木活字本
書衣題"吴氏宗譜"。
山西家譜　猶他

[浠水]吴氏宗譜十卷
(清)吴舜臣修
清光緒八年(1882)敦睦堂刻本
猶他

[浠水]吴氏十修宗譜二十四卷
吴楚寅修
1994年忠義堂木活字本
猶他

[蘄春]吴氏宗譜
(清)吴陞甫編修
清光緒八年(1882)敦睦堂木活字本
山西家譜　猶他

[蘄春]吴氏孝子宗譜
吴宜櫃、吴上坤等修
民國四年(1915)忠孝堂木活字本
山西家譜(存卷首一、卷一至七、九、十一、十二、十九)　猶他

[蘄春]吴氏宗譜十二卷
吴廷鼎、吴遠煦等主修
民國三十六年(1947)愛山堂木活字本
山西家譜　猶他

[黄梅]吴氏宗譜五卷首一卷
(清)吴楚珍、(清)吴名盛編修
清光緒十二年(1886)至德堂木活字本
國家　山西家譜　猶他

[黄梅]吴氏宗譜十四卷首四卷
(清)吴育修
約清光緒十五年(1889)至德堂木活字本
國家　山西家譜　猶他

[黄梅]吴氏支譜四卷首一卷
吴□□纂修
民國七年(1918)崇讓堂木活字本
國家(缺卷二)

[英山]吴氏宗譜八卷首二卷

吴明治等纂修

民國三十年(1941)世德堂木活字本

書名據版心、書衣題。

上海

[咸寧]吴氏宗譜五卷首一卷

吴仁春修

民國十五年(1926)延陵堂木活字本

猶他

[咸寧]吴氏宗譜五卷首一卷

吴仁春等修

據民國十五年(1926)延陵堂木活字本影印

書名據書衣題。

湖北

[咸寧]吴氏宗譜莊門派行

吴理怡等主修

1995年延陵堂木活字本

書名據書衣題。

湖北(存卷首、卷六、五十)

[咸寧]吴氏宗譜六卷首二卷

吴揚治主編

2011年延陵堂照排本

湖北

[咸寧　通城　崇陽]吴氏宗譜

湖北吴氏文史研究會編

2013年照排本

湖北

[嘉魚]吴氏宗譜

吴德明纂修

民國二年(1913)觀樂堂木活字本

書名據版心、書籤題。内封題"家乘全書"。

武漢(存卷一、二)　山西家譜　猶他

[通山]吴氏宗譜二十七卷首一卷

吴從周等纂修

清光緒三十三年(1907)至德堂木活字本

書名據版心、書籤題,内封題"吴氏家乘"。七修本。

歷史所　山西家譜　猶他

[通山]吴氏宗譜二十七卷首一卷

吴從周修

民國十二年(1923)至德堂鉛印本

金華家譜　猶他

[通山]吴氏宗譜三十四卷

合族纂修

1988年油印本

書名據版心、書衣題。二十一修本。

吴高謀

[通山]吴氏宗譜二十八卷

合族纂修

1990年至德堂油印本

書名據版心題。九修本。

吴祖根

[崇陽]吴氏家譜

吴彩榮等纂修

清宣統二年(1910)延陵堂木活字本

書名據版心題。

武漢(存卷首)

[崇陽]吴氏宗譜
吴亮清修
清宣統二年(1910)延陵堂木活字本
猶他

[崇陽]吴氏宗譜三卷
吴宗生纂修
民國二十八年(1939)延陵堂木活字本
崇陽拓田村

[崇陽]吴氏宗譜
吴□□纂修
民國二十八年(1939)直筆堂木活字本
崇陽大源村

[崇陽]吴氏宗譜十四卷首三卷
吴文敏修
1993 年延陵堂木活字本
猶他

[崇陽]湖北崇陽吴氏
吴志剛、吴亞雄、吴光輝編著
2009 年照排本
湖北

[崇陽]崇陽吴氏宗譜五卷
崇陽吴氏宗譜編纂委員會修
2014 年照排本
湖北

[通城]通城吴姓
吴勁夫主編
1998 年延陵堂鉛印本
湖北　通城

[廣水]吴氏宗譜六卷
廣水市吴氏宗譜編修委員會編
2007 年照排本
湖北

[仙桃]吴氏宗譜十一卷首三卷
吴業啓修
2011 年延陵堂照排本
猶他

[仙桃]吴氏宗譜四卷
吴光恒修
2012 年照排本
三修本。
湖北

[潛江]吴氏三修族譜
吴孝清主修
2000 照排本
吴孝清　吴漢高

[恩施]吴氏延陵世家
吴國儀纂修
1993 年鉛印本
書名據書衣題。
吴國珩　吴應林

[來鳳]萬家堂吴氏支譜一卷
吴寶炬纂修
民國十三年(1924)木活字本
來鳳方志

[來鳳]來鳳吴氏支譜
吴國壽總纂修
民國十三年(1924)渤海堂鉛印本
書名據書衣題。首修本。
湖北

[來鳳]吴氏支譜六卷
吴國壽等纂修
民國十九年(1930)渤海堂鉛印本
書名據版心、書衣題,内封題“吴氏支譜”。
湖北　南京　浙圖　福建圖　河南　四川　山西家譜　猶他

伍

[陽新]伍氏宗譜
伍理豪修
清宣統元年(1909)樹德堂木活字本
猶他

[陽新]伍氏宗譜
伍□□纂修
清宣統三年(1911)樹德堂木活字本
國家

[陽新]伍氏宗譜二十九卷加十卷首三卷
伍□□纂修
民國三十六年(1947)樹德堂木活字本
國家

[陽新]伍氏宗譜
伍齊焕纂修
民國三十六年(1947)樹德堂木活字本
書名據版心、書衣題。
湖北(存卷二十三)

[陽新]伍氏宗譜三十七卷首三卷
伍齊楷、伍淑寶編修
1988年樹德堂木活字本
書名據版心、書衣題,内封題“石門伍氏十二祭全譜”。
湖北(存卷首上)

[麻城]伍氏宗譜
伍□□纂修
據民國二年(1913)忠貞堂木活字本複印
麻城方志

[咸寧]伍氏宗譜不分卷
(清)伍賡廷纂修
清同治十年(1871)直諫堂木活字本
書名據版心題。
四川

[仙桃]伍氏宗譜十卷
伍運珊總編
1989年安定堂鉛印本
書名據版心題。
山西家譜　猶他

武

[紅安]武氏宗譜六卷首一卷末一卷
(清)武□□纂修
清同治七年(1868)太原堂木活字本
思緩草堂

[紅安]武氏宗譜八卷首四卷
武□□纂修
民國二十六年(1937)太原堂木活字本
國家

奚

[浠水]奚氏宗譜二十卷末一卷
奚□□纂修
民國二十二年(1933)廣德堂木活字本
思緩草堂

席

[夷陵]席氏承祖族譜
席承俊等修
2005年照排本
席承俊

[黄岡]席氏宗譜六卷
席□□纂修
民國三十六年(1947)木活字本
思綏草堂

[隨州]席氏宗賢像贊不分卷
席裕康纂修
民國十四年(1925)石印本
書名據書衣題。
上海　浙圖

習

[夷陵]習氏族譜
習永新主修
2009年池竹堂照排本
夷陵檔

郤

[麻城]郤氏續修宗譜四卷
郤兆庚纂修
清光緒二十四年(1898)碧雲堂木活字本
思綏草堂

[麻城]郤氏三修宗譜四卷
郤瑞祥編修
民國二十九年(1940)碧雲堂木活字本
版心題"郤氏宗譜"。
思綏草堂

夏

[湖北]中國夏氏通譜
夏樹高主編
1995—1999年照排本
國家

[湖北]夏氏宗譜
夏正東主編
2000年照排本
國家

[湖北]夏氏族譜
夏道慎等修
1988年會稽堂鉛印本
書名據書衣題。
湖北(存總卷首、卷首)

[武昌]夏氏宗譜
(清)夏□□纂修
清同治二年(1863)會稽堂木活字本
山西家譜(存卷一、卷二、四)　猶他

[武昌]夏氏宗譜
(清)夏學恂、(清)夏學春等修
清光緒二年(1876)會稽堂木活字本
山西家譜(存卷首、卷一、二)　猶他

[武昌]夏氏續修宗譜十八卷
夏□□纂修
清光緒十八年(1892)敦睦堂木活字本
書名據書衣題。
湖北(存卷一至八、十八)

[武昌]夏氏宗譜
夏□□纂修
清光緒二十五年(1899)會稽堂木活字本
山西家譜(存卷四、五)　猶他

[武昌]夏氏續修宗譜三十卷
夏國英修
1989年敦睦堂木活字本
猶他

[武昌]夏氏宗譜二十二卷
夏大南創修
1994年長發堂活字本
書名據書衣題。
湖北　北大　猶他

[江夏]夏氏宗譜十七卷
夏澤文編修
1990年敦本堂木活字本
書名據版心、書衣題。四修本。
湖北

[黄陂]夏氏族譜世系表
夏禮康纂修
1996年打印本
書衣題"湖北省漢陽府黄陂縣祁家灣夏家呰(西鄉周家田)"。
上海

[新洲]夏氏宗譜
(清)夏雄才等修
清光緒十九年(1893)尚忠堂木活字本
湖北(存卷三、五、八、九、十一、十四至十七、十九、二十、二十二至二十四、二十八、三十、三十一、三十四)

[新洲]夏氏宗譜二卷
夏啓銅、夏家訓等纂修
民國二十四年(1935)木活字本
新洲細方村

[新洲]夏氏宗譜
夏□□纂修
民國二十六年(1937)尚忠堂木活字本
書名據版心、書衣題。
湖北(存卷三、五、六、十一、十四至十七、十九、二十、二十二、二十四、二十八、三十至三十二、三十四)

[新洲]夏氏宗譜二卷
夏玉書等纂修
民國三十二年(1943)木活字本
新洲鐵屋河村

[新洲]夏氏宗譜二十六卷首一卷
夏榮懷、夏澤恩修
民國三十二年(1943)敦本堂木活字本
山西家譜(缺卷九、十五)

[新洲]夏氏宗譜十卷
夏啓山、夏金山纂修
民國三十三年(1944)木活字本
新洲段家山村

[新洲]夏氏宗譜
夏國卿纂修
1990年敦本堂木活字本
書名據版心、書衣題。四修本。
湖北(存卷首、卷一至四)

[新洲]夏氏宗譜十二卷
夏榮華等修
1990年敦本堂木活字本
書名據書衣題。四修本。
湖北

[新洲]夏氏宗譜
夏敦海等修
1994年抄本
湖北

[新洲]夏氏宗譜五卷
夏海清總編
2001年照排本
湖北　山西家譜　猶他

[新洲]夏氏宗譜
夏澤旺、夏斌清、夏海清修
2001年照排本
國圖

[新洲]夏氏宗譜
夏志剛主編
第五次續修
國圖

[石首]夏氏宗譜八卷
夏□□纂修
民國十六年(1927)稿本
書名據版心題。
上海

[監利]夏氏族譜琢公卷
夏宏霖、夏宏柏等修
1989年清廉堂木活字本
書名據書衣題。
湖北(存卷首、卷八)

[監利]夏氏族譜希仁公卷
夏家軍主編
2011年會稽堂照排本
湖北

[監利]夏氏族譜琢公卷
夏宏楷修
2013年清廉堂照排本
版心題"夏氏族譜"。八修本。
湖北

[鄂州]夏氏續修宗譜三十卷
夏國英纂修
1989年敦睦堂、敦倫堂木活字本
湖北　猶他

[鄂州]夏氏續修宗譜三十卷
夏昌環修
1989年敦睦堂、敦倫堂木活字本
書名據書衣題。
湖北(存卷一至五、十八、二十二、二十三)

[鄂州]夏氏宗譜
甲戌十届續修宗譜編写组纂修
1994年長發堂木活字本
書名據書衣題。
湖北

[鄂州]夏氏宗譜二十二卷
夏大南、夏安民、夏子香等編修
1994年長發堂木活字本
書名據版心、書衣題。十三修本。
湖北　湖南

[孝感]板橋夏氏家譜五卷
夏寅初主編
1995年木活字本
書名據版心、書衣題。
湖北

[孝感]夏氏族譜四卷
夏行賢編修
1995年福蔭堂木活字本
書名據版心、書衣題。
湖北

[孝感]夏氏家譜五卷首一卷
夏愛華主纂
1997年三星堂木活字本
書名據書衣題。首修本。
湖北　猶他

[大悟]鄂悟夏氏族譜
夏安珠、夏邦華、夏邦蘭等編修
1996年鉛印本
書名據書衣題。首修本。
湖北

[大悟]鄂悟夏氏族譜
夏作忠、夏作文等編修
2014年照排本
湖北

[黄岡]夏氏異初支譜四卷
(清)夏□□纂修
清同治七年(1868)稿本
山西家譜　猶他

[黄岡]夏氏房分默譜不分卷
(清)夏光照等修
清同治七年(1868)刻本
書名據書口題。
上海

[黄岡]黄岡夏氏宗譜四十八卷
夏仲英纂修
清光緒十六年(1890)刻本
新洲井山村

[黄岡]夏氏宗譜十三卷首一卷
夏承模、夏月亭編修
清光緒三十二年(1906)仁慶堂木活字本
北大

[黄岡]夏氏宗譜二十九卷首一卷
夏波澄等修
清光緒三十二年(1906)木活字本
山西家譜　猶他

[黄岡]夏氏宗譜三十九卷首一卷
夏□□纂修
清光緒三十二年(1906)兩銘堂木活字本
國家(缺卷三、五、七、十、十二、二十二)

[黄岡]夏氏宗譜四卷首二卷
夏文榮纂修
清宣統二年(1910)寶善堂木活字本
書名據版心、内封題。
上海

[黄岡]夏氏宗譜六卷
夏宗淮等修
民國二年(1913)孝友堂木活字本
山西家譜　猶他

[黄岡]夏氏宗譜六卷首二卷
夏世賢修
民國二年(1913)孝友堂木活字本
山西家譜　猶他

[黄岡]夏氏東分分譜十四卷首一卷
夏均喜等修
民國十三年(1924)木活字本
上海

[黄岡]夏氏宗譜十五卷首二卷
夏耀廷、夏惠民等修
民國三十二年(1943)塗山堂木活字本
山西家譜　猶他

[黄岡]夏氏宗譜十一卷首一卷
夏錦泉修
民國三十三年(1944)清溪堂木活字本
山西家譜　猶他

[黄岡]夏氏宗譜十二卷首二卷
夏宗淮修
民國三十三年(1944)道一堂木活字本
國家　山西家譜　猶他

[黄岡]夏氏宗譜十二卷
夏應山、夏金山修
民國三十三年(1944)敦本堂本
山西家譜

[黄岡　麻城]夏氏宗譜九卷首一卷
夏伯華修
民國三十三年(1944)三義堂木活字本
北大

[黄岡]夏氏宗譜八卷
夏鈞禄、夏澤明等修
民國三十四年(1945)禹謨堂木活字本
上海(缺卷三)　山西家譜　猶他

[黄岡]夏氏宗譜三十卷
夏楚橋修
1989年敦本堂木活字本
北大　山西家譜　猶他

[黄岡]夏氏宗譜六卷首二卷
夏先華主編
1990年儉勤堂木活字本
湖北

[黄岡]夏氏宗譜四卷首一卷
夏國卿、夏焕青等修
1990年木活字本
湖北　山西家譜　猶他

[黄岡]夏氏宗譜十卷
夏□□纂修
1990年敦本堂木活字本
山西家譜　猶他

[黄岡]夏氏宗譜十卷
夏鈞庆、夏澤堂等修
1990年敦本堂本
猶他(缺卷七上、八)

[黄岡]夏氏宗譜十七卷首二卷
夏宗鑒主編
1991年塗山堂油印本
山西家譜　猶他

[黄岡]夏氏宗譜十七卷首二卷
夏保民、夏連科等纂修
1991年塗山堂木活字本
國家

[黄岡]夏氏東分分譜
夏熙松等纂修
1992年敦本堂木活字本
北大

[麻城]夏氏族譜六卷
(清)夏□□纂修
清嘉慶二十三年(1818)衍慶堂刻本
山西家譜　猶他

[麻城]夏氏族譜六卷
(清)夏□□纂修
清道光七年(1827)刻本
思綏草堂

[麻城]夏氏重修宗譜十卷首二卷
(清)夏洪才等修
清光緒十七年(1891)會稽堂木活字本
書名據書衣題。
湖北(缺譜首一)　山西家譜　猶他

[麻城]夏氏續修宗譜
夏炳元等修
清光緒十九年(1893)詒燕堂刻本
書名據版心、書衣題。
湖北(存卷首上、下、卷一至三、五、十、十一、十三至十五、十七、十九、二十、二十五、二十七、二十九)

[麻城]夏氏宗譜二十卷首二卷
(清)夏蔭桂等纂修
清光緒十九年(1893)木活字本
書名據書衣題。續修本。
湖北

[麻城]麻城牌樓河夏氏宗譜二十九卷首二卷
(清)夏炳元等纂修
清光緒十九年(1893)詒燕堂刻本
版心題"夏氏宗譜"。
上海　湖北(存卷首二、卷一至九、十一至二十九)　猶他

[麻城]夏氏族譜十三卷首二卷
夏鳴盛主修
清光緒三十二年(1906)仁慶堂木活字本
書名據版心、書衣、内封題。
上海　尋源姓氏

[麻城]西陵白石山夏氏族譜
夏承模、夏月亭纂修
清光緒三十二年(1906)仁慶堂木活字本
書名據内封題。
上海　思綏草堂

[麻城]夏氏宗譜三十五卷
夏友三、夏柏英編修
民國二十九年(1940)尚忠堂木活字本
書名據版心題。四修本。
湖北(缺卷六、七、十二、十六、二十二、三十四、三十五)　猶他

[麻城]夏氏宗譜二十六卷首二卷
夏華仁等修
民國二十九年(1940)尚忠堂木活字本
北大

[麻城]夏氏宗譜三十五卷

夏莘仁等修

民國二十九年(1940)尚忠堂木活字本

山西家譜　猶他

[麻城]夏氏宗譜三十五卷

夏友三等編修

民國二十九年(1940)尚忠堂木活字本

國家　北大

[麻城]西陵白石山夏氏族譜十六卷首二卷

夏□□纂修

民國三十二年(1943)仁慶堂木活字本

思綏草堂

[麻城]夏氏宗譜五卷首一卷

夏啓賢修

民國三十二年(1943)嗣賢堂木活字本

國家　北大　山西家譜　猶他

[麻城]夏氏宗譜十三卷首四卷

夏文卿等主修

民國三十二年(1943)會稽堂木活字本

書名據譜序題。版心、書衣、内封題"夏氏宗譜"。

上海

[麻城]夏氏四修宗譜十六卷首二卷

夏思訓編修

民國三十三年(1944)仁慶堂木活字本

國家　北大　山西家譜　尋源姓氏　猶他

[麻城]夏氏宗譜十二卷首一卷

夏宇福、夏世臺修

民國三十四年(1945)再吉堂木活字本

山西家譜　尋源姓氏　猶他

[麻城]夏氏宗譜十一卷首三卷

夏明卿修

民國三十五年(1946)敦睦堂木活字本

國家　山西家譜　猶他

[麻城]夏氏宗譜

夏□□纂修

1987年木活字本

五修本。

麻城方志

[麻城]夏氏五修宗譜十三卷首二卷

夏恒山等纂修

1987年會稽堂木活字本

國家

[麻城]夏氏宗譜三十七卷首三卷

夏連城主編

1988年尚忠堂油印本

五修本。

山西家譜　猶他

[麻城]夏氏宗譜九卷首二卷

夏巨祥、夏叔嚴主編

1991年清溪堂木活字本

書名據版心、書衣題。

湖北

[紅安]夏氏宗譜十一卷首一卷

(清)夏國爾纂修

清光緒十八年(1892)臺閣堂木活字本

書名據版心、書衣題。

湖北(存卷首)

[紅安]夏氏宗譜
夏炳傑等纂修
民國十二年(1923)明德堂木活字本
上海(存卷首、卷一)　湖北(存卷首二、三)

[紅安]夏氏宗譜
夏□□纂修
民國十四年(1925)平心堂木活字本
書名據版心、書衣題。
湖北(存卷首)

[蘄春]蘄水縣夏氏族譜八卷首一卷
夏銘鼎宗纂修
清光緒八年(1882)彝叙堂木活字本
北大

[蘄春]鶴山夏氏宗譜八卷首一卷
夏學凝等纂修
民國三十二年(1943)會稽堂木活字本
北大

[蘄春]鶴山夏氏四修宗譜六十卷首六卷
夏蘭泉、夏如川纂修
1991年會稽堂木活字本
國家　山西家譜　猶他

[黄梅]夏氏宗譜十八卷首二卷
夏澤志總纂修
1989年會稽堂木活字本
湖北(存卷首一、二、卷一、六)

[咸寧　通山]夏氏宗譜十六卷
夏攀龍修
民國二十九年(1940)敦本堂木活字本
書名據版心題。
湖北(存卷首、卷十三)

[咸寧　通山]夏氏宗譜
夏源和等修
1988年善述堂、敦本堂、敦善堂木活字本
書名據版心題。六修本。
湖北

[咸寧]夏氏宗譜五卷
夏惜桃編修
1991年祗臺堂木活字本
書名據版心、書衣題。
湖北

[咸寧　通山]夏氏宗譜十六卷
夏遠明總修,夏祥雲、夏鼎軍編修
2007年敦本堂照排本
湖北

[通山]夏氏宗譜
夏體臣等纂修
清光緒二十八年(1902)植本堂木活字本
書名據版心、書衣題。
上海(存卷二十三)

[通山]夏氏宗譜
夏明遠等修
民國六年(1917)秘書堂木活字本
山西家譜　猶他

[通山]夏氏宗譜九卷首一卷
夏□□纂修
民國六年(1917)秘書堂木活字本
山西家譜(存卷首)

[通山]夏氏宗譜六十卷
夏安行等纂修
民國十年(1921)植本堂木活字本
書名據版心、書衣題。
上海(存卷首[即卷一]、卷三至十三、十五、十七至二十五、二十七至三十、三十二至三十四)　尋源姓氏　猶他

[通山]夏氏宗譜三十五卷
合族纂修
1989年植本堂油印本
九修本。
夏雄彪

[通山]夏氏宗譜七十三卷
夏萬三纂修
1990年油印本
書名據書衣、版心題。八修本。
夏雄彪

[通城]夏氏宗譜十四卷
夏暑、夏嶺峰、夏葵編修
1991年會稽堂木活字本
書名據版心、書衣題。六修本。
湖北(存卷首、卷二、三)

[隨州]夏氏宗譜
夏□□纂修
民國三年(1914)木活字本
書名據版心題。
湖北(存一卷)

[仙桃]夏氏宗譜不分卷
夏□□纂修
民國二十六年(1937)會稽堂木活字本
思綏草堂

[仙桃]夏氏宗譜
夏□□纂修
1989年會稽堂木活字本
湖北(存卷一、老大房、老二房、老三房、老七房、老八房部分分支卷)

鮮于

[宜都]鮮于氏族譜四卷
鮮于明體、鮮于立齊等纂修
清光緒二十一年(1895)福星堂木活字本
湖北

綫

[黄岡]綫氏宗譜四卷首一卷
綫求望編修
1990年萬選堂木活字本
山西家譜(缺卷三、四)　猶他

向

[湖北]向氏宗譜黄石大冶江夏鄂州合修六卷首一卷
向□□纂修
2010年名臣堂鉛印本
湖北

[武昌]向氏宗譜九卷
向家駒等纂修
民國三十五年(1946)七賢堂石印本
書名據版心題。
國家

［黃石］中華向姓通譜湖北省中東卷黃石版
向守武主編
2010 年名臣堂照排本
湖北

［陽新］中華向姓通譜湖北陽新續卷
向守武等修
2010 年名臣堂照排本
湖北

［石首］向氏族譜石首卷
向宗煜等修
2014 年河南堂照排本
湖北

［松滋］向氏族譜松滋卷
向光中主編
2011 年左師堂照排本
湖北

［夷陵］向氏族譜
向仁山修
民國三十四年(1945)耐職堂木活字本
向洪星

［夷陵］向氏家譜
向□□纂修
中和堂木活字本
向長炎

［夷陵］向氏家譜
向□□纂修
耐職堂木活字本
向祖佑

［宜都］向氏家譜六卷
向元香等修
清光緒三十年(1904)刻本
湖北

［長陽］長陽縣向氏宗譜八卷
向宗鼎主修
據民國三十二年(1943)刻本複印
長陽檔(存三卷)

［孝感］中華向姓通譜湖北孝感楊店卷
向輝明等修
2012 年名臣堂照排本
五修本。
湖北

［漢川］楚北向氏宗譜十四卷首一卷
向宗鶴主編
1990 年文簡堂鉛印本
五修本。
湖北

［黃岡］向氏宗譜十一卷首四卷
向文述、向文琦纂修
民國十六年(1927)奕葉堂木活字本
山西家譜　猶他

［麻城］中華向姓通譜湖北麻城卷
向□□纂修
2010 年名臣堂照排本
湖北

［武穴］向氏宗譜二卷
向□□纂修
民國十二年(1923)泰和堂木活字本
武穴檔

[武穴]向氏宗譜三卷
向曉初等纂修
民國三十五年(1946)孝友堂木活字本
武穴檔

[紅安]向氏宗譜三卷首一卷
向德瑞編修
民國六年(1917)言訒堂木活字本
山西家譜　猶他

[浠水]向氏三修宗譜十卷首八卷
向卓甫修
民國三十四年(1945)大耐堂木活字本
山西家譜　猶他

[黄梅]向氏宗譜十九卷首一卷
(清)向啓思、(清)向肇鑒等修
清咸豐十年(1860)河内堂木活字本
山西家譜　猶他

[黄梅]向氏民籍宗譜
向宏觿、向宏城主修
清光緒十八年(1892)河内堂木活字本
國家　山西家譜　猶他

[黄梅]向氏民籍宗譜七卷首二卷
向□□纂修
民國三十二年(1943)河内堂木活字本
書籤題“向氏宗譜”。
山西家譜　猶他

[黄梅]向氏宗譜七卷首二卷
向育廷等修
民國三十三年(1944)河内堂木活字本
書名據書衣題。
國家　湖北

[仙桃]向氏宗譜不分卷
向思煒總修
1988 年左師堂木活字本
山西家譜(存四十三册)　猶他

[恩施]滚龍壩向氏土家族家史
向□□纂修
稿本
書名據書衣題。
向興介

[來鳳]老寨向氏宗譜一卷
(清)向堂兼纂修
清道光二十九年(1849)刻本
來鳳方志

[來鳳]郊岗向氏宗譜
向賢宗纂修
河内堂抄本
書名據書衣題。
來鳳文管所

[來鳳　鶴峰]向氏族譜三十四卷及卷首
向緒長修
2007 年左師堂照排本
猶他

[巴東]向氏續修全譜
向國盛等纂修
民國九年(1920)稿本
書名據書衣題。
向國平

項

[新洲]項氏宗譜十四卷首二卷
項鑫等纂修
1995年敦倫堂木活字本
書名據書衣題。九修本。
湖北(缺卷八、十二至十四)　猶他

[大冶]項氏宗譜譜首
項兆焕等修
2013年雅正堂照排本
湖北

[黄岡]項氏宗譜十六卷首一卷
項滌生、項福堂編修
民國五年(1916)説善堂木活字本
國家　山西家譜　猶他

[黄岡]項氏宗譜十四卷首二卷
項鑫、項能俊、項昌煜總纂
民國三十六年(1947)敦倫堂木活字本
湖北　山西家譜　猶他

[麻城]項氏宗譜八卷首二卷
(清)項玉琪、(清)項長春修
清光緒五年(1879)文明堂木活字本
書名據版心、書衣題。
湖北

[麻城]項氏宗譜十二卷首二卷
項緒安、項緒和、項欣圃等總編纂
清宣統二年(1910)敦倫堂木活字本
書名據版心、内封、書衣題。
湖北(缺卷八、九、十二)　山西家譜　猶他

[麻城]項氏宗譜八卷首二卷
項□□纂修
民國八年(1919)文明堂木活字本
思綏草堂

[麻城]項氏宗譜六卷首二卷
項清瀾編修
民國八年(1919)文明堂木活字本
山西家譜　猶他

[麻城]項氏宗譜八卷首二卷
項輝玠、項少卿修
民國三十五年(1946)文明堂木活字本
山西家譜　猶他

[麻城]項氏宗譜十七卷首一卷
項本弼、項本立編修
1995年説善堂木活字本
湖北　山西家譜　猶他

[麻城]項氏宗譜
項□□纂修
據1995年三友堂木活字本複印
麻城方志

蕭

[湖北]蕭氏宗譜
蕭□□纂修
清光緒十年(1884)敦本堂木活字本
國家(存卷三、七、十、十二至十四、二十九、三十)

[湖北]蕭氏三續族譜九卷首一卷末一卷
蕭與籌纂修
清光緒二十六年(1900)木活字本
金華家譜

[湖北]蕭氏宗譜十九卷首三卷
蕭煜廷、蕭佑珊等修
1992年師儉堂木活字本
書名據書衣題。四修本。
湖北

[武漢]河南郡蕭氏通譜十一卷首一卷
(清)蕭之錦等纂修
清道光二十四年(1844)昴宿堂刻本
廣東

[武漢]蕭氏宗譜十卷首一卷
蕭德臣等修
清宣統三年(1911)蘭陵堂木活字本
武漢(存卷首、卷一至四、六、八至十) 金華家譜 猶他

[武漢]蕭氏宗譜
蕭海亭主編
民國十七年(1928)蕭陵堂木活字本
書名據版心題。
武漢(存卷首、卷首一、卷一至六、八、九)

[武漢]蕭氏宗譜□□卷
蕭□□纂修
民國三十三年(1944)晝一堂木活字本
書名據版心題。
武漢(存卷十四) 山西家譜 猶他

[武昌]蕭氏宗譜四卷
蕭忠炳等纂修
清光緒二十九年(1903)蘭陵堂木活字本
書名據版心、書籤題。
上海(存卷一、四)

[武昌]蕭氏宗譜□□卷
蕭宗明等修
清宣統三年(1911)蘭陵堂木活字本
書名據版心、内封題。
湖北(存卷首、卷一至四、六、八至十) 武漢 山西家譜 猶他

[漢陽 蔡甸]蕭氏族譜
蕭毓樑修
1968年抄本
猶他

[黄陂]蕭氏家世源流記四卷首一卷
(清)蕭輔臣纂修
清光緒九年(1883)正誼堂刻本
國家

[黄陂]蕭氏宗譜二十卷首一卷
(清)蕭輔臣等修
清光緒十二年(1886)木活字本
山西家譜(缺卷六、十七、十八) 猶他

[黄陂]蕭氏宗譜二十卷首一卷末一卷
蕭良瑾等纂修
清光緒十二年(1886)八葉堂木活字本
書名據版心題,目録題“黄陂蕭氏鳳亭公宗譜”。
湖北(存卷首、卷一至五、七至十六、十九、二十、卷末) 武漢 山西家譜 猶他

[黄陂]蕭氏族譜十三卷首三卷
蕭宏善、蕭文斗等纂修
清光緒二十九年(1903)八葉堂木活字本
書名據版心、内封題。
上海

[黄陂]蕭氏宗譜十二卷首三卷
蕭文璞、蕭學璧修
清光緒二十九年(1903)木活字本
山西家譜　猶他

[黄陂]蕭氏宗譜十五卷首三卷
蕭宗正總編
1993 年八葉堂油印本
書名據版心、書衣題。八修本。
湖北

[黄陂]蕭氏宗譜九卷首二卷
蕭馳總纂修
2000 年蘭陵堂照排本
五修本。
武漢(存卷首之首,卷之首,卷一上、下,卷二,卷二上,卷之二,卷三至卷九)

[黄陂]蕭氏宗譜
蕭馳等修
2014 年蘭陵堂照排本
湖北

[新洲]蕭氏宗譜三十卷首二卷
蕭春宏、蕭壽謙纂修
民國三十五(1946)木活字本
新洲蕭堤村

[陽新]蕭氏宗譜十四卷首三卷
蕭緒恒、蕭緒寵等編修
民國三十二年(1943)師儉堂木活字本
國家　山西家譜　猶他

[夷陵]蕭氏家譜
歐陽運森纂修
1999 年餘慶堂打印本
蕭雲珍

[夷陵]蕭氏族譜
蕭□□纂修
餘慶堂本
周功華

[枝江]蕭氏家譜
歐陽運森纂修
1999 年打印本
歐陽運森

[鄂州]蕭氏宗譜
蕭□□纂修
1988 年鉛印本
山西家譜(存卷六、十二至十五、十九至二十二、三十、三十一、三十三、三十四、三十六、四十三)　猶他

[孝感]澴北蕭氏支譜□□卷
蕭□□纂修
民國七年(1918)麥蘘堂木活字本
書名據版心題。
武漢(存卷首下)　山西家譜　猶他

[孝感]董湖蕭氏宗譜
蕭新洲等纂修
2005 年照排本
上海

[漢川]蕭氏宗譜二十卷
蕭新洲等纂修
民國二十六年(1937)晝一堂刻本
書名據版心、書衣題,内封題“蕭氏家乘”。
湖北

[黄岡]蕭氏宗譜
蕭□□纂修
清光緒二十九年(1903)孝友堂木活字本
山西家譜　猶他

[黄岡]楚黄蕭氏宗譜二十四卷首六卷
蕭耀南、蕭炳成等纂修
民國十二年(1923)木活字本
新洲金崗村

[黄岡]蕭氏宗譜十六卷
蕭季豪、蕭樂山等纂修
民國二十二年(1933)孝友堂木活字本
國家　山西家譜　猶他

[黄岡]蕭氏二修宗譜十八卷首二卷
蕭武烈主修
民國三十五年(1946)八尊堂木活字本
國家　山西家譜　猶他

[黄岡]蕭氏族譜十七卷首二卷
蕭良臣編修
1950年木活字本
山西家譜　猶他

[黄岡]蕭氏宗譜十九卷首三卷
蕭祖貴、蕭開勇等修
1992年師儉堂木活字本
山西家譜　猶他

[麻城]蕭氏宗譜七卷首三卷
蕭如耀、蕭德輝創修
民國十三年(1924)蘭陵堂木活字本
山西家譜　猶他

[麻城]蕭氏宗譜
蕭□□纂修
據1989年孝友堂木活字本複印
麻城方志

[麻城]蕭氏宗譜十七卷
蕭立德、蕭克明等纂修
1990年孝友堂木活字本
書名據書衣、版心、内封題。八修本。
湖北

[羅田]蕭氏宗譜十二卷首四卷末一卷
蕭佑廷、蕭宣平纂修
民國三十年(1941)敦本堂木活字本
國家(缺卷首三、卷十)　山西家譜　猶他

[羅田]蕭氏宗譜二十五卷首一卷
蕭封鄺纂修
民國三十三年(1944)八葉堂木活字本
國家(缺卷十二)

[浠水]蕭氏族譜十卷首三卷
蕭學孔、蕭保林纂修
民國三十三年(1944)敦睦堂木活字本
山西家譜　猶他

[浠水]蕭氏宗譜十三卷首四卷
蕭定銀總編
1992年義門堂木活字本
書名據書衣題。
湖北

[嘉魚]蕭氏宗譜八卷
湖北蒲陽蕭氏宗譜編纂會纂修
2000年照排本
鷹城檔

[仙桃]蕭氏族譜
蕭家森主編
2011年相國堂照排本
湖北

[仙桃]蕭氏族譜
蕭家森等修
2012年相國堂照排本
湖北

孝

[麻城]孝氏宗譜四卷首一册
孝□□纂修
民國六年(1917)知白堂木活字本
山西家譜　猶他

解

[武穴]解氏宗譜二卷
解□□纂修
民國三十六年(1947)文淵堂木活字本
譜初修於清康熙二十四年(1685)。
山西家譜　猶他

[鄂西　渝南]解氏族譜不分卷
解楚書纂修
2008年平陽堂照排本
建始

謝

[湖北]大成謝氏族譜八卷
謝瑞甫修
民國二十六年(1937)寶樹堂木活字本
猶他

[湖北]湖北省謝氏通譜三卷
謝先東、謝守春主編
2010年寶樹堂照排本
湖北

[黄陂]謝氏宗譜四卷首一卷
謝正清修
2011年寶樹堂照排本
湖北

[新洲]謝氏宗譜三卷
謝□□纂修
清光緒三十一年(1905)木活字本
新洲鐵甲村

[新洲]謝氏宗譜四十四卷
謝鶴纂修
民國三十三年(1944)木活字本
新洲張灣村

[新洲]謝氏宗譜五十二卷首三卷
謝文福、謝文禄等修
1990年三傳堂木活字本
書名據書衣題。
湖北(缺卷首三、卷二十二、三十八)

[新洲]謝氏宗譜十卷首二卷
謝光文總編修
2011年寶樹堂照排本
山西家譜　猶他

[大冶]謝氏宗譜十六卷
謝梅莊等纂修
1991年寶樹堂鉛印本
山西家譜　猶他

[宜昌]謝氏族譜二卷
謝永信等修
2014年寶樹堂照排本
湖北

[鄂州]中華謝氏總譜湖北廟嶺分譜四卷
謝定顯等修
2012 年寶樹堂照排本
六修本。
湖北

[漢川]謝氏宗譜十七卷
謝顯新等修
1996 年寶樹堂鉛印本
湖北

[漢川]中華謝氏總譜城林宗譜
謝貞宏等修
2013 年照排本
十一修本。
湖北

[黄岡]黄岡吕陽村謝氏宗譜十四卷首三卷
(清)謝啓賢等纂修
清同治四年(1865)寶樹堂木活字本
版心題"謝氏宗譜"。
哥倫比亞　猶他

[黄岡]謝氏宗譜四十卷首三卷
謝道忠修
民國七年(1918)三傳堂木活字本
國家(缺卷一、二)　山西家譜

[黄岡]黄岡謝氏續修宗譜四十六卷首三卷
謝德英等總纂
民國三十三年(1944)三傳堂木活字本
國家(缺卷一、二、七、十三、二十五、四十一至四十六)

[黄岡]謝氏宗譜二十六卷首六卷
謝振忠總修
1989 年寶樹堂木活字本
湖北　山西家譜　猶他

[黄岡]謝氏宗譜四卷
謝祚貴總修
1989 年寶樹堂木活字本
山西家譜　猶他

[黄岡]謝氏宗譜五十二卷首二卷
謝文福纂修
1990 年三傳堂木活字本
山西家譜　猶他

[黄岡]謝氏宗譜二十七卷
謝芳安等纂修
1994 年寶樹堂鉛印本
書名據版心、書衣題。五修本。
謝放軍

[黄岡]謝氏宗譜五十二卷首三卷
謝文先、謝紹夫等修
1998 年三傳堂木活字本
山西家譜(缺卷七、二十九、三十、三十二、四十至四十二、四十四、四十五)　猶他

[黄岡]謝氏宗譜十卷首二卷
謝光文總編纂
2011 年寶樹堂、三傳堂照排本
六修本。
湖北

[麻城]謝氏宗譜二十六卷首五卷
謝南傑、謝南富總修
清光緒二十七年(1901)寶樹堂木活字本
國家　山西家譜　猶他

[麻城]謝氏宗譜二十卷
謝定勇監修
民國三十三年(1944)寶樹堂木活字本
山西家譜　猶他

[麻城]謝氏族譜
謝□□纂修
據1992年寶樹堂木活字本複印
麻城方志

[羅田]謝氏宗譜六卷
謝永昌編修
民國五年(1916)敦本堂木活字本
山西家譜　猶他

[赤壁]謝氏宗譜
謝□□纂修
2008年寶樹堂照排本
湖北(存卷二、三、四)　山西家譜　猶他(存卷二)

[通山]謝氏宗譜三十五卷
合族纂修
1989年寶樹堂鉛印本
十修本。
謝志日

[通城]謝氏宗譜
謝崧生、謝華卿、謝爲忠、謝海源纂修
民國九年(1920)寶樹堂鉛印本
書名據書衣題,版心題"謝氏七修宗譜"。
湖北(存卷首上、首下、卷一、二)

[仙桃]枯杉謝氏支譜八卷首一卷
謝道安主修
民國十六年(1927)寶樹堂木活字本
山西家譜　猶他

[利川]長慶謝氏續修支譜
謝茂雲、謝茂榮修
2010年照排本
山西家譜　猶他

辛

[麻城]辛氏宗譜八卷
(清)辛慕學、(清)辛祖慶等修
清同治八年(1869)刻本
山西家譜　猶他

[麻城]辛氏宗譜八卷
辛鶴亭編修
民國三十七年(1948)八遠堂木活字本
山西家譜　猶他

[監利]辛氏家譜
辛先禄等修
1993年隴西堂鉛印本
書名據書衣題。
湖北

邢

[武漢]邢氏宗譜三卷
邢富詠等修
1989年迎月堂木活字本
書名據書衣題。
湖北　山西家譜　猶他

熊

[湖北]熊氏族譜十二卷首三卷
熊思聘等編修
清光緒三十年(1904)楚源堂木活字本
山西家譜　猶他

[湖北]熊氏宗譜二十五卷
熊昌明等編
1991 年雨錢堂木活字本
書名據書衣題。五修本。
湖北

[湖北]熊氏宗譜二十七卷
熊昌啓主修
1995 年正本堂木活字本
書名據書衣題。六修本。
湖北　猶他

[湖北]楚熊通志
熊烈光纂修
1998 年鉛印本
書名據内封題。二修本。
湖北　鄂州博

[武漢]江夏忠孝堂熊氏宗譜八卷
熊肇禄等纂修
1994 年忠孝堂木活字本
書名據内封、書籤題。
武漢方志

[武漢]熊氏宗譜十三卷
熊培雲等纂修
1994 年楚材堂鉛印本
熊亞雲

[武漢]熊氏宗譜二卷首二卷
熊善康、熊善慶纂修
1996 年江陵堂木活字本
書名據版心、書衣、内封題。
上海

[武漢]熊氏宗譜二十七卷特增一卷
熊康永纂修
1996 年正本堂油印本
武漢

[武昌]熊氏宗譜六卷首二卷
(清)熊伯坪等修
清同治十三年(1874)木活字本
山西家譜　猶他

[武昌]熊氏宗譜二十五卷
熊昌明等編修
1991 年雨鈸堂木活字本
山西家譜　猶他

[黄陂]熊氏宗譜三十一卷首八卷五公序四卷首一卷
熊輔獻編修
民國三十四年(1945)年禮堂木活字本
山西家譜　猶他

[新洲]熊氏宗譜二十二卷首四卷
熊開疆、熊裕銘等纂修
民國八年(1919)木活字本
新洲施崗村

[新洲]熊氏宗譜十一卷首二卷
熊民偉纂修
民國十三年(1924)木活字本
新洲李曼村

[新洲]熊氏宗譜十六卷
熊瑞玲、熊敬三纂修
民國二十六年(1937)木活字本
新洲鄭樓村

［新洲］熊氏宗譜十卷
熊志傑纂修
民國三十六年(1947)木活字本
新洲黄林鄉

［新洲］熊氏宗譜六卷首四卷
熊於崟纂修
民國三十六年(1947)木活字本
新洲胡彰村

［新洲］熊氏宗譜四十三卷
熊仕藻、熊俊廷纂修
民國三十六年(1947)木活字本
新洲雄原村

［新洲］熊氏宗譜四卷
熊泮階、熊得禄等纂修
民國三十六年(1947)木活字本
新洲揚鋪村

［新洲］熊胡氏宗譜四十卷首八卷
熊洪耀等纂修
民國三十六年(1947)木活字本
新洲柳谿村

［大冶］熊氏宗譜二卷
熊良寶等修
2008年照排本
湖北

［監利］熊氏族譜
熊維周纂修
1987年江陵堂木活字本
書名據版心、書衣題。
劉作忠

［夷陵］熊氏族譜
熊林章編
2013年江陵堂照排本
向長炎

［襄陽］天門熊氏宗譜
熊矩曾修
民國七年(1918)木活字本
山西家譜(存卷終)　猶他

［襄陽］天門熊氏宗譜
熊玉泉等續修
民國間(1912—1949)木活字本
山西家譜(存卷首)　猶他

［襄陽］熊氏宗譜
熊昌棨編纂
1999年敦睦堂、江陵堂油印本
書名據版心、書衣題。
湖北(存卷首、卷一至八)

［鄂州］熊氏宗譜四十七卷首五卷
熊毅行等修
1993年雨錢堂油印本
湖北　山西家譜　猶他

［鍾祥］熊氏家譜
熊世昌修
1985年稿本
猶他

［汉川］熊氏宗譜十八卷首一卷
熊师寰、熊貴兵編修
1994年雨錢堂鉛印本
書名據版心、書衣題。
湖北

[大悟]城關鎮熊氏家譜三卷
熊修成等纂修
1995 年鉛印本
書名據書衣題。
熊道福

[黄岡]熊氏族譜不分卷
(清)熊□□纂修
約清嘉慶十二年(1807)刻本
山西家譜　猶他

[黄岡]熊氏宗譜十九卷首三卷
(清)熊□□纂修
清光緒十三年(1887)寶善堂木活字本
山西家譜　猶他

[黄岡]熊氏宗譜
熊吉禮、熊吉道等編修
民國十九年(1930)雨錢堂木活字本
國家(存卷首、首一、卷一、十、十二至二十、二十二至二十四)　山西家譜　猶他

[黄岡]熊氏族譜二十三卷首五卷
熊萬仞等修
民國二十三年(1934)寶善堂木活字本
書衣題"熊氏舉分宗譜"。
山西家譜(缺卷首五、卷二、八)　猶他

[黄岡]熊氏宗譜
熊□□纂修
民國三十一年(1942)敦睦堂木活字本
書名據版心、書衣題。
湖北(存序首一,二分卷首、三、四)

[黄岡]熊氏通譜二十六卷首二卷
熊子遠等總纂
民國三十三年(1944)保大堂木活字本
思綏草堂　山西家譜　猶他

[黄岡]熊氏宗譜四十卷首八卷
熊洪桓編修
民國三十五年(1946)敦本堂木活字本
國家(缺卷二十)　山西家譜　猶他

[黄岡]熊氏宗譜
熊□□纂修
民國三十六年(1947)敦睦堂木活字本
山西家譜　猶他

[黄岡]熊氏宗譜十六卷
熊普意編修
1989 年敦睦堂木活字本
山西家譜　猶他

[黄岡]熊氏宗譜四十卷首八卷
熊開建修
1990 年敦本堂木活字本
山西家譜(缺卷三十四、三十五、三十七)　猶他

[黄岡]熊氏宗譜各房分卷
熊德力、熊德君等修
1991 年敦睦堂木活字本
山西家譜　猶他

[黄岡]熊氏宗譜
熊□□纂修
1991 年敦睦堂木活字本
書名據書衣題。六修本。
湖北

[黄岡]熊氏宗譜三十九卷首六卷
熊承有、熊世安等修
1995 年雨錢堂木活字本
書名據書衣題。九修本。
湖北

[黄州]熊氏宗譜三十六卷首五卷附一卷
熊士藻、熊俊廷纂修
民國三十六年(1947)敦睦堂木活字本
書名據版心、書衣題,序題"熊氏五修宗譜"。五修本。
山西家譜　猶他

[麻城]熊氏族譜八卷
(清)熊光煜、(清)熊春寅等編修
清同治元年(1862)孝友堂木活字本
山西家譜(缺卷五)　猶他

[麻城]熊氏族譜十二卷
熊汝明編修
清光緒二十年(1894)孝友堂木活字本
國家　山西家譜　猶他

[麻城]熊氏舉分宗譜二十卷首三卷
熊萬睦修
民國三年(1914)寶善堂木活字本
山西家譜　猶他

[麻城]熊氏宗譜四卷
熊□□纂修
民國七年(1918)立本堂木活字本
山西家譜　猶他

[麻城]熊氏族譜
熊□□纂修
民國七年(1918)青源堂木活字本
山西家譜(存卷首一、卷一至六)　猶他

[麻城]熊氏族譜十卷
熊□□纂修
民國十四年(1925)禮教堂木活字本
山西家譜　猶他

[麻城]熊氏宗譜十八卷首一卷末一卷
熊光海等編修
民國十四年(1925)孝友堂木活字本
國家(缺卷末)　山西家譜　猶他

[麻城]熊氏三修宗譜十卷首一卷又首五卷
熊茂桂修
民國二十一年(1932)敦本堂木活字本
山西家譜

[麻城　黄岡]熊氏三修宗譜十卷首六卷
熊晉坤修
民國二十一年(1932)敦本堂木活字本
猶他

[麻城]熊氏四修族譜十二卷首三卷
熊思燮、熊遠棟等纂修
民國二十九年(1940)楚源堂木活字本
國家

[麻城]熊氏續修族譜七卷首一卷
熊□□纂修
民國三十五年(1946)青源堂木活字本
山西家譜(存卷首二、卷一、二、四、六、七)　猶他

[麻城]熊氏宗譜十六卷
熊時煒等纂録
民國三十五年(1946)木活字本
山西家譜(缺卷七)　猶他

[麻城]熊氏族譜
熊□□纂修
據民國三十五年(1946)清源堂木活字本複印
麻城方志

[麻城]熊氏宗譜二十九卷首四卷
熊綿良編修
1990 年寶善堂木活字本
書衣題"熊氏舉分宗譜"。
山西家譜　猶他

[麻城]熊氏宗譜三十四卷
熊守乾編修
1993 年吉慶堂木活字本
山西家譜(缺卷八)　猶他

[麻城]熊氏族譜
熊□□纂修
據 1988 年孝友堂木活字本複印
麻城方志

[麻城]熊氏族譜
熊□□纂修
據 1993 年吉慶堂木活字本複印
麻城方志

[紅安]熊氏宗譜十三卷首一卷
(清)熊□□纂修
清嘉慶間(1796—1820)刻本
國家

[紅安]熊氏族譜十卷首一卷
(清)熊有闌編修
清光緒八年(1882)木活字本
山西家譜　猶他

[紅安]熊氏家譜九卷首一卷
熊繼川、熊波臣等修
清光緒二十三年(1897)文師堂木活字本
山西家譜(缺卷九)　猶他

[紅安]熊氏宗譜十三卷首一卷
熊啓安修
民國三十六年(1947)文師堂木活字本
國家　山西家譜　猶他

[紅安]熊氏東分支譜十卷
熊正海修
民國三十六年(1947)木活字本
山西家譜　猶他

[浠水]熊氏宗譜四十三卷
熊士藻、熊俊廷纂修
民國三十六年(1947)敦睦堂木活字本
國家

[浠水]熊氏宗譜六卷首二卷
熊心柳主編
1996 年孝友堂木活字本
書名據書衣題。
湖北

[黄梅]黄梅熊立成家族簡史一卷
熊侣儂等纂修
2000 年照排本
上海

[赤壁]熊氏族譜□卷
熊□□纂修
清愛日堂木活字本
書名據版心題。
上海(存卷一)

[通城]熊氏家史
熊普應編修
1994 年敦本堂鉛印本
書名據書衣題。
湖北

[天門]竟陵熊氏宗譜□□卷
熊□□纂修
清末民初木活字本
書名據書籤題。
武漢(存譜傳)　猶他

[天門]熊氏宗譜四卷
熊玉泉等修
民國十七年(1928)木活字本
書名據版心題。譜序題“竟陵熊氏宗譜”。
武漢(存卷一)　山西家譜　猶他

徐

[湖北]徐氏宗譜
徐國勛修
民國二年(1913)東海堂木活字本
猶他

[武漢]東海堂徐氏宗譜六卷首二卷
徐世蓮主編
1998年東海堂照排本
山西家譜　猶他

[武昌]徐氏宗譜
(清)徐□□纂修
清咸豐十年(1860)東海堂刻本
書名據書衣題。
湖北(存卷一、二)

[武昌]徐氏宗譜六卷
(清)徐□□纂修
清光緒五年(1879)東海堂木活字本
山西家譜(缺卷五)　猶他

[武昌]徐氏族譜
徐明題等纂修
民國元年(1912)東海堂木活字本
書名據版心題。
武漢(存卷首)　山西家譜　猶他

[武昌]徐氏宗譜
魯國勳修
民國三年(1914)東海堂木活字本
山西家譜(存卷首)　猶他

[漢陽]徐氏宗譜
徐□□纂修
1989年東海堂鉛印本
書名據書衣題。
湖北(存卷三至十)

[黄陂]徐氏宗譜十四卷末一卷
徐紹曾等纂修
民國八年(1919)文啓堂木活字本
書名據版心題。
武漢(存卷二、四、十、十一、卷末)

[黄陂]徐氏宗譜七十八卷首八卷末一卷
徐德修纂修
民國二十年(1931)仁讓堂木活字本
書名據版心、書衣、内封題。
思綏草堂

[黄陂]黄陂徐氏支譜七卷首一卷
徐大勝纂修
民國二十五年(1936)鉛印本
書名據版心、内封題。
南京大

[黄陂]徐氏支譜四卷
徐本遠纂修
民國三十五年(1946)木活字本
書名據版心題。
武漢

[新洲]徐氏宗譜八卷首二卷
徐□□纂修
民國五年(1916)木活字本
初修本。
新洲大渡鄉

[新洲]徐氏宗譜六卷
徐光炯纂修
民國五年(1916)木活字本
新洲徐貴村

[新洲　黄陂]徐氏宗譜四十四卷首六卷
徐睿廷纂修
民國七年(1918)清白堂木活字本
湖北(缺卷首二、首三、卷七、十九)　山西家譜　猶他

[新洲]徐氏宗譜二十四卷首三卷
徐□□纂修
民國九年(1920)木活字本
新洲徐遠村

[新洲]徐氏宗譜
徐傳斌纂修
民國二十七年(1938)木活字本
新洲方院村(存首二卷)

[新洲]徐氏宗譜三十卷首三卷
徐可亭編修
民國三十六年(1947)東海堂木活字本
書名據書衣題,版心題“徐氏族譜”。
湖北(缺卷七)

[新洲]徐氏宗譜
徐□□纂修
民國間(1912—1949)東海堂木活字本
武漢(存卷四)

[新洲]徐氏宗譜□□卷
徐□□纂修
民國間(1912—1949)東海堂木活字本
武漢(存卷四)

[新洲]徐氏宗譜八卷首二卷
徐松華修
1990年嘉蔭堂鉛印本
書名據書衣題。三修本。
湖北　山西家譜　猶他

[新洲]徐氏宗譜三十三卷首二卷
徐久焱、徐久湘等修
1990年中山堂木活字本
書名據書衣題。九修本。
湖北　山西家譜　猶他

[新洲]徐氏宗譜二十二卷首二卷
徐松華、徐光輝等修
1990年景祚堂鉛印本
湖北　山西家譜　猶他

[新洲]徐氏宗譜八卷首二卷
徐光輝編修
1990年景祚堂鉛印本
湖北

[新洲]徐氏宗譜四十八卷
徐雲青編修
1991年七賢堂木活字本
書名據書衣題。
湖北(缺卷四)

[新洲]徐氏宗譜十六卷
徐國斌修
1991年貽源堂木活字本
書名據書衣題。三修本。
湖北　山西家譜　猶他

[大冶]冶邑徐氏大成宗譜不分卷
徐世昌纂修
民國三十七年(1948)敦睦堂木活字本
書名據書籤題。版心題“徐氏宗譜”,内封題“民國戊子年建清布揚莊壽南氏另修支譜”。
上海(存一册)

[陽新]徐氏宗譜不分卷
(清)徐□□纂修
清乾隆年間(1736—1795)衍慶堂刻本
書名據版心、書籤題。
上海(存一册)

[石首]徐氏族譜
徐□□纂修
1986年修仁堂鉛印本
書名據書衣題。
石首博

[監利]徐氏族譜
徐□□纂修
1993年東海堂木活字本
書名據書衣題。
湖北

[夷陵]徐氏族譜
徐貴年修
2000年照排本
徐敬河

[夷陵]徐氏宗譜
徐友諒主編
2000年中山堂鉛印本
徐鳳鳴

[保康]洞庭徐氏宗譜六卷
(清)徐承修等修
清乾隆四十年(1775)木活字本
山西家譜　猶他

[鄂州]徐氏宗譜
(清)徐在春纂修
清咸豐十年(1860)東海堂木活字本
山西家譜(存卷一、二)　猶他

[鄂州]徐氏宗譜八卷
徐傅錦、徐家柱修
民國九年(1920)東海堂木活字本
山西家譜　猶他

[鄂州]徐氏宗譜四十二卷首六卷世系總圖一卷
徐華文主編
1995年敦睦堂木活字本
書名據版心、書衣題。四修本。
湖北(存卷首一、卷二、十三、二十二、二十九)　山西家譜　猶他

[安陸]東海堂徐氏族譜
徐世俊主編
2001年照排本
安陸

[安陸]徐氏族譜
徐聲佑、徐聲耀主編
1994年東海堂鉛印本
書名據書衣題。
湖北

[黄岡]徐氏宗譜八卷首二卷
(清)徐禮智纂修
清光緒十六年(1890)敦本堂刻本
書名據版心、書衣題。
湖北

[黄岡]徐氏宗譜十六卷
徐華炳纂修
民國五年(1916)貽源堂木活字本
國家　山西家譜　猶他

[黄岡]徐氏宗譜四十四卷首六卷
徐睿廷纂修
民國七年(1918)清白堂木活字本
湖北(缺卷首二、三、卷七、十九)

[黄岡]徐氏宗譜二十四卷首三卷
徐氏合族纂修
民國九年(1920)景祚堂木活字本
書名據版心、書衣、内封題。
國家　上海

[黄岡]徐氏宗譜十六卷首四卷
徐宜楊、徐宜欽等編修
民國十四年(1925)敦本堂木活字本
國家　山西家譜　猶他

[黄岡]黄岡徐氏宗譜十七卷首一卷
徐叔淵等纂修
民國二十三年(1934)睦族堂木活字本
書衣題"徐氏宗譜"。
哥倫比亞　猶他

[黄岡]徐氏宗譜十一卷首三卷
徐雲山纂修
民國二十七年(1938)孝穆堂木活字本
山西家譜(缺卷二)　猶他

[黄岡]徐氏宗譜八卷首一卷
徐□□纂修
民國三十二年(1943)風月堂木活字本
山西家譜　猶他

[黄岡]徐氏宗譜十六卷
徐國昌修
民國三十四年(1945)貽源堂木活字本
國家　山西家譜　猶他

[黄岡]徐氏宗譜三卷首一卷
徐永魁修
民國三十六年(1947)孝友堂木活字本
山西家譜　猶他

[黄岡]陽邉徐氏宗譜
徐□□纂修
民國間(1912—1949)東海堂木活字本
武漢(存卷四)

[黄岡]徐氏宗譜十二卷首二卷
徐本原、徐本溢修
1989年敦本堂木活字本
山西家譜　猶他

[黄岡]徐氏宗譜八卷
徐開毓編修
1990年風月堂木活字本
山西家譜　猶他

[黄岡]徐氏宗譜四十八卷
徐廉清修
1991年七賢堂木活字本
山西家譜　猶他

[黄岡]徐氏宗譜二十四卷
徐柏山、徐廉清、徐洪記等修
1991 年七賢堂木活字本
山西家譜　猶他

[黄岡]徐氏宗譜四十八卷首八卷
徐雲青修
1991 年七賢堂木活字本
猶他

[黄岡]徐氏八修宗譜十卷首一卷
徐祥林、徐恩國修
1993 年鉛印本
山西家譜　猶他

[黄岡]徐氏宗譜
徐□□纂修
1995 年木活字本
書名據書衣題。
湖北

[黄岡]徐氏宗譜二十三卷首四卷
徐玉先修
1993 年敦本堂木活字本
書名據書衣題。五修本。
湖北

[麻城]徐氏族譜十四卷
(清)徐瑞麟、(清)徐開來纂修
清光緒六年(1880)石麟書屋木刻本
山西家譜　猶他

[麻城]徐氏族譜六卷
徐光文、徐士秀纂修
民國六年(1917)忠恕堂木活字本
山西家譜　猶他

[麻城]徐氏大成宗譜三卷
徐□□纂修
民國二十二年(1933)敦睦堂木活字本
山西家譜　猶他

[麻城]徐氏族譜八卷
徐祥編修
民國三十四年(1945)仁壽堂木活字本
山西家譜　猶他

[麻城]徐氏宗譜二十四卷
徐廣麟等纂修
民國三十五年(1946)木活字本
國家

[麻城]徐氏族譜二十卷
徐恰卿修
民國三十五年(1946)石麟書屋木活字本
國家　山西家譜　猶他

[麻城]徐氏宗譜七卷
徐士鳳、徐宗麒纂修
民國三十六年(1947)忠恕堂木活字本
國家　山西家譜　猶他

[麻城]徐氏宗譜二十三卷首四卷
徐長譜總修
1993 年敦本堂木活字本
五修本。
湖北(缺卷十二、十三)

[麻城]徐氏宗譜二十四卷
徐□□纂修
據 1994 年石麟書屋木活字本複印
麻城方志

[麻城]徐氏八修宗譜十卷首一卷
徐祥林修
1994年木活字本
猶他

[麻城]徐氏宗譜
徐火生、徐德文等編修
2012年七賢堂照排本
七修本。
湖北(缺卷十六至三十六)

[紅安]徐氏宗譜二十二卷
徐德乾、徐洪發等編修
民國三十六年(1947)同慶堂木活字本
山西家譜　猶他

[羅田]徐氏宗譜七卷首二卷
(清)徐占鼇編修
清咸豐十一年(1861)敦倫堂木活字本
國家　山西家譜　猶他

[羅田]徐氏宗譜六卷首一卷
(清)徐□□纂修
清同治元年(1862)世慶堂木活字本
山西家譜　猶他

[羅田]徐氏宗譜十二卷首四卷
徐乾維、徐鋭田修
民國十二年(1923)敦倫堂木活字本
山西家譜(缺卷一、四、五、十、十二)　猶他

[浠水]徐氏族譜二十七卷首一卷
徐奎榮總修
民國二十六年(1937)木活字本
山西家譜　猶他

[浠水]徐氏宗譜四十四卷
徐雲飛等編修
1992年鉛印本
目録題"浠水縣望天湖龍門莊徐氏宗譜十續"。
湖北

[蘄水]徐氏宗譜
徐□□纂修
清末南洲堂石印本
書名據書衣題。十修本。
湖北(存卷三)

[蘄春]徐氏宗譜九卷首二卷
徐立渭纂修
民國二十七年(1938)清和堂木活字本
山西家譜　猶他

[蘄春]徐氏族譜四十四卷
徐光銑、徐士林修
民國二十九年(1940)木活字本
國家　山西家譜　猶他

[蘄春]徐氏宗譜六卷
徐立波修
2014年南洲堂照排本
十一修本。
湖北

[黄梅]徐氏民籍宗譜六卷
徐□□纂修
民國四年(1915)東海堂木活字本
思綏草堂

[赤壁]徐氏宗譜不分卷
徐雲梯主修
清光緒十六年(1890)敦本堂木活字本
書名據版心題。
國家

[赤壁]徐氏宗譜下洪分卷七卷
徐家新等修
2014年南州堂照排本
十修本。
湖北

[通山]徐氏宗譜三十卷
(清)徐丙坦、(清)徐泉武等修
清道光十九年(1839)東海堂木活字本
山西家譜(缺卷八、九、二十四、二十五、三十)　猶他

[通山]徐氏宗譜一百十五卷
徐氏桐木坑莊合族纂修
1989年油印本
書名據版心、書衣題。
徐汪洋

[崇陽]徐氏宗譜十四卷
徐光楚纂修
民國十四年(1925)東海堂木活字本
崇陽黄隆村

[通城]徐氏宗譜二十五卷首一卷
徐時英主編
2011年東海堂照排本
湖北(存卷首、一)

[通城]徐氏宗譜九岑何婆橋(七甲祠堂)總譜
徐東兵主編
2013年東海堂照排本
版心題"徐氏宗譜"。
湖北

[天門]徐氏族譜
徐昌山等纂修
1998年荆楚聯宗荆源堂鉛印本
書名據書衣題,内封題"天邑白沙圍支徐氏族譜"。
劉作忠

[潛江]徐氏三修宗譜四卷
徐森柏纂修
2000年照排本
徐森柏

[恩施]崔壩徐氏族譜
徐海烈纂修
1999年東海堂鉛印本
上海

[巴東]徐氏宗譜
徐□□纂修
清道光年間(1821—1850)絹質寫本
書名據版心題。
徐光强

[鶴峰]徐氏家譜不分卷
徐立坤等纂修
鉛印本
書名據書衣題。
徐大信

[咸豐]徐氏宗譜一卷
徐大煜纂修
民國十年(1921)石印本
咸豐檔

許

[房县]湖北房县许氏大宗譜
许承霖主編
2006 年照排本
许承霖

[夷陵]許氏族譜
許大東主編
2013 年照排本
許大東

[黄岡]許氏宗譜二十四卷首二卷
許氏宗譜六修編輯理事會編
2013 年敦睦堂照排本
山西家譜　猶他

[浠水]許氏宗譜二十五卷首八卷末二卷
許紹箕修
1990 年敦睦堂木活字本
書名據版心、書衣題。
湖北

[仙桃]许氏宗譜四卷
许世一主修
2014 年高陽堂照排本
湖北

薛

[丹江口]薛氏譜續
薛勇昌主編
2002 年鉛印本
續修本。
湖北

[麻城]薛氏族譜
薛□□纂修
民國三年(1914)三鳳堂木活字本
五修本。
麻城方志

鄢

[湖北]中華鄢氏通譜湖北荆楚支譜
荆楚支譜編纂委員會修
2012 年照排本
湖北

[武昌]鄢氏宗譜九卷首二卷
鄢□□纂修
民國十八年(1929)葉蔭堂木活字本
思綏草堂

[武昌]鄢氏宗譜十一卷首一卷
鄢倫雍、鄢自治編修
2001 年棠蔭堂照排本
湖北(缺卷十)

閻

[宜昌]閻氏族譜四卷
(清)閻大鏞纂修
清同治十一年(1872)雅望堂刻本
書名據版心題。
人大　美國國會　猶他

[麻城]閻氏宗譜四卷首二卷
閻相倫編修
民國三十二年(1943)平樂堂木活字本
思綏草堂

[羅田]閻氏宗譜十五卷首一卷
閻佑吾等編修
民國十九年(1930)竺友堂木活字本
山西家譜(缺卷五)　猶他

[浠水]閻氏宗譜四十四卷
閻和永、閻福恩等編修
民國三十二年(1943)孝友堂木活字本
山西家譜　猶他

顏

[夷陵]顏氏族譜
合族同修
復聖堂木活字本
顏爾新

[麻城]顏氏宗譜八卷首一卷
顏春山、顏時亮、顏世賢等修
民國五年(1916)四勿堂木活字本
國家　麻城方志　山西家譜　猶他

[建始]顏氏通譜不分卷
顏堅生主修
2006年克復堂照排本
建始

嚴

[湖北]嚴氏宗譜
嚴□□纂修
民國間(1912—1949)富春堂木活字本
國家(存卷首二、三,卷一至三十、三十四、三十五下、三十六至四十三)

[武昌]嚴氏宗譜二十五卷
嚴承慶等纂修
清光緒二十五年(1899)富春堂于心濟堂木活字本
日本東洋文库　猶他

[陽新]嚴氏宗譜
嚴焕文等纂修
1988年富春堂鉛印本
書名據書衣題,版心題“嚴氏家誌”。
湖北

[十堰]嚴氏族譜
嚴仲主編
2012年照排本
湖北

[夷陵]嚴氏族譜不分卷
嚴建華主編
2005年毓慶堂照排本
趙宗榮

[鄂州]嚴氏宗譜六十卷
嚴安明修
2014 年富春堂照排本
山西家譜(缺卷二、三、八)　猶他

[孝感]澴川嚴氏家譜六卷
嚴正矩纂修
清抄本
目録題"嚴氏家譜"。
東京

[孝昌]嚴氏宗譜二十八卷
嚴啓勳纂修
1992 年芸暉堂木活字本
書名據書衣題。
湖北　山西家譜　猶他

[漢川　仙桃]嚴氏宗譜
嚴孝慈編修
1986 年富春堂鉛印本
書名據版心、書衣題。
湖北(存卷一至八)

[黄岡]嚴氏宗譜十五卷首四卷
嚴用禮、嚴遵道等修
民國二十七年(1938)藹瑞堂木活字本
山西家譜　猶他

[黄岡]嚴氏宗譜
嚴正聰、嚴智綸、嚴爲忠主編
2014 年富春堂照排本
湖北

[麻城]嚴氏宗譜九卷首三卷
嚴象森纂修
民國三十六年(1947)懷仁堂木活字本
國家　山西家譜　猶他

[麻城]嚴氏宗譜
嚴□□纂修
據民國三十六年(1947)懷仁堂木活字本複印
麻城方志

[麻城]嚴氏宗譜六卷首二卷末一卷
嚴智綸修
1991 年富春堂木活字本
猶他

[麻城]嚴氏宗譜
嚴爲忠修
2014 年富春堂照排本
山西家譜　猶他

[羅田]義水嚴氏宗譜二十七卷首四卷
嚴□□纂修
民國三十六年(1947)敦睦堂木活字本
國家(缺卷一、九、二十一、二十五)

[羅田]義水嚴氏宗譜二十五卷首四卷
嚴□□纂修
民國三十六年(1947)敦睦堂木活字本
思綏草堂

[羅田]嚴氏宗譜九卷首一卷
嚴品漳纂修
民國三十六年(1947)懷仁堂木活字本
山西家譜(缺卷一、二、五、七)　猶他

[通山]嚴氏宗譜二十三卷
嚴□□纂修
1988 年續富春堂油印本
版心、書衣題"嚴氏宗譜"。七修本。
嚴天祥

［廣水］湖北廣水京橋嚴氏宗譜
嚴樹典總編
2010年富春堂照排本
湖北

［建始］建始陽坡嚴氏族譜
嚴伯玉纂修
2004年照排本
書名據書衣、内封、書脊題。
上海

晏

［孝感］晏氏宗譜九卷首二卷
晏良後等修
1994年久敬堂木活字本
書名據書衣題。三修本。
湖北

［漢川］晏氏宗譜
晏成禮修
1992年善交堂鉛印本
書名據書衣題。
湖北

［漢川］晏氏宗譜四卷
晏祖貴等修
1995年善交堂鉛印本
湖北

［漢川］晏氏宗譜四卷
晏成名總編
1995年善交堂鉛印本
書名據版心、書衣、内封題。
上海　湖北　猶他

［漢川］晏氏宗譜六卷
晏□□纂修
1997年善交堂木活字本
書名據書衣題。
湖北

［麻城］晏氏宗譜
晏□□纂修
據清光緒十九年(1893)從敬堂木活字本複印
麻城方志

［羅田］晏氏宗譜二十卷首一卷
(清)晏楚傑修
清同治二年(1863)姜桂堂本
山西家譜　猶他

［羅田］晏氏宗譜三十卷
晏□□纂修
民國十九年(1930)木活字本
書名據書衣題。
湖北(缺卷二、十八)

［羅田］晏氏宗譜首傳十三卷正傳三十卷
晏若衡編纂
民國十九年(1930)木活字本
書衣題"晏氏庚午宗譜"。
山西家譜(缺卷首、傳二、四至六、十三卷、正傳十九、二十二、二十三、四十、四十七)　猶他

［羅田］晏氏宗譜正傳三十卷正傳首一卷首傳十二卷
晏九成等編修
民國二十年(1931)晏公祠木活字本
國家(缺正傳卷十六)

楊

[湖北]楊氏重修宗譜十七卷
楊敦科等修
民國十年(1921)四知堂木活字本
山西家譜(缺卷一) 猶他

[武漢]楊氏宗譜五卷
楊克先等主編
1998年四知堂鉛印本
湖北

[武昌]楊氏宗譜十卷首一卷
(清)楊□□纂修
清道光十六年(1836)清白堂木活字本
國家

[武昌]白麟廣村楊氏宗譜十六卷首一卷末二卷
楊春堂續修
清光緒三十年(1904)木活字本
山西家譜 猶他

[武昌]楊氏宗譜
楊□□纂修
1994年四知堂木活字本
書名據版心、書衣題。
湖北(存卷首下、二、四至七)

[武昌]楊門(五福堂)宗族
楊博如著
據2000年五福堂稿本複印
湖北

[漢陽]楊氏宗譜十一卷末一卷
楊昌秀修
民國七年(1918)四知堂木活字本
猶他

[漢陽]楊氏宗譜十一卷首三卷
楊□□纂修
民國十四年(1925)四知堂木活字本
湖北(存卷首甲乙丙)

[漢陽]楊氏宗譜
楊□□纂修
民國三十七年(1948)四知堂木活字本
湖北(存甲編四卷、卷二至五、八、十至十二)

[漢陽]楊氏家誌十一卷首一卷末一卷
楊叔鸞、楊希章等纂修
1998年四知堂鉛印本
書名據版心、書衣題。
湖北

[漢陽]楊氏宗譜甲編四卷首一卷瓜藤圖
楊叔鸞、楊春亭等纂修
2013年四知堂照排本
湖北

[東西湖]楊氏宗譜乙編四卷首一卷瓜藤圖
楊建橋主修
2013年四知堂照排本
湖北 猶他

[黄陂]楊氏宗譜三卷首一卷
楊鑑發修
清光緒三十二年(1906)樂善堂木活字本
國家 山西家譜 猶他

[黄陂]楊氏宗譜十一卷末一卷
楊□□纂修
民國七年(1918)四知堂木活字本
書名據版心、書衣題。
湖北　猶他

[黄陂]楊氏宗譜二十卷
楊□□纂修
1994 年四知堂木活字本
書名據版心、書衣、内封題，譜序題“楊氏族譜”。
上海

[黄陂]楊氏宗譜二十卷首二卷
楊洪津修
1998 年玉茗堂木活字本
山西家譜　猶他

[新洲]楊氏宗譜三卷
楊□□纂修
民國二十一年(1932)木活字本
新洲朱岡村

[新洲]楊氏宗譜十卷首四卷
楊爲廣修
1991 年三鱣堂木活字本
書名據書衣題。四修本。
湖北

[新洲]楊氏宗譜
楊詞垣、楊特飛修
1993 年四知堂木活字本
書名據書衣題。六修本。
湖北

[新洲]楊氏宗譜六卷首三卷
楊奎印主編
2009 年清白堂木活字本
山西家譜

[新洲]楊氏宗譜十卷首四卷
楊席芬修
2013 年三鱣堂照排本
五修本。
湖北

[大冶]楊氏宗譜不分卷首一卷
(清)楊以蘭等纂修
清嘉慶九年(1804)四知堂木活字本
書名據版心題。
四川

[大冶]楊氏族譜二十卷首二卷
(清)楊繼鱣、楊繼璠等纂修
清道光九年(1829)四知堂活字本
書名據版心題。
湖北(存卷首二卷、卷三至五、九、十、十二、十三、十八至二十)

[大冶]楊氏宗譜十卷首二卷
(清)楊兆董修
清道光十六年(1836)清白堂木活字本
山西家譜　猶他

[大冶]楊氏宗譜四卷
楊氏八修清白堂宗譜理事會編
2014 年清白堂照排本
八修本。
湖北

［鄖陽］貴六公派下總宗祠：楊氏大成宗譜不分卷
楊□□纂修
民國十八年(1929)四知堂木活字本
書名據書衣題。
湖北(存四卷)

［鄖陽］楊氏總譜
楊秀福總編
2008年照排本
湖北

［鄖陽］梅鋪楊氏
楊榮富、楊保成、楊秀福主編
2014年照排本
湖北

［荊州］楊氏族譜十四卷
楊家炷纂修
民國十年(1921)四知堂石印本
書名據版心、内封題。
荊州檔

［洪湖］楊氏家誌不分卷
楊□□纂修
1994年四知堂木活字本
山西家譜　猶他

［監利］楊氏族譜
楊煥庸纂修
1988年四知堂鉛印本
書名據版心、書衣題。
湖北

［宜昌　長陽］中華楊氏長陽譜
楊萬清修
2011年照排本
湖北

［夷陵］楊氏族譜
(清)楊天植撰
清乾隆四十五年(1780)四知堂抄本
楊經練

［夷陵］楊氏族譜
(清)楊大潤纂修
清同治六年(1867)四知堂抄本
楊澤鈞

［夷陵］楊氏族譜
合族同撰
2007年四知堂照排本
楊文樓

［夷陵］楊氏族譜
合族同修
四知堂木活字本
楊永斌

［夷陵］楊氏族譜
楊經練修
2010年四知堂照排本
楊經練

［宜都］和州楊氏家譜六卷
(清)楊俗、(清)楊惟翰纂修
清咸豐四年(1854)刻本
書名據版心、書籤、内封題。
思綏草堂

[宜都]和州楊氏家譜十五卷

楊開琫等纂修

民國二十五年(1936)木活字本

書衣題"和州楊氏三修家譜"。

楊守敬紀念館

[長陽]楊氏祖譜

楊明强修

1980年寫本

猶他

[鄂州]楊氏宗譜世系卷

楊義漢、楊忠良主編

2013年四知堂照排本

湖北

[孝感]楊氏宗譜二十二卷

楊中崈等纂修

民國六年(1917)四知堂木活字本

楊金洲

[孝感]楊氏宗譜

楊少平主編

1997年四知堂鉛印本

湖北

[孝感]弘農楊氏宗譜六卷

楊少平等纂修

1998年四知堂鉛印本

楊少平

[應城]楊氏宗譜五卷

楊氏宗譜編纂會修

民國二十六年(1937)鉛印本

書名據書衣題。

應城檔

[應城]白粉壁楊氏家乘三十八卷首一卷末二卷

楊荀喜等修

1990年鉛印本

書名據版心、書衣題。

湖北(存卷三、六、八、十一、十二、十三下、十四、十七下、二十下、二十一、二十四、三十下、三十一上、三十二下、三十三至三十五、三十八、卷末)　山西家譜　猶他

[安陸]桶兒墳楊氏宗譜事録

楊欣等纂修

1999年鉛印本

書名據内封題。

山西家譜

[漢川]楊氏宗譜

楊國才纂修

據民國三十二年(1943)四知堂木活字本影印

書名據内封題。

山西家譜

[黄岡]楊氏族譜

(清)楊□□纂修

清光緒十三年(1887)四知堂木活字本

山西家譜　猶他

[黄岡]楊氏宗譜不分卷

楊兆祥、楊天照纂修

清光緒二十八年(1902)四知堂木活字本

黄岡檔

[黄岡]黄岡楊氏宗譜六卷首二卷
楊紫峰等纂修
民國九年(1920)清白堂木活字本
版心、書衣題“楊氏宗譜”。
上海　尋源姓氏

[黄岡]楊氏宗譜六卷首二卷
楊龍約等主修
民國九年(1920)清白堂木活字本
山西家譜　猶他

[黄岡]黄岡上五鄉楊氏宗譜四卷
楊身亮等纂修
民國十一年(1922)楊之餘傳抄清光緒二年(1876)三鸛堂抄本
書名據譜序題，版心、目録題“楊氏宗譜”，内封題“楊氏家乘”。
上海

[黄岡]楊氏宗譜五卷首三卷
楊之鸞、楊儒寀纂修
民國十七年(1928)三鱣堂木活字本
書名據版心、内封、書衣、目録題。
國家(存卷首、卷一至二、四至五)　上海　尋源姓氏　猶他、

[黄岡]楊氏宗譜十二卷首二卷
楊章寶等纂修
民國二十六年(1937)四知堂木活字本
書名據版心題，書衣題“楊氏族譜”。七修本。
上海　尋源姓氏

[黄岡]岡邑王楊氏宗譜十二卷首二卷
楊巨鴻、楊業鈞纂修
民國三十六年(1947)木活字
新洲楊垸村

[黄岡]楊氏宗譜十五卷
楊焱貴編修
1994年清白堂木活字本
山西家譜　猶他

[黄岡]楊氏宗譜五十二卷首七卷
楊永績等修
1996年四知堂木活字本
山西家譜　猶他

[黄岡]楊氏族譜二十三卷首四卷
楊基源等修
1997年四知堂木活字本
山西家譜　猶他

[黄岡]楊氏宗譜三卷首一卷
楊逢陽等修
2012年四知堂照排本
山西家譜　猶他

[麻城]楊氏宗譜
(清)楊□□纂修
據清康熙四十二年(1703)手抄墨譜本複印
麻城方志

[麻城]楊氏宗譜十卷
楊□□纂修
清光緒十八年(1892)清白堂木活字本
山西家譜　猶他

[麻城]楊氏族譜二十四卷首二卷
楊□□纂修
清光緒二十一年(1895)清白廳木活字本
山西家譜　猶他

[麻城]宏農楊氏族譜十四卷
楊光遠纂修
清光緒三十年(1904)清白堂木活字本
山西家譜　猶他

[麻城]楊氏宗譜二十八卷
楊愷丞、楊芝軒纂修
民國八年(1919)木活字本
山西家譜　猶他

[麻城]楊氏族譜二十四卷首四卷末一卷
楊大福纂修
民國三十五年(1946)清白堂木活字本
國家　山西家譜　猶他

[麻城]楊氏族譜二十四卷首二卷
民國間(1912—1949)清白堂木活字本
國家

[麻城]楊氏宗譜
楊□□纂修
複印本
麻城方志

[紅安]楚黄中和里土墩頭楊氏族譜二十三卷首一卷
楊舒甲等纂修
民國四年(1915)四知堂木活字本
書衣、版心題楊氏族譜。七修本。
哥倫比亞　猶他

[浠水]浠川楊氏六修宗譜
楊□□纂修
民國二年(1913)清白堂木活字本
版心題“楊氏六修宗譜”,書衣題“楊氏宗譜”。
上海(存卷四十八)

[浠水]楊氏八修宗譜四十二卷
楊春振主編
1993年四知堂油印本
書衣題“楊氏宗譜”,卷二之後書口題“梅峰楊氏宗譜”。
山西家譜　猶他

[浠水]楊氏八修宗譜二十卷世系二卷首四卷
楊雁秋主編
1994年清白堂木活字本
書衣題“楊氏三分宗譜”。
山西家譜　猶他

[浠水]楊氏八修宗譜十五卷附六卷
1994年清白堂木活字本
書名據書衣題。八修本。
湖北

[浠水　蘄春]楊氏三分宗譜二十卷首四卷
楊雁秋主編
1994年清白堂木活字本
八修本。
湖北

[浠水]楊氏八修宗譜五十三卷
楊國翰編修
1995年清白堂木活字本
山西家譜　猶他

[黄梅]宏農楊氏宗譜九卷首二卷
楊右屏纂修
民國十三年(1924)木活字本
書名據書籤題。
黄梅縣檔(存卷首上)　武漢方志

[英山]楊氏重修宗譜十七卷首三卷
楊光宗等纂修
民國十年(1921)四知堂木活字本
山西家譜(缺卷首一、卷一) 猶他

[崇陽]崇陽楊氏族譜不分卷
(明)楊□□纂修
明抄本
書名據譜序題。内封題"楊氏家譜"。
國家

[崇陽]楊氏大同宗譜不分卷
楊增育纂修
民國三十八年(1949)木活字本
崇陽楊林村

[通山]楊氏家譜十四卷
合族纂修
1988年東海堂鉛印本
書名據書衣題,版心題"楊氏源流族譜"。六修本。
楊陸一

[仙桃]磨盤洲楊氏宗譜
(清)楊□□纂修
清光緒元年(1875)泰和堂刻本
書名據書衣題,版心題"楊氏續譜"。
湖北(存卷二、四、六、八、十三)

[仙桃]楊氏宗譜□□卷
楊光銀等纂修
民國六年(1917)泰和堂石印本
書名據版心題。
武漢 山西家譜 猶他

[仙桃]楊氏宗譜八卷
楊志銘主編
2013年四知堂照排本
書名據版心題。
湖北

[天門]大栗楊氏族譜十八卷
(清)楊錫等修
清光緒三年(1877)詒環堂木活字本
山西家譜 猶他

[天門]竟陵楊氏宗譜十六卷
楊□□纂修
清光緒三十年(1904)太和堂木活字本
版心題"楊氏宗譜"。
湖北 猶他

[天門]玉記莊楊氏宗譜
汪錦堂修
清光緒間(1875—1908)太和堂活字本
書名據書衣題。
湖北(存卷首、卷一、十四)

[天門]南昌楊氏宗譜三卷
楊繼桃、楊智保等修
1993年三鱣堂木活字本
山西家譜 猶他

[潛江]楊氏家譜二卷
楊聖喜等纂修
1999年鉛印本
楊聖喜

[建始斑竹園]楊氏族譜不分卷
楊心順主編
2008年弘農堂照排本
建始

[公安]醴南太障楊氏四修族譜五十卷
楊□□纂修
民國二十三年(1934)忠武堂鉛印本
山西家譜　猶他

楊胡

[麻城]楊胡氏宗譜十二卷
楊胡□□纂修
清光緒二十六年(1900)敦本堂木活字本
思綏草堂

姚

[武漢]漢陽姚氏宗譜十六卷
姚萬厚、姚載泰等纂修
民國十年(1921)成務堂木活字本
書名據版心、内封題。
科學(缺卷二)　哥倫比亞　猶他

[江漢]姚氏宗譜
姚德强等修
2014年重華堂照排本
三修本。
湖北

[漢陽]姚氏宗譜首編八卷正編十二卷
姚慕冰等纂修
民國二十一年(1932)重華堂鉛印本
書名據版心題。
武漢　山西家譜　猶他

[漢陽]姚氏宗譜正編十二卷首編八卷
姚必冠修
民國二十二年(1933)重華堂木活字本
猶他

[新洲]姚氏宗譜十七卷
姚滌非修
1991年清儉堂木活字本
猶他

[新洲]姚氏宗譜二卷首一卷
姚平安總編修
2011年清儉堂照排本
山西家譜　猶他

[新洲]姚氏族譜三卷首二卷
姚詠奎主編
2014年照排本
山西家譜　猶他

[夷陵]姚氏族譜
姚其燧修
民國間聖仁堂木活字本
姚永潤

[夷陵]姚氏族譜
姚永潤續修
2003年聖仁堂照排本
姚永潤

[宜都]姚氏族譜四卷
姚鳳章等纂修
清光緒三十年(1904)重華堂木活字本
宜都(存卷一)

[黄岡]楚黄姚氏支譜六卷
姚乾德等纂修
清光緒三十二年(1906)清儉堂木活字本
書名據譜序題,版心、書衣題“姚氏支譜”。
上海

[黄岡]姚氏宗譜十卷首一卷
姚介林等修
民國十六年(1927)清儉堂木活字本
國家　山西家譜　猶他

[黄岡]姚氏支譜六卷首一卷
姚及望、姚亨繼修
1987年清儉堂木活字本
山西家譜　猶他

[黄岡]姚氏宗譜三十六卷首二卷
姚臘成修
1991年清儉堂木活字本
山西家譜　猶他

[黄岡]姚氏宗譜十七卷
姚明祥修
1991年清儉堂木活字本
山西家譜　猶他

[黄岡]姚氏支譜十二卷
姚爲强修
1991年敦本堂木活字本
山西家譜(缺卷十二)　猶他

[黄岡]姚氏宗譜十二卷
姚秋旺、姚望林修
2009年敦本堂照排本
書衣題"姚氏家乘"。
山西家譜　猶他

[麻城]姚氏宗譜
姚□□纂修
積善堂木活字本
麻城方志

[羅田]姚氏宗譜
(清)姚□□纂修
清同治四年(1865)耕餘堂木活字本
國家

[羅田]義水姚氏宗譜二十七卷
姚三相修
清光緒三十年(1904)三瑞堂木活字本
書籤題"姚氏宗譜"。
國家(缺卷四、七、十二)　山西家譜　猶他

[羅田]義水姚氏宗譜三十卷首六卷
姚□□纂修
民國三十年(1941)積善堂木活字本
山西家譜(缺卷首、一、二、卷七、八、十、十一、十五、二十三)　猶他

[浠水]姚氏宗譜十五卷首二卷
姚焰林主修
1995年務本堂木活字本
山西家譜　金華家譜　猶他

[浠水]姚氏宗譜十三卷首二卷
姚□□纂修
1995年務本堂木活字本
書名據書衣題。九修本。
湖北

[浠水]浠川姚氏宗譜七十三卷首七卷
姚棟三編修
1997年務本堂木活字本
書名據書衣題,版心題"姚氏宗譜"。九修本。
湖北(存卷首一至六、卷一)

［仙桃］沔陽吴興堂姚氏族譜
姚高霖主編
2012 年吴興堂照排本
書名據版心題。
湖北

［廣水］姚氏宗譜不分卷
姚遠達主編
2006 年慎微堂照排本
山西家譜　猶他

［來鳳］姚氏家譜
姚植修
1985 年寫本
猶他

葉

［湖北］葉氏族譜十四卷首一卷
葉湘浦修
清光緒三十三年(1907)南陽堂本
猶他

［湖北］新州葉氏家譜
葉希明修
清宣統元年(1909)木活字本
猶他

［湖北］葉氏宗譜
葉□□纂修
敦本堂木活字本
國家(存一卷)

［湖北］葉氏宗譜九卷
葉堯臣等修
2014 年南陽堂照排本
湖北

［武漢］葉氏宗譜五卷首三卷
葉才藩等編修
2011 年照排本
湖北

［武昌］葉氏宗譜八卷
葉樹森修
民國十四年(1925)雙留堂木活字本
山西家譜　猶他

［漢陽］葉氏宗譜二十卷
(清)葉志詵纂修
清同治十二年(1873)滋本堂刻本
東京

［新洲］葉氏宗譜四卷首一卷
葉萬斌主編
1992 年敦本堂木活字本
書衣題“林氏宗譜”。注：此譜是葉林兩姓合修。
山西家譜　猶他

［新洲］葉氏宗譜九卷
葉從鋭等修
1996 年武明堂鉛印本
湖北

［大冶］葉氏宗譜不分卷
(清)葉增虎、葉增秀纂修
清嘉慶十五年(1810)南陽堂木活字本
國家　山西家譜　猶他

［荆門］湖北省荆門市葉氏第五房族譜
葉文濤主編
2006 年照排本
三修本。
湖北

[洪湖　監利]葉氏宗譜
葉魁元修
1990年南陽郡鉛印本
書名據書衣題。八修本。
湖北

[江陵]葉氏宗譜五卷首三卷
葉□□纂修
清光緒二十七年(1901)石林堂木活字本
思綏草堂

[夷陵]葉氏族譜二十六卷
葉□□纂修
民國二十八年(1939)石林堂木活字本
歐陽運森

[五峰 公安 松滋]葉氏族譜三卷
葉明立修
2006年石林堂照排本
猶他

[孝感]葉氏宗譜
葉□□纂修
2012年敦睦堂照排本
山西家譜　猶他

[漢川]南陽葉氏宗譜不分卷
葉□□纂修
2002年敦睦堂照排本
湖北(存十卷)

[黄岡]葉氏宗譜十卷
葉宗德修
1998年公忠堂木活字本
湖北　山西家譜　猶他

[黄岡]葉氏宗譜四卷首一卷
葉豐柏修
清光緒十九年(1893)華英堂木活字本
猶他

[黄岡]葉氏宗譜十卷
葉振炳等纂修
民國八年(1919)公忠堂木活字本
書名據書衣、版心題。
上海　東京　哥倫比亞　猶他

[黄岡]葉氏族譜十八卷首六卷
葉伯槐纂修
民國三十五年(1946)南陽堂木活字本
國家(缺卷十一、十四)

[黄岡]葉氏宗譜十一卷首一卷
葉良斗、葉彦取主修
民國三十六年(1947)雙榴堂木活字本
山西家譜　猶他

[黄岡]葉氏宗譜十八卷首二卷
葉連望、葉貽元、葉秋望等修
1993年敦倫堂木活字本
湖北　山西家譜　猶他

[黄岡]葉氏宗譜六卷
葉從鋭等續修
1996年武明堂木活字本
山西家譜　猶他

[麻城]葉氏宗譜八卷首一卷
(清)葉宗楚等編修
清光緒十四年(1888)沈諸堂木活字本
山西家譜　猶他

[麻城]葉氏家乘四卷首二卷
(清)葉耀南修
清光緒十九年(1893)華英堂木活字本
書籤題"葉氏宗譜"。
山西家譜　猶他

[麻城]葉氏宗譜十卷
葉紹炆修
民國十六年(1927)木活字本
國家　山西家譜　猶他

[麻城]葉氏宗譜九卷卷首上下卷
葉成偉等纂修
民國十六年(1927)沈諸堂石印本
國家

[麻城]葉氏宗譜十卷首二卷
葉文恩編修
民國二十年(1931)華英堂木活字本
山西家譜　猶他

[麻城]葉氏宗譜十卷
葉□□纂修
民國二十六年(1937)問政堂木活字本
山西家譜　猶他

[麻城]葉氏宗譜五十四卷
葉□□纂修
據民國二十六年(1937)問政堂木活字本複印
麻城方志

[麻城]葉氏宗譜九卷首二卷
葉宗楚等纂修
民國三十七年(1948)沈諸堂石印本
書名據版心、書衣、内封題。
國家　上海

[紅安]楚安葉氏族譜十八首六卷
葉宗照修
民國三十五年(1946)南陽堂木活字本
山西家譜(缺卷十四)　猶他

[羅田]葉氏宗譜
(清)葉茂柯編修
清道光十七年(1837)敦本堂木活字本
山西家譜　猶他

[羅田]葉氏宗譜
葉□□纂修
民國十四年(1925)三近堂木活字本
書名據書衣題。六修本。
湖北(存卷首、卷二、三、五、二十一至二十六、二十九至三十三)

[羅田]葉氏六修族譜八十八卷
葉以桐等修
民國十四年(1925)三近堂木活字本
山西家譜(缺卷二十九、四十四、四十五)
猶他

[羅田]葉氏宗譜六卷首二卷
葉光啓、葉志香編修
民國三十二年(1943)性善堂木活字本
山西家譜　猶他

[羅田]葉氏八修宗譜三卷首一卷
葉承鳳編修
2001年敬賢堂照排本
山西家譜　猶他

[浠水]葉氏宗譜七十四卷
葉第發主修
1993年鳳山堂木活字本
山西家譜　猶他

[浠水]葉氏宗譜十一卷首三卷

1993 年好龍堂木活字本

書名據書衣題。四修本。

湖北

[蘄春]葉氏宗譜九卷卷首三卷

葉宏祥編修

民國二十二年(1933)木活字本

國家(缺卷首中、卷三至五)

[英山]葉氏宗譜二十四卷首六卷

葉振彝等修

民國十九年(1930)聰彝堂木活字本

山西家譜　猶他

[仙桃]葉氏七修宗譜二十六卷海公八卷之秀公一卷序卷五卷

葉丹甫等纂修

民國三十六年(1947)南陽堂木活字本

國家(缺卷四、八、十、十一、二十五)　山西家譜　猶他

[廣水]葉氏宗譜四卷續六卷

葉星健主編

2008 年蔭本堂照排本

湖北

[赤壁]南陽堂葉氏譜牒

葉林修

1984 年鉛印本

山西家譜　猶他

[赤壁]平江葉氏族譜十二卷首一卷末一卷

葉培元修

民國二十三年(1934)南陽堂鉛印本

書名據書衣題。

湖北

[赤壁]葉氏大成宗譜

葉明美修

1996 年海録堂照排本

書名據版心題。十二修本。

湖北

易

[湖北]易氏家乘

易介三等纂修

據民國三十一年(1942)三畏堂木活字本複印

書名據書衣題。合修本。

湖北

[湖北]易氏家乘

易民生主編

1994 年鉛印本

書名據書衣題。

湖北

[新洲]新州郪南易氏家乘

易□□纂修

據 1990 年木活字本複印

湖北(存卷十一)　猶他

[新洲]易氏家乘首六卷各派分卷

易原俊、易原辭編修

1990 年木活字本

湖北

[新洲]易氏家乘

易子潤、易水兵、易國喬主編

2013 年澄心堂照排本

九修本。

湖北

[宜昌]宜昌縣曉峰易氏家乘一卷
易□□纂修
清抄本
長陽檔

[宜昌]易氏宗譜十卷
宜昌市易氏宗譜續編會纂修
民國間(1912—1949)濟陽太原堂石印本
書名據版心題。
歐陽運森

[夷陵]易氏宗譜十卷
易良森等主修
民國十二年(1923)尚志堂石印本
歐陽運森

[夷陵]四修易氏宗譜
易萬富主編
2006年鉛印本
歐陽運森

[夷陵]易氏族譜十二卷
易子才纂修
民國二十五年(1936)太原堂石印本
歐陽運森

[孝感]澴川易氏宗譜十三卷首二卷
易平英總編
1999年紫芝堂鉛印本
書名據書衣題。版心題"易氏宗譜"。
湖北

[廣水]應山易氏重修族譜四卷
易正裕等修
民國十六年(1927)白泉堂木活字本
湖北

[黄岡]易氏家乘
(清)易□□纂修
清同治七年(1868)木活字本
山西家譜(存元字卷一、亨字卷一、利字卷一) 猶他

[黄岡]易氏家乘
(清)易□□纂修
清光緒間(1875—1908)木活字本
書名據書衣題。
湖北(存卷首、卷二、四、五、地卷一、七、十一、福卷一)

[黄岡]易氏家乘□□卷首□卷
(清)易用炳等纂修
清光緒二十年(1894)刻本
國家(存四卷:字卷一首、福字卷一、禄字卷二) 湖北 山西家譜 猶他

[黄岡]易氏家乘
(清)易□□纂修
清光緒間(1875—1908)四象堂刻本
國家

[黄岡]易氏家乘
(清)易範時修
清光緒二十一年(1895)刻本
猶他

[黄岡]易氏家乘八卷又三卷
(清)易繼珠、(清)易用舉纂修
清光緒二十二年(1896)紹慶堂木活字本
山西家譜 猶他

[黄岡]易氏家乘
易□□纂修
民國間(1912—1949)四象堂木活字本
書名據書衣題。
湖北(存卷首至卷三、五、洪卷一)

[黄岡]易氏家乘
易□□纂修
民國十六年(1927)木活字本
山西家譜(存規訓卷二、序傳卷三、譜頭卷五、允能祖二房洪字卷一) 猶他

[黄岡]易氏家乘
易爲鼎修
民國三十五年(1946)木活字本
猶他

[黄岡]易氏家乘
易□□纂修
民國間(1912—1949)四象堂木活字本
山西家譜(存卷譜頭二、三、五、洪字卷一) 猶他

[黄岡]易氏家乘
易鐘生修,易民生纂
1994年鉛印本
湖北 易辭順

[黄岡]易氏家乘
易憲武纂修
1998年照排本
書名據内封題。
湖北 湖南

[浠水]易氏家譜
(清)易□□纂修
清光緒二十八年(1902)瑞芝堂木活字本
書名據版心題,書衣題"易氏宗譜"。十五修本。
湖北(存卷七) 武漢 山西家譜 猶他

[浠水]易氏家乘
易兆陽修
據民國三十一年(1942)木活字本複印
湖北 猶他

[麻城]易氏宗譜
易□□纂修
據民國三十二年(1943)正本堂木活字本複印
麻城方志

[蘄春]易氏宗譜
易輝玉主修
2014年存存堂照排本
七修本。
湖北(存卷首)

[通城]易氏宗譜
(清)易□□纂修
清光緒二年(1876)純孝堂木活字本
書名據版心題。
上海(存卷三)

[通城]易氏族譜
易□□纂修
清木活字本
書名據版心題。
上海(存卷十一至十五)

[通城]易氏宗譜不分卷
易□□纂修
民國二十七年(1938)純孝堂木活字本
書名據版心、書衣題。九修本。
上海(存册二至六、八至十二、十四、十七、十八、二十一、三十三、三十四、三十八至四十)

[建始]易氏族譜二卷
(清)易□□纂修
清咸豐二年(1852)玉芝堂石印本
書名據書衣題。
建始

殷

[大冶]殷氏續修宗譜十九卷首二卷
殷□□纂修
1947年敦本堂木活字本
書名據版心題。六修本。
上海(存卷首)

[孝感]殷氏宗譜十卷首二卷
殷□□纂修
民國十五年(1926)睦族堂石印本
思綏草堂

[黄岡]黄岡殷氏宗譜
黄明旭等纂修
民國四年(1915)楚珍堂木活字本
黄岡檔

[黄岡]殷氏宗譜三十九卷首一卷
殷爲祥主編
1990年楚珍堂木活字本
猶他

[麻城]殷氏宗譜
殷□□纂修
據1990年木活字本複印
麻城方志

[黄梅]殷氏宗譜二卷首一卷
殷繼和、殷士奎修
民國三十三年(1944)汝南堂木活字本
山西家譜　猶他

[蘄春]殷氏宗譜三十九卷首一卷
殷爲祥主編
1990年楚珍堂木活字本
山西家譜

[嘉魚]殷氏宗譜二十一卷
殷正楚主編
1997年汝南世家木活字本
書名據版心、書衣題。四修本。
湖北

閶

[麻城]閶氏族譜四卷
(清)閶長生纂修
清道光二十年(1840)刻本
湖北(存卷一)

[麻城]閶氏宗譜
閶□□纂修
據1999年敦本堂鉛印本複印
麻城方志

尹

[武昌]尹氏宗譜八卷首三卷
尹立本主修
民國二十五年(1936)四葉堂木活字本
山西家譜　猶他

[新洲]尹氏宗譜三十二卷首二卷
尹賢卿、尹學文等修
1990 年清風堂鉛印本
書名據書衣題。六修本。
湖北

[鄂城]尹氏宗譜三十四卷首一卷譜首六卷
尹澤安等修
1992 年四葉堂木活字本
書名據書衣題。七修本。
湖北

[應城]尹氏宗譜湖北應城東城尹氏必才公支系
尹記忠、尹季濤主編
2014 年孚萃堂照排本
湖北

[漢川]尹氏宗譜十八卷首一卷末一卷
尹香波、尹特夫等纂修
民國三十七年(1948)孚萃堂木活字本
書名據版心、内封、書衣題。五修本。
湖北

[漢川]尹氏宗譜十八卷首一卷末一卷
尹業儒總編
1992 年孚萃堂鉛印本
書名據版心、内封、書衣題。六修本。
湖北

[漢川]尹氏宗譜
尹慶常等修
2014 年孚萃堂照排本
湖北

[黄岡]尹氏家譜四十一卷
尹天然等纂修
1994 年一經堂鉛印本
書名據書衣題。七修本。
尹少南

[黄岡]尹氏宗譜三十八卷首三卷
尹□□纂修
1994 年一經堂木活字本
書名據書衣題。七修本。
山西家譜　猶他

[麻城]尹氏族譜三十二卷首二卷
尹立準等編修
民國二十年(1931)清風堂木活字本
書名據書衣、版心題。
國家(存卷首二、一至六、八至十、十二至十七、十九、二十一至三十三)　湖北

[麻城]尹氏族譜
尹□□纂修
民國二十年(1931)木活字本
書名據書衣題。六修本。
麻城方志

[麻城]尹氏族譜三十二卷首二卷
尹本昌等纂修
民國二十一年(1932)清風堂木活字本
山西家譜　猶他

[麻城]尹氏族譜三十二卷首二卷
尹賢卿、尹學交、尹業廷等修
1990 年清風堂木活字本
山西家譜　猶他

尤

[武昌]尤氏宗譜四卷
尤□□纂修
民國三十七年(1948)敦本堂木活字本
國家

[夷陵]尤氏族譜四卷
尤有生等續修
民國十年(1921)遂初堂木活字本
歐陽運森

游

[湖北]西陵東鄉游氏宗譜八卷首二卷
游淑成、游渥生纂修
民國三十三年(1944)理學堂木活字本
國家

[麻城]游氏族譜
游□□纂修
據1990年述文堂木活字本複印
書名據書衣題。四修本。
麻城方志

[浠水]游氏宗譜二十四卷世系圖五卷首二卷
游家寬編修
1990年立雪堂鉛印本
書名據書衣題。七修本。
湖北

[蘄春]玉臺游氏宗譜二十卷
游代聘纂修
清光緒二十三年(1897)立雪堂木活字本
山西家譜　猶他

於

[團風]於氏宗譜十九卷首一卷
於鏡清編修
民國二年(1913)合修積善堂木活字本
書名據版心、内封、書衣題。
湖北(缺卷四、六、九、十一至十五)

於邱

[黄梅]於邱氏宗譜十二卷首二卷
於知棟、於知典修
民國二十五年(1936)三壽堂鉛印本
書名據版心、書衣題。
山西家譜　猶他

于

[新洲]于氏宗譜六卷
于萬國纂修
民國三十八年(1949)木活字本
新洲熊店村

[黄岡]于氏宗譜
于□□纂修
民國間(1912—1949)積善堂木活字本
國家(存卷二、三、六、八至十、十六、十七、十九)

[黄岡]于氏宗譜六卷首一卷
于傅學主修
1988年題葉堂木活字本
山西家譜　猶他

[黃岡]于氏宗譜十四卷
于家幹、于之維等修
1991 年積善堂木活字本
書名據書衣題。三修本。
湖北　山西家譜　猶他

[蘄春]于氏宗譜七卷首二卷
于□□纂修
民國十一年(1922)木活字本
思綏草堂

[鶴峰]白洋湖于氏族譜不分卷
于祖寬等纂修
鉛印本
書名據書衣題。
于德遠

余

[湖北]余氏宗譜不分卷
(清)余崇福纂修
清咸豐八年(1858)抄本
當陽檔

[湖北]余氏宗譜
余永豐等纂修
清光緒間(1875—1908)紹賢堂木活字本
書名據版心、書衣題。
上海(存卷四十)

[湖北]貴源余氏支譜
余土勤纂修
民國稿本
書名據版心題。
武漢　山西家譜　猶他

[湖北]余氏宗譜
余□□纂修
民國三十七年(1948)余氏四諫堂木活字本
山西家譜(存卷十七)

[武昌]余氏宗譜十三卷首三卷
余□□纂修
民國三十六年(1947)諫草堂木活字本
思綏草堂

[漢口]丹徒余氏宗譜不分卷
余毓溥修
民國鉛印本
山西家譜　猶他

[漢陽]余氏宗譜
余世光、余世祥等纂修
1993 年新安世家鉛印本
書名據書衣題。四修本。
湖北(存卷首、一至五)

[黃陂]余氏上分家乘十二卷
余德湘纂修
清光緒二十六年(1900)崇實堂木活字本
書衣題"余氏家乘"。
湖北

[新洲]余氏宗譜三十卷首六卷
余霽初等修
1989 年鉛印本
書名據書衣題。七修本。
湖北(缺卷一、三、五、八、十二至十四上、十五、十九、二十一、二十二)

[新洲]余氏宗譜二十六卷首二卷
余傳厚總編
1991年敦本堂木活字本
書名據版心、書衣題，目録題"七修宗譜"。
湖北

[新洲]余氏宗譜
余正魁、余方智纂修
1991年敦本堂木活字本
書名據版心、書衣題。
湖北(存卷一至五、東分卷一至十七)

[新洲]余氏宗譜十二卷
余天棟、余錫斌等修
2006年篤厚堂照排本
湖北

[大冶]余氏宗譜八卷
(清)余光彤纂修
清道光二十六年(1846)聚源堂木活字本
書名據版心題。
上海(存卷一)

[大冶]余氏宗譜□□卷
余光彤纂修
敦本堂木活字本
書名據版心題。
上海(存卷二)

[洪湖]余氏宗譜
(清)余斗衡纂修
清同治元年(1862)木活字本
書名據書衣題。三修本。
洪湖余氏(存卷一)

[洪湖]余氏宗譜
余□□纂修
民國三十七年(1948)石印本
洪湖余氏

[監利]余氏大成宗譜
余世應纂修
清道光二十四年(1844)木活字本
監利余氏

[夷陵]余氏族譜
余貴福修
2013年新安堂本
余貴福

[宜都]余氏宗譜不分卷
余崇福纂修
清咸豐八年(1858)抄本
當陽檔

[鍾祥]余氏宗譜
余□□纂修
民國三十四年(1945)四諫堂木活字本
書名據版心題。
武漢(存卷十七)

[孝感]余氏宗譜二十五卷
余清源修
民國七年(1918)里仁堂本
猶他

[孝感]余氏宗譜二十五卷
余啓發、余宗昌、余享如修
民國七年(1918)里仁堂木活字本
山西家譜　猶他

[漢川]余氏宗譜十卷首三卷
余鎬运纂修
1993年榆林堂木活字本
書名據書衣題。五修本。
湖北　猶他

[黄岡]余氏宗譜
(清)余□□纂修
清光緒間(1875—1908)木活字本
書名據版心、書衣題。
山西家譜　猶他

[黄岡]余氏宗譜□□卷
余□□纂修
清光緒間(1875—1908)刻本
武漢(存卷首一至六、五至十、十二至二十二)　猶他

[黄岡]余氏宗譜八卷首一卷
(清)余毓江總修
清光緒十年(1884)下邳郡木活字本
山西家譜　猶他

[黄岡]余氏宗譜六卷首二卷
余開榜纂修
民國四年(1915)永興堂木活字本
山西家譜　猶他

[黄岡]余氏宗譜
余文杰、余俊臣等修
民國五年(1916)敦本堂木活字本
湖北(存卷首四卷,世系十三至十八)

[黄岡]余氏族譜四卷
余□□纂修
民國十七年(1928)下邳堂木活字
國家

[黄岡]余氏宗譜二十七卷首八卷
余宗伯等纂修
民國十九年(1930)木活字本
書名據版心題。
武漢　山西家譜　猶他

[黄岡]余氏宗譜二十一卷首一卷
余駿勳修
民國十九年(1930)木活字本
山西家譜　猶他

[黄岡]余氏宗譜十卷首四卷
余道明纂修
民國三十年(1941)四諫堂木活字本
思綏草堂　山西家譜　猶他

[黄岡]余氏宗譜十二卷
余承美修
民國三十四年(1945)篤厚堂木活字本
山西家譜　猶他

[黄岡]余氏宗譜八卷首二卷
余定良纂修
民國三十四年(1945)永興堂木活字本
國家　山西家譜　猶他

[黄岡]余氏宗譜八卷首二卷
余仲明等修
民國三十四年(1945)永興堂木活字本
湖北

[黄岡]余氏宗譜□□卷首一卷
余宗金等纂修
民國三十四年(1945)新睦堂木活字本
書名據版心題。序題"孔埠重修支譜"。
武漢(存卷首、一至三、五、六、八至九)　山西家譜　猶他

[黄岡]余氏宗譜十一卷首二卷
余獻廷修
民國三十六年(1947)木活字本
國家　山西家譜　猶他

[黄岡]余氏宗譜二十七卷首六卷
余□□纂修
民國三十七年(1948)木活字本
國家　山西家譜　猶他

[黄岡]余氏宗譜十卷
余士豔修
1987年永興堂木活字本
山西家譜　猶他

[黄岡]余氏宗譜二十八卷首六卷
余延生等修
1989年鉛印本
山西家譜　猶他

[黄岡]余氏宗譜十四卷首二卷
余蘭芳總編
1990年四諫堂木活字本
山西家譜　猶他

[黄岡]余氏宗譜二十八卷
余廷生修
1990年鉛印本
山西家譜(缺卷首)　猶他

[黄岡]余氏宗譜二十六卷首二卷
余傳厚編修
1991年敦本堂木活字本
山西家譜　猶他

[黄岡]余氏宗譜十一卷
余昌潤等修
1991年青儉堂木活字本
山西家譜　猶他

[黄岡]余氏宗譜十卷首四卷
余漢文編修
1991年光裕堂木活字本
山西家譜　猶他

[黄岡]余氏宗譜九卷
余炳南、余國卿等修
1992年語舒堂木活字本
山西家譜　猶他

[黄岡]禹王城余氏族譜三十七卷
余雯初等纂修
1994年忠烈祠鉛印本
書名據書衣題，書籤題“余氏七修族譜”，版心題“余氏族譜”。
余焕昌

[黄岡]余氏黄岡宗譜上下卷各房分卷
余啓坤總編輯
2012年敦本堂照排本
湖北

[麻城]余氏宗譜九卷首二卷
(清)余□□纂修
清同治二年(1863)敦本堂木活字本
思綏草堂

[麻城]余氏宗譜十六卷首四卷
余純齊編修
清光緒三十四年(1908)木活字本
山西家譜(缺卷七、十一)　猶他

[麻城]余氏族譜十三卷首一卷
(清)余文焕等修
清光緒七年(1881)忠恕堂刻本
山西家譜　猶他

[麻城]余氏宗譜十五卷首一卷
余雅固修
民國元年(1912)敦本堂木活字本
國家　山西家譜　猶他

[麻城]余氏族譜十五卷首一卷
余漢恩纂修
民國二年(1913)敦本堂木活字本
書名據書衣、内封、版心題。續修本。
上海

[麻城]余氏宗譜十六卷首四卷
余文煌修
民國九年(1920)忠恕堂木活字本
國家　上海　山西家譜　猶他

[麻城]余氏族譜
余丙炎修
民國十八年(1929)秋香堂木活字本
山西家譜　猶他

[麻城]余氏宗譜
余□□纂修
民國二十八年(1939)敦本堂木活字本
山西家譜(存卷十三)他

[麻城]余氏宗譜二十二卷卷首三卷
余雅剛等纂修
民國二十九年(1940)敦本堂木活字本
國家(缺卷首三、七)

[麻城]余氏宗譜八卷
余元鏡等修
民國三十一年(1942)敦本堂木活字本
山西家譜　猶他

[麻城]余氏宗譜
高清編修
1990年忠義堂木活字本
書名據版心、書衣題。四修本。
湖北(存卷一至七)

[麻城]余氏宗譜
余□□纂修
據1990年敦木堂木活字本複印
麻城方志

[麻城]義門余氏宗譜十二卷
余明章、余明寅修
1990年九秀堂木活字本
書衣題"余氏宗譜"。
山西家譜　猶他

[紅安]余氏宗譜六卷首一卷
余雅固修
民國二年(1913)敦本堂木活字本
山西家譜　猶他

[紅安]余氏族譜二十三卷首四卷
余大明、余天亮主編
1996年忠恕堂鉛印本
山西家譜　猶他

[浠水]余氏宗譜六卷
余明仁、余明興等修
民國二十六年(1937)崇德堂木活字本
山西家譜　猶他

[浠水]余氏宗譜二十卷首六卷
余廣蔭、余能義、余能植等修
民國三十六年(1947)木活字本
山西家譜　猶他

[蘄春]余氏支譜五卷
余守河、余名樹等纂修
民國六年(1917)崇本堂木活字本
山西家譜　猶他

[咸寧]余氏宗譜十五卷
余選陞修
清光緒三十一年(1905)銅陵堂木活字本
猶他

[咸寧]余氏宗譜五卷
余宗楚、余宗乙等纂修
1992年木活字本
書名據版心題。
余學炎

[咸寧]余氏宗譜·花坪卷四卷
余在漢主編
2012年八賢堂照排本
湖北

[赤壁]余氏宗譜四卷
余□□纂修
2010年新安堂照排本
湖北

[赤壁]余氏宗譜四卷
余家祥編纂
2010年新安堂照排本
湖北(缺卷四)

[赤壁]余氏宗譜四卷
余新華主編
2011年新安堂照排本
湖北

[通山]余氏宗譜二十四卷
合族纂修
1989年續諫草堂油印本
書衣、版心題"余氏宗譜"。
余曰勤

[通城]南陂余氏上分家乘十二卷
余德湘纂修
光緒二十六年(1900)崇實堂木字本
書名據版心題,内封題"上分一支余氏家乘"。
湖北

俞

[麻城]俞氏族譜二十卷
俞丙炎修
民國十八年(1929)秋香閣木活字本
國家(缺卷三、五)　思綏草堂　山西家譜　猶他

[麻城]俞氏宗譜
俞□□纂修
據1993年秋香閣木活字本複印
麻城方志

[咸寧]俞氏宗譜七卷
俞嵩山、俞生儉等修
民國三十八年(1949)四公堂木活字本
山西家譜　猶他

喻

[黄陂]喻氏宗譜二十卷
喻鴻模等纂修
民國七年(1918)文華堂木活字本
書名據版心、書衣題。
湖北

[新洲]喻氏宗譜十卷
(清)喻大勛等纂修
清光緒元年(1875)刻本
新洲許崗村　新洲捆方村

[新洲]喻氏宗譜十二卷
喻正榮等纂修
民國十八年(1929)木活字本
新洲塗河村

[新洲]喻氏宗譜二十八卷
喻基建修
1990年春蔭堂木活字本
湖北　山西家譜　猶他

[新洲]喻氏宗譜十四卷
喻祖能等修
2014敦本堂照排本
湖北

[雲夢]喻氏宗譜九卷首一卷
喻光初、喻仲宇修
1992年鉛印本
山西家譜　猶他

[黄岡]喻氏宗譜
(清)喻今文編修
清光緒九年(1883)敦本堂木活字本
山西家譜　猶他

[黄岡]喻氏宗譜十六卷
喻恕纂修
清光緒二十五年(1899)春萌堂木活字本
書名據版心、内封題。
上海

[黄岡]喻氏宗譜八卷
喻在葆等修
清光緒三十一年(1905)春蔭堂木活字本
山西家譜　猶他

[黄岡]喻氏宗譜四卷首二卷
喻萬利、喻期玉等纂修
民國二十年(1931)溯源堂木活字本
山西家譜　猶他

[黄岡]喻氏宗譜二房五卷三房五卷首二卷
喻際恭等修
民國二十年(1931)敦倫堂木活字本
山西家譜　猶他

[黄岡]喻氏宗譜二十四卷
喻治嶸、喻國照修
民國二十五年(1936)春蔭堂木活字本
國家(缺卷六、七、九、十、十二、二十三)
山西家譜　猶他

[麻城]喻氏宗譜十七卷
(清)喻兆蘭修
清光緒四年(1878)木活字本
山西家譜(缺卷五、七)　猶他

[麻城]喻氏宗譜七卷首一卷
喻陽青纂修
民國九年(1920)於義堂木活字本
又名:喻氏鐺子山三房續修譜。
山西家譜　猶他

[麻城]喻氏宗譜十六卷
喻錫榮、喻和斌修
民國九年(1920)餘慶堂木活字本
山西家譜(缺卷五、七)　猶他

[麻城]喻氏族譜十四卷首一卷
喻□□纂修
民國三十五年(1946)敬修堂木活字本
山西家譜　猶他

[麻城]喻氏宗譜
喻□□纂修
據1992年木活字本複印
麻城方志

[黄梅]喻氏宗譜
喻北蘭修
清光緒間(1875—1908)木活字本
山西家譜　猶他

[利川]喻氏宗譜
喻可象等纂修
鉛印本
書名據書衣題。
喻口健

袁

[湖北]袁氏宗譜十六卷首三卷
袁□□纂修
1993年卧雪堂鉛印本
書名據書衣題。
湖北

[湖北]袁氏族譜十六卷
袁典榮等修
2009年汝南堂照排本
湖北

[武昌]袁氏宗譜十六卷首三卷
袁建城修
1993年卧雪堂木活字本
猶他

[新州]袁氏宗譜二十六卷首四卷
袁亞卿總編
1991年卧雪堂鉛印本
山西家譜　猶他

[大冶]袁氏宗譜
(清)袁漢廷等纂修
清光緒十七年(1891)敦睦堂木活字本
書名據書籤、版心題。
上海(存卷首、卷一)

[大冶]赤湖袁氏宗譜二十四卷首一卷
袁守宏主編
1993年敦本堂木活字本
山西家譜　猶他

[大冶]袁氏宗譜卷首
袁植民等修
2007年卧雪堂照排本
六修本。
湖北

[松滋]袁氏宗譜
袁益先等纂修
民國八年(1919)石印本
書名據版心題。
歐陽運森(存卷一)

[夷陵]袁氏宗譜
袁益先等編修
民國八年(1919)汝南堂石印本
書名據版心題。
歐陽運森(存卷首)

[夷陵]袁氏族譜
袁正寬修
民國十三年(1924)汝南堂石印本
宜昌檔

[夷陵]袁氏族譜
袁才培修
汝南堂抄本
袁才培

[夷陵]袁氏族譜
袁□□纂修
卧雪堂木活字本
袁啓勛

[當陽]袁氏族譜一卷
袁正寬等纂修
民國十三年(1924)石印本
書名據版心、書衣題。
宜昌檔

[秭歸]袁氏家譜不分卷
袁學純等纂修
2000年抄本
書據版心題。五修本。
袁學林

[漢川]袁氏宗譜
袁□□纂修
民國十二年(1923)汝南堂抄本
湖北

[黄岡]袁氏宗譜十八卷
合族纂修
清同治十二年(1873)敦睦堂木活字本
書名據版心題。
上海(存卷一、二、四至十八)

[黄岡]袁氏宗譜八卷首二卷
袁□□纂修
民國五年(1916)卧雪堂木活字本
書衣題"袁氏宗譜"。
山西家譜　猶他

[黄岡]楚黄袁氏宗譜二十卷
袁祖凝纂修
民國二十四年(1935)木活字本
新洲湖西村

[黄岡]袁氏宗譜十七卷首二卷
袁謙益總纂
民國三十四年(1945)卧雪堂木活字本
山西家譜　猶他

[黄岡]袁氏宗譜八卷首二卷
袁照新、袁海林修
2008年卧雪堂照排本
山西家譜　猶他

[麻城]袁氏宗譜
(清)袁□□纂修
清光緒四年(1878)毓秀堂刻本
麻城方志

[麻城]袁氏宗譜十二卷首二卷
袁光、袁啓瑞、袁光浩等修
清光緒二十九年(1903)卧雪堂木活字本
國家(缺卷首下、七、八)　山西家譜　猶他

[麻城]袁氏宗譜二卷
袁光會修
民國二年(1913)五公堂木活字本
山西家譜　猶他

[麻城]袁氏支譜
袁□□纂修
民國七年(1918)五公堂木活字本
麻城方志

[麻城]袁氏宗譜四卷首三卷又首一卷
袁洪渥等纂修
民國十一年(1922)卧雪堂木活字本
書名據版心、書衣、内封題。
上海

[麻城]袁氏族譜
袁□□纂修
民國十八年(1929)卧雪堂木活字本
國家

[麻城]袁氏宗譜四卷首二卷
袁澤盈、袁騰和修
民國十九年(1930)五公堂木活字本
山西家譜　猶他

[麻城]袁氏宗譜四卷
袁祖仁修
民國二十八年(1939)卧雪堂木活字本
山西家譜　猶他

[麻城]袁氏宗譜十卷
袁定禄、袁松基修
民國三十五年(1946)善琴堂木活字本
山西家譜　猶他

[麻城]袁氏宗譜二十七卷首四卷
袁□□纂修
民國三十二年(1943)卧雪堂木活字本
國家

[麻城]袁氏宗譜二十七卷首三卷
袁繼珍纂修
民國三十二年(1943)卧雪堂木活字本
山西家譜　猶他

[麻城]袁氏宗譜十六卷首二卷
袁啓堂等修
民國三十六年(1947)卧雪堂木活字本
國家　山西家譜　猶他

[麻城]袁氏宗譜十六卷首二卷
袁名嘉、袁名佑修
1994年卧雪堂木活字本
山西家譜　猶他

[麻城]袁氏宗譜
袁□□纂修
1998年五公堂照排本
麻城方志

[紅安]袁氏宗譜十六卷首二卷
袁□□纂修
民國三年(1914)卧雪堂木活字本
思綏草堂

[紅安]袁氏支譜九卷首二卷
袁□□纂修
民國八年(1919)汝南堂木活字本
山西家譜　猶他

[紅安]袁氏宗分支譜八卷首二卷
袁陶卿編修
民國十一年(1922)卧雪堂木活字本
山西家譜 猶他

[浠水]袁氏宗譜十七卷首三卷
袁忠弼修
1993年卧雪堂油印本
山西家譜 猶他

[浠水]赤湖袁氏宗譜二十四卷首一卷
袁守宏主編
1993年敦本堂木活字本
書名據書衣題。四修本。
湖北

[浠水]袁氏宗譜四卷
袁儀清等修
2014年卧雪堂照排本
七修本。
湖北

[黄梅]袁氏民籍宗譜十卷首二卷
袁□□纂修
民國三十一年(1942)仁風堂木活字本
山西家譜(缺卷一) 猶他

[英山]袁氏宗譜十七卷首三卷
袁知峰修
1993年卧雪堂鉛印本
山西家譜 猶他

[通山]袁氏家譜二十二卷
合族纂修
1989年油印本
書名據版心題。八修本。
袁相成

[天門]袁氏宗譜一卷
袁孝坤纂修
2000年照排本
書名據書衣題。
荆門

岳

[新洲]岳氏宗譜三卷首一卷
岳少波、岳自洋等修
1993年忠武堂木活字本
山西家譜 猶他

[黄梅]岳氏宗譜十九卷
岳桂榮等纂修
民國九年(1920)忠孝堂木活字本
書名據書籤題。六修本。
武漢方志 武穴檔

[黄梅]岳氏宗譜不分卷
(清)岳哲等纂修
清雍正十二年(1734)忠烈堂木活字本
岳德莊

越

[監利]越氏族譜五卷首一卷
越開梓編修
1988年晋陽堂木活字本
山西家譜 猶他

樂

中華樂氏通譜四卷
樂志强總編
2012年南陽堂照排本
湖北

中華樂氏通譜:湖北江漢樂氏族譜附世系圖集
樂運化主編
2014 年南陽堂照排本
湖北

[大冶]鄂東樂氏宗譜(顯户)十三卷首一卷
樂翕如總編
1988 年南陽堂木活字本
書名據版心題。
湖北

[陽新]鄂東樂氏宗譜(才户)
(清)樂□□纂修
清同治十二年(1873)南陽堂木活字本
書名據版心題。
湖北(存卷一、三至五、七至十)

[陽新]鄂東樂氏宗譜
樂□□纂修
民國三十年(1941)南陽堂木活字本
書名據版心題。
湖北

[陽新]樂氏宗譜(登户)
樂昌發編修
1988 年南陽堂木活字本
書名據書衣題,版心題"鄂東樂氏宗譜"。八修本。
湖北(存卷一至十一)

[陽新]樂氏宗譜(昭户)
樂□□纂修
1989 年南陽堂木活字本
書名據書衣題,版心題"鄂東樂氏宗譜"。
湖北(存卷六至十三、卷十五至二十二)

[陽新]樂氏宗譜(才户)九卷首二卷
樂駿家纂修
1989 年南陽堂木活字本
書名據書衣題,版心題"鄂東樂氏宗譜"。七修本。
湖北

[陽新]樂氏宗譜(榮户)十九卷附一卷
樂有江、樂有善等編修
1989 年南陽堂木活字本
書名據書衣題,版心題"鄂東樂氏宗譜"。八修本。
湖北

[孝感]樂氏宗譜各房分卷首一卷
樂□□纂修
民國二十二年(1933)南陽堂木活字本
思綏草堂

[黄岡]樂氏宗譜
樂□□纂修
民國二十三年(1934)南陽堂木活字本
山西家譜(存卷一至十二)　猶他

[麻城]樂氏宗譜(世林系)
樂□□纂修
1989 年南陽堂木活字本
湖北

[英山]樂氏宗譜
樂□□纂修
清末光裕堂木活字本
書名據版心題。
湖北(存卷一)

[咸寧]樂氏宗譜(瑪户)十八卷首五卷
樂樂華、樂瑞益等編修
1990年南陽堂木活字本
書名據書衣題，版心題"鄂東樂氏宗譜"。八修本。
湖北

[通山]樂氏宗譜二十二卷
合族纂修
1988年南陽堂油印本
書名據版心、書衣題。
樂庸乾

[鄂東南]樂氏宗譜二十卷首一卷扉一卷
樂庸德總編
2009年南陽堂照排本
書名據版心、書衣題。八修本。
湖北

[鄂東]鄂東樂氏宗譜
樂□□纂修
1990年南陽堂木活字本
湖北

[仙桃]樂氏宗譜
樂□□纂修
據民國三年(1914)南陽堂木活字本複印
湖北(存卷二至四)

[仙桃]樂氏宗譜
樂□□纂修
1990年南陽堂木活字本
湖北(存卷二至五)

曾

[黄陂]武城曾氏重修族譜
曾憲章等纂修
1995年木活字本
書名據書衣題，譜序題"黄陂曾氏支譜"。
武漢方志

[黄陂]武城曾氏重修族譜
曾□□纂修
1995年木活字本
書名據書衣題。
湖北(存卷首、卷二十二)

[新洲]武城曾氏宗譜八卷
曾志益纂修
民國十二年(1923)木活字本
新洲萬崗村

[新洲]武城曾氏重修族譜不分卷
曾百容等纂修
民國十九年(1930)木活字本
新洲大渡鄉

[新洲]武城曾氏重修族譜一卷
曾廣發等纂修
民國十九年(1930)木活字本
新洲曾寨村

[新洲]武城曾氏重修族譜二十二卷
曾德彪、曾德志等修
1992年木活字本
湖北

[新洲]武城曾氏重修族譜五十五卷
曾昭潤主編
1992年木活字本
湖北

[洪湖]武城曾氏族譜洪湖支譜三卷
曾祥泰主編
2011年宗聖堂照排本
湖北

[石首]曾氏重修族譜
曾祥雲纂修
1994年稿本
書名據書衣題。
石首

[夷陵]曾氏族譜
合族同修
清光緒二十二年(1896)武城堂活字本
曾凡池

[漢川]武城曾氏續修族譜二十九卷
武城曾氏續譜辦公室編
1993年彭城郡木活字本
湖北(缺卷六、卷二十二)

[黄岡]曾氏宗譜十卷
(清)曾油纂修
清道光九年(1829)三省堂刻本
山西家譜　猶他

[黄岡]曾氏宗譜十二卷末一卷
(清)曾良弼纂修
清同治五年(1866)三省堂木活字本
國家(缺卷八)　山西家譜　猶他、麻城方志

[黄岡]武城曾氏重修族譜不分卷
(清)曾□□纂修
清同治十年(1871)木活字本
國家

[黄岡]曾氏宗譜十八卷
(清)曾□□纂修
清光緒間(1875—1908)三省堂木活字本
山西家譜(缺卷一)　猶他

[黄岡]武城曾氏重修族譜
曾慶盛等修
清光緒三十一年(1905)木活字本
湖北

[黄岡]武城曾氏重修族譜不分卷
曾慶安等修
清光緒三十一年(1905)木活字本
國家　山西家譜　猶他

[黄岡]武城曾氏重修族譜不分卷
曾傳潮、曾紀信等修
民國十六年(1927)木活字本
山西家譜　猶他

[黄岡]武城曾氏重修族譜不分卷
曾慶雅、曾慶藻修
民國十九年(1930)木活字本
山西家譜(缺卷十)　猶他

[黄岡]武城曾氏重修族譜
曾□□纂修
民國二十二年(1933)木活字本
湖北

[黄岡]武城曾氏重修族譜不分卷
曾星波等編修
民國二十二年(1933)木活字本
山西家譜　猶他

[黄岡]曾氏族譜二十二卷
曾憲淵、曾慶茂編修
民國二十九年(1940)三省堂木活字本
山西家譜　猶他

[黄岡]武城曾氏重修族譜不分卷
曾德盛修
1992年木活字本
山西家譜　猶他

[黄岡]武城曾氏重修族譜四十八卷首三卷
曾德彪等修
1992年木活字本
書名據書衣題。
湖北

[黄岡]武城曾氏重修族譜不分卷
曾昭潤總編
1992年木活字本
山西家譜　猶他

[黄岡]武城曾氏族譜六卷
曾秋喜修
2011年照排本
山西家譜　猶他

[麻城]武城曾氏重修族譜
(清)曾□□纂修
清光緒元年(1875)刻本
麻城方志

[麻城]曾氏宗譜十八卷
曾□□纂修
清光緒二十六年(1900)三省堂木活字本
猶他

[麻城]武城曾氏重修族譜
曾□□纂修
據民國三十五年(1946)木活字本複印
清嘉慶七年(1802)創修。
麻城方志

[紅安]武城曾氏重修族譜不分卷
曾□□纂修
民國三十五年(1946)木活字本
書名據版心、書衣題。
湖北(存十卷)

[赤壁]曾氏宗譜十七卷首三卷
曾□□纂修
1993年鉛印本
書名據書衣題。
湖北

[赤壁]武城曾氏續修族譜二十八卷
曾祥盛、曾德後編修
1993年鉛印本
書名據書衣題,版心題"武城曾氏族譜"。
湖北

[來鳳]武城曾氏族譜二卷
曾□□纂修
刻本
來鳳方志

查

[麻城]查氏宗譜六卷首一卷
查勝松修
民國四年(1915)廣德堂木活字本
山西家譜　猶他

翟

[武穴]翟氏宗譜二十五卷首一卷
(清)翟先登、翟先仁等修
清光緒十八年(1892)衣德堂木活字本
山西家譜　猶他

[蘄春]翟氏族譜十三卷首三卷末一卷
(清)翟生濤、翟天惠等修
清光緒二十五年(1899)木活字本
山西家譜　猶他

[蘄春]翟氏族譜十一卷首八卷末一卷
翟士漻修
民國十七年(1928)木活字本
國家　思綏草堂　山西家譜　猶他

詹

[武漢]詹氏統宗譜湖北同公集福公卷福五公支譜
詹必新主編
2010 年世德堂本
湖北

[新洲]詹氏宗譜二十八卷首二卷
詹以波編修
1989 年世德堂木活字本
山西家譜(缺卷六、九)　猶他

[大冶]詹氏宗譜十四卷首二卷
(清)詹□□纂修
據清咸豐己未年(1859)木活字本複印
書名據書衣題。
湖北

[大冶]詹氏宗譜
詹潢霞等修
清宣統三年(1911)木活字本
書名據書衣題。四修本。
湖北(存卷首、卷一至二)

[大冶]詹氏宗譜三十七卷首三卷
詹敬鈢等修
民國十八年(1929)敦睦堂本
書名據書衣題。五修本。
湖北(存卷首一至三、卷五、七)

[大冶]詹氏宗譜四十一卷首三卷
六修編委會編纂
1988 年敦睦堂鉛印本
六修本。
湖北

[大冶]詹氏宗譜四十八卷首五卷
詹先啓等修
2011 年敦睦堂照排本
七修本。
湖北

[襄陽]詹氏宗譜
詹應堂等修
2014 年照排本
湖北

［荆州］詹氏宗譜五卷首三卷
詹合明、詹重輝、詹必利編修
1990年世德堂木活字本
湖北

［鄂城］詹氏宗譜十二卷
（清）詹德普纂修
清嘉慶十八年（1813）施睦堂刻本
書名據書衣題。
湖北

［黄岡］詹氏宗譜十一卷首二卷
詹定法修
清光緒二十九年（1903）續修，敦本堂木活字本
清同治七年（1868）創修。
山西家譜　猶他

［黄岡　新洲］詹氏宗譜十四卷首一卷
曹緒元、鄭善夫修
清宣統二年（1910）世德堂活字本
書名據内封題。六修本。
湖北

［黄岡］詹氏宗譜八卷首四卷
詹文浩等纂修
民國六年（1917）青雲堂木活字本
書名據版心題。
武漢（缺卷七）　山西家譜　猶他

［黄岡］詹氏宗譜
詹□□纂修
民國三十五年（1946）世德堂木活字本
山西家譜（存卷一至十四）　猶他

［黄岡］詹氏宗譜二十三卷
詹錦堂、詹文勝等編修
民國三十六年（1947）木活字本
山西家譜　猶他

［黄岡］重訂詹氏宗譜各房分卷首三卷終二卷
詹重輝等主修
1990年世德堂木活字本
山西家譜（存：卷首三卷，銓公卷二，鉉公卷三、四）　猶他

［黄岡］詹氏宗譜
詹繼權總修
2008年世德堂照排本
湖北（存卷九之一、二）

［黄岡］詹氏宗譜十九卷
詹□□纂修
2012年世德堂照排本
八修本。
湖北

［黄岡］詹氏宗譜十一卷
詹必常主編
2012年世德堂照排本
山西家譜（缺卷五、七、九）　猶他

［黄州］詹氏宗譜十九卷首一卷
詹幹材等纂修
民國十二年（1923）敦睦堂木活字本
書名據版心題，書衣題“五修詹氏宗譜”。
武漢辛亥博　湖北（存卷首）

［麻城］詹氏族譜八卷首二卷
（清）詹□□纂修
清同治七年（1868）敦本堂刻本
思綏草堂

[麻城]詹氏宗譜十一卷首二卷
(清)詹定忠修
清同治七年(1868)敦本堂刻本
猶他

[麻城]詹氏宗譜十三卷首上下末一卷
詹獻臣、詹香穀編修
清光緒十九年(1893)懷義堂木活字本
山西家譜　猶他

[麻城]詹氏宗譜十三卷首二卷
詹□□纂修
清光緒二十九年(1903)敦本堂木活字本
國家　山西家譜　猶他

[麻城]詹氏宗譜
詹□□纂修
清光緒二十九年(1903)敦本堂木活字本
湖北

[麻城]詹氏宗譜
詹□□纂修
民國三十一年(1942)務本堂木活字本
麻城方志

[麻城]詹氏三修宗譜
詹閔總纂
民國三十一年(1942)務本堂木活字本,十五册。
山西家譜　猶他

[麻城]詹氏宗譜
詹□□纂修
2001年照排本
清康熙三十二年(1693)創修。
麻城方志

[麻城]中華詹氏統宗譜元亨公分册
詹心滿主編
2011年務本堂照排本
五修本。
湖北

[蘄春]詹氏宗譜
詹少唐、詹屢實修
民國三十六年(1947)敦睦堂木活字本
國家(存卷首二、卷一、二、五至二十四、二十六至四十三)　山西家譜　猶他

[蘄陽]詹氏宗譜十九卷首一卷
詹□□纂修
民國十二年(1923)敦睦堂木活字本
書名據書衣題。五修本。
湖北(存卷首)

[蘄春]"詹守分堂"家族史略
詹同纂修
2009年詹守分堂照排本
湖北

[蘄春]詹氏統宗譜十四卷首一卷
詹先火主編
2009年世德堂照排本
書籤題"中華詹氏蘄春遷四系首修統宗譜"。
湖北　猶他

章

[黄陂]陂南章氏宗譜二十二卷
章子臣等纂修
民國十四年(1925)全城堂鉛印本
書衣題"章氏宗譜"。
哥倫比亞　猶他

[新洲]章氏宗譜十二卷
章錦坤纂修
民國三十四年(1945)木活字本
新洲章興村

[黄岡]章氏宗譜七卷首二卷
章宏德、章宏憲編修
清光緒元年(1875)孝友堂木活字本
山西家譜　猶他

[黄岡]章氏宗譜
章貽土修
民國三十四年(1945)孝友堂木活字本
山西家譜　猶他

[黄岡]章氏宗譜十四卷首二卷
章緒淼主編
1998年孝友堂木活字本
山西家譜　猶他

[黄岡]章氏宗譜十五卷首二卷
章遠福主編
2010年孝友堂木活字本
山西家譜　猶他

[麻城]章氏宗譜
章□□纂修
據1993年德象堂木活字本複印
麻城方志

[浠水]章氏宗譜八卷
章詩貴纂修
1994年敦睦堂木活字本
書名據書衣題。
湖北

張

[湖北　湖南]兩湖張氏五修家乘六卷首末各一卷
張來道修
民國十三年(1924)敦本堂本
猶他

[湖北]張氏宗譜
(清)張□□纂修
清光緒間(1875—1908)木活字本
國家(存卷三、五)

[湖北]張氏宗譜□□卷
張□□纂修
民國間(1912—1949)兩銘堂木活字本
書名據版心題。
武漢(存卷二)

[湖北]漢陽張氏宗譜五卷首四卷末一卷
張慶雲等纂修
民國十年(1921)木活字本
書衣題“張氏宗譜”。
哥倫比亞　猶他

[湖北]張氏宗譜三十四卷首一卷末一卷
合族纂修
1990年敦倫堂木活字本
書名據書衣題。三修本。
湖北

[湖北]張氏大成宗譜
張吉時主修
2006年孝友堂照排本
書名據版心題。
湖北

［武漢］張氏宗譜□□卷
張□□纂修
清末金鑒堂木活字本
書名據版心題，譜序題“葛店張氏宗譜”。
湖北（存卷首、卷二）　武漢　金華家譜

［武昌］張廉卿先生家譜一卷
（清）張裕釗纂修
清咸豐十年（1860）張善準抄本
台灣文獻　猶他

［武昌］葛店張氏宗譜
張□□纂修
清末木活字本
山西家譜　猶他

［武昌］江夏白沙洲張氏宗譜六卷
（清）張錦藻等纂修
清光緒二十九年（1903）刻本
哥倫比亞　猶他

［武昌］張氏宗譜四十四卷首二卷末一卷
張魯璠等纂修
清宣統元年（1909）敦義堂木活字本
東洋文庫　猶他

［武昌］張氏宗譜六卷首一卷
張道修纂修
清宣統元年（1909）孝友堂刻本
書名據版心、書衣題，内封題“家乘”。三修本。
武大　山西家譜　猶他

［武昌］張氏宗譜十卷首一卷
張宏鋭、張開泰等修
民國十年（1921）兩銘堂木活字本
山西家譜（缺卷一、八）

［武昌］張氏宗譜四卷
張年祥纂修
民國十四年（1925）金鑒堂木活字本
書名據版心題，内封題“家乘全書”。
上海　猶他

［武昌］張氏宗譜十一卷首一卷
張佩華等纂修
民國二十八年（1939）敦本堂刻本
哥倫比亞　猶他

［武昌］張氏宗譜八卷首二卷
張入珠修
民國三十六年（1947）敦義堂木活字本
猶他

［武昌］張氏宗譜十一卷首一卷
張□□纂修
民國三十六年（1947）兩銘堂木活字本
山西家譜　猶他

［武昌］張氏宗譜二十二卷
張用祥修
1995年清白堂木活字本
山西家譜　猶他

［武昌］張氏宗譜二十二卷
張懷珊修
1995年清河堂木活字本
猶他

［武昌］張氏宗譜十二卷
張興堂等編修
1995年孝友堂活字本
書名據書衣題。三修本。
湖北　猶他

[武昌]張氏宗譜三十一卷首七卷
張用榮、張德高等編修
2002年孝友堂照排本
五修本。
湖北

[漢陽]張氏家譜十四卷首一卷
(清)張行簡總纂修
清光緒二十年(1894)木活字本
書名據版心題,書籤、目録題“張氏三修家譜”。
湖北(存卷首、三至十四)　武漢　山西家譜　猶他

[漢陽]張氏景賢支譜不分卷
(清)張行簡纂修
清光緒間(1875—1908)刻本
書名據卷首、版心題。
湖北　武漢　山西家譜　猶他

[漢陽]張氏景賢支譜
張□□纂修
清末木活字本
猶他

[漢陽]張氏創修家乘七卷首一卷
張尚晋纂修
民國十九年(1930)德厚堂木活字本
書名據目録題,書籤題“張氏宗譜”。
南京

[漢陽]吴楚合修張氏七續宗譜十四卷
張昌灼等修
民國三十七年(1948)都會堂木活字本
書名據内封題。七修本。
武漢(缺卷二、五、九、十、十四)　山西家譜　猶他

[漢陽]張氏四修家譜
張仁芬纂修
民國間(1912—1949)稿本
書名據譜序題。
武漢(存序、傳)

[漢陽]張氏四修族譜
張□□纂修
民國間(1912—1949)稿本
山西家譜　猶他

[漢陽]張氏景賢支譜
張□□纂修
民國間(1912—1949)鉛印本
山西家譜　猶他

[漢陽]張氏四修家譜
張宗林修
抄本
猶他

[漢陽]張氏宗譜四卷
張鎮勳等修
1992年清河堂木活字本
書名據書衣題。
湖北

[漢陽]張氏宗譜
張□□纂修
1992年清河堂鉛印本
書名據版心、書衣題。
湖北(存卷二至四)

[漢陽義里]義里張氏家志三十卷
張良炳總修
1993年鉛印本
書名據版心、書衣題。
湖北

[江夏]張氏宗譜
張紹勤等修
1995年久大堂木活字本
書名據書衣題。八修本。
湖北

[黄陂]張氏宗譜十七卷
(清)張元泰等修
清雍正元年(1723)刻本
山西家譜　猶他

[黄陂]張氏宗譜十八卷
(清)張澤洋等纂修
清光緒二年(1876)刻本
書名據版心、書衣、内封題。
武大　山西家譜　猶他

[黄陂]張氏宗譜四卷首一卷
張海濤纂修
1999年餘慶堂照排本
湖北　山西家譜　猶他

[黄陂]張氏宗譜
張氏續譜理事會編
1999年餘慶堂照排本
湖北

[黄陂]張氏宗譜
張銘玖等修
2013年照排本
湖北

[新洲]張氏宗譜二卷
張□□纂修
民國四年(1915)木活字本
新洲龍崗村

[新洲]張氏宗譜三十二卷
張□□纂修
民國四年(1915)木活字本
新洲東港村

[新洲]張氏宗譜
張□□纂修
民國(1912—1949)初年孝友堂木活字本
湖北(存卷一、三、四)

[新洲]張氏宗譜十卷
張遠傳、張遠場纂修
民國三十三年(1944)木活字本
新洲段山村

[新洲]天流泉張氏宗譜二十二卷首一卷
張志鑫等纂修
民國三十五年(1946)木活字本
新洲施廟村

[新洲]張氏宗譜不分卷
張先斌纂修
民國三十五年(1946)木活字本
新洲張灣村

[新洲]張氏宗譜不分卷
張允中等纂修
民國三十六年(1947)木活字本
新洲棋架山村

[新洲]張氏宗譜三十一卷
張定周、張少堂纂修
民國三十六年(1947)木活字本
三修本。
新洲大渡鄉

[新洲]張氏宗譜三十二卷
張文卿、張鳳翔纂修
民國三十六年(1947)木活字本
新洲宋渡村

[新洲]張氏宗譜三十六卷首三卷
張星衢、張慶之纂修
民國三十七年(1948)木活字本
新洲萬山村

[新洲]張氏宗譜
張□□纂修
民國三十七年(1948)孝友堂木活字本
書名據版心、書衣題。
湖北(存卷一至九、十一至二十五、三十一至三十三)

[新洲]張氏宗譜十六卷
張紹良等纂修
民國三十八年(1949)木活字本
四修本。
新洲柏樹村

[新洲]張氏宗譜
張□□纂修
民國(1912—1949)末年孝友堂木活字本
湖北(存卷一至九、十一至二十五、三十一至三十三))

[新洲]張氏宗譜二十六卷首四卷
張鴻賓總纂
1987年孝友堂油印本
書名據書衣題,版心題"張氏五修宗譜"。五修本。
湖北

[新洲]張氏宗譜五卷
張先堦主編
1989年創新堂木活字本
書名據書衣題。三修本。
湖北

[新洲]張氏宗譜三十五卷首一卷
張翼東主編
1989年百忍堂木活字本
山西家譜　猶他

[新洲]張氏宗譜三十四卷
張成春等主編
1989年百忍堂活字本
書名據書衣題。四修本。
湖北

[新洲]張氏宗譜
張先堦修
1989年志遠堂木活字本
書名據書衣題。
湖北

[新洲]張氏宗譜二十六卷首三卷
張豐松編修
1990年遵忍堂鉛印本
書名據版心、書衣題。四修本。
湖北

[新洲]張氏宗譜四卷
張子如纂修
1993年忠孝堂木活字本
湖北　山西家譜　猶他

[新洲]張氏宗譜八卷
張啓煌主編
1995 年百忍堂木活字本
書名據書衣題。二修本。
湖北

[新洲]楚黄張氏宗譜八卷首四卷
張光啓等修
1996 年敦本堂木活字本
三修本。
湖北、山西家譜　猶他

[新洲]張氏宗譜十九卷首二卷
張孝言等修
2010 年遵忍堂照排本
湖北

[新洲]劍峰張氏宗譜三十九卷首二卷
張以祥纂修
2012 年二銘堂照排本
五修本。
湖北

[新洲]張氏宗譜十卷首一卷
張有德主編
2014 年敦倫堂照排本
四修本。
湖北

[大冶]張氏宗譜八卷
張周弟等修
清光緒二十九年(1903)孝友堂木活字本
書名據書衣題，版心題“張氏續修宗譜”。
湖北

[荆州]德明公張氏族譜
張生文等修
2014 年清河堂照排本
湖北

[石首]張氏續修族譜十五卷首六卷
張思炬等纂修
民國九年(1920)世恩堂木活字本
書名據譜序、版心題，書衣題“張氏族譜”。
上海

[石首]張氏族譜
張楊銘主編
2014 年孝友堂照排本
三修本。
上海

[松滋]德明公張氏宗譜
張生文主編
2014 年照排本
湖北

[江陵]張氏祖譜
張文宇修
1987 年抄本
猶他

[夷陵]鄧村張氏宗祠譜
(清)張公泮纂修
清光緒九年(1883)孝友堂石印本
張緒曉

[夷陵]張氏族譜
張久芳修
清光緒二十五年(1899)金鑒堂刻本
張長青

[夷陵]張氏族譜不分卷
張□□纂修
民國八年(1919)百忍堂抄本
張文禄

[夷陵]張氏族譜
合族同修
民國十年(1921)木活字本
張道雲

[夷陵]張氏宗譜
合族同修
百忍堂木活字本
張澤鳳

[夷陵]張氏族譜十卷
張邦甫編修
2007年百忍堂照排本
張邦甫

[夷陵]張氏族譜
張長青主編
2007年金鑒堂照排本
張長青

[夷陵]張氏族譜
張學懷纂修
2009年照排本
陳京璽

[夷陵]張氏族譜
張學臻纂修
2010年照排本
宜昌張家畈

[夷陵]張氏宗譜
張起枝纂修
2010年百忍堂打印本
余貴福

[夷陵]茶園山張氏族譜
董國英主編
2012年照排本
司文漢

[宜都]張氏宗譜
張元杞等修
2012年影印民國五年(1916)清河堂木活字本
湖北

[枝江]枝江縣白洋張氏族譜五卷
張□□纂修
抄本
枝江顧家店鎮

[長陽]長陽椿樹坪張氏族譜
張廷坤修
1999年清河堂照排本
湖北

[老河口]四門張氏家譜
張國權主編
2012年照排本
山西家譜　猶他

[棗陽]湖北省棗陽縣太平鄉草店張氏族譜
張省卿修
1985年抄本
猶他

[鄂州]張氏宗譜十五卷首四卷
張振才編修
1995 年忠孝堂木活字本
山西家譜　猶他

[鄂城]張氏宗譜
張□□纂修
清末金鑑堂木活字本
猶他

[鄂城]張氏宗譜十卷首一卷
張宏鋭修
民國十年(1921)兩銘堂木活字本
猶他

[鄂城]張氏宗譜八卷首二卷
張入珠修
民國三十六年(1947)敦義堂木活字本
猶他

[鄂城]張氏宗譜十一卷首一卷
張經源修
民國三十六年(1947)兩銘堂木活字本
猶他

[荆門]張(朱)氏宗譜
張先鋒主編
2000 年孝友祠照排本
上海　湖北　荆門

[鍾祥]轉斗鎮張家集張氏族譜
張氏族譜編委會主編
1999 年照排本
鍾祥檔

[鍾祥]羅集官港張家畈張氏家譜
張勤等纂修
2001 年照排本
鍾祥

[鍾祥]張氏家譜牒
張松濤等纂修
據 2001 年抄本複印
鍾祥檔

[鍾祥]張李氏族譜二卷
張阻森纂修
1993 年木活字本
書名據内封題。
張勁松

[孝感]張氏宗譜六卷首二卷
徐鑒藻纂修
民國八年(1919)稿本
書名據書衣題。
人大

[孝感]澴北張氏宗譜十卷首二卷
張培壬纂修
民國十一年(1922)孝友堂木活字本
版心題“張氏宗譜”。
武漢(存卷首、卷一)　山西家譜　猶他

[孝感]張氏宗譜
張學高、張學博等主修
2005 年两銘堂鉛印本
湖北(存卷首、卷二、四)

[孝感]府澴張氏文史
張立甫修
2008 年照排本
湖北

[安陸]張氏宗譜

張俊昌主編

2005年兩銘堂照排本

編纂專班工作人員頁題“吉陽趙棚張氏宗譜”。十一修本。

湖北

[應城]張氏宗譜十卷

湖北應城四續宗譜編修委員會主編。

1996年照排本

書名據書衣題。

張光祖

[漢川]張氏族譜九卷

張顯揚修

清光緒三十一年(1905)清河堂刻本

書名據版心題。

湖北

[漢川]漢川張氏宗譜十六卷

張開桂等纂修

民國十三年(1924)篤本堂木活字本

書衣題“張氏宗譜”。

哥倫比亞　猶他

[漢川]漢川張氏宗譜九卷首一卷

張培煥、張培德、張大儒纂修

民國三十六年(1947)青雲堂木活字本

書名據内封題,版心題“張氏宗譜”。

湖北

[漢川]張氏宗譜八卷

張祚夔等纂修

1988年清河堂木活字本

書名據版心、書衣題。

上海

[漢川]張氏宗譜十六卷

張世傑等主修

1989年百忍堂鉛印本

書名據版心、書衣題。

上海　湖北

[漢川]張氏宗譜四卷首二卷

張安倫、張維華、張安波纂修

1990年兩銘堂鉛印本

書名據版心、書衣題。

湖北

[漢川]張氏宗譜九卷首一卷

張顯纓等編

1992年南軒堂鉛印本

書名據書衣題。

湖北

[漢川]張氏宗譜二十六卷

張文淵等修

1994年都會堂木活字本

書名據版心題。八修本。

湖北

[漢川]張氏家譜

張雷芳等修

2013年清河堂照排本

湖北

[孝昌]張氏族譜不分卷

張傳齋、張傳環等修

2013年照排本

山西家譜　猶他

[黄岡]張氏宗譜二卷

(清)張溥寧修

清道光八年(1828)刻本

山西家譜　猶他

[黄岡]張氏宗譜八卷
(清)張蘭發、(清)張節仲等修
清道光二十二年(1842)百忍堂木活字本
山西家譜　猶他

[黄岡]張氏宗譜
(清)張紹硨等纂修
清同治十一年(1872)敦本堂木活字本
書名據版心、書籤題。
上海(存卷一至三、五、九、十)

[黄岡]張氏宗譜十卷首五卷
(清)張振逵編修
清同治十一年(1872)敦本堂木活字本
山西家譜　猶他

[黄岡]張氏譜略十六卷首一卷末一卷
(清)張正紀、(清)張正銑等纂修
清光緒元年(1875)二銘堂木活字本
山西家譜　猶他

[黄岡]張氏宗譜七卷首一卷
(清)張啓祖修
清光緒四年(1878)兩銘堂木活字本
山西家譜　猶他

[黄岡]張氏宗譜六卷首一卷
(清)張淑霖纂修
清光緒六年(1880)金鑑堂木活字本
山西家譜　猶他

[黄岡]張氏宗譜十一卷首一卷
(清)張和桂、(清)張同文等編修
清光緒十八年(1892)木活字本
書名據内封、版心題。
上海

[黄岡]張氏宗譜六卷首一卷
(清)張英義等纂修
清光緒二十二年(1896)木活字本
書名據内封、版心題。
湖北

[黄岡]張氏支譜五卷首一卷
張亨柄、張利滋纂修
清光緒二十八年(1902)百忍堂木活字本
國家　山西家譜　猶他

[黄岡]張氏宗譜十卷首二卷
張管華纂修
清光緒三十三年(1907)百忍堂木活字本
山西家譜　猶他

[黄岡]楚黄張氏宗譜六十九卷首十一卷
张等纂修
清光緒年间(1875—1908)清河堂木活字本
版心題"張氏宗譜"。
湖北(存卷九、十三至十六、十九、二十二、二十三、二十五、二十六、二十九、三十一至四十一、四十四、四十六至四十九、五十一)

[黄岡]張氏宗譜首十一卷初一卷分房三十卷
張國保修
清宣統二年(1910)木活字本
山西家譜　猶他

[黄岡]張氏宗譜十二卷首八卷
張經邦纂修
清宣統三年(1911)孝友堂木活字本
山西家譜　猶他

[黄岡]張氏宗譜六卷首五卷
張□□纂修
民國二年(1913)遵忍堂木活字本
思綏草堂

[黄岡]張氏宗譜七卷首一卷
張啓祖、張春林等倡修
民國二年(1913)兩銘堂木活字本
山西家譜　猶他

[黄岡]張氏宗譜十七卷首三卷
張守先、張中庸等修
民國三年(1914)孝友堂木活字本
山西家譜　猶他

[黄岡]張氏宗譜三十三卷首七卷
張小南等修
民國三年(1914)孝友堂木活字本
山西家譜　猶他

[黄岡]張氏宗譜二十六卷首一卷
張沛霖修
民國四年(1915)敦倫堂木活字本
猶他

[黄岡]張氏宗譜首十卷初一卷富分四卷貴分一卷敬分十卷恭分十卷
張□□纂修
民國五年(1916)清河堂木活字本
書名據版心、書衣、内封題。
上海

[黄岡]張氏宗譜十二卷首一卷
張念鎔修
民國十年(1921)同慶堂木活字本
猶他

[黄岡]張氏宗譜十一卷首二卷
張定光等纂修
民國十年(1921)同慶堂木活字本
書名據版心、内封題。
上海　尋源姓氏

[黄岡]三溪張氏族譜十七卷首四卷
張慶雲修
民國十一年(1922)孝友堂木活字本
書衣、内封題"張氏族譜"。
山西家譜　猶他

[黄岡]張氏宗譜三卷首一卷
張□□纂修
民國十三年(1924)木活字本
國家

[黄岡]張氏宗譜二十八卷首二卷
張紹良主修
民國十四年(1925)守銘堂木活字本
書名據版心、書衣、内封題。
上海

[黄岡]張氏譜略二十二卷首三卷末一卷
張正緒等修
民國十九年(1930)兩銘堂木活字本
國家　山西家譜　猶他

[黄岡]張氏譜略二十二卷首一卷末一卷
張正郴等纂修
民國十九年(1930)兩銘堂石印本
書名據書衣、内封、版心題。三修本。
上海

[黄岡]張氏宗譜六卷首二卷
張本鐸、張國□等修
民國二十二年(1933)兩銘堂石印本
山西家譜　猶他

[黄岡]張氏宗譜八卷首一卷末一卷
張恒亮纂修
民國二十四年(1935)百忍堂木活字本
山西家譜　猶他

[黄岡]張氏宗譜十卷首二卷
張士鋆纂修
民國二十六年(1937)兩銘堂木活字本
山西家譜　猶他

[黄岡]張氏宗譜四卷首一卷
張遠美修
民國三十三年(1944)百忍堂木活字本
山西家譜　猶他

[黄岡]張氏宗譜二十四卷首二卷
張遠傳修
民國三十三年(1944)遵忍堂木活字本
國家(缺卷二)　思綏草堂　山西家譜
猶他

[黄岡]張氏家乘八卷首一卷末一卷
张貞魁等纂修
民國三十四年(1945)百忍堂木活字本
國家

[黄岡]劍峰張氏宗譜三十八卷首二卷
張丹墀纂修
民國三十四年(1945)二銘堂木活字本
三修本。目录题“張氏宗譜”。
山西家譜　猶他

[黄岡]張氏宗譜八卷
張□□纂修
民國三十四年(1945)百忍堂木活字本
山西家譜　猶他

[黄岡]張氏宗譜六卷首二卷
張豪吉、張豪璋修
民國三十五年(1946)木活字本
山西家譜(缺卷二)　猶他

[黄岡]張氏宗譜十八卷首三卷
張衍武編修
民國三十五年(1946)兩銘堂木活字本
山西家譜　猶他

[黄岡]張氏宗譜十四卷首一卷
張耀彩等纂修
民國三十五年(1946)敦本堂木活字本
書名據書衣、内封、版心題。三修本。
上海

[黄岡]張氏宗譜十三卷首四卷
張毅夫修
民國三十五年(1946)百忍堂木活字本
山西家譜(缺卷首四)　猶他

[黄岡]張氏宗譜三十三卷首七卷
張定周等纂修
民國三十五年(1946)孝友堂木活字本
書名據版心、書衣題。
上海

[黄岡]張氏宗譜二十一卷
張永興等纂修
民國三十五年(1946)木活字本
新洲畢鋪鄉

[黄岡]天流泉張氏宗譜十四卷首二卷
張致鑫、張致滋等修
民國三十五年(1946)篤親堂木活字本
山西家譜　猶他

[黃岡]張氏宗譜十三卷首四卷
張海山纂修
民國三十六年(1947)同慶堂木活字本
書名據版心、書衣、内封題。
國家　上海

[黃岡]張氏宗譜八卷首一卷
張芝軒編修
民國三十六年(1947)金鑒堂木活字本
山西家譜　猶他

[黃岡]張氏宗譜十三卷首四卷
張允中、張士俊修
民國三十六年(1947)同慶堂木活字本
山西家譜　猶他

[黃岡]張氏宗譜六十九卷首十一卷
張咸澤、張咸瑄纂修
民國三十七年(1948)清河堂木活字本
書名據版心、書衣、内封題。
國家　上海　湖北

[黃岡]張氏宗譜二十八卷首二卷
張紹良等纂修
民國三十八年(1949)守銘堂木活字本
書名據版心、書衣、内封題。
國家　上海

[黃岡]張氏宗譜十三卷首二卷
張家莖等修
1988年兩銘堂木活字本
書名據書衣題。
湖北

[黃岡]天流泉張氏宗譜十六卷首二卷
張欽周、張欽海等修
1989年篤親堂木活字本
湖北　山西家譜　猶他

[黃岡]張氏宗譜三十五卷首一卷
張成春、張成樹等理事
1989年百忍堂鉛印本
山西家譜　猶他

[黃岡]張氏宗譜六卷首一卷
張箕喜總理
1989年木活字本
山西家譜　猶他

[黃岡]張氏宗譜二十六卷首二卷
張豐松修
1990年遵忍堂木活字本
猶他

[黃岡]張氏宗譜二十六卷首三卷
張崇州等纂修
1990年遵忍堂木活字本
山西家譜　猶他

[黃岡]張氏宗譜二十六卷首二卷
張豐武修
1990年遵忍堂木活字本
山西家譜　猶他

[黃岡]張氏家譜三十四卷首一卷
張兆銘主編
1990年敦倫堂木活字本
湖北　山西家譜　猶他

[黃岡]劍峰張氏宗譜三十九卷首二卷
張文波、張春亭纂修
1992年二銘堂木活字本
書名據版心、書衣題。四修本。
湖北　山西家譜　猶他

[黄岡]張王阪張氏宗譜二十七卷首一卷
張海林等主修
1992年木活字本
書名據書籤題。版心及内封題“張氏宗譜”。六修本。
國家

[黄岡]張氏宗譜六十九卷首十一卷
張世蒙等修
1992年清河堂木活字本
書名據書衣題。
湖北(缺卷首一上)　山西家譜　猶他

[黄岡]張氏全譜三十卷
張自清主編
1992年追遠堂木活字本
書名據書衣題。續修本。
湖北　山西家譜　猶他

[黄岡]張氏宗譜十七卷首三卷
張三珍修
1993年金鑑堂木活字本
書衣題“黄岡張氏宗譜”。
湖北　山西家譜　猶他

[黄岡]張氏宗譜十卷首一卷
張俊森等修
1993年孝德堂木活字本
山西家譜　猶他

[黄岡]張氏宗譜十一卷首一卷
张家祥等修
1995年两铭堂木活字本
湖北

[黄岡]張氏宗譜八十卷首十卷
張鑫明總編纂
2009年清河堂照排本
六修本。
湖北

[黄岡]天流泉張氏宗譜三卷
張欽益等修
2012年照排本
山西家譜　猶他

[黄岡]鄂黄張氏宗譜三卷
張先信、張士禄等編修
2013年四星堂照排本
書名據版心、書衣題。七修本。
湖北　山西家譜　猶他

[麻城]張氏宗譜
(清)張□□纂修
清同治五年(1866)孝友堂木活字本
山西家譜(存卷首一、卷一至十)　猶他

[麻城]張氏宗譜十五卷卷首二卷
(清)張□□纂修
清同治五年(1866)孝友堂刻本
國家

[麻城]張氏宗譜重修九卷首二卷
(清)張景泰、(清)張忠南等修
清光緒十七年(1891)孝友堂木活字本
國家　山西家譜　猶他

[麻城]張氏宗譜八卷
(清)張國和修
清光緒十七年(1891)木活字本
山西家譜　猶他

[麻城]張氏宗譜十卷首二卷
張文昱、張興邦修
清光緒三十一年(1905)孝友堂木活字本
山西家譜　猶他

[麻城]張氏宗譜十卷首二卷
張鶴臣纂修
民國二年(1913)金鑒堂木活字本
山西家譜　猶他

[麻城]張氏宗譜十卷首三卷
張椿庭、張伯彰等修
民國二年(1913)金監堂木活字本
山西家譜　猶他

[麻城]張氏族譜十二卷
張德瓊、張德寬等修
民國二年(1913)二銘堂木活字本
山西家譜　猶他

[麻城]張氏宗譜三十六卷
張□□纂修
民國五年(1916)木活字本
國家

[麻城]張氏宗譜八卷首上下
張澤牆修
民國七年(1918)百忍堂木活字本
國家　山西家譜　猶他

[麻城]張氏宗譜三修十三卷首三卷
張□□纂修
民國十九年(1930)孝友堂木活字本
國家

[麻城]張氏宗譜三修十三卷首二卷
張厚純、張傳甲編修
民國十九年(1930)孝友堂木活字本
山西家譜　猶他

[麻城]張氏宗譜八卷
張天香等編修
民國二十一年(1932)木活字本
山西家譜　猶他

[麻城]張氏宗譜四卷首一卷
張安禮修
民國二十六年(1937)百忍堂木活字本
山西家譜　猶他

[麻城]張氏四修宗譜二十一卷首三卷
張鳳鳴纂修
民國三十年(1941)孝友堂木活字本
書名據版心、譜序題,書衣題“張氏宗譜”。
上海

[麻城]張氏宗譜十五卷
張懋修
民國三十二年(1943)金鑒堂木活字本
山西家譜　猶他

[麻城]張氏宗譜二十三卷首三卷
張禄華承修
民國三十三年(1944)百忍堂木活字本
山西家譜(缺卷首三、卷八、九、十、十二、十六)　猶他

[麻城]張氏宗譜二十二卷首一卷
張德林纂修
民國三十三年(1944)孝友堂木活字本
山西家譜　猶他

[麻城]張氏宗譜十三卷首三卷
張玉冰等纂修
民國三十三年(1944)孝龍堂木活字本
山西家譜　猶他

[麻城]張氏宗譜六卷首三卷
張家敏等修
民國三十五年(1946)兩銘堂木活字本
書名據書衣題,版心題"張氏族譜"。
湖北

[麻城]張氏宗譜十二卷首二卷
張□□纂修
民國三十五年(1946)敦本堂木活字
國家

[麻城]張氏創修族譜十四卷首一卷末一卷
張家駒纂修
民國三十六年(1946)兩銘堂木活字本
書名據目録題,版心、書衣、内封題"張氏宗譜"。
國家　上海　山西家譜　猶他

[麻城]張氏宗譜七卷
張聲譽、張華亭等纂修
民國三十六年(1947)百忍堂木活字本
山西家譜　猶他

[麻城]張氏宗譜二十六卷首二卷
張豐松修
1990年遵忍堂木活字本
猶他

[麻城]張氏宗譜十三卷首一卷
張能安總編
1991年百忍堂木活字本
山西家譜　猶他

[麻城]張氏宗譜十六卷首一卷
張紹明等修
1993年百忍堂木活字本
山西家譜　猶他

[麻城]張氏宗譜六卷首一卷末一卷
張萬松總編
1996年百忍堂木活字本
書籤題"張氏家乘"。
湖北　山西家譜　猶他

[武穴]張氏宗譜十六卷首一卷
張世順等纂修
清光緒三十四年(1908)孝友堂木活字本
書名據書衣、版心題。
上海(存卷首、卷一至五、七至十二、十四至十六)

[武穴]張氏宗譜十八卷首一卷
張銘西等纂修
民國二十一年(1932)孝友堂木活字本
書名據書衣、内封、版心題。
上海(存卷首、卷一至七、九至十八)

[武穴]刋水張氏宗譜五十五卷首一卷
張□□纂修
民國三十三年(1944)椎孝堂木活字本
武穴檔(缺卷首)

[武穴]張氏宗譜十八卷首二卷
張其勝纂修
民國三十六年(1947)敦本堂木活字本
山西家譜　猶他

[紅安]張氏宗譜
張□□纂修
民國五年(1916)清河堂木活字本
山西家譜　猶他

[紅安]張氏宗譜六卷首二卷
張□□纂修
民國三十五年(1946)木活字本
國家

[紅安]張氏族譜十一卷首三卷
張開源修
民國三十六年(1947)木活字本
山西家譜　猶他

[羅田]張氏宗譜三卷首一卷
張鳳毛修
清同治元年(1862)百忍堂木活字本
山西家譜(缺卷二)　猶他

[羅田]義水張氏宗譜三卷首一卷
(清)張□□纂修
清光緒十八年(1892)百忍堂木活字本
國家

[羅田]張氏宗譜二十五卷首三卷
張啓海、張澄宇等修
民國十二年(1923)敦本堂木活字本
書籤題"張氏族譜"。
山西家譜　猶他

[羅田]張氏宗譜十八卷首五卷
張四時等編修
民國十六年(1927)清河堂木活字本
國家

[羅田]張氏宗譜五十七卷首二卷
張春舫、張星甫修
民國十八年(1929)孝思堂木活字本
國家(存卷首二卷、卷三十八、三十九、四十一、四十三至五十六)　山西家譜　猶他

[羅田]張氏宗譜二十五卷首三卷
張家書編修
民國二十年(1931)敦本堂木活字本
山西家譜(缺卷二十五)　猶他

[羅田]張氏宗譜八卷
張□□纂修
民國二十六年(1937)孝友堂木活字本
山西家譜　猶他

[羅田]張氏宗譜十二卷首一卷
張仲翔、張曉山編纂
民國二十七年(1938)孝友堂木活字本
國家　山西家譜　猶他

[羅田]羅田張氏宗譜簡編
張宜坎修
1964 年寫本
猶他

[英山]張氏宗譜十三卷首五卷
張嘯山纂修
民國三十年(1941)清河堂木活字本
猶他

[浠水]張氏宗譜六十八卷
张炬齋纂修
民國十九年(1930)金鑑堂木活字本
國家

[浠水]張氏宗譜八卷首六卷
張伯衡修
民國二十四年(1935)兩銘堂木活字本
書衣題"鄂浠張氏宗譜"。
國家(缺卷一)　山西家譜　猶他

[浠水]張氏宗譜
張□□纂修
民國三十年(1941)百忍堂木活字本
山西家譜　猶他

[浠水]浠水縣月山張氏重修宗譜二十四卷
張純吉纂修
民國三十年(1941)百忍堂木活字本
國家

[浠水]張氏宗譜三十五卷
張選三等纂修
民國三十五年(1946)木活字本
國家

[浠水]張氏大成宗譜(烏金石窯支)二十三卷首三卷末一卷
張憶南等編修
1991年六合堂木活字本
書名據書衣題。續修本。
湖北

[浠水]張氏大成宗譜(張嶺支)六卷首四卷
張憶南等編修
1991年六合堂木活字本
書名據書衣題。續修本。
湖北

[浠水]張氏宗譜十八卷
張興福編修
1993年清河堂鉛印本
書名據版心、書衣題。三修本。
湖北

[浠水]張氏大成宗譜
張雙印等修
2013年六合堂照排本
五修本。
湖北

[蘄春]張氏宗譜十三卷首一卷
張鴻秀、張鴻翰等修
清光緒十八年(1892)商霖堂木活字本
山西家譜　猶他

[蘄春]張氏宗譜
張開寶纂修
民國八年(1919)商霖堂木活字本
山西家譜　猶他

[蘄春]張氏宗譜四卷首一卷
張雲帆修
民國十六年(1927)孝友堂木活字本
山西家譜　猶他

[蘄春]張氏宗譜
張□□纂修
民國二十五年(1936)木活字本
國家(存卷一)

[蘄春]張氏宗譜二十三卷首一卷
張慶餘、張士英等纂修
民國二十五年(1936)百忍堂木活字本
山西家譜　猶他

[蘄春]張氏四修宗譜十八卷首三卷
張繼華修
民國三十五年(1946)孝友堂木活字本
山西家譜　猶他

[蘄春]張氏家史三十三卷
張□□纂修
1989年百忍堂木活字本
山西家譜　猶他

[蘄春]張氏大成宗譜五十三卷首三卷
張家忠、張開風等編修
1991年六合堂木活字本
書名據書衣題。
湖北

[蘄春]策山張氏宗譜六編五十六卷
張煌、張烈修
1992年油印本
山西家譜(缺卷二十一、二十三、二十四、二十七、三十八、四十三、五十、五十四、五十五、五十六)　猶他

[蘄春]張氏宗譜八卷首六卷
張治國等主編
1993年兩銘堂油印本
書衣題"鄂浠張氏宗譜"。
山西家譜　猶他

[蘄春]張氏宗譜十卷首一卷
張俊森主任
1993年孝德堂木活字本
山西家譜　猶他

[黄梅]張胡民籍宗譜
張□□纂修
民國十八年(1929)清安堂木活字本
猶他

[黄梅]張氏民籍宗譜十七卷首一卷
張□□纂修
民國十八(1929)清安堂木活字本
書籤題"張胡宗譜"。
山西家譜(缺卷一、八)　猶他

[英山]張氏宗譜十卷
張載桂等修
民國二十六年(1937)金鑑堂木活字本
山西家譜　猶他

[英山]張氏宗譜十三卷首一卷又首四卷
張嘯山總編
民國三十年(1941)清河堂木活字本
國家　山西家譜　猶他

[赤壁]張氏家乘十二卷
張茂葦纂修
清光緒二十一年(1895)青陽堂木活字本
書名據内封題,版心、書衣題"張氏宗譜"。
北大

[赤壁洪山]張氏宗譜
張經樵等修
2012年百忍堂照排本
湖北

[通山]張氏宗譜四十五卷
張重體纂修
1988年桐木坑油印本
書名據版心、書衣題。
通山楠林鎮

[通山]張氏宗譜二十八卷
張氏孝友堂羅坳譜局纂修
1988年孝友堂油印本
書名據版心、書衣題。八修本。
張炳才

[通山]張氏家譜十卷
張氏孝友堂纂修
1989年孝友堂油印本
書名據書衣題,版心題"紫鹿張氏家譜"。
張志中

[崇陽]張氏宗譜不分卷
張德存主修
民國三十五年(1946)木活字本
崇陽義元村

[崇陽]張氏宗譜
張龍海等修
2011年清河堂照排本
湖北

[通城]張氏宗譜三十一卷首一卷
張金陵主編
2011年清河堂照排本
十一修本。
湖北

[仙桃]楚北百忍堂張氏支譜不分卷
張國詳纂修
民國六年(1917)百忍堂石印本
書名據書衣題。
紹興

[仙桃]張氏族譜三卷首一卷
張鎮勲纂修
民國六年(1917)清河堂木活字本
書名據書衣題。
湖北

[仙桃]張氏宗譜十四卷
張昌灼纂修
民國三十七年(1948)都會堂木活字本
書名據版心、書衣題。七修本。
湖北(缺卷二、十)

[仙桃]張氏族譜
張培春等修
1994年百忍堂木活字本
書名據書衣題。
湖北

[仙桃]張氏宗譜
張永榮修
2008年清河堂照排本
六修本。
湖北

[仙桃]張氏家譜
張達寬主編
2011年清河堂照排本
湖北

[天門]張氏宗譜
張之江主修
1989年清河堂鉛印本
書名據書衣題。
湖北(存卷一至五)

[潛江]張氏族譜三卷
張培春、張金元等修
1994年百忍堂鉛印本
書名據書衣題。
湖北

[恩施]張氏重修族譜不分卷
(清)張廣生修
清同治五年(1866)刻本
書名據版心題。
湖北(存二卷)

[利川]張氏宗譜利川支譜
張偉夫主編
2012年清河堂照排本
湖北

[來鳳]土堡張氏族譜一卷
(清)張思緒纂修
清嘉慶二十一年(1816)抄本
來鳳方志

[來鳳]城南張氏支譜一卷
(清)張翎纂修
清咸豐三年(1853)刻本
來鳳方志

[來鳳]土堡張氏族譜四卷
張瑛卿、張有播纂修
清光緒二十六年(1900)刻本
來鳳方志

趙

[鄂皖]趙氏宗譜二卷
趙英雄等修
2008 年半部堂照排本
湖北

[武昌]趙氏宗譜不分卷
趙開方纂修
清光緒三十二年(1906)稿本
書名據版心題。
武漢(存首册)　猶他

[新洲]趙氏宗譜三卷
趙宗煜纂修
民國三十七年(1948)墨譜抄本
新洲舊街村

[陽新]趙氏宗譜四卷首一卷
趙世先等修
民國三十年(1941)敦本堂木活字本
山西家譜　猶他

[房縣]趙氏家譜五編
趙廣才主編
2011 年照排本
山西家譜　猶他

[松滋]趙氏宗譜五修十五卷
趙□□纂修
民國五年(1916)琴鶴堂木活字本
山西家譜　猶他

[松滋]趙氏宗譜六修十六卷首一卷
張□□纂修
民國三十六年(1947)琴鶴堂木活字本
山西家譜　猶他

[松滋]趙氏族譜三卷附一卷
趙業培主編
2012 年天水堂照排本
三修本。
湖北

[松滋]趙氏文存
趙業培輯
2013 年天水堂照排本
湖北

[松滋]松滋趙氏
趙業培著
2013 年照排本
湖北

[監利]趙氏族譜四卷首一卷
(清)趙才偉、(清)趙學先纂修
清道光六年(1826)天水堂木活字本
書名據版心題。
上海

[監利]趙氏族譜
趙樹硯主修
1988年琴鶴堂木活字本
書名據版心、書衣題。
湖北(存卷首、卷一、二)

[江陵]趙氏族譜七卷首一卷
趙崇漢修
民國十九年(1930)親睦堂木活字本
山西家譜　猶他

[江陵]趙氏宗譜
趙華中修
2013年據民國(1912—1949)初年木活字本複印
三修本。
湖北

[江陵]江陵縣馬家寨鄉金陵趙氏四修宗譜
趙華中主編
2014年照排本
四修本。
湖北

[夷陵]趙氏族譜
趙□□纂修
民國三年(1914)琴鶴堂木活字本
趙其品

[夷陵]趙氏族譜
趙其品等續修
2000年琴鶴堂照排本
趙其品

[夷陵]趙氏族譜
趙萬金、趙平等編修
2012年天水堂照排本
趙平

[夷陵]趙氏族譜
合族同修
天水堂本
趙長青

[長陽]湖北長陽趙氏宗譜
趙宗榮主修
2013年半部堂照排本
趙宗榮

[棗陽]中原大樹趙趙氏家譜二卷
趙金鐸、趙光德等編修
2009年照排本
湖北

[棗陽]中原大樹趙趙氏家譜(第三卷)
趙鳳選、趙金鐸主編
2009年照排本
湖北

[棗陽]中原大樹趙趙氏家譜(第四卷)
趙正鵬、趙鳳選、趙金鐸主編
2011年照排本
湖北

[鄂州]湖北鄂州趙伯機系趙氏宗譜九卷
趙德明等修
2012年半部堂照排本
七修本。
湖北

[鄂城]趙氏宗譜二十八卷首一卷
趙錫玉、趙和煜修
1993年琴鶴堂鉛印本
山西家譜　猶他

[應城]趙氏宗譜四卷
趙林元主修
1994年天水堂鉛印本
書名據版心、書衣題。三修本。
湖北(存卷一、二)

[漢川]趙氏宗譜九卷首一卷
趙開炎主編
2003年琴鶴堂照排本
二修本。
湖北

[麻城]趙氏宗譜六卷首一卷
趙□□纂修
民國七年(1918)連城堂木活字本
山西家譜　猶他

[麻城]趙氏宗譜八卷
趙永鑒、趙采鑾等修
民國十年(1921)全善堂木活字本
山西家譜　猶他

[麻城]趙氏宗譜二十六卷
趙伯喬纂輯
民國三十四年(1945)琴鶴堂木活字本
國家(缺卷四、八、十二、十四)

[麻城]趙氏東分支譜二十二卷首一卷
趙炳松、趙炳述修
民國三十五年(1946)遺獻堂木活字本
山西家譜　猶他

[麻城]趙氏宗譜
趙□□纂修
據1991年連城堂木活字本複印
麻城方志

[麻城]趙氏宗譜三十五卷
趙炳智編修
1992年琴鶴堂木活字本
書名據版心、書衣題,目録、序言題"趙氏四修宗譜"。
湖北(缺卷三十)

[麻城]趙氏宗譜三十一卷首一卷
趙□□纂修
1992年琴鶴堂木活字本
山西家譜　猶他

[紅安]趙氏宗譜六卷首二卷
趙光先纂修
民國七年(1918)連城堂木活字本
書名據版心、内封題。
國家　上海

[羅田]趙氏宗譜四卷首一卷
(清)趙銓鍔、(清)趙桂香等修
清同治二年(1863)琴鶴堂木活字本
山西家譜　猶他

[羅田]趙氏宗譜二十二卷首二卷
(清)趙昌炤、(清)趙光連等修
清光緒二十三年(1897)連城堂木活字本
山西家譜　猶他

[羅田]趙氏宗譜二十八卷首三卷
趙前師修
民國三十一年(1942)連城堂木活字本
山西家譜　猶他

[蘄春]趙氏宗譜六卷首二卷
趙濬文主修
民國十六年(1927)敦本堂木活字本
山西家譜　猶他

[通城]趙氏宗譜
趙世都主編
1997年天水堂鉛印本
書名據版心題。八修本。
湖北(存卷一、二)

[鶴峰紅岩]趙氏族譜
趙家榮等修
2013年照排本
湖北

鎮

[咸寧]鎮氏宗譜三十八卷
鎮萬善編修
2013年銘鼎堂照排本
八修本。
湖北(存卷一、二、三十一、三十三、三十五、三十七)

鄭

[湖北]鄭氏宗譜
(清)鄭□□纂修
清光緒七年(1881)忠孝堂木活字本
山西家譜(存卷七)　猶他

[湖北]鄭氏宗譜十八卷首一卷
鄭明宇、鄭世高等纂修
民國五年(1916)光裕堂木活字本
國家

[湖北]鄭史全書九卷
鄭弼波等纂修
1987年鉛印本
書名據書衣、書衣、目録題。五修本。
世界鄭氏聯誼中心

[新洲]鄭氏宗譜二十六卷
鄧由三、鄭南山纂修
民國三十二年(1943)木活字本
新洲鄭樓村

[新洲]鄭氏宗譜五卷
鄭貞武等修
1996年書帶堂鉛印本
湖北

[沙市]沙市鄭氏族譜不分卷
鄭世炷纂修
民國十一年(1922)三秀堂石印本
版心題"鄭氏族譜"。三修本。
人大　江西

[石首]鄭氏世譜二十二卷
鄭啓揚纂修
民國五年(1916)木活字本
書名據版心、内封、目録題。書衣題"鄭氏族譜"。
上海

[石首]鄭氏族譜五卷
鄭啓宏修
2004年照排本
猶他

[監利]滎陽郡宏倚關鄭氏家乘
鄭昌典等主修
1993年鉛印本
書名據書衣、内封題，版心題"鄭氏宗譜"，目録、譜序題"湘湄滎陽宏倚關家乘"。
世界鄭氏聯誼中心

[夷陵]鄭氏支譜
鄭家海纂修
民國三十八年(1949)滎陽堂抄本
書名據書衣題。
歐陽運森　歐陽遠泰

[秭歸]鄭氏家譜世系録一卷
鄭昌思纂修
民國四年(1915)鉛印本
書名據版心題。
吉大　秭歸龍口村

[長陽]鄭氏族譜
鄭年海主編
2014年照排本
湖北

[黄岡]鄭氏思源宗譜十八卷首四卷
鄭聞登編修
民國二年(1913)帶草堂木活字本
版心、内封題"鄭氏宗譜"，書衣題"黄岡鄭氏思源宗譜"。四修本。
上海　湖北(缺首四、卷二、三、七)　尋源姓氏

[黄岡]鄭氏宗譜九卷首一卷
鄭宏山纂修
民國四年(1915)忠孝堂木活字本
山西家譜　猶他

[黄岡]旌門鄭氏宗譜二十六卷首一卷末一卷
鄭□□纂修
民國三十二年(1943)詩禮堂木活字本
山西家譜　猶他

[黄岡]黄岡鄭氏思源宗譜十八卷首一卷
鄭德譜纂修
民國三十三年(1944)帶草堂木活字本
書名據書衣題，版心題"鄭氏宗譜"。
上海　尋源姓氏

[黄岡]黄岡鄭氏思源宗譜
鄭稻夫修
民國三十三年(1944)帶草堂木活字本
山西家譜　猶他

[黄岡]鄭氏宗譜十八卷首五卷
鄭紹國編修
1993年帶草堂木活字本
書衣題"黄岡鄭氏思源宗譜"。六修本。
湖北　山西家譜　猶他

[黄岡]鄭氏宗譜十卷首五卷
鄭德愛等修
1997年忠孝堂油印本
山西家譜(缺卷八)　猶他

[黄州]鄭氏族譜二十四卷首一卷
鄭道江等纂修
民國十八年(1929)敦本堂木活字本
書名據書衣題，卷端題"鄭陳合譜全卷"。
湖北博(存卷首、卷一、十至十四)

[麻城]鄭氏宗譜五卷首一卷
(清)鄭□□纂修
清嘉慶二十三年(1818)刻本
思綏草堂

[麻城]鄭氏宗譜三十卷首二卷
鄭輝漢等修
清光緒二十年(1894)通德堂木活字本
山西家譜　猶他

[麻城]鄭氏宗譜二十二卷首三卷
鄭□□修
民國六年(1917)帶草堂木活字本
思綏草堂

[麻城]鄭氏宗譜二十八卷首四卷
鄭啓泰總纂
民國十一年(1922)通德堂木活字本
國家(缺卷首二、三、八至十、十九)　山西家譜　猶他

[麻城]麻邑鄭氏宗譜十一卷首一卷
鄭芳甫等纂修
民國二十二年(1933)木活字本
山西家譜　猶他

[麻城]鄭氏宗譜二十八卷首四卷
鄭與秀修
1987年通德堂油印本
山西家譜　猶他

[麻城]鄭氏宗譜五卷
鄭義臣修
1996年書帶堂木活字本
猶他

[麻城]鄭氏宗譜
鄭□□纂修
2004年書帶堂照排本
麻城方志

[羅田]鄭氏族譜十卷首一卷
(清)鄭□□纂修
清道光六年(1826)刻本
國家(缺卷首、卷一、四下)

[羅田]鄭氏宗譜
(清)鄭□□纂修
清光緒十五年(1889)書帶堂木活字本
山西家譜(缺卷首、卷四、六、九、十、十二至十四、十六、十八、二十)　猶他

[羅田]鄭氏宗譜十三卷首四卷
鄭振潤、鄭偉臣編修
民國二十年(1931)忠孝堂木活字本
山西家譜　猶他

[羅田]鄭氏宗譜二十卷首五卷
鄭宗澍、鄭開甲等修
民國三十三年(1944)書帶堂木活字本
山西家譜　猶他(缺卷首下)

[羅田]鄭氏家譜二十一卷首四卷
鄭□□纂修
1994年書帶堂木活字本
山西家譜(缺卷首、卷二至四)　猶他

[蘄春]鄭氏宗譜
鄭□□纂修
民國六年(1917)書帶堂木活字
國家

[蘄春]鄭氏宗譜
鄭洪文纂修
民國十九年(1930)忠孝堂木活字本
山西家譜(存卷首一、二、四,世系一至三、世傳一、二、四、六、八至十、十三)　猶他

[蘄春]鄭氏宗譜十三卷首五卷
鄭洪文纂修
民國二十年(1931)忠孝堂木活字本
國家(缺卷首三、卷五、七)

[蘄春]鄭氏宗譜二十八卷首二卷
鄭自西等編修
民國三十二年(1943)木活字本
國家

[蘄春]鄭氏宗譜二十八卷
鄭序初纂修
1991 年忠孝堂鉛印本
山西家譜　猶他

[蘄春]鄭氏宗譜十六卷
鄭世明主修
1992 年光裕堂木活字本
山西家譜　猶他

[英山]鄭氏宗譜五卷
鄭道樹纂修
民國三十年(1941)序敬睦堂木活字本
山西家譜　猶他

[通山]通山鄭氏家譜八卷首一卷附録一卷
鄭家清編纂
民國十年(1921)翼經堂木活字本
書名據版心、書籤、内封題。七修本。
科學　歷史所　遼寧　武漢　山西家譜　猶他

[通山]鄭氏宗譜四卷首一卷
鄭葆康纂修
民國三十二年(1943)通德堂木活字本
山西家譜　猶他

[潛江]大房臺莊鄭氏族譜
潛江鄭氏研究组纂修
2000 年鉛印本
書名據内容題,書衣、内封題"天下鄭氏出滎陽"。
世界鄭氏聯誼中心

鍾　鐘

[新洲]鍾氏宗譜十五卷首一卷
鐘炎林、鐘仁亭纂修
民國三十五年(1946)木活字本
新洲鍾揚村

[新洲]新洲鐘氏五修宗譜十八卷
鐘方德等修
1989 年潁川堂木活字本
書衣題"新洲鐘氏五修宗譜"。五修本。
湖北

[新洲]鐘氏宗譜十四卷
鐘宏城編修
1990 年孝友堂木活字本
書名據版心、書衣題。四修本。
湖北(缺卷三、四)

[荆門]漳河地區鍾氏家譜
鍾德金等纂修
2000 年照排本
書名據内封、書衣題。
荆門

[荆門]鐘氏宗譜荆門市鳴哲公系屬
鐘□□纂修
2002 年照排本
六修本。
湖北

[荆門]荆門市鳴哲公系属鍾氏宗譜
鍾儒實等修
2002 年照排本
上海

[黄岡]鐘氏重修族譜四卷
(清)鐘彩麟、(清)鐘九恩等修
清同治元年(1862)敦倫堂木活字本
山西家譜　猶他

[黄岡]鐘氏宗譜四卷首二卷
(清)鐘朗春修
清光緒十七年(1891)敦倫堂木活字本
山西家譜　猶他

[黄岡]鐘氏宗譜十卷首上下
鐘静臣編修
清宣統元年(1909)知音堂木活字本
山西家譜　猶他

[黄岡]鐘氏宗譜十一卷首上下
鐘□□纂修
民國二十二年(1933)知音堂木活字本
國家　山西家譜　猶他

[黄岡]鐘氏宗譜十卷
鐘明良、鐘明珠等纂修
民國三十一年(1942)孝友堂木活字本
山西家譜(缺卷四)　猶他

[黄岡]黄岡鐘氏四修宗譜九卷
鐘鼎、鐘芸町等纂修
民國三十五年(1946)潁川堂木活字本
國家　山西家譜　猶他

[黄岡]鍾氏宗譜十二卷
鍾宏城編修
1990 年孝友堂木活字本
湖北(缺卷三、四)

[黄岡]鍾氏宗譜十三卷
鍾芳钰、鍾端池等纂修
1996 年培源堂鉛印本
書名據版心題。八修本。
锺行焱

[麻城]鐘氏族譜
鐘□□纂修
2001 年據 1951 年木活字本複印
麻城方志

[浠水]鄂郗鍾氏宗譜
鍾□□纂修
民國三十六年(1947)木活字本
浠水博(存卷十三)

[浠水]鐘氏六修宗譜十三卷又二十卷首一卷
鐘聯實等修
民國三十六年(1947)善書堂木活字本
山西家譜　猶他

[浠水]鐘氏宗譜五卷
鐘文鼎總編
1993 年鉛印本
山西家譜　猶他

[崇陽]鍾氏家譜
鍾定鎮、鍾希楨纂修
民國三十七年(1948)潁川堂木活字本
崇陽下源村

仲

[麻城]仲氏宗譜
仲□□纂修
1993 年敦厚堂複印本
麻城方志

[紅安]仲氏宗譜四卷
仲□□纂修
清光緒三十一年(1905)木活字本
山西家譜　猶他

[紅安]仲氏宗譜七卷首一卷
仲克禮總編
1993 年敦厚堂木活字本
山西家譜　猶他

周

[湖北]周氏宗譜十二卷
(清)周先敬等纂修
清光緒二十年(1894)敘倫堂刻本
河北大

[湖北]周氏宗譜
周□□纂修
民國間(1912—1949)愛蓮堂木活字本
國家(存卷一、二、四、五、七)

[湖北]湖北仁陵普濟周家坊、恩施紅土周家村周氏宗譜一卷
周萬俊纂修
1997 年鉛印本
書名據内封題。書衣題“周氏宗譜”。
上海

[湖北]荆楚周氏宗譜
周孝智纂修
2009 年汝南堂照排本
湖北

[湖北]荆楚周氏宗譜
周承旺主編
2010 年汝南堂照排本
湖北

[武漢]周氏宗譜
周柏軒編修
清光緒三十四年(1908)愛蓮堂木活字本
國家(存卷首、二至五)

[武漢]周氏家史八卷首四卷
周朝義、周開泰等編修
1988 年用里堂鉛印本
書名據版心、書衣題。四修本。
湖北　猶他

[武漢]周氏宗譜二十四卷
周友仁、周有湖編修
1997 年愛蓮堂照排本
山西家譜　猶他

[武漢]周氏宗譜二十四卷
周有湖修
1997 年木活字本
猶他

[武漢]周氏宗譜十五卷
周肇華纂修
2001 年愛蓮堂木活字本
湖北　猶他

[武漢]周氏宗譜六卷
周本初、周静波主編。
2001 年照排本
六修本。
上海(存卷一)

[武漢]周氏族譜
周□□纂修
2011 年愛蓮堂照排本
山西家譜(存卷二至九、十一、十二)　猶他

[武昌]周氏宗譜十二卷
(清)周以純修
清同治十三年(1874)世德堂木活字本
猶他

[武昌]厚洲周氏宗譜四卷
(清)周兆熊纂修
清光緒十三年(1887)承恩堂木活字本
歷史所　猶他

[武昌]厚洲周氏宗譜四卷
(清)周時財修
清光緒十三年(1887)承恩堂活字本
山西家譜　猶他、歷史所

[武昌]周氏宗譜五卷首二卷
周本生修
1994 年愛蓮堂本
猶他

[漢陽]周大衛家譜表
周大衛修
1981 年抄本
猶他

[漢陽]周氏宗譜九卷
周明月纂修
2000 年愛蓮堂照排本
八修本。
湖北　猶他

[蔡甸]周氏宗譜二十四卷附首一卷
周良凱、周有湖、周良惠等編修
1997 年愛蓮堂照排本
四修本。
湖北

[江夏]周氏宗譜五卷首二卷
周本淮總編
1994 年愛蓮堂木活字本
書名據書衣題。六修本。
湖北

[江夏]周氏宗譜五卷首二卷
周肇華纂修
2001 年愛蓮堂木活字本
書名據書衣題。
湖北

[黄陂]黄陂周氏宗譜十卷
周光朝等纂修
民國十二年(1923)教稼堂木活字本
書名據版心題。書衣、書籤題“黄陂周氏宗譜”。
國家　湖北　山西家譜　猶他

[黄陂]楚黄周氏宗譜十七卷首三卷
周定澈、周定修等纂修
民國二十一年(1932)愛蓮堂木活字本
山西家譜　猶他(缺卷十一)

[黄陂]周氏宗譜
周祖焕主編
1996 年照排本
山西家譜　猶他

[黄陂]周氏宗譜
周允維主編
2013 年崇德堂照排本
湖北

[新洲]周氏宗譜六卷首二卷
周以時、周善甫纂修
民國三年(1914)木活字本
新洲細方村

[新洲]周氏宗譜六卷首二卷
周用賓纂修
1991 年達孝堂木活字本
書名據版心、書衣題。
湖北

[新洲]楚黄周氏宗譜十七卷首三卷
周定澈等編修
1993 年愛蓮堂木活字本
書名據書衣題,版心題"周氏宗譜"。
山西家譜　猶他

[大冶]周氏重修宗譜十三卷
(清)周大裕等纂修
清光緒六年(1880)佑啓堂木活字本
書名據版心題。書籤題"周氏宗譜"。
上海(存卷一至二、四至十三)

[大冶]周氏續修宗譜十四卷
周大錞主修
清宣統二年(1910)佑啓堂木活字本
書名據版心題。書籤題"周氏宗譜"。
上海(存卷一至二、五至九、十二至十四)

[大冶]周氏續修宗譜
周輔宸修
清宣統三年(1911)敦本堂本
國家　猶他

[大冶]大冶西陽周氏宗譜
周□□纂修
清木活字本
書名據版心題。
上海(存卷八)

[大冶]大冶西陽周氏宗譜十六卷首一卷
周□□纂修
民國二十六年(1937)愛蓮堂木活字本
書名據版心、目録題。書籤題"周氏宗譜"。
上海(存卷一至二、六至九)

[大冶]周氏宗譜十六卷
周玉樹纂修
民國三十五年(1946)佑啓堂木活字本
書名據版心題。
上海

[大冶]周氏大成宗譜
周雲華纂修
1994 年愛蓮堂木活字本
山西家譜(存卷首一、二)　猶他

[荆州]荆楚周氏宗譜五卷
周用洪主編
2008 年愛蓮堂照排本
山西家譜　猶他

[松滋]周氏宗譜
周昌德修
民國三十五年(1946)愛蓮堂木活字本
松滋上九柏木洲

[松滋]周氏族譜七十一卷
周遠鑫、周遠大主編
1995 年鉛印本
書名據書衣題。五修本。
湖北

[監利]周氏族譜十卷首四卷
周昌文、周仁粹、周家珍纂修
民國二十六年(1937)木活字本
書名據版心、內封、書衣題。七修本。
湖北

[宜昌]周氏族譜六卷
周康運修
清光緒十九年(1893)愛蓮堂木活字本
山西家譜　猶他

[夷陵]周氏族譜
周正綱等纂修
民國七年(1918)汝南堂木活字本
周宗柏

[夷陵]周氏族譜
周□□纂修
民國間(1912—1949)木活字本
周功華

[夷陵]周氏族譜
周□□纂修
民國間(1912—1949)木活字本
周福全

[夷陵]周氏族譜
周□□纂修
2013 年汝南堂照排本
李澤民

[宜都]湖北宜都宏覺寺(宏廟子)周氏家譜
周昌聖編修
2012 年照排本
三修本。
湖北

[南漳]周灣周氏家族家派系統表
周□□纂修
據抄本複印
襄陽圖

[保康]周氏宗源碑宗譜圖
保康周氏族譜續編會纂修
1998 年愛蓮堂鉛印本暨複印本
保康

[鄂州]周氏宗譜
(清)周上浣等主修
清同治十年(1871)竹桂堂木活字本
書名據版心、內封題。二修本。
鄂州博

[孝感]周氏宗譜不分卷
周氏续譜理事会編
1999 年爱莲堂鉛印本
書名據版心、書衣題。
湖北(存五十三卷)

[黄岡]周氏宗譜十二卷
(清)周可禮等纂修
清同治十三年(1874)世德堂刻本
書名據版心、書衣、目録題。
湖北 武漢 山西家譜 猶他

[黄岡]周氏宗譜
(清)周中理等修
清同治十三年(1874)世德堂刻本
書名據版心題。
武漢

[黄岡]周氏族譜一百零一卷首十五卷末一卷
(清)周子純等纂修
清光緒八年(1882)敦睦堂木活字本
書名據版心、内封題。
國家

[黄岡]周岐族譜十卷
(清)周兆堂等纂修
清光緒十一年(1885)木活字本
書名據版心題,書籤、内封題"周岐家譜"。六修本。
思綏草堂 尋源姓氏 山西家譜 猶他

[黄岡]楚黄周氏族譜二十五卷首六卷
周采纂修
清光緒三十年(1904)敦本堂刻本
書名據書衣題,版心題"周氏族譜"。五修本。
遼寧

[黄岡]周氏宗譜
周登煜等纂修
清光緒三十一年(1905)愛蓮堂刻本。
黄岡檔(存卷首、卷八、十)

[黄岡]周氏宗譜七卷首一卷末一卷
周維摯、周維泰、周德貴纂修
民國三年(1914)愛蓮堂木活字本
書籤題"風邑月峰周氏宗譜"。
山西家譜 猶他

[黄岡]周氏宗譜
周時驥編修
民國五年(1916)説詩堂木活字本
國家(存卷首、卷二至九、卷十一至十二、十五、十八至三十)

[黄岡]周氏宗譜三十卷首二卷
周□□纂修
民國五年(1916)思濂堂木活字本
山西家譜 猶他

[黄岡]周氏宗譜二卷首一卷
周定濤、周定寶、周定美等修
民國八年(1919)敦睦堂木活字本
山西家譜 猶他

[黄岡]周氏族譜一百零一卷首二卷末一卷
周北斗、周振昶等修
民國十一年(1922)敦睦堂木活字本
書衣題"楚黄周氏族譜"。
山西家譜 猶他

[黄岡]黄岡周氏宗譜九卷首一卷
周猶經等纂修
民國十三年(1924)用里堂木活字本
哥倫比亞 猶他

[黄岡]周氏宗譜
周□□纂修
民國十三年(1924)用里堂木活字本
書名據版心、書衣題。
湖北(存卷首下、卷二至八)

[黄岡]周氏宗譜十七卷首三卷
周定澈等纂修
民國二十一年(1932)愛蓮堂木活字本
山西家譜　猶他

[黄岡]楚黄周氏宗譜四卷
周宗殷、周定本纂修
民國二十一年(1932)木活字本
新洲周昭村

[黄岡]周氏宗譜
周□□纂修
約民國三十三年(1944)愛蓮堂木活字本
山西家譜　猶他

[黄岡]周氏宗譜九卷首一卷末一卷
周德憲等纂修
民國三十四年(1945)愛蓮堂木活字本
山西家譜　猶他

[黄岡]周氏宗譜二十卷首二卷
周盛舒纂修
民國三十四年(1945)愛蓮堂木活字本
書名據版心題。四修本。
武漢　山西家譜　猶他

[黄岡]周氏宗譜十六卷首四卷
周大輝、周大明等修
民國三十五年(1946)愛蓮堂木活字本
山西家譜　猶他

[黄岡]周氏宗譜十五卷首二卷
周長渭修
民國三十五年(1946)愛蓮堂木活字本
國家　山西家譜　猶他

[黄岡]周氏宗譜甲編十六卷乙編十八卷丙編六十卷丁編二十五卷戊編十六卷己編二卷
周厚清等纂修
民國三十七年(1948)敦睦堂木活字本
國家(缺乙編卷十一至十二、乙編卷十九至丁編、戊編卷六、七、己編)

[黄岡]周氏族譜
周鑒堂、周衡孫修
民國三十七年(1948)木活字本
山西家譜　猶他

[黄岡]周氏宗譜六卷首二卷
周以時修
1991年達孝堂木活字本
猶他

[黄岡]周氏宗譜十六卷首一卷
周德正主編
1993年檀蔭堂木活字本
山西家譜　猶他

[黄岡]楚黄周氏宗譜十七卷首三卷
周定澈等纂修
1993年愛蓮堂木活字本
書名據書衣、目録題。版心、内封題“周氏宗譜”。
上海　周華僑

[黄岡]周氏宗譜十八卷
周世源、周志魁總編
1994年世德堂鉛印本
書名據版心、書衣題。七修本。
湖北(缺卷三、十)

[黄岡]周氏宗譜二十三卷首三卷
周盛滴主修
1995年愛蓮堂木活字本
山西家譜(缺卷三、七) 猶他

[黄岡]周氏宗譜十五卷首二卷
周其雙、周學江修
2000年愛蓮堂木活字本
書名據書衣題。四修本。
湖北 山西家譜 猶他

[麻城]周氏宗譜三卷首一卷末一卷
(清)周文華纂修
清道光二十六年(1846)刻本、木活字本
國家

[麻城]周氏宗譜七卷首一卷
(清)周世泰纂修
清光緒六年(1880)愛蓮堂木活字本
山西家譜 猶他

[麻城]周氏重修宗譜十二卷首三卷
(清)周祥琳、(清)周文鬱修
清光緒十九年(1893)愛蓮堂木活字本
書籤題"周氏宗譜"。
山西家譜 猶他

[麻城]周氏宗譜六卷
(清)周澤深編修
清光緒二十三年(1897)愛蓮堂木活字本
山西家譜 猶他

[麻城]周氏宗譜
周銓遂修
清光緒三十一年(1905)木活字本
國家 山西家譜 猶他

[麻城]周氏宗譜十五卷
周□□纂修
民國二年(1913)木活字本
山西家譜 猶他

[麻城]周氏宗譜二十三卷末一卷
周□□纂修
民國二年(1913)刻本
思綏草堂

[麻城]周氏宗譜六卷首二卷
周時善編修
民國三年(1914)達孝堂木活字本
國家 山西家譜 猶他

[麻城]周氏西宗族譜十二卷首一卷
周光楚、周邵華纂修
民國三年(1914)木活字本
山西家譜 猶他

[麻城]周氏族譜十卷首二卷
周□□纂修
民國四年(1915)愛蓮堂木活字本
山西家譜 猶他

[麻城]周氏宗譜
周錦鋆纂修
民國五年(1916)敦本堂木活字本
山西家譜(存卷首、卷四、五、七、八、十一至十三)　猶他

[麻城]周氏宗譜十二卷
周汝成、周緒道纂修
民國八年(1919)愛蓮堂木活字本
山西家譜(缺卷五)　猶他

[麻城]周氏族譜十二卷
周□□纂修
民國九年(1920)愛蓮堂木活字本
國家　山西家譜　猶他

[麻城]周氏族譜十二卷
周□□纂修
民國九年(1920)愛蓮堂木活字本
思綏草堂

[麻城]周氏宗譜十二卷
周希照、周緒禄修
民國十年(1921)愛蓮堂木活字本
山西家譜　猶他

[麻城]周氏宗譜
周□□纂修
民國十二年(1923)愛蓮堂木活字本
國家

[麻城]周氏宗譜十二卷
周希照、周希池修
民國十五年(1926)愛蓮堂木活字本
書名據書衣題。
湖北　山西家譜　猶他

[麻城]周氏宗譜八卷
周克仁修
民國二十六年(1937)愛蓮堂木活字本
山西家譜　猶他

[麻城]周氏宗譜
周□□纂修
民國三十年(1941)愛蓮堂木活字本
山西家譜(存卷一至五、七)　猶他

[麻城]周氏宗譜十三卷首二卷
周季英、周郎齋纂修
民國三十一年(1942)愛蓮堂木活字本
山西家譜　猶他

[麻城]周氏支譜三卷首三卷
周希萬、周希聖修
民國三十二年(1943)愛蓮堂木活字本
山西家譜　猶他

[麻城]周氏四修族譜十一卷首三卷
周秀卿、周文佑編修
民國三十五年(1946)愛蓮堂木活字本
山西家譜(缺卷十三)　猶他

[麻城]周氏宗譜十一卷首一卷
周□□纂修
民國三十五年(1946)木活字本
山西家譜　猶他

[麻城]銕岡周氏宗譜十九卷首一卷末一卷
周錦鋆纂修
民國三十五年(1946)敦本堂木活字本
國家

[麻城]周氏六續宗譜二十卷首十一卷末一卷
周汝明纂修
民國三十五年(1946)木活字本
國家

[麻城]周氏宗譜十九卷首一卷
周光曄修
民國三十五年(1946)敦本堂木活字本
山西家譜(缺卷三、十二、十七) 猶他

[麻城]周氏宗譜十四卷首四卷
周德瑞纂修
民國三十六年(1947)愛蓮堂木活字本
國家 山西家譜 猶他

[麻城]周氏萬五公房宗譜五卷首四卷
周□□纂修
民國三十六年(1947)親親堂木活字本
國家

[麻城]周氏宗譜十二卷
周先珍修
1955年愛蓮堂木活字本
猶他

[麻城]蕨淡山周氏宗譜
周□□纂修
1991年愛蓮堂木活字本
麻城方志

[麻城]周氏宗譜二十卷首一卷
周汝猷、周坦俊、周汝青修
1992年木活字本
書名據書衣題。
湖北

[麻城]新店周氏宗譜
周德徵、周華卿、周雨青總纂
1993年木活字本
書名據書衣題。八修本。
麻城方志

[麻城]周氏宗譜三卷首一卷末一卷
周立行等修
1993年敦本堂木活字本
山西家譜 猶他

[麻城]周氏宗譜
周□□纂修
1998年愛蓮堂照排本
七修本。
麻城方志

[武穴]周氏宗譜二十卷首九卷
周□□纂修
民國四年(1915)棣華堂木活字本
書籤題"周氏大成譜"。
山西家譜 猶他

[紅安]周氏族譜
周光瑛、周支經修
民國十年(1921)愛蓮堂木活字本
山西家譜(存卷首一、三、卷三) 猶他

[紅安]周氏宗譜二十七卷首五卷
周全福、周常財修
1998年愛蓮堂木活字本
山西家譜 猶他

[羅田]周氏宗譜八卷首一卷
周本勳纂修
民國四年(1915)木活字本
山西家譜 猶他

[羅田]義川周氏一房宗譜十卷首一卷
周□□纂修
民國十四年(1925)親親堂木活字本
書衣、書籤題"周氏萬一公房宗譜",版心題"周氏宗譜"。
湖北(存卷首、五至八、十)　山西家譜　猶他

[羅田]周氏宗譜十卷首一卷
周□□纂修
民國十四年(1925)親親堂木活字本
山西家譜　猶他

[羅田]周氏宗譜十八卷首四卷
周崇實、周東曙修
民國三十六年(1947)益善堂木活字本
山西家譜　猶他

[羅田]周氏宗譜二卷首一卷
周增淦主編
1987年親親堂油印本
書名據書衣題,書籤題"周萬三公房宗譜"。十三修本。
湖北

[浠水]周氏宗譜三十一卷
周□□纂修
民國元年(1912)敦睦堂木活字
湖北(缺卷九、二十七、二十八)

[浠水]周氏五修宗譜二十二卷首九卷
周延禧、周對庚修
民國三十二年(1943)愛蓮堂木活字本
書衣題"浠川周氏宗譜"。
山西家譜(缺卷首四、六、卷三、二十二)　猶他

[蘄春]周氏宗譜十九卷首一卷
(清)周大坤、(清)周大鈺等修
清咸豐九年(1859)敦本堂刻本
書名據内封、書衣題,版心題"蘄陽周氏宗譜"。
湖北

[蘄春]周氏宗譜三卷又十五卷首二卷
周維翰修
民國七年(1918)興宗堂木活字本
山西家譜　猶他

[蘄春]周氏宗譜二十三卷
周永芳總編
1992年愛蓮堂油印本
書名據書衣題。
湖北

[咸寧]周氏宗譜四卷首一卷
周光藥、周德全纂修
民國五年(1916)濂溪堂木活字本
書名據版心題。
武漢　山西家譜　猶他

[咸寧]周氏宗譜
周光藻修
民國五年(1916)濂溪堂木活字本
山西家譜　猶他

[赤壁]周氏宗譜六卷
(清)周明陽等纂修
清同治六年(1867)汝南堂木活字本
書名據版心題。
南京大

[通山]周氏宗譜十八卷
官堰棣華堂譜局纂
1989年棣華堂鉛印本
書名據版心、書衣題。十一修本。
周禮智　周學華

[崇陽]周氏宗譜
周明清等纂修
1949年木活字本
崇陽東山村

[仙桃]周氏宗譜二十一卷首二卷
周荷安等修
1991年濂溪堂鉛印本
山西家譜　猶他

[天門]周氏宗譜四卷續六卷
周先敬修
清光緒二十一年(1895)木活字本
猶他

[天門]周氏宗譜二卷
周筱舫修
1993年乾驛濂溪堂鉛印本
書名據書衣題。
湖北

[潛江]周氏宗譜
周□□纂修
1999年濂溪堂木活字本
書名據書衣題。
湖北(存卷四)

[恩施]周氏族譜七卷
(清)周宗湯纂修
清道光二十四年(1844)汝南堂木活字本
書名據書衣題。
周代金

[恩施]周氏族譜四卷
(清)周宗湯等纂修
清咸豐九年(1859)木活字本
書名據書衣題。
周代金

[恩施]周氏族譜
周代金纂修
1992年汝南堂鉛印本
書名據書衣題。
周代金

[恩施]湖北咸利恩三縣市邊境周氏族譜十八卷
周宗培主編
2008年照排本
湖北

周袁

[黄岡]周袁宗譜八卷首二卷
周袁□□纂修
民國五年(1916)卧雪堂木活字本
書名據書衣題,書衣題"袁氏宗譜"。
金華家譜　猶他

朱

[湖北]朱氏族譜
(清)朱□□纂修
清嘉慶間(1796—1820)刻本
國家

[湖北]朱氏宗譜
朱□□纂修
民國間(1912—1949)紫陽堂木活字本
書名據版心題,書籤題"朱氏族譜"。
廣東(存卷十五、十七)

[湖北]朱氏支譜
朱□□纂修
民國間(1912—1949)存厚堂木活字本
國家

[湖北]朱氏家譜
朱忠慧修
1984年稿本
猶他

[武漢]朱氏宗譜十卷首一卷
朱博澧等纂修
民國四年(1915)寶善堂木活字本
書名據版心、書衣題。
山西家譜　猶他

[武漢]朱氏宗譜
朱士英等纂修
2000年據1993年寶善堂鉛印本複印
書名據版心題。三修本。
武漢(存卷首一、卷三至十五、十七、十八、二十至二十二)　武漢方志

[武昌]朱氏宗譜
朱□□纂修
民國四年(1915)木活字本
山西家譜　猶他

[漢陽]朱氏宗譜十卷首一卷
朱曉峯纂修
清宣統二年(1910)紫陽堂木活字本
書名據版心、書衣題。
吉大

[漢陽]朱氏宗譜首編八卷正編二十卷
朱本敏纂修
民國二十七年(1938)紫陽堂木活字本
書名據版心、書衣、内封題。
上海　猶他

[漢陽]朱氏宗譜二十卷
朱經安修
2009年紫陽堂照排本
山西家譜(缺卷十四至十六)　猶他

[黄陂]朱氏宗譜十二卷
朱興譜、朱榮平等編修
1990年紫陽堂木活字本
山西家譜　猶他

[新洲]朱氏宗譜六卷
朱存金等纂修
民國十四年(1925)年木活字本
新洲三店村

[新洲]朱氏宗譜三十八卷
朱左卿等纂修
民國三十六年(1947)木活字本
新洲長塘村

[新洲]朱氏宗譜六卷首三卷
朱昜斌修
1991紫陽堂木活字本
書名據版心、書衣題。
湖北

[新洲]朱氏宗譜六卷首三卷
朱明道、朱德和等編修
1991紫陽堂木活字本
湖北

[新洲]朱氏宗譜十三卷首二卷
朱元先、朱元金等修
1991年紫陽堂木活字本
山西家譜　猶他

[新洲]朱氏宗譜五卷
朱良國、朱朝貴等修
1992年清源堂木活字本
山西家譜　猶他

[大冶]朱氏宗譜五卷首二卷
(清)朱應岡、(清)朱應詩纂修
清道光二年(1822)體訓堂木活字本
國家(缺卷一)　山西家譜　猶他

[大冶]朱氏續修宗譜二十九卷首四卷
(清)朱自純等纂修
清同治十一年(1872)體訓堂木活字本
山西家譜　猶他

[大冶]朱氏宗譜
朱□□纂修
民國十三年(1924)木活字本
國家(存卷八)

[大冶]朱氏宗譜六卷首二卷
朱德和編修
1991年紫陽堂木活字本
山西家譜　猶他

[丹江口]均州金陂朱氏家譜六卷附録一卷
朱通振主編
2000年紫陽堂照排本
上海

[竹山]古庸朱氏大成宗譜十卷
朱光傑等纂修
民國十五年(1926)敬宗堂木活字本
書名據書籤題,版心題"朱氏大乘宗譜"。
人大

[監利]朱氏族譜
合族纂修
2012年照排本
湖北

[夷陵]朱氏族譜
朱□□纂修
木活字本
周功華

[夷陵]朱氏族譜
朱□□纂修
鳳陽堂本
朱應同

[夷陵]朱氏族譜
朱□□纂修
2007年沛國堂照排本
朱吉榮

[五峰]朱氏宗譜十二卷
朱榮平修
1990年紫陽堂木活字本
書名據書衣題。三修本。
湖北

[孝感]朱氏宗譜
朱□□纂修
1989年紫陽堂鉛印本
書名據書衣題。
湖北(存卷五之一至四)

[漢川]朱氏宗譜四卷首二卷
朱安倫、朱維華、朱安波纂修
1990年兩銘堂鉛印本
書名據版心、書衣題。
湖北

[黃岡]朱氏宗譜九卷首一卷
(清)朱錦雲纂修
清咸豐元年(1851)肅宗堂木活字本
國家(缺卷六)

[黃岡]朱氏宗譜十三卷首一卷末一卷
(清)朱軍吉修
清咸豐三年(1853)敦本堂刻本
書籤題"朱氏族譜二刻"。
山西家譜　猶他

[黃岡]黃岡朱氏宗譜十八卷
(清)朱維辟等主修
清光緒五年(1879)木活字本
書名據書籤題,版心題"朱氏宗譜"。
上海　尋源姓氏　山西家譜

[黃岡]朱氏宗譜六卷首二卷
(清)朱盛富、(清)朱烈壎修
清光緒十年(1884)孝友堂木活字本
國家　山西家譜　猶他

[黃岡]黃岡朱氏支譜八卷首一卷
(清)朱德楨纂修
清光緒二十二年(1896)積善堂木活字本
書名據版心、內封題。
科學　哥倫比亞　猶他

[黃岡]朱氏宗譜十卷
朱盛濤纂修
民國二年(1913)紫陽堂木活字本
書名據版心、書衣題。
上海　尋源姓氏　山西家譜

[黃岡]朱氏宗譜十卷首二卷
朱瑞堂、朱帝臣纂修
民國九年(1920)四本堂木活字本
山西家譜　猶他

[黃岡]朱氏宗譜十卷
朱盛高纂修
民國十三年(1924)紫陽堂木活字本
國家

[黃岡]朱氏宗譜
朱明燡修
民國十六年(1927)紫陽堂木活字本
朱大奎序。
山西家譜　猶他

[黃岡]朱氏宗譜四十卷
朱□□纂修
民國十八年(1929)木活字本
思綏草堂

[黃岡]朱氏宗譜
朱□□纂修
民國十九年(1930)木活字本
山西家譜　猶他

[黃岡]黃岡朱氏宗譜□□卷
朱□□纂修
民國二十年(1931)木活字本
書名據書衣題。版心題"朱氏宗譜"。
武漢(存卷六)

[黄岡]朱氏宗譜二十四卷
朱學佑修
民國二十六年(1937)集註堂木活字本
山西家譜　猶他

[黄岡]朱氏宗譜二十四卷
朱從雲編修
民國二十七年(1938)集註堂木活字本
國家

[黄岡]朱氏家譜五卷首一卷末一卷
朱朝盛、朱家鵬纂修
民國三十三年(1944)清源堂木活字本
書衣題"桃源朱氏家譜"。
山西家譜　猶他

[黄岡]朱氏宗譜六卷首三卷
朱均衡纂修
民國三十五年(1946)紫陽堂木活字本
國家(缺卷二)　山西家譜　猶他

[黄岡]朱氏宗譜三十八卷
朱爲翰等纂修
民國三十六年(1947)紫陽堂木活字本
書名據版心、書籤、内封題。
國家　上海

[黄岡]朱氏宗譜十八卷首一卷
朱□□纂修
民國間(1912—1949)紫陽堂木活字本
國家

[黄岡]朱氏宗譜
朱明道修
1991年紫陽堂木活字本
書名據書衣題。六修本。
湖北

[黄岡]朱氏宗譜三卷
朱傅寶等修
1992年抄本
山西家譜　猶他

[黄岡]朱氏宗譜五十二卷
朱道恩總編
1993年紫陽堂木活字本
山西家譜(缺卷四十七)　猶他

[黄岡]朱氏宗譜四十二卷首一卷
朱道甫主修
1995年集註堂木活字本
湖北(缺卷二十九、三十)

[黄岡]朱氏支譜八卷
朱家輝修
1998年積善堂木活字本
山西家譜　猶他

[黄岡]朱氏支譜
朱□□纂修
2014年照排本
湖北(存卷十九)

[麻城]朱氏族譜十卷
(清)朱憲南纂修
清同治九年(1870)木活字本
書名據版心、内封題。四修本。
山西家譜(缺卷九、十)　猶他

[麻城]朱氏宗譜十卷
(清)朱□□纂修
清同治九年(1870)大文堂刻本
麻城方志

[麻城]朱氏宗譜十二卷
朱□□纂修
民國九年(1920)大文堂木字本
麻城方志

[麻城]朱氏宗譜八卷
朱啓仁等纂修
民國十二年(1923)紫陽堂木活字本
書名據版心、書籤題。
上海

[麻城]朱氏宗譜十卷
朱盛高修
民國三十五年(1946)紫陽堂木活字本
山西家譜　猶他

[麻城]朱氏宗譜八卷
朱積慶修
民國三十六年(1947)敦本堂木活字本
國家　山西家譜　猶他

[麻城]朱氏家譜十二卷
朱延戇修
1990年紫陽堂木活字本
山西家譜　猶他

[羅田]朱氏族譜五卷首一卷
(清)朱宿滏修
清嘉慶十七年(1812)肅宗堂、啓宗堂木刻本
山西家譜　猶他

[羅田]朱氏族譜二刻十三卷首一卷末一卷
(清)朱經首、(清)朱日晅等纂修
清咸豐三年(1853)敦本堂木活字本
國家(缺卷二、四、卷末)

[羅田]朱氏宗譜十四卷首二卷
(清)朱雄飛纂修
清光緒十年(1884)正本堂木活字本
山西家譜　猶他

[羅田]朱氏族譜三刻七卷首一卷
(清)朱寶華等修
清光緒十三年(1887)敦本堂木活字本
書籤題"朱氏宗譜"。
山西家譜(缺卷四)　猶他

[羅田]義水朱氏宗譜四卷首二卷
(清)朱基固、(清)朱基鋭修
清光緒二十六年(1900)紫陽堂木活字本
書籤題"朱氏宗譜"。
國家(缺卷首二、卷一)　山西家譜　猶他

[羅田]朱氏宗譜十四卷首二卷
朱敬承纂修
清光緒三十一年(1905)紫陽堂木活字本
書衣題"朱氏三修族譜"。
山西家譜(缺卷十、十一)　猶他

[羅田]朱氏四修宗譜十六卷
朱威福修
民國七年(1918)孝友堂木活字本
書衣題"朱氏宗譜"。
山西家譜(缺卷一、八)　猶他

[羅田]朱氏宗譜六卷首二卷
朱明燁修
民國十六年(1927)紫陽堂木活字本
猶他

[羅田]朱氏五修族譜
朱□□纂修
民國三十三年(1944)敦本堂木活字本
山西家譜　猶他

[浠水]朱氏宗譜二十卷又三卷首四卷
朱炳奎修
民國十二年(1923)紫陽堂木活字本
山西家譜　猶他

[浠水]朱氏宗譜二十卷
朱桂華纂修
民國三十三年(1944)木活字本
山西家譜　猶他

[浠水]朱氏四修宗譜
朱□□纂修
民國間(1912—1949)敦本堂刻本
書名據書衣題,版心題"朱氏四修族譜",内封題"朱氏族譜四刻"。
湖北(存卷十)

[蘄春]朱氏宗譜
(清)朱□□纂修
清道光二十年(1840)孝友堂木活字本
山西家譜(存卷一、五、六、八)　猶他

[蘄春]朱氏宗譜
(清)朱□□纂修
清光緒十五年(1889)孝友堂木活字本
山西家譜(存卷二、三、六、八至十二)　猶他

[蘄春]朱氏宗譜
朱□□纂修
民國三年(1914)孝友堂木活字本
山西家譜(存卷一、二、六、九至十五、十七至二十)　猶他

[蘄春]朱氏宗譜
朱□□纂修
民國三年(1914)孝友堂木活字本
山西家譜(存卷首、卷一、二、五、六、九至二十)　猶他

[蘄春]方伯朱氏族譜十七卷首五卷
朱文峰、朱雁州等修
民國二十五年(1936)豸繡堂木活字本
書衣題"朱氏族譜"。
山西家譜(缺卷首二、三、四、卷一、五、九、十七)　猶他

[蘄春]朱氏宗譜
朱□□纂修
民國二十六年(1937)蘇槐堂木活字本
國家　山西家譜　猶他

[蘄春]朱氏宗譜二十三卷首三卷
朱幼春纂修
民國三十三年(1944)孝友堂木活字本
山西家譜(缺卷四、八、十一)　猶他

[蘄春]朱氏宗譜
朱□□纂修
民國三十三年(1944)孝友堂木活字本
山西家譜(存卷首二、卷一、二、三、五至十、十二)　猶他

[黄梅]朱氏宗譜七卷首二卷
朱正海、朱國有修
民國二十四年(1935)紫陽堂木活字本
山西家譜　猶他

[通山]慈口朱氏宗譜七十七卷首四卷
朱昭明、朱丹加等修
民國二十六年(1937)沛國堂木活字本
山西家譜(缺卷首四、卷四十一至四十三)　猶他

[通山]朱氏宗譜
朱□□纂修
1988年紫陽堂油印本
書名據版心題。四修本。
朱柏樹

[通山]朱氏宗譜
朱□□纂修
1989年油印本
書名據版心、書衣題。十一修本。
朱希勇

[崇陽]朱氏宗譜
朱金安等纂修
民國三十七年(1948)木活字本
崇陽肥田村

[通城]朱氏宗譜十八卷首二卷
朱樂善、朱復仁修
民國三十七年(1948)考亭堂木活字本
書衣題"朱氏家乘"。
山西家譜(缺卷七)　猶他

[仙桃]朱氏宗譜五卷
朱崇章等修
2014年紫陽堂照排本
六修本。
湖北

[潛江]朱氏家譜
朱顯忠纂修
2000年照排本
朱顯忠　朱建華

[咸豐]朱氏家乘六卷
(清)朱劭材等纂修
清道光六年(1826)石印本
咸豐檔

朱曹

[宜都]朱曹家乘紀世三卷
(清)曹立全修
清同治五年(1866)刻本
湖北　曹新

祝

[湖北]祝氏宗譜
祝□□纂修
民國三十三年(1944)華封堂木活字本
國家(存卷五、十、十三、十四、十六至十八、二十二、二十三、二十五、二十七、三十一、三十四、三十七、四十一、四十二、四十四、四十六、五十一)

[武漢]祝氏家譜十卷
祝講楷等纂修
民國十九年(1930)木活字本
蔡甸永安二房嘴

[新洲]祝氏宗譜十卷
祝海峰纂修
民國三年(1914)木活字本
新洲鐵甲村(存卷二至十)

[鄂州]祝氏宗譜二卷
湖北省祝氏宗譜理事會纂修
2000 年照排本
内封題“家乘”。
孝感檔

[孝感]祝氏宗譜
祝存祥總編
2004 年照排本
續修本。
湖北

[黄岡]祝氏宗譜
祝□□纂修
清宣統三年(1911)崇本堂木活字本
國家

[黄岡]祝氏宗譜九卷首一卷
祝衍虞纂修
民國三年(1914)華封堂木活字本
山西家譜　猶他

[麻城]祝氏宗譜三卷首一卷
祝崇楷、祝綏名等修
清宣統三年(1911)三多堂木活字本
山西家譜　猶他

[麻城]祝氏宗譜二十五卷首四卷
祝敦章纂修
民國三十五年(1946)三多堂木活字本
國家　山西家譜　猶他

[麻城]祝氏宗譜
祝□□纂修
1994 年三多堂木活字本
麻城方志

[紅安]祝氏宗譜六卷
(清)祝□□纂修
清同治八年(1869)抄本
國家

[羅田]祝氏宗譜十一卷首一卷
祝善樂、祝雲坤編修
民國二十九年(1940)崇本堂木活字本
山西家譜　猶他

[英山]祝氏宗譜十二卷
祝觀芝纂修
民國二十九年(1940)崇本堂木活字本
國家(缺卷五)

[通山]祝氏家譜十卷
合族纂修
1989 年太原堂油印本
書名據版心題。七修本。
祝達鄉

[潛江]朱氏宗譜
朱□□纂修
1999 年紫陽堂鉛印本
書名據版心題。
湖北(存下卷一至三)

莊

[夷陵]莊氏宗譜
莊□□纂修
清宣統三年(1911)木活字本
周功華

鄒

[湖北]鄒氏宗譜七卷
鄒□□纂修
1994 年東魯堂木活字本
猶他

[湖北]鄒氏宗譜
鄒□□纂修
1994 年東魯堂木活字本
猶他

[湖北]鄒氏史志
鄒爲質主編
1996 年照排本
山西家譜　猶他

[武漢]中華鄒氏族譜
鄒木生總主編
2011 年范陽堂照排本
山西家譜　猶他

[武昌]鄒氏宗譜二卷
鄒家森修
2008 年東魯堂照排本
續修本。
湖北

[漢陽]鄒氏宗譜
鄒□□纂修
民國三十一年(1942)木活字本
書名據版心、書衣題。
湖北(存卷三至十三)

[新洲]鄒氏族譜二十六卷首四卷
鄒宜祥修
1990 年敦本堂油印本
書名據書衣題。十修本。
湖北

[新洲]鄒氏宗譜二十卷首一卷
鄒萃清主編
1991 年孝思堂木活字本
湖北(存卷首、卷一至五)

[大冶]鄒氏宗譜十卷首一卷
鄒定榮修
1988 年東魯堂木活字本
猶他

[洪湖]鄒氏宗譜
鄒□□纂修
范陽堂抄本
山西家譜　猶他

[洪湖]鄒氏宗譜
鄒□□纂修
東魯堂鉛印本
山西家譜　猶他

[石首]鄒氏族譜八修
鄒永富主編
2000 年范陽堂照排本
湖北　山西家譜　猶他

[石首]鄒氏諫垣堂支譜
鄒常榮主編
2014 年諫垣堂照排本
四修本。
湖北

[松滋]鄒氏宗譜
鄒□□纂修
1994 年油印本
山西家譜　猶他

[監利]鄒氏族譜
鄒經壁、鄒禧文主修
1987 年東魯堂鉛印本
湖北(存卷首)　山西家譜　猶他

[監利]鄒氏族譜
鄒承桂等編修
1988 年范陽堂鉛印本
山西家譜　猶他

[監利]鄒氏十修族譜
鄒立香等編修
1988 年范陽堂木活字本
湖北(存卷首)

[監利]鄒氏族譜
鄒友清等主修
1991 年范陽堂鉛印本
山西家譜　猶他

[監利]中华邹氏族谱·监利白螺支系
鄒樹棠、鄒紹龍、鄒光濤主編
2007 年范陽堂照排本
湖北

[監利]鄒氏族譜
鄒詩傳主修
1994 年范陽堂鉛印本
湖北(存卷首)

[江陵]鄒氏族譜
鄒友清、鄒傳彪等修
1991 年范陽堂木活字本
湖北(存卷首、三房卷)

[江陵]鄒氏族譜
鄒德耀、鄒德振編修
1998 年范陽堂木活字本
湖北(存卷首)

[宜昌]鄒氏族譜六卷
鄒明喆纂
民國十二年(1923)石印本
山西家譜　猶他

[宜昌]鄒氏族譜
鄒健雄修
1987 年稿本
猶他

[夷陵]鄒氏族譜
合族同修
民國三十七年(1948)近聖堂木活字本
鄒學勤

[鄂州]鄒氏宗譜十一卷首一卷
鄒澤華主編
1995 年東魯堂木活字本
湖北(缺卷三、五)　山西家譜　猶他

[鄂州]鄒氏宗譜
鄒□□纂修
1995 年東魯堂鉛印本
山西家譜　猶他

[鄂城]鄒氏宗譜十卷首一卷
鄒定榮修
1988年東魯堂木活字本
猶他

[漢川]鄒氏宗譜二十四卷首二卷
鄒有才主編
1993年東魯堂木活字本
書名據書衣題。
湖北　山西家譜　猶他

[孝昌]鄒氏族譜
鄒發清主編
2002年照排本
山西家譜　猶他

[孝昌]鄒氏族譜
鄒發清主編
2003年上下堂照排本
湖北

[黄岡]鄒氏宗譜七卷首一卷
(清)鄒亮寅纂修
清同治十一年(1872)木活字本
書名據書衣題。
山西家譜　猶他

[黄岡]鄒氏宗譜□卷
鄒緒理纂修
清光緒三十一年(1905)鄒氏敦本堂木活字本
書名據版心心、書衣、内封題。
湖北(存卷首、一至二、四至五、七至八、十、十二至十三)　武漢　山西家譜　猶他

[黄岡]鄒氏宗譜
鄒□□纂修
民國十二年(1923)東魯堂木活字本
書名據書衣題。
湖北

[黄岡]鄒氏宗譜
鄒□□纂修
民國三十六年(1947年)敦本堂木活字本
湖北

[黄岡]鄒氏宗譜四卷
鄒世應等主修
1984年務本堂木活字本
山西家譜　猶他

[黄岡]鄒氏宗譜
鄒□□纂修
1992年東魯堂鉛印本
山西家譜　猶他

[黄岡]鄒氏宗譜十三卷首二卷
鄒子敬修
1995年敦本堂木活字本
猶他

[黄岡]鄒氏家譜敦本堂首卷
合族纂修
1995年敦本堂木活字本
書名據書衣題。
湖北

[麻城]鄒氏宗譜七卷首一卷
(清)鄒□□纂修
清道光十八年(1838)敦本堂木刻本
書籤題"鄒氏族譜"。
山西家譜　猶他

[麻城]鄒氏宗譜六卷首一卷
(清)鄒□□纂修
清道光十八年(1838)刻本
國家

[麻城]鄒氏族譜八卷
(清)鄒良盛等纂修
清光緒二十六年(1900)刻本
書名據版心、内封題。
吉大

[麻城]鄒氏宗譜四卷首一卷
(清)鄒忠讓等纂修
清光緒二十六年(1900)木活字本
山西家譜　猶他

[麻城]鄒氏宗譜
鄒寶田等修
清宣統二年(1910)比魯堂木活字本
山西家譜　猶他

[麻城]鄒氏宗譜十三卷首三卷
鄒華珠等纂修
民國十三年(1924)木活字本
國家(缺卷十)

[麻城]鄒氏宗譜十一卷
鄒松森等修
民國三十二年(1943)木活字本
山西家譜　猶他

[麻城]鄒氏宗譜六卷
鄒達榮、鄒達武修
民國三十二年(1943)三希堂木活字本
山西家譜　猶他

[麻城]鄒氏宗譜十卷首六卷
鄒基氏纂修
民國三十三年(1944)西蔔堂木活字本
國家(缺卷十)　山西家譜　猶他

[麻城]鄒氏宗譜十八卷首一卷
鄒□□纂修
民國三十四年(1945)敦本堂木活字本
書名據書衣題。
湖北

[麻城]鄒氏宗譜十八卷首四卷
鄒志軒編修
民國三十四年(1945)敦本堂木活字本
山西家譜　猶他

[麻城]鄒氏族譜
鄒□□纂修
民國三十四年(1945)敦本堂木活字本
國家(存卷首二至四、卷一至四、六至八、十四至十八)

[麻城]鄒氏宗譜八卷
鄒國勝等修
民國三十六年(1947)聚奎堂木活字本
山西家譜　猶他

[麻城]鄒氏宗譜二十六卷首四卷
鄒心德修
1990年敦本堂鉛印本
山西家譜　猶他

[麻城]鄒氏族譜二十六卷首一卷
鄒曉陽修
1990年敦本堂油印本
湖北(存卷首、一)

[麻城]鄒氏族譜不分卷首六卷
鄒功秋等修
1995年五希堂木活字本
山西家譜　猶他

[麻城]鄒氏宗譜
鄒□□纂修
據1995年五希堂木活字本複印
麻城方志

[麻城]鄒氏合修宗譜總卷
鄒木省、鄒茂仁主編
1997年敦本堂照排本
湖北

[紅安]鄒氏宗譜四卷
鄒寶田、鄒良傑等修
據1910年東魯堂木活字本複印
書名據書衣題。
湖北

[紅安]鄒氏族譜
鄒基朗、鄒國香修
1994年木活字本
山西家譜　猶他

[紅安]鄒氏族譜
鄒開富等修
1994年木活字本
湖北(存卷首)

[浠水]鄒氏宗譜
鄒本高、鄒本昌等修
1991年東魯堂鉛印本
山西家譜　猶他

[浠水]鄒氏宗譜
鄒立先纂修
1991年東魯堂鉛印本
書名據書衣題。
湖北(存卷首)

[羅田]鄒氏宗譜四卷
鄒世應、鄒世芳等主修
1984年務本堂木活字本
湖北

[黄梅]鄒氏大成宗譜
鄒美仁、鄒接贇編修
1992年東魯堂木活字本
湖北(存卷一、二)

[崇陽]鄒氏宗譜
(清)鄒□□纂修
清道光十四年(1834)范陽堂木活字本
山西家譜　猶他

[崇陽]鄒氏宗譜
鄒□□纂修
1989年范陽堂木活字本
湖北(存一册)

[仙桃]鄒氏族譜六卷首一卷
鄒德懋主修
清光緒三十一年(1905)南陽堂木活字本
山西家譜　猶他

[仙桃]鄒氏宗譜
鄒容海主修
1991年黍春堂照排本
山西家譜　猶他

[潛江]鄒氏宗譜五卷
鄒榮海主編
1992年黍春堂木活字本
湖北

[來鳳]鄒氏族譜
鄒定國主編
2004年范陽堂照排本
湖北

左

[湖北]左氏族譜總譜
左□□纂修
2007年照排本
山西家譜　猶他

[新洲]左氏宗譜十五卷首一卷末一卷
左祥順等纂修
民國二十六年(1937)木活字本
書名據書衣題。六修本。
新洲王瓦村　新洲柳溪村

[新洲]左氏宗譜二十六卷
左文林纂修
民國三十八年(1949)木活字本
新洲樓寨村

[新洲]左氏宗譜十七卷首一卷
左邦清編修
1990年三賦堂木活字本
山西家譜　猶他

[大冶]左氏宗譜十卷
(清)左德元等纂修
清嘉慶五年(1800)理經堂刻本
湖北(存卷首)

[大冶]左氏宗譜十卷
(清)左添潤等纂修
清同治八年(1869)理經堂刻本
湖北(存卷首、卷四)

[大冶]左氏宗譜十二卷首四卷
左宜之等纂修
清光緒二十七年(1901)理經堂木活字本
湖北(存卷首一)

[大冶]左氏宗譜
左宏珍、左國強主編
2007年三都堂照排本
七修本。
湖北(存卷首一至三)

[孝感]左氏宗譜十卷
左□□纂修
民國五年(1916)翼經堂木活字本
思綬草堂

[孝感]左氏宗譜四卷
左□□纂修
民國五年(1916)翼經堂石印本
書名據書衣題。
湖北

[孝昌]湖北省孝昌東河左姓考
左祥度修
2010年照排本
湖北

[黃岡]左氏族譜四卷首一卷
(清)左順邦修
清嘉慶十八年(1813)木活字本
國家　山西家譜　猶他

[黄岡]左氏宗譜十二卷首一卷
左其義等修
清宣統三年(1911)裕後堂木活字本
山西家譜　猶他

[黄岡]左氏宗譜十一卷首一卷末一卷
左家彦、左治紀等纂修
民國四年(1915)三賦堂木活字本
山西家譜　猶他

[黄岡]左氏宗譜十卷
左□□纂修
民國二十六年(1937)崇正堂木活字本
書名據書衣題。三修本。
國家　湖北

[黄岡]左氏宗譜十卷
左丹桂、左靖華纂修
民國二十六年(1937)崇正堂木活字本
山西家譜　猶他

[黄岡]左氏宗譜十七卷首二卷
左先元修
1991年裕後堂木活字本
書衣題"左氏族譜"。
湖北　山西家譜　猶他

[黄岡]左氏宗譜十六卷首二卷
左□□纂修
2001年三賦堂照排本
湖北

[黄岡]左氏宗譜十六卷首二卷
左明元主編
2001年三賦堂照排本
山西家譜　猶他

[麻城]左氏宗譜七卷
合族纂修
1992年鉛印本
書名據書衣題。
左楚雲

[麻城]左氏宗譜十卷
左兆鐸等纂修
2000年據民國五年(1916)翼經堂木活字本複印
書名據内封題。
左必初　左禮召

[羅田]左氏宗譜十卷
(清)左承麟、(清)左德高等纂修
清道光十八年(1838)傳經堂木活字本
山西家譜　猶他

[蘄春]左氏宗譜三卷
左宏亮主修
2007年七修照排本
湖北　猶他

[仙桃]左氏宗譜上下卷
左永倫主修
1989年三都堂鉛印本
書名據書衣題。
山西家譜　猶他

參考文獻

1.湖北省檔案局編研處、湖北省方志辦資料室.湖北省現存家譜、族譜目録.武漢:檔案資料.1982.10

2.國家檔案局二處、南開大學歷史系、中國社會科學院歷史所圖書館.中國家譜綜合目録.北京:中華書局.1997

3.王鶴鳴.中國家譜總目.上海:上海古籍出版社.2008

4.湖南圖書館.湖南家譜知見録.長沙:湖南教育出版社.2011

5.王鶴鳴.上海圖書館館藏家譜提要.上海:上海古籍出版社.2000

6.徐鐵生.中華姓氏源流大辭典.北京:中華書局.2014

7.國家圖書館地方志家譜文獻中心.清代民國名人家譜選刊.北京:北京燕山出版社.2005

8.國家圖書館地方志家譜文獻中心.清代民國名人家譜選刊續編.北京:北京燕山出版社.2006

9.孫曉芬.麻城祖籍尋根譜牒姓氏研究.成都:四川大學出版社.2008

10.江源.中華姓氏始遷祖世系大典.北京:綫裝書局.2008

11.天津圖書館.天津圖書館藏家譜叢書.天津:天津古籍出版社. 2011

12.山西省社會科學院家譜資料研究中心.山西省社會科學院家譜資料研究中心藏名人家譜叢刊.北京:北京燕山出版社. 2011

13.山西省社會科學院家譜資料研究中心.山西省社會科學院家譜資料研究中心藏早期稀見家譜叢刊.北京:北京燕山出版社.2013

14.宜昌市夷陵區政協文史資料委員會.夷陵姓氏大觀.宜昌:三峽電子音像出版社.2013

15.山西省社會科學院家譜資料研究中心.歷代姓氏文獻叢刊.北京:北京燕山出版社.2017

收藏者簡稱全稱對照表

簡稱	全稱
安徽	安徽省圖書館
安陸	湖北省安陸市圖書館
保康	湖北省保康縣圖書館
北大	北京大學圖書館
北師大	北京師範大學圖書館
畢興國	湖北省宜昌市夷陵區三斗坪鎮畢興國
蔡甸區	湖北省武漢市蔡甸區
蔡甸永安二房嘴	湖北省武漢市蔡甸區永安二房嘴
蔡日新	湖北省通山縣石門村蔡日新
曹德政	湖北省宜昌市夷陵區小溪塔曹德政
曹詩瓊	湖北省恩施市紅江小學曹詩瓊
曹新	湖北省宜都市信合銀行曹新
長陽檔	湖北省長陽土家族自治县檔案館
長陽宗教局	湖北省長陽土家族自治縣民族宗教事務局
常山姜家村	浙江省常山縣毛良塢鄉姜家村
陳朝武	湖北省宜昌市夷陵區下堡坪鄉陳朝武
陳傳森	湖北省宜昌市夷陵區分鄉鎮陳傳森
陳剛毅	湖北省崇陽縣天城鎮金城大道家風巷埂上陳家陳剛毅
陳京璽	湖北省宜昌市夷陵區龍泉鎮土門村陳京璽
陳啓林	湖北省宜昌市夷陵區分鄉鎮南埡村陳啓林
陳正琪	陝西省雒南縣陳家壋播家溝陳正琪
陳尊憲	湖北省武漢市鐵四院離退休處陳尊憲
程傳盛	湖北省通山縣青壋村程傳盛
程逢恒	湖北省松滋市楊林市鎮沿河街程逢恒
程金國	湖北省通山縣大路鄉東坑村程金國
程開武	湖北省宜昌市夷陵區黃花鄉程開武
程良望	湖北省通山縣燕下鄉湖畔村程良望
程延年	湖北省天門市胡市鎮程門村程延年
程義浩	湖北省京山市文化館程義浩
程有清	湖北省黃岡市堵城鎮扁擔洲村程有清

赤壁	湖北省赤壁市圖書館
重慶	重慶圖書館
崇陽	湖北省崇陽縣雪艇圖書館
崇陽采育村	湖北省崇陽縣雙港鄉采育村三組
崇陽檔	湖北省崇陽縣檔案館
崇陽東山村	湖北省崇陽縣桂花泉鄉東山村
崇陽肥田村	湖北省崇陽縣石城鄉肥田村
崇陽楓林村	湖北省崇陽縣西莊鄉楓林村
崇陽趕龍村	湖北省崇陽縣雙港鄉趕龍村
崇陽華陂村	湖北省崇陽縣華陂鄉華陂村
崇陽黄隆村	湖北省崇陽縣石城鎮黄隆村
崇陽婁家嶺	湖北省崇陽縣灌溪鄉烏龜石村婁家嶺
崇陽石嘴村	湖北省崇陽縣高見鄉石嘴村
崇陽拓田村	湖北省崇陽縣西莊鄉拓田村
崇陽西莊畈	湖北省崇陽縣落溪鄉西莊畈
崇陽下源村	湖北省崇陽縣三山片下源村
崇陽大源村	湖北省崇陽縣大源鄉大源村
崇陽雅安村	湖北省崇陽縣蔡墩鄉雅安村
崇陽楊林村	湖北省崇陽縣西莊鄉楊林村
崇陽義元村	湖北省崇陽縣高見鄉義元村
大悟	湖北省大悟縣圖書館
戴希	湖北省來鳳縣戴希
鄧明旺	湖北省巴東縣民委鄧明旺
丁詩現	湖北省通山縣黄沙丁家村丁詩現
東京	日本東京大學圖書館
東洋文庫	日本東洋文庫
董當年	湖北省荆州日報社董當年
杜新華	湖北省武汉市新洲區三店鎮南橋村杜新華
鄂州博	湖北省鄂州市博物館
恩施	湖北省恩施土家族苗族自治州圖書館
樊子瑞	湖北省恩施土家族苗族自治州人大樊子瑞
范大奇	湖北省通山縣通羊鎮范家壟村范大奇
方端誠	湖北省黄岡市諸城鎮堵城村方端誠
方金城	湖北省通山縣大畈西泉村方金城
方明富	湖北省宜昌市夷陵區鴉鵲嶺鎮方明富
方顯黑	湖北省通山縣畈泥黄金咀方顯黑

費玉階	湖北省巴東縣沿渡河鎮衛生所費玉階
馮平山	香港大學馮平山圖書館
傅少華	湖北省宜昌市夷陵區樂天溪鎮傅少華
甘永椿	湖北省應城市甘永椿
高秉焱	湖北省宜昌市夷陵區三斗坪鎮高秉焱
高君民	湖北省通山縣黄沙鋪黄沙街高君民
高源章	湖北省巴東縣烈士陵園陳列館高源章
哥倫比亞	美國哥倫比亞大學圖書館
公安	湖北省公安縣圖書館
龔道信	湖北省興山縣龔道信
穀城	湖北省穀城縣圖書館
故宮博	北京故宮博物院
顧寶聲	湖北省巴東縣飲食服務公司顧寶聲
顧國聲	湖北省巴東縣工商銀行顧國聲
广水老王家壪	湖北省广水市城郊办事处老王家壪
廣東	廣東省立中山圖書館
郭幫才	湖北省通山縣燕下南洞村四組郭幫才
郭芳玉	湖北省恩施市農業局郭芳玉
郭明新	湖北省宜昌市夷陵區龍泉鎮石花山村郭家崗郭明新
郭啓敦	湖北省神農架林區政協郭啓敦
郭祥新	湖北省宜昌市夷陵區鴉鵲嶺鎮郭祥新
郭孝軍	湖北省潛江市浩口小學郭孝軍等
哈佛	美國哈佛大學圖書館
海德堡	德國海德堡大學圖書館
韓田旭	湖北省通山縣石壟村韓田旭
何本江	湖北省潛江市實驗花鼓劇院何本江
何年華	湖北省宜昌市夷陵區鴉鵲嶺鎮何家沖村
何士容	湖北省宜昌市夷陵區下堡坪鄉何士容
河北大	河北大學圖書館
河南	河南省圖書館
洪湖	湖北省洪湖市圖書館
洪湖余氏	湖北省洪湖市余氏
胡傳全	湖北省宜昌市夷陵區小溪塔胡傳全
胡田材	湖北省武漢市新洲區新街鄉胡田材
胡廷蔚	湖北省宜昌市夷陵區鴉鵲嶺鎮胡廷蔚
胡旺生	湖北省黄岡市堵城鎮西河村三組胡旺生

湖北	湖北省圖書館
湖北博	湖北省博物館
湖南	湖南圖書館
許大東	湖北省宜昌市夷陵區鄧村鄉許大東
華盛頓	美國華盛頓大學圖書館
華中師大	華中師範大學圖書館
黄岡檔	湖北省黄岡市檔案館
黄家堤	湖北省武漢市新洲區幸福鄉王河村黄家堤
黄治堅	湖北省通山縣通洋鎮洋都村四組黄治堅
黄成格	湖北省宜昌市夷陵區下堡坪鄉黄成格
黄梅檔	湖北省黄梅縣檔案館
黄廷玉	湖北省宜昌市夷陵區夷陵醫院黄廷玉
吉大	吉林大學圖書館
監利檔	湖北省監利縣檔案館
建始	湖北省建始縣圖書館
江朝榮	湖北省宜昌市夷陵區太平溪鎮江朝榮
江陵檔	湖北省江陵縣檔案館
江濤英	湖北省通山縣燕下碧水村二組江濤英
江西	江西省圖書館
姜久平	湖北省建始縣經管局姜久平
焦元富	湖北省通山縣闖王鎮龜墩村焦元富
荆門	湖北省荆門市圖書館
荆州	湖北省荆州市圖書館
荆州區	湖北省荆州市荆州區圖書館
荆州區檔	湖北省荆州市荆州區檔案館
經濟所	中國社會科學院經濟研究所圖書館
景德鎮	江西省景德鎮市圖書館
科學	中國科學院圖書館
孔令鈞	湖北省宜昌市夷陵區鴉鵲嶺鎮孔令鈞
來鳳	湖北省來鳳縣圖書館
來鳳方志	湖北省來鳳縣地方志辦公室
來鳳文管所	湖北省來鳳縣文化管理所
老河口	湖北省老河口市圖書館
黎家華	湖北省宜昌市夷陵區龍泉鎮黎家華
李朝科	湖北省通山縣黄沙鋪鎮里池村大屋李朝科
李烈發	湖北省通山縣大畈鎮西坑村三組李烈發

李旻存	湖北省武漢市新洲區前進鄉李旻存
李明遠	湖北省通山縣楠林咀背村五組李明遠
李相仁	湖北省英山縣温泉鎮白石坳村李相仁
李緒蘭	湖北省枝江市百里洲鎮李緒蘭
李玉階	湖北省英山縣實驗中學李玉階
李澤民	湖北省宜昌市夷陵區黄花鄉李澤民
李正金	湖北省黄岡市堵城鎮劉灣村一組李正金
歷史所	中國社會科學院歷史研究所圖書館
遼寧	遼寧省圖書館
廖昌華	湖北省公安縣廖昌華
廖德祥	湖北省宜昌市夷陵區鄧村鄉廖德祥
廖世燦	湖北省宜昌市夷陵區小溪塔廖世燦
廖宇田	湖北省通山縣夏鋪鎮蛟灘村一組廖宇田
林文楷	湖北省宜昌市夷陵區三斗坪鎮林文楷
劉百樓	湖北省恩施市勝利街劉百樓
劉才相	江西省靖安縣寶峰鎮寶峰村劉才相
劉春春	湖北省宜昌市夷陵區樂天溪鎮劉春春
劉代金	湖北省宜昌市夷陵區鄧村鄉劉代金
劉沙洲	湖北省武漢市新洲區新街鄉劉沙洲
劉子亞	湖北省鶴峰縣自來水公司劉子亞
劉作忠	湖北省荆州市沙市區劉作忠
盧邦郢	湖北省宜昌市夷陵區鄧村鄉盧邦郢
路運美	湖北省宜昌市夷陵區霧渡河鎮路運美
羅傳習	湖北省宜昌市夷陵區黄花鄉羅傳習
羅方來	湖北省潛江市三江管理區沄口村五组羅方來
羅田檔	湖北省羅田縣檔案館
羅田方志	湖北省羅田縣地方志辦公室
羅澤忠	湖北省宜昌市夷陵區小溪塔羅澤忠
雒南檔	陕西省雒南縣檔案館
吕秘庭	湖北省黄岡市黄州區禹王辦劉家大屋村吕秘庭
麻城方志	湖北省麻城市地方志辦公室
毛啓國	湖北省枝江市啤酒厂毛啓國
美國國會	美國國會圖書館
孟發盛	湖北省宜昌市夷陵區太平溪鎮孟發盛
孟海林	湖北省咸寧市賀勝橋賀勝利村下孟孟海林
孟甲生	湖北省通山縣黄河大孟村孟甲生

民族大學	中央民族大學圖書館
南京	南京圖書館
南京大	南京大學圖書館
南開大學	南開大學圖書館
聶邦元	湖北省宜昌市夷陵區黄花鄉聶邦元
歐陽遠泰	湖北省宜昌市歐陽遠泰
歐陽運森	湖北省宜昌市夷陵區委研究室歐陽運森
潘成明	湖北省京山市供銷社車隊潘成明
潘成忠	湖北省廣水市委黨校潘成忠
潘德秀	湖北省宜昌市夷陵區潘德秀
潘季順	湖北省武漢市教育學會潘季順
潘彝賡	湖北省武漢市黄陂區蔡家榨中學潘彝賡
裴壽山	湖北省漢川市工商銀行西湖路家屬院裴壽山
彭傳玉	湖北省宜都市枝城鎮中心學校彭傳玉
彭德群	湖北省英山縣方家咀鄉茶園村彭德群
彭克權	湖北省宜昌市夷陵區鴉鵲嶺鎮彭克權
彭鯤翔	湖北省宜昌市夷陵區鴉鵲嶺鎮彭鯤翔
彭齊平	湖北省潛江市竹根灘鎮文化站彭齊平
平頂山	河南省平頂山市圖書館
蘄春横車鎮	湖北省蘄春縣横車鎮
潛江檔	湖北省潛江市檔案館
秦德聲	湖北省宜昌市夷陵區霧渡河鎮秦德聲
秦發模	湖北省宜昌市夷陵區霧渡河鎮秦發模
秦潔	河南省人大常委會辦公廳秦潔
屈克龍	湖北省宜昌市夷陵區下堡坪鄉屈克龍
屈原紀念館	湖北省秭歸縣屈原紀念館
饒純毅	湖北省隨州市均川鎮人民政府饒純毅
人大	中國人民大學圖書館
日本國會	日本國會圖書館
阮長春	湖北省通山縣文化局阮長春
阮尚高	湖北省通山縣石門村阮尚高
阮士善	湖北省通山縣黄沙鋪鎮新民村阮士善
厦大	厦門大學圖書館
山西家譜	山西省社會科學院家譜中心
陝西檔	陝西省檔案館
商克勤	湖北省宜昌市夷陵區龍泉鎮宋家嘴商克勤

紹興	浙江省紹興市圖書館
神農架方志	湖北省神農架林區方志辦
石首	湖北省石首市圖書館
石首博	湖北省石首市博物館
石首檔	湖北省石首市檔案館
世界鄭氏聯誼中心	河南省滎陽市人民政府世界鄭氏聯誼中心(滎陽市萬山路九號)
司文漢	湖北省宜昌市夷陵區樟樹坪鎮司文漢
思綬草堂	浙江省慈溪市環城南路勵雙傑
四川	四川省圖書館
松江博	上海市松江區博物館
松滋上九柏木洲	湖北省松滋市上九柏木洲
孫小陽	湖北省通山縣楠林大坪村孫小陽
台灣文獻	"國史館"台灣文獻館
覃北雲	湖北省松滋市實驗中學覃北雲
覃海茂	湖北省宜昌市夷陵區樂天溪鎮覃海茂
覃業恢	湖北省鶴峰縣廣播電視臺覃業恢
譚昌群	湖北省宜昌市夷陵區太平溪鎮譚昌群
譚宏清	湖北省宜昌市夷陵區分鄉鎮譚宏清
譚金魁	湖北省巴東縣新城楊家莊譚金魁
譚利南	湖北省通山縣大畈鎮大礤磤村譚利南
唐幹廷	湖北省黄岡市禹王辦事處唐渡村四組唐幹廷
天津	天津圖書館
田安新	湖北省宜昌市夷陵區鴉鵲嶺鎮田安新
通城	湖北省通城縣圖書館
通山楠林鎮	湖北省通山縣楠林鎮二組
通山萬家壠	湖北省通山縣黄沙鋪鎮晨光村萬家壠
汪崇林	湖北省黄岡市堵城鎮劉灣村汪崇林
王德彬	湖北省宜昌市夷陵區黄花鄉王德彬
王德新	湖北省武漢市江漢四路王德新
王定一	湖北省通山縣横石潭鎮在頭村二組王定一
王能清	湖北省通山縣大路鄉吴田村七組王能清
王平	湖北省宜昌市夷陵區樂天溪鎮王平
王壽襄	湖北省恩施市二中王壽襄
王緒虎	湖北省潛江市竹根灘鎮王緒虎
王炎森	湖北省恩施市二中王炎森

望運生	湖北省宜昌市夷陵區太平溪鎮望運生
文學舉	湖北省鶴峰縣容美鎮龍井五組文學舉
聞立法	湖北省孝感市孝南書館聞立法
吴高謀	湖北省通山縣蘆坑村五組吴高謀
吴國珩	湖北省恩施市旗峰壩小學吴國珩
吴漢高	湖北省潛江市文化局吴漢高
吴其金	湖北省宜昌市夷陵區鴉鵲嶺鎮龍潭村吴其金
吴孝清	湖北省潛江市教委吴孝清
吴應林	湖北省建始縣業州鎮吴應林
吴祖根	湖北省通山縣大畈鎮西泉村四組吴祖根
蕪湖	安徽省蕪湖市圖書館
武大	武漢大學圖書館
武漢	武漢圖書館
武漢方志	湖北省武漢地方志辦公室文獻資料處
武漢辛亥博	湖北省武漢市辛亥革命博物館
武穴檔	湖北省武穴市檔案館
浠水博	湖北省浠水縣博物館
浠水大嶺卡村	湖北省浠水縣斗方山大嶺卡村
席承俊	湖北省宜昌市夷陵區鴉鵲嶺鎮席承俊
夏威夷	美國夏威夷大學圖書館
夏雄彪	湖北省通山縣楠林鎮石門七組夏雄彪
咸豐檔	湖北省咸豐縣檔案館
香港中大	香港中文大學圖書館
向長炎	湖北省宜昌市夷陵區鄧村鄉向長炎
向國平	湖北省巴東縣一中退休教師向國平
向洪星	湖北省宜昌市點軍區橋邊鎮向洪星
向興介	湖北省恩施市向興介
向祖佑	湖北省宜昌市夷陵區鄧村鄉向祖佑
蕭雲珍	湖北省宜昌市夷陵區小溪塔蕭雲珍
小溪塔	湖北省宜昌市夷陵區小溪塔
孝感	湖北省孝感市圖書館
孝南	湖北省孝感市孝南區圖書館
謝放軍	湖北省黄岡市禹王辦事處唐渡村謝放軍
謝志日	湖北省通山縣夏鋪鎮黄客埠村謝志日
新洲曾寨村	湖北省武漢市新洲區紅旗鄉曾寨村
新洲馮鋪鄉	湖北省武漢市新洲區馮鋪鄉

新洲安仁村	湖北省武漢市新洲區馮鋪鄉安仁村
新洲白洋村	湖北省武漢市新洲區白洋鄉白洋村
新洲柏樹村	湖北省武漢市新洲區八里鄉柏樹村
新洲畢鋪鄉	湖北省武漢市新洲區畢鋪鄉
新洲並山村	湖北省武漢市新洲區南極鄉並山村
新洲蔡大濟村	湖北省武漢市新洲區白洋鄉蔡大濟村
新洲蔡咀村	湖北省武漢市新洲區馬河鄉蔡咀村
新洲曹田村	湖北省武漢市新洲區和平鄉曹田村
新洲曹寨村	湖北省武漢市新洲區雙河鄉曹寨村
新洲曾寨村	湖北省武漢市新洲區紅旗鄉曾寨村
新洲茶店村	湖北省武漢市新洲區周鋪鄉茶店村
新洲長嶺村	湖北省武漢市新洲區長嶺鄉長嶺村
新洲長塘村	湖北省武漢市新洲區幸福鄉長塘村
新洲陳吕村	湖北省武漢市新洲區辛冲鎮陳吕村
新洲城南村	湖北省武漢市新洲區城關鎮城南村
新洲程山村	湖北省武漢市新洲區八里鄉程山村
新洲大渡鄉	湖北省武漢市新洲區大渡鄉
新洲大塘村	湖北省武漢市新洲區三店鎮大塘村
新洲大屋沖村	湖北省武漢市新洲區柳河鄉大屋沖村
新洲大游村	湖北省武漢市新洲區李集鎮大游村
新洲單崗村	湖北省武漢市新洲區單崗鄉單崗村
新洲得勝山	湖北省武漢市新洲區舊街鄉得勝山
新洲堤圍村	湖北省武漢市新洲區孔埠鄉堤圍村
新洲東港村	湖北省武漢市新洲區聯合鄉東港村
新洲東馬家灣	湖北省武漢市新洲區和平鄉石河村東馬家灣
新洲董椿村	湖北省武漢市新洲區紅旗鄉董椿村
新洲段家山村	湖北省武漢市新洲區黄林鄉段家山村
新洲蛾甲村	湖北省武漢市新洲區劉集鄉蛾甲村
新洲方院村	湖北省武漢市新洲區覺明鄉方院村
新洲仿子村	湖北省武漢市新洲區幸福鄉仿子村
新洲份子村	湖北省武漢市新洲區幸福鄉份子村
新洲馮畈村	湖北省武漢市新洲區馬河鄉馮畈村
新洲富興村	湖北省武漢市新洲區和平鄉富興村
新洲幹河村	湖北省武漢市新洲區雙河鄉幹河村
新洲顧崗鄉	湖北省武漢市新洲區顧崗鄉
新洲觀塘村	湖北省武漢市新洲區前進鄉觀塘村

新洲郭玉村	湖北省武漢市新洲區前進鄉郭玉村
新洲洪山村	湖北省武漢市新洲區周鋪鄉洪山村
新洲胡仁村	湖北省武漢市新洲區辛冲镇胡仁村
新洲胡山村	湖北省武漢市新洲區馬河鄉胡山村
新洲胡彰村	湖北省武漢市新洲區方揚鄉胡彰村
新洲湖西村	湖北省武漢市新洲區馮鋪鄉湖西村
新洲許崗村	湖北省武漢市新洲區新勝鄉許崗村
新洲黄套村	湖北省武漢市新洲區前進鄉黄套村
新洲黄崗村	湖北省武漢市新洲區新勝鄉黄崗村
新洲金崗村	湖北省武漢市新洲區周鋪鎮金崗村
新洲舊街村	湖北省武漢市新洲區舊街鄉舊街村
新洲孔埠村	湖北省武漢市新洲區孔埠鄉孔埠村
新洲捆方村	湖北省武漢市新洲區和平鄉捆方村
新洲李曼村	湖北省武漢市新洲區前進鄉李曼村
新洲李灣村	湖北省武漢市新洲區新集鄉李灣村
新洲利河村	湖北省武漢市新洲區利河鄉利河村
新洲柳溪村	湖北省武漢市新洲區三店鎮柳溪村
新洲龍崗村	湖北省武漢市新洲區辛冲鎮龍崗村
新洲樓寨村	湖北省武漢市新洲區舊街鄉樓寨村
新洲羅泊村	湖北省武漢市新洲區白洋鄉羅泊村
新洲羅坪河村	湖北省武漢市新洲區馬河鄉羅坪河村
新洲馬河鄉	湖北省武漢市新洲區馬河鄉
新洲毛集村	湖北省武漢市新洲區毛集村
新洲南橋村	湖北省武漢市新洲區三店鎮南橋村
新洲七里村	湖北省武漢市新洲區紅旗鄉七里村
新洲棋架山村	湖北省武漢市新洲區施崗鄉棋架山村
新洲前壪村	湖北省武漢市新洲區方揚鄉前壪村
新洲三店村	湖北省武漢市新洲區三店鎮三店村
新洲三河口村	湖北省武漢市新洲區新集鄉三河口村
新洲三山村	湖北省武漢市新洲區南極鄉三山村
新洲沙畈村	湖北省武漢市新洲區三店鎮沙畈村
新洲上大塘村	湖北省武漢市新洲區周河鄉上大塘村
新洲勝利湖村	湖北省武漢市新洲區辛冲鎮勝利湖村
新洲施崗村	湖北省武漢市新洲區施崗鄉施崗村
新洲施廟村	湖北省武漢市新洲區紅旗鄉施廟村
新洲施楊村	湖北省武漢市新洲區新勝鄉施楊村

新洲石橋村	湖北省武漢市新洲區幸福鄉石橋村
新洲碩崗鄉	湖北省武漢市新洲區碩崗鄉
新洲四方村	湖北省武漢市新洲區和平鄉四方村
新洲四崗村	湖北省武漢市新洲區辛冲鎮四崗村
新洲松林村	湖北省武漢市新洲區賀橋鄉松林村
新洲宋渡村	湖北省武漢市新洲區三店鎮宋渡村
新洲桃花寨村	湖北省武漢市新洲區桃花鄉桃花寨村
新洲桃源村	湖北省武漢市新洲區桃源鄉桃源村
新洲滕榨村	湖北省武漢市新洲區鳳凰鄉滕榨村
新洲鐵甲村	湖北省武漢市新洲區劉集鄉鐵甲村
新洲鐵屋河村	湖北省武漢市新洲區馬河鄉鐵屋河村
新洲塗河村	湖北省武漢市新洲區紅旗鄉塗河村
新洲坨坑村	湖北省武漢市新洲區三店鎮坨坑村
新洲萬崗村	湖北省武漢市新洲區徐古鎮萬崗村
新洲萬家河口壪	湖北省武漢市新洲區朱楊村萬家河口壪
新洲萬山村	湖北省武漢市新洲區萬山村
新洲汪集鎮	湖北省武漢市新洲區汪集鎮
新洲王泗村	湖北省武漢市新洲區孔埠鄉王泗村
新洲王瓦村	湖北省武漢市新洲區孔埠鄉王瓦村
新洲魏劉壪	湖北省武漢市新洲區方揚鄉方揚村魏劉壪
新洲烏鉢窑村	湖北省武漢市新洲區徐古鎮烏鉢窑村
新洲吴勝村	湖北省武漢市新洲區方揚鄉吴勝村
新洲吴太村	湖北省武漢市新洲區長嶺鄉吴太村
新洲西河村	湖北省武漢市新洲區三店鎮西河村
新洲西黄村	湖北省武漢市新洲區前進鄉西黄村
新洲細方村	湖北省武漢市新洲區和平鄉細方村
新洲蕭堤村	湖北省武漢市新洲區前進鄉蕭堤村
新洲謝店村	湖北省武漢市新洲區緑化鄉謝店村
新洲新畈村	湖北省武漢市新洲區八里鄉新畈村
新洲新河村	湖北省武漢市新洲區新街鄉新河村
新洲新集村	湖北省武漢市新洲區新集鎮新集村
新洲新街鄉	湖北省武漢市新洲區新街鄉
新洲雄原村	湖北省武漢市新洲區長嶺鄉雄原村
新洲熊店村	湖北省武漢市新洲區桃源鄉熊店村
新洲徐貴村	湖北省武漢市新洲區幸福鄉徐貴村
新洲徐遠村	湖北省武漢市新洲區幸福鄉徐遠村

新洲揚泊村	湖北省武漢市新洲區白洋鄉揚泊村
新洲揚鋪村	湖北省武漢市新洲區辛冲鎮揚鋪村
新洲揚橋村	湖北省武漢市新洲區幸福鄉揚橋村
新洲揚垸村	湖北省武漢市新洲區和平鄉揚垸村
新洲楊崗村	湖北省武漢市新洲區前進鄉楊崗村
新洲楊家山村	湖北省武漢市新洲區利河鄉楊家山村
新洲楊垸村	湖北省武漢市新洲區和平鄉楊垸村
新洲易窑村	湖北省武漢市新洲區肖橋鄉易窑村
新洲月明村	湖北省武漢市新洲區毛集鄉月明村
新洲樂崗村	湖北省武漢市新洲區新勝鄉樂崗村
新洲寨山村	湖北省武漢市新洲區單崗鄉寨山村
新洲章興村	湖北省武漢市新洲區顧崗鄉章興村
新洲張湾村	湖北省武漢市新洲區徐古鎮張湾村
新洲鄭家園村	湖北省武漢市新洲區鳳凰鄉鄭家園村
新洲鄭樓村	湖北省武漢市新洲區潘塘鄉鄭樓村
新洲鍾揚村	湖北省武漢市新洲區城關鎮鍾揚村
新洲周鋪村	湖北省武漢市新洲區周鋪鄉周鋪村
新洲周山村	湖北省武漢市新洲區緑化鄉周山村
新洲周昭村	湖北省武漢市新洲區方楊鄉周昭村
新洲洲上村	湖北省武漢市新洲區白洋鄉洲上村
新洲朱崗村	湖北省武漢市新洲區馬河鄉朱崗村
新洲朱楊村	湖北省武漢市新洲區和平鄉朱楊村
新洲竹園村	湖北省武漢市新洲區三店鎮竹園村
新洲左河村	湖北省武漢市新洲區黄林鄉左河村
興山方志	湖北省興山縣地方志辦公室
熊林章	湖北省宜昌市夷陵區太平溪鎮熊林章
徐大信	湖北省鶴峰縣容美鎮徐大信
徐鳳鳴	湖北省宜昌市夷陵区龍泉鎮徐鳳鳴
徐光强	湖北省巴東縣托幼中心徐光强
徐敬河	湖北省宜昌市夷陵區鵶鵲嶺鎮徐敬河
徐森柏	湖北省潛江市文化局徐森柏
徐汪洋	湖北省通山縣楠林咀下村一組徐汪洋
许承霖	湖北省房縣許家臺许承霖
尋源姓氏	山西太原尋源姓氏文化研究中心
顔爾新	湖北省宜昌市夷陵區太平溪鎮顔爾新
嚴天祥	湖北省通山縣大路鄉山口村六組嚴天祥

楊金洲	湖北省孝感市楊店八家湾楊金洲
楊經練	湖北省宜昌市夷陵區畜牧局楊經練
楊陸一	湖北省通山縣大畈鎮下楊村楊陸一
楊少平	湖北省孝感市楊少平
楊聖喜	湖北省潛江市影劇院楊聖喜
楊守敬紀念館	湖北省宜都市楊守敬紀念館
楊文樓	湖北省宜昌市夷陵區龍泉鎮楊文樓
楊永斌	湖北省宜昌市夷陵區霧渡河鎮楊永斌
楊澤鈞	湖北省宜昌市夷陵區龍泉鎮楊澤鈞
姚永潤	湖北省宜昌市夷陵區小溪塔姚永潤
一史館	中國第一歷史檔案館
夷陵檔	湖北省宜昌市夷陵區檔案館
宜昌檔	湖北省宜昌市檔案館
宜昌黄陵廟	湖北省宜昌市夷陵區三斗坪鎮黄陵廟
宜昌南埡村	湖北省宜昌市夷陵區分鄉鎮南埡村
宜昌張家畈	湖北省宜昌市夷陵區鵶鵲嶺鎮東山村張家畈
宜都	湖北省宜都市圖書館
易辭順	湖北省武漢市新洲區大房灣易辭順
尹少南	湖北省黄岡市堵城鎮江咀村尹少南
應城檔	湖北省應城市檔案館
猶他	美國猶他家譜學會
于德遠	湖北省鶴峰縣教委于德遠
余貴福	湖北省宜昌市夷陵區下堡坪鄉下堡坪余貴福
余焕昌	湖北省黄岡市禹王辦事處詹崗村余焕昌
余學炎	湖北省咸寧市賀勝鎮余學炎
余日勤	湖北省通山縣大路鄉余長畈村余日勤
喻口健	湖北省利川市文化局喻口健
袁才培	湖北省宜昌市夷陵區龍泉鎮袁才培
袁啓勛	湖北省宜昌市夷陵區分鄉鎮袁啓勛
袁相成	湖北省通山縣大畈鎮大坑村袁相成
袁學林	湖北省神農架林區環山路袁學林
岳德莊	山西省太原市上馬街東吴路岳德莊
樂庸乾	湖北省通山縣黄沙鎮里池村樂庸乾
棗陽	湖北省棗陽市圖書館
曾凡池	湖北省宜昌市夷陵區龍泉鎮司法所曾凡池
張邦甫	湖北省宜昌市夷陵區樟樹坪鎮張邦甫

張炳才	湖北省通山縣燕下湖山村一組張炳才
張長青	湖北省宜昌市夷陵區黄花鄉張長青
張道雲	湖北省枝江市白洋鎮雅石溪張道雲
張定虎	湖北省宜昌市夷陵區霧渡河鎮張定虎
張光祖	湖北省應城市張光祖
張勁松	湖北省荆門市交警支隊張勁松
張文禄	湖北省宜昌市夷陵區小溪塔張文禄
張緒曉	湖北省宜昌市夷陵區鄧村鄉鄧村坪張緒曉
張澤鳳	湖北省宜昌市夷陵區小溪塔官莊村張澤鳳
張志中	湖北省通山縣通羊鎮流水泉張志中
趙長青	湖北省宜昌市夷陵區霧渡河鎮趙長青
趙平	湖北省宜昌市夷陵區鴉鵲嶺鎮趙家山趙平
趙其品	湖北省宜昌市夷陵區三斗坪鎮趙其品
趙宗榮	湖北省宜昌市夷陵區鴉鵲嶺鎮趙宗榮
枝江安福寺鎮	湖北省枝江市安福寺鎮
枝江檔	湖北省枝江市檔案館
枝江顧家店	湖北省枝江市顧家店鎮
鍾行焱	湖北省黄岡市堵城鎮江咀村六組鍾行焱
鍾祥	湖北省鍾祥市圖書館
鍾祥檔	湖北省鍾祥市檔案局
周陳增	湖北省武漢市新洲區餘集鄉周陳增
周代金	湖北省恩施市石油公司周代金
周福全	湖北省宜昌市夷陵區小溪塔官莊村周福全
周功華	湖北省宜昌市夷陵區三斗坪周功華
周華僑	湖北省黄岡市禹王辦唐渡村八組周華僑
周禮智	湖北省通山縣通羊鎮石航村二組周禮智
周學華	湖北省通山縣横石潭鎮南成村十一組南周學華
周宗柏	湖北省宜昌市夷陵區周宗柏
朱柏樹	湖北省通山縣闖王鎮高湖村五組朱柏樹
朱吉榮	湖北省宜昌市夷陵區鴉鵲嶺鎮朱吉榮
朱希勇	湖北省通山縣楠林鎮羅城村朱希勇
朱顯忠	湖北省潛江市沙街管理區朱湖村朱顯忠
朱應同	湖北省宜昌市夷陵區下堡坪鄉朱應同
竹溪長生村	湖北省竹溪縣豐壩鄉爛泥塘長生村
竹溪文化	湖北省竹溪縣文化館
祝達鄉	湖北省通山縣大畈鎮下楊三組祝達鄉

秭歸龍口村	湖北省秭歸縣水田壩鄉龍口村
紫陽檔	陝西省紫陽縣檔案館
自貢	四川省自貢市圖書館
鄒學勤	湖北省宜昌市夷陵區下堡坪鄉鄒學勤
左必初	湖北省麻城市左必初
左楚雲	湖北省麻城市左楚雲
左禮召	湖北省麻城市左禮召

姓氏筆畫索引

八畫

九畫

十畫

十一畫

十二畫

十九畫

二十畫

二十一畫以上

湖北省縣級行政區劃一覽表

武漢市
- 江岸區
- 江漢區
- 礄口區
- 漢陽區
- 武昌區
- 青山區
- 洪山區
- 東西湖區
- 漢南區
- 蔡甸區
- 江夏區
- 黄陂區
- 新洲區

黄石市
- 下陸區
- 黄石港區
- 西塞山區
- 鐵山區
- 大冶市
- 陽新縣

十堰市
- 茅箭區
- 張灣區
- 鄖陽區
- 丹江口市
- 鄖西縣
- 竹山縣
- 竹溪縣
- 房縣

宜昌市
- 西陵區
- 伍家崗區
- 點軍區
- 猇亭區
- 夷陵區
- 宜都市
- 當陽市
- 枝江市
- 遠安縣
- 興山縣
- 秭歸縣
- 長陽土家族自治縣
- 五峰土家族自治縣

襄陽市
- 襄城區
- 樊城區
- 襄州區
- 老河口市
- 棗陽市
- 宜城市
- 南漳縣
- 穀城縣
- 保康縣

鄂州市
- 鄂城區
- 梁子湖區
- 華容區

荆門市
- 東寶區
- 掇刀區
- 鍾祥市
- 京山市
- 沙洋縣

孝感市
- 孝南區
- 應城市
- 安陸市
- 漢川市
- 孝昌縣
- 大悟縣
- 雲夢縣

荆州市
- 荆州區
- 沙市區
- 石首市
- 洪湖市
- 松滋市
- 公安縣
- 監利縣
- 江陵縣

黄岡市
- 黄州區
- 麻城市
- 武穴市
- 團風縣
- 紅安縣
- 羅田縣
- 英山縣
- 浠水縣

蘄春縣
黄梅縣

咸寧市

咸安區
赤壁市
嘉魚縣
通城縣
崇陽縣
通山縣

隨州市

曾都區
廣水市
隨縣

恩施土家族苗族自治州

恩施市
利川市
建始縣
巴東縣
宣恩縣
咸豐縣
來鳳縣
鶴峰縣

省直轄行政單位

仙桃市
潛江市
天門市
神農架林區